U0918827

交信之道

——投资者关系管理

杨桦　著

中国财政经济出版社

图书在版编目（CIP）数据

众信之道：投资者关系管理/杨桦著. —北京：中国财政经济出版社，2012.4

ISBN 978-7-5095-3323-9

Ⅰ.①众… Ⅱ.①杨… Ⅲ.①投资者-公共关系学-研究 Ⅳ.①F830.59

中国版本图书馆CIP数据核字（2012）第264491号

责任编辑：蔺红英　　责任校对：张　凡
封面设计：陈　瑶　　版式设计：陈　瑶

中国财政经济出版社出版

URL：http：//www.cfeph.cn

E-mail：cfeph@cfeph.cn

社址：北京市海淀区阜成路甲28号　邮政编码：100142

营销中心电话：88190406　北京财经书店电话：64033436　84041336

北京中兴印刷有限公司印刷　各地新华书店经销

787×1092毫米　16开　25.75印张　360 000字

2012年4月第1版　2012年4月北京第1次印刷

定价：60.00元

ISBN 978-7-5095-3323-9/F·2813

（图书出现印装问题，本社负责调换）

本社质量投诉电话：010-88190744

序　言

努力构建上市公司和投资者良性互动的优质市场环境

国务院《关于推进资本市场改革开放和稳定发展的若干意见》明确提出，“要认清形势，抓住机遇，转变观念，大力发展资本市场，提高直接融资比例，创造和培育良好的投资环境”，力争资本市场“为国民经济持续快速协调健康发展和全面建设小康社会做出新的贡献”。国务院的九条意见是我们在新的历史时期，思考和把握资本市场格局与趋势，解决发展中的各种新的矛盾和问题，提高资本市场对经济发展的贡献度的一个总的指针。循着这条指针来分析当前的市场环境，我们发现，如何落实国务院九条意见，本身是一个需要各个部门和地方以及市场内外通力配合的过程。其中，不断增进各方的了解与共识，夯实市场基础，实现上市公司、中介机构和投资者相互信任、相互监督与制衡、良性互动的市场环境，就显得特别重要。正是由于这个原因，我愿意借杨华同志撰写的《投资者关系管理与公司价值创造》一书即将付梓的机会，来谈一谈上市公司投资者关系管理这个议题。

投资者关系管理是落实国务院九条意见的一个重要手段和作用机制。国务院在九条意见中指出，要“建设透明高效、结构合理、机制健全、功能完善、运行安全的资本市场。要围绕这一目标，建立有利于各类企业筹集资金、

满足多种投资需求和富有效率的资本市场体系；完善以市场为主导的产品创新机制，形成价格发现和风险管理并举、股票融资与债券融资相协调的资本市场产品结构；培育诚实守信、运作规范、治理机制健全的上市公司和市场中介群体，强化市场主体约束和优胜劣汰机制；健全职责定位明确、风险控制有效、协调配合到位的市场监管体制，切实保护投资者合法权益”。这一论述高层建瓴地勾画出了资本市场今后的发展目标，即我们要把资本市场培育成国有企业改革与发展的引擎和主阵地之一，而且要把资本市场发展成为消化宏观经济波动风险、提高国民经济资本化水平、满足广大居民各种投资需求的现代市场。我们不仅要重视资本市场的融资功能，而且要充分关注资本市场的价值发现、资源配置优化等方面的基础功能。站在这个高度来分析问题，面对当前的市场环境，我们看到落实社会公众股各项权益、切实保护社会公众股利益就变成制度建设中的一项基础性工作，显得十分重要和紧迫。

近年来，监管部门在保护社会公众股利益方面做了大量的、不懈的努力。一是坚持运用市场化手段，在规范上市公司行为、强化上市公司治理方面，围绕健全制度、狠抓落实做了一系列工作，促进了市场朝着透明公开的方向发展，初步净化了社会公众股落实自身权益的市场环境。二是在中介机构诚信建设、专业技能建设方面，围绕解决问题、消化风险、监督引导等几个重点，促使中介机构尊重和落实社会公众股的权益。三是直接面向投资者，在拓宽渠道、培育理性、促进参与等方面强化了监管的引导功能，积极发展机构投资者，开展形式多样的投资者教育，增强市场系统风险的预测和防范能力；整合监管资源，增强监管工作的应变能力，把保护投资者权益放在一个极其突出的位置来抓。应该说，这些措施都收到了应有的效果，得到了投资者的广泛认同。

但是，随着市场化监管理性的逐步深入和市场化监管手段的更多运用，市场环境也出现了一系列新的矛盾和问题。首先，国际政治经济形式复杂多变，增加了国内宏观经济走势的变数，证券市场的波动性增加，投资者识别风险、防范风险的难度增加，需要更高的参与热情和更专业的参与能力，才能应付市场环境的变化。其次，市场内部创新行为不断涌现，投资者面临的风险收益机构越来越复杂，尤其是社会公众股对这些复杂的信息，显得处理能力不足。第三，多数发生在市场内的创新行为具有双重性，既有对市场开放和国际化程度提高有帮助和裨益的一面，也有增加风险、提高隐蔽性的一面，不能一概禁止或者一概鼓励。所有这些对市场化监管手段和监管部门的应变能力、科学监管提出了更高的要求，需要我们更加紧密地依靠市场，依靠投资者和各类市场主体。对这些行为和现象善加引导，其中一个关键环节就是要通过监管规章和监管行为的促进，增强投资者的自我保护意识，主动维护自身的权益，积极参与上市公司决策，最终变为科学合理的上市公司监督制衡机制中的一个重要而又关键的积极因素。

在2004年召开的中国证券期货监管工作会议上，我们曾经有过一个共识，就是监管工作要推动诚信文化、股权文化的建设。通过推动国民经济的发展、增加社会财富、创造就业机会、提供投资选择，来保护投资者利益，最终体现人民的长远利益。这个共识有两个关键点：其一是通过科学合理的作用机制保护投资者权益是监管工作在相当长的时间里的一个重要任务；其二是投资者关系管理本身就是促进市场诚信建设、股权文化建设的一个重要手段和作用机制。

投资者关系管理在国外已经有很多成熟经验，我们要积极总结这一领域的共性特征，发掘上市公司同投资者实现相互信任的良性互动规律，积极增进市场各方的了解；同时，要积极归纳投资者关系管理的国别个性特征，找到一条适合我国国情的投资者关系管理促进路径，避免水土不服。只有这样，投资者关系管理才能真正变为诚信建设、股权文化和一系列市场的、法律规则的作用机制，上市公司、投资者和其他市场主体才能有感受、有动力通过投资者关系管理，提升公司价值，塑造良好形象，投资者关系管理也才能真正被落实成保护社会公众股权益的一个重要手段和途径。

我愿意把杨华同志撰写的《投资者关系管理与公司价值创造》一书介绍给读者，希望它的出版对进一步探索有效保护投资者权益的途径起到有益作用。

中国证监会主席 尚福林

2005 年 6 月

前 言

我国证券市场自上世纪九十年代初建立以来，经过了二十几年的风风雨雨，市场制度不断完善，法律法规体系逐步健全，证券市场正在不断地走向成熟。尤其是股权分置改革完成后，中国资本市场发生了天翻地覆的变化，随着“股东和管理层”、“大股东和小股东”这两组“二元利益”逐渐走向统一，各种类型的投资者对上市公司的经营管理、信息披露和公司治理等各项事项提出了越来越高的要求，上市公司投资者关系管理工作的重要性日益显现。

自2004年国务院发布《关于推进资本市场改革开放和稳定发展的若干意见》以来，投资者关系管理一直是落实国务院九条意见的一个重要手段和作用机制。国务院在九条意见中指出，要“建设透明高效、结构合理、机制健全、功能完善、运行安全的资本市场。要围绕这一目标，建立有利于各类企业筹集资金、满足多种投资需求和富有效率的资本市场体系；完善以市场为主导的产品创新机制，形成价格发现和风险管理并举、股票融资与债券融资相协调的资本市场产品结构；培育诚实守信、运作规范、治理机制健全的上市公司和市场中介群体，强化市场主体约束和优胜劣汰机制；健全职责定位明确、风险控制有效、协调配合到位的市场监管体制，切实保护投资者合法权益”。对于实现这一目标，投资者关系管理作为落实社会公众股各项权益、切实保护社会公众股利益的基础制度发挥了重要的作用。

深化上市公司投资者关系管理工作一直是监管部门近年来的重要工作之

一。为此，监管部门在保护社会公众股利益方面做了大量的、不懈的努力。

首先是坚持运用市场化手段，在规范上市公司行为、强化上市公司治理方面，围绕健全制度、狠抓落实做了一系列工作。具体包括：中国证监会出台了相应规定，进一步提高上市公司财务信息披露质量并全面实施保荐制度，同时中国证监会还发布了《关于加强社会公众股股东权益保护的若干规定》，准备引入社会公众股股东表决机制，从制度上形成对投资者利益保护的突破，并对解决大股东占款“顽疾”采取了比较现实的措施。尤其是中国证监会于2005年4月29日发布的《关于上市公司股权分置改革试点有关问题的通知》和其后启动股权分置改革试点，客观上对于上市公司广泛开展投资者关系管理起到了直接的推动作用。此外，中国证监会还颁布了《上市公司与投资者关系指引》、《上市公司信息披露管理办法》等一系列文件，上海证券交易所、深圳证券交易所也发布了相关文件，如《投资者关系管理自律公约》、《上市公司投资者关系管理指引》等，大力推动上市公司的投资者关系管理工作。

二是面向上市公司开展投资者关系管理教育活动，如上海、深圳证券交易所通过举办“中国上市公司投资者关系论坛”、“上市公司投资者关系管理研讨会”、“推进上市公司投资者关系管理大型巡讲”等方式加强上市公司对投资者关系工作的重视，在上市公司中提倡重视投资者关系管理，促使上市公司尊重和落实社会公众股的权益，促进投资者关系工作的推广和完善。

三是直接面向投资者，在拓宽渠道、培育理性、促进参与等方面强化了监管的引导功能，积极发展机构投资者，开展形式多样的投资者教育活动，增强市场系统风险的预测和防范能力；整合监管资源，增强监管工作的应变能力，把保护投资者权益放在一个极其突出的位置来抓。应该说，这些措施都收到了应有的效果，得到了投资者的广泛认同。

推动上市公司加强投资者关系管理，除了监管机构需要制定一些强制性的法规或文件，推动上市公司加强对投资者关系管理工作的重视以外。更重要的是需要通过宣传教育，在上市公司中树立诚信文化、股权文化的观念。

投资者关系管理理念与诚信文化紧密相连。首先，上市公司有义务诚实守信的向投资者披露公司信息，并尽最大的努力维护股东及利益相关方的权益。同时，上市公司只有以诚信的态度与投资者进行沟通，才能够取得广大投资者以及其他利益相关方的信任，才能取得股东和利益相关方对公司长期发展的支持，才有可能实现基业长青。简而言之，上市公司的投资者关系管理，本质上是以诚信的态度来增强上市公司与投资者的沟通，以此提升公司价值。

投资者关系管理理念与股权文化一脉相承。上市公司要以维护股东权益作为自己的行为准则，主动培育股权文化，尽心尽责地履行好股东受托责任。公司高管要充分重视投资者关系管理工作，要加强对投资者关系管理理论的系统学习，树立投资者是上帝这样一个理念，并认识到优秀的投资者关系能为公司创造价值。它可以改善公司的经营，提升公司的治理结构，使投资者更加全面了解公司战略目标信息从而更好地进行投资决策，在保护自己利益的同时也实现投资者与公司的双赢。

投资者关系管理本身就是促进市场诚信文化建设、股权文化建设的一个重要手段和作用机制。投资者关系管理在国外已经有很多成熟经验，我们要积极总结这一领域的共性特征，发掘上市公司同投资者实现相互信任的良性互动规律，积极增进市场各方的了解。同时，要积极归纳投资者关系管理的国别个性特征，找到一条适合我国国情的投资者关系管理路径，避免水土不服。只有这样，投资者关系管理才能真正变为诚信建设、股权文化和一系列市场的、法律规则的作用机制，上市公司、投资者和其他市场主体才能有感受、有动力通过投资者关系管理，提升公司价值，塑造良好形象，投资者关系管理也才能真正被落实成保护社会公众股权益的一个重要手段和途径。

本书作者长期在产业部门、上市公司监管一线工作，有丰富的实践经验、宽广的视野和独特的视角，本书第一版是国内第一部关于投资者关系管理的著作，对引进投资者管理制度起到了开创性的推动作用。本次再版增加了新

的实践案例、新的材料数据和新的研究内容，包括国外投资者关系管理协会情况、互联网时代带来的挑战和机遇、股改后投资者关系管理面临的新要求和新机遇等。由此可见，作者的思考是与时俱进的，一直在随实践的变化而不断发展，相信读者由书中的内容可以激发出更多思想火花，同时也相信本书的再版可以进一步促进投资者关系管理在中国资本市场的落地生根、开花结果！

2012 年 2 月

目　录

List
COMPANY

第一章 投资者关系管理：资本运营的新理念

本章提要

投资者关系管理是公司的持续战略管理行为，通过运用财经传播和营销的手段，增进公司与投资者之间双向的了解和认同，实现相关利益者价值最大化。良好的投资者关系管理是完善上市公司治理结构，提升公司价值和股东价值的重要途径；同时，投资者关系管理也有利于强化上市公司诚信建设，提高上市公司核心竞争力。

因此，投资者关系管理在法律属性上表现为投资者权利与权益，其与投资者保护制度以及信息披露制度紧密相连，均要求上市公司必须遵守商法规定的诚实信用和平等原则对待投资者。

投资者关系管理是我国证券市场建设的重要一环，它在证券市场经过20年的发展，形成A股、B股、基金、债券、中小企业板、代办股份转让等多层次市场，2000多家上市公司、1.3亿有效股票账户、700多只证券投资者基金、100多家合格的境外投资者（截至2011年第1季度数据）规模的背景下显得更为重要。随着投资者日益成熟和上市公司运作的逐渐规范，以及中国证券市场对外开放趋势越来越明显，上市公司与投资者、潜在投资者的沟通显得越来越重要。

我国上市公司开展投资者关系工作的历史并不长，但投资者关系管理在

帮助上市公司树立诚信市场形象、增强与投资者的亲和力、更好地利用资本市场开展资本运营等方面已经展示了足够的魅力。一些有远见的上市公司已经意识到投资者关系管理对于公司价值发现和价值创造方面具有独特作用并在上市公司管理实践中进行了充分应用，投资者关系管理成为上市公司资本运营的新理念和重要组成部分。

第一节 投资者关系管理的基本概念

投资者关系（Investor Relationship，缩写为 IR）是指上市公司（包括拟上市公司）与公司的股权、债权投资人或潜在投资者之间的关系。也包括在与投资者沟通过程中，上市公司与资本市场各类中介机构之间的关系。

投资者关系管理（Investor Relationship Management，以下简称 IRM）是指运用财经传播和营销的原理，通过管理公司同财经界和其他各界进行信息沟通的内容和渠道，实现相关利益者价值最大化并如期获得投资者的广泛认同，规范资本市场运作、实现外部对公司经营约束的激励机制、实现股东价值最大化和保护投资者利益，以及缓解监管机构压力等。IRM 还经常被通俗理解为公共关系管理（PRM：Public Relation Management）。如果希望通俗地获得投资者关系管理的内涵，我们也可以说，投资者关系管理是营销公司，而非简单的销售产品或者扩大市场份额，或者营销部分公司资产、债务等等，这是站在公司内部的角度讲的含义；如果站在公司外部观察，投资者关系管理实际上还相当于是帮助投资者识别和发掘公司真实价值的一个手段，诚实的投资者关系管理，的确可以让大多数投资者更好地了解公司的资产运营状况，治理结构的完善程度等影响公司价值创造能力的主要方面，从而获得更多有价值的信息。

一、各国对投资者关系管理的定义

IRM 产生于海外资本市场，海外发达资本市场的发展创新使人们对 IRM 的认识也经历了一个逐渐成熟的过程。以美国为例，20 世纪 30 年代以前，美国的证券市场也处在不规范状态，内幕交易盛行，虚假信息泛滥，也谈不上上市公司与投资者之间有任何良好沟通。1929 年后，随着美国证券市场监管、法制的逐步健全，以及上市公司、投资人素质的提高，市场本身自发形成了对投资者关系管理的需求。1969 年，美国成立了投资者关系协会，英国、加拿大、德国、法国、日本等国纷纷效仿。1990 年，国际投资者关系联盟应运而生，现已有 25 个成员国家。

对投资性资本的竞争，是 IRM 产生的直接原因。从某个发达地区证券市场或者全球市场来看，对基金经理、做市商、经纪人及个人投资者来说，可作出的投资选择非常之多。仅以美国为例，其纽交所和纳斯达克市场上就有约 11200 家上市公司。在这样拥挤的市场环境中，很多上市公司甚至真正的蓝筹股公司都很容易被忽视。显然，对上市公司管理层而言，只在管理、业绩、财务状况等层面达到相应目标，已不再是吸引投资者的充分条件。公司管理层还应积极向现有及潜在投资者、合伙人、销售商等相关主体主动提供有关公司竞争力及发展潜力的信息。从更深层次上讲，除了内生于投资品种相对过剩的资本市场结构外，IRM 的产生、发展还与以“股东至上主义”为核心的公司治理在全球如火如荼的发展不无相关。

尽管投资者关系管理起源于国外资本市场的发展，但由于各国市场环境不同，造成各国对投资者关系管理的表述存在较大差异。美国投资者关系协会（National Investor Relations Institute，以下简称 NIRI）目前拥有 3500 多家会员，该会对投资者关系管理的定义是，投资者关系是公司的战略管理职责，它运用金融、沟通和市场营销学的方法来管理公司与金融机构以及其他投资

者之间的信息交流，以实现企业价值最大化[①]。加拿大投资者关系协会（Canadian Investor Relations Institute）成立于1990年，该组织对投资者关系管理的定义是，投资者关系是公司综合运用金融、市场营销和沟通方法，向已有的投资者和潜在的投资者介绍公司的经营和发展前景，以便其在获得充分信息的情况下作出投资决策。有效的投资者关系有利于提高市场对公司的相对估价水平，从而降低资本成本，并且成为公司管理层听取投资者建议的渠道。

尽管存在着不同的表述，但从各国对投资者关系管理的定义可知，投资者关系管理包含着三个方面的重要特点：

第一，投资者关系管理是"股权文化"的重要组成部分。投资者关系管理的出发点是"股东至上"，是对投资者知情权的尊重。在投资者关系工作中，既有针对现有投资者的，也有针对战略投资者的。尽管投资者关系工作要针对不同的对象采取不同的方法和策略，但公平、诚信地对待每位投资者的原则是不变的。

第二，投资者关系管理是公司创造价值的行为。它是通过提高投资者对公司的认同度和忠诚度，进而提高公司价值。在这个过程中，公司向投资者传递信息，也会向投资者接受信息，因此，不可避免地要通过互动形式来实现。其结果是公司获得投资者的支持，公司获得了价值发现和价值创造，而投资者通过行使知情权，获得了识别公司价值的简单信号。

第三，投资者关系管理是充分信息披露。虽然各国证券监管部门和证券交易所对上市公司的信息披露进行了严格的规定，但在强制信息披露的情形下，上市公司仅披露所需披露的信息，而随着证券市场的不断扩大和全球金融、投资的一体化，投资者特别是境外的投资者特别需要与上市公司建立定期信息披露的机制，以获得企业额外的有价值的信息；上市公司也需要通过自愿信息披露，吸引更多的投资者参与投资。因此，投资者关系管理实际上也是上市公司自愿信息披露的重要途径。

1999年以后，我国证券市场发生了重要的变化：一方面，机构投资者的

---

① 资料来源：the NIRI Board of Directors，September，2001。

类型和规模逐渐扩大，一般的企业法人、证券投资基金、保险基金、社保基金、信托公司等投资机构逐渐入市，他们专业化的投资对上市公司信息披露提出了较高的要求。另一方面，以银广夏、蓝田股份为代表的一系列上市公司欺诈违规行为的曝光，使上市公司的诚信受到投资者的广泛质疑。尽管中国证监会和证券交易所不断出台上市公司的规范举措，但外部治理的作用是有限的，投资者和上市公司的信息沟通始终缺乏合适的平台。投资者关系管理机制的引入无疑成为改善上市公司与投资者关系的一剂良方。特别是在2006年股份制改革以后，上市公司股份实现了同股同权，投资者的结构也更趋于分散化和专业化，投资者关系管理在上市公司良好运作中起到积极的作用。

目前，我国上市公司在首次发行、再融资过程中，路演、分析师会议等投资者关系管理的形式已为众多的投资人所熟悉。上市公司运用投资者关系处理危机事件的事例不断涌现，持续性的投资者关系管理逐渐建立起一整套行之有效的规制。

二、投资者关系管理在中外上市公司中的作用

良好的投资者关系管理是完善上市公司治理结构，提升公司价值和股东价值的重要途径；同时，投资者关系管理也有利于强化上市公司诚信建设，提高上市公司核心竞争力。具体来说，投资者关系管理可以在上市公司的日常沟通、危机管理、融资并购等重大活动中发挥重要的作用：

第一，良好的投资者关系管理必须适应资本市场发展的需要。证券市场的规范化、市场化、机构化和向买方市场的逐步转变迫使上市公司开展投资者关系管理。规范化要求上市公司必须遵循法律、法规，并按照相关法规的要求真实、准确、完整、及时地披露公司信息。随着上市公司数量的增加，市场的供需结构已发生了重大变化，上市公司对投资性资本的竞争日趋激烈。市场化和向买方市场的转变要求上市公司加强与投资者的沟通，提高营销技

巧，使投资者了解、接受、支持上市公司的发展战略和经营方针。机构投资者对上市公司基本面的关注程度更高，也更专业，因此，证券市场的机构化要求上市公司要以更高的标准披露信息，提高信息沟通的广度和深度，并以更专业的方式处理与机构投资者的关系。

第二，良好的投资者关系管理可以维护上市公司的市场价值。通过与投资者有效沟通，把公司情况客观、全面、及时地传达给投资者，确保公司在资本市场上的股票或者债券的市场价格能够真正反映公司资产和未来收益及现金流的内在价值，避免公司的价值被错误定价。

第三，良好的投资者关系管理可以降低上市公司的资本成本。影响投资者最重要的因素有两个，即风险和投资回报。一般而言，风险越高，那么投资者所要求的回报就越高。在信息不公开的情况下，投资者会倾向于认定公司具有较高的投资风险，因此会要求较高的投资回报，这无疑会增加企业筹集资金的成本。通过实施投资者关系管理，向现有和潜在的投资者展现公司状况、企业文化、价值观及发展战略等有关信息，提高投资者特别是机构投资者的认同度和忠诚度，从而提高企业价值，降低公司再融资时的成本。

第四，良好的投资者关系管理可以提高上市公司的再融资能力。引入投资者关系管理的上市公司大多是具有长远发展目标的企业，与投资者拥有互相信任的关系有利于公司建立良好的市场形象，更加有效地稳定和扩大融资群体，增大交易量，树立投资者对本企业的信心，谋求投资者对企业的长期支持，从而提高企业在证券市场上的融资能力和融资规模。

第五，良好的投资者关系管理可以稳定股价、提升上市公司在资本市场上的诚信形象。公司在资本市场上的良好形象是企业品牌的一个重要组成部分。通过有效的投资者关系管理，公司为投资者提供了充分、及时的信息，减少了投资者之间的信息不对称性，使投资者对股票交易价格的公正性更有信心。这样既增加了公司股票的流动性，稳定股价，又能提高公司的诚信度，从而在资本市场上树立良好的形象。

第六，投资者关系管理是保护投资者的重要措施之一。保障投资者的知

情权是保护投资者的关键所在。相对于控股股东和机构投资者，中小投资者由于缺乏分析手段、调研成本较高等原因，难以及时掌握上市公司生产经营及财务状况，对公司信息的了解存在一定时滞，导致其投资决策受到影响。投资者关系管理可以在相当程度上缩短这一时滞，保障投资者的知情权及其他合法权益。

以再融资为例，在证券发行市场化的趋势下，投资者是否对融资项目感兴趣或是否参与融资活动，是上市公司再融资成败的关键。如果没有事前的良好沟通，投资者很可能因不了解融资在公司发展战略中的作用，或是不理解融资项目的盈利前景，或者认为再融资项目损害了自身利益而放弃参与。在我国证券市场上，一些上市公司的确通过投资者关系管理实现了在资本市场上的再融资。

案例 1－1：雅戈尔可转债发行成功，深感投资者需要教育、引导

雅戈尔公司在 2003 年发行可转债时，申购资金高达 1592.7 亿元，中签率仅为 0.5%，超额认购近 199 倍。这不仅创出转债发行的记录，在整个再融资市场也极为罕见。此前，1998 年丝绸转债（一期）曾创出过 80 倍超额认购，核准制后则以国信证券承销的阳光转债的近 14 倍为最高。雅戈尔可转债发行热销的秘诀来自公司对转债条款的修改。尽管公司认为自 1998 年上市以来保持着年均 30% 的增长，发行可转债的募集资金主要投向又是上游面料开发，周期短、风险低、回报高，吸引力毋庸置疑。但是，资本市场并不与产品市场完全协调。2003 年 9 月之后丝绸（二期）、燕京转债相继发生包销，大批转债跌破面值，在这种背景下，公司接受主承销商意见：向市场推出递增利率、并在初始转股价的溢价比例、向下修正、赎回和回售等方面推出了具有市场诱惑的新条款，较以前发行的可转债产品有了重大突破。在其后短短几个月内，雅戈尔公司在宁波地区举行了四场大型机构投资者见面会。投资者关注的热点问题有：雅戈尔为何全面收缩金融业投资？房地产已有过热之嫌，为何还要频频买地？雅戈尔高

管们必须实时面对着专业的询问。不仅如此，还要网上、实地路演，每个周末公司高管们还要和承销商一起和客户交流，表达发行人对投资者的诚意和重视。

通过可转债发行，雅戈尔公司认识到，融资效率提高并不单纯靠资金推动，投资者需要教育和引导，热点可以通过传播新投资理念形成。同时，投资者关系管理在中国证券市场日益重要，一个公司只有运作透明，积极与投资者沟通，才能获得认同。

案例1－2：投资者关系管理在企业并购中的重要作用

投资者关系管理在企业并购中也发挥了重要的作用，如若干年前发生在美国的惠普——康柏合并案，就充分体现了IRM在上市公司经营运作中发挥的重大作用。2001年9月，惠普公司宣布将以250亿美元的价格，通过股票收购其竞争对手康柏公司。然而，这一收购方案遭到惠普家族持股成员的强烈反对，有遭股东大会否决而流产的危险，同时，该收购方案也受到当局“反垄断法”的质疑。惠普决策层为了说服投资者和监管部门接受其合并康柏的理念，动员了IRM部门的全部力量展开游说攻势。首先，他们向美国司法部，欧共体解释，两公司的合并不会构成对市场的垄断，而且可以促进竞争；其次，公司管理层还通过各种媒体以及举办说明会等多种IRM手段，向广大机构投资者和中小投资人反复阐述收购方案的合理性，以及公司合并后良好的发展前景。据介绍，即使是持有1手（100股）惠普股票的投资者，都会收到公司IRM部门发来的电子邮件和说明材料。就这样，他们先后说服有关管理当局接受了合并计划。2002年3月8日，美国联邦贸易委员会以5:0的绝对优势，批准了惠普与康柏的合并，也为将于当月19日进行的股东大会表决扫清了障碍。应该说，这是一个IRM协助企业完成并购的成功案例。

从惠普的案例中，我们看到对于一个注重长远发展的公司，如果没有出色的 IRM 工作，是不可想象的。在海外发达的证券市场上，如果忽视投资者关系工作，负面效果会非常明显。对此，有着多年证券从业经历的洲际交易所董事总经理黄杰夫介绍说，如果我们的 IRM 工作没做好，直接的影响是，股票发行上市的时候投资者兴趣都不大，即使买了你的股票也是短期操作，价格受到压抑，你到二级市场融资，成本又比较高。如果你的股票价格长期受到压抑，最后的结果就是你的公司被人收购。那么，公司的管理层统统都要换掉，不是你兼并别人而是你被别人兼并了。为了公司的长远发展，避免上述结果的出现，在西方资本市场比较发达的地方，投资者关系管理被纳入公司发展战略的重要组成部分。

第二节 投资者关系管理的起源和发展

美国是投资者关系管理的发源地。在经历了 1929 ~ 1940 年的经济大萧条和第二次世界大战后，1950 年起，美国开始了长达 20 年的经济增长，企业的扩张、居民收入的不断增加和政府长期实行的低利率政策促进了股票市场的发展。

一、投资者关系管理的起源阶段

正是由于社会公众大量参与股票市场而孕育了 IRM 的诞生。起先，公司的股东主要是那些为数不多的有钱人（百万美元左右），他们是投资银行、经纪商、信托部门、投资顾问和银行的客户，公司只需要对他们负责。但逐渐地，公司发现那些持股量仅 100 股或 200 股甚至不足 100 股的小股东越来越多。这些小股东有一个明显的特征，即他们是公司产品的潜在购买者。于是，像宝洁、通用汽车、克莱斯勒、美国电话等等消费品行业的公司看到了这一市场机会。1950 年，福特公司向社会公众大规模地发行普通股，并且交待承销商要把推销力度集中到那些 200 股左右的购买者身上。公司这样做的目的是为了吸引购买福特汽车的新客户，它的竞争对手通用和克莱斯勒也早已借助股东来促进销量。逐渐地，这些新股东意识到自己也是公司的所有者，应该有发言的权利，应该被公司所关注。这些小股东还对参加公司的股东大会颇感兴趣。于是，公司管理层有些犯难了，因为他们只习惯于跟那些有长期合作关系的银行、投资银行家和保险公司打交道，而没有一点跟小股东沟通的经验。在众多小股东的压力下，管理层不得不转而求助大众传播专家。少数大公司利用自身的公众关系部（public relations department）来和投资者打交道，而大部分公司则只有求助于外界专家顾问。那些选用自己公众关系部的公司就将这一职责定名为股东关系（shareholder relations），职责范围主要是准备年报、季报及一些财务信息的披露。年度的股东大会主要还是由公司秘书、外界的法律顾问等人来安排。这些可谓是 IRM 的初级阶段了。

启用大众传播人士来从事股东关系的操作，他们的工作同真正意义上的 IRM 还是有较大差距。在大众传播人士手里，股东关系一词逐渐演变成宣传、促销和盛典的代名词。年度报告成为公司产品的宣传手册，财务数据只占很少比重。每年的股东大会经常在高档酒店里召开，还提供咖啡、早餐、自助午餐或者礼品。管理层所作这一切的目的只是让前来参会的股东能够心平气和，而不会出现任何不利于公司形象的正面对质。

当时的电视还没有财经类的节目，电台关于财经方面的信息也少得可怜，公司如果想向投资者自愿披露信息，就必须求助于报界或者如美林之类的证券市场中介机构所发行出版的分析师分析摘要。对传播类人士而言，他们缺乏足够的财务和法律知识来正确传播公司想要或者应该传达的信息；对金融分析师而言，他们可能把握不了恰当的传播方式或渠道。此时，IRM 面临着两个难题：一方面要找出可靠的向投资者和金融界传播信息的方式；另一方

面又要找出将潜在投资者和影响其投资决策的需求、看法、关注点等信息有效地反馈给管理层的方式。于是，市场上意识到需要设立一个专门的投资者关系职能部门来履行其职责。

二、投资者关系管理的发展和成熟阶段

到 1953 年，美国的大型公司基本上都设立了股东关系管理岗位一职。同年美国管理协会（American Management Association，以下简称 AMA）出具了第一份关于股东关系的研究报告，旨在指导公司股东关系的操作。这一年，美国管理协会的主要支持者——通用电器率先设置了正式的 IRM 部门。

1958 年，AMA 召开了一次推进 IRM 发展的会议，会议讨论了实施 IRM 的必要性、公司管理层对股东的认知程度及建立专业的 IRM 队伍的重要性等。1963 年 5 月，“投资理念和投资教育会议”在底特律 Wayne 州立大学召开，召集了企业界和投资界专业人士来共同探讨 IRM 发展的紧迫性和未来发展道路。通过这次会议，IRM 得到学术界的认可，对 IRM 而言是一件意义深远的大事。

1965 年秋天，业界人士在哈佛俱乐部聚集商议组建专业的 IRM 组织一事。经过 1966 年 Haven 会议的进一步讨论，一个正式的 IRM 组织——投资者关系协会（Investor Relations Association，以下简称 IRA）诞生了。但该协会成员仅限于公司的管理者，并且入会者人数较少，不具备广泛性。1969 年 7 月 10 日在 IRA 举办的会议中成立了全国性的 IRM 组织——美国投资者关系协会（NIRI），而 IRA 作为其发起人，也只是它的一个分会。

NIRI 是由企业管理者和投资者关系顾问组成，负责企业管理层、投资公众和金融界之间交流沟通的专业性协会。它主要通过定期举行讲座和研讨会、发行关于 IRM 的出版物、提供无偿咨询网络、跟踪监管部门的监管动态、建立 IRM 人才库和组织分会的日常活动来开展工作。NIRI 在美国共有 33 家分会和 5000 多个成员。NIRI 的使命为致力于提高投资者关系操作水准和成员的

专业水平。该协会给 IRM 定义是，以特定的传播方式，将投资信息向现有的和潜在的股东精确展示公司的现行经营活动和未来前景的战略性的企业推介活动。作为行业的先驱者，NIRI 在历届成员的共同努力下奠定了其在 IRM 领域的权威性地位。

NIRI 成立 11 年后，1980 年，英国成立了 IRM 组织——英国投资者关系协会（Investor Relations Society，缩写为 IRS），这是第二家全国性的 IRM 组织。1990 年 NIRI 的加拿大分支机构从母体脱离出来，即更名为加拿大投资者关系协会（Canadian Investor Relations Institute，缩写为 CIRI）；1990 年，芬兰投资者关系协会（Finnish Investor Relations society，缩写为 FIRS）也宣告成立；也是在 1990 年，最先成立的美国 NIRI 又在德国召集组建了德国投资者关系协会（Deutscher Investor Relations Kreis，DIRK）。还有许多这样的组织如雨后春笋般地出现，如法国投资者关系联合会（Cerle de Liaison des Informateurs Financiers en France，缩写为 CLIFF），日本的日本投资者关系协会（Japan Investor Relations Association，缩写为 JIRA），巴西的 IBRI（Instituto Brasileiro de Relacoes Com Investidores，缩写为 IBRI）。

1990 年各国的会员代表联合起来成立了国际投资者关系联合会（the International Investor relations Federation，缩写为 IIRF），总部设在伦敦。这个国际性机构在成立之初，还只有 10 个组成成员。到现在，这个数字已增加到了 18 个，而且还有其他国家的 IRM 组织有意加盟。IIRF 的目标之一就是鼓励所有证券业活跃的国家成立全国性的投资者关系组织。

各国投资者关系协会组织的纷纷成立，为在世界范围内探讨投资者关系管理的行业规范创造了条件。世界各国的 IRM 组织纷纷制定和完善其职业操守条例。这是由于资本市场存在利益主体之间的取向矛盾，道德“逆向选择”往往导致内幕交易、选择性信息披露、会计造假等侵害投资者利益的行为频频发生，市场上才必须有法律和道德规范来对此进行约束。NIRI 在其成立当年，就制定了两条 IRM 从业人员基本守则。这个守则的基本内容包括：（1）投资者关系的职能是将上市公司或其客户公司正负两方面的信息及时有效地

反馈给证券市场中的股东和其他群体，以便他们在客观信息基础上作出对股票价值的正确判断；（2）只有在掌握足够的渠道来获取上市公司较全的正负两面相关信息的前提下，个人才能逐步参与投资分析师的工作。

秉承着建立投资者关系操作标准的使命，NIRI 于 1998 年发布了《投资者关系操作标准》第 1 版，由于 NIRI 的权威性，使得该标准对全球范围的 IRM 都有指导性。2001 年 1 月，根据美国证券交易委员会（Security and Exchange Commission，缩写为 SEC）2000 年 10 月颁布的《公平信息披露监管条例》，NIRI 经过调整更新发布了更为完备的《投资者关系操作标准》第 2 版。该版规定了投资者关系管理 7 个方面的内容：

1. 公司投资者关系官员的职责；

2. 投资者关系内涵；

3. 公司在操作投资关系中的信息披露方式；

4. 内部信息沟通；

5. 公司在处理分析师和投资者的关系时需考虑的财务因素；

6. 投资者关系顾问的作用；

7. 附件，包括《信息披露的标准和指南》、《公平信息披露监管条例守则指南》和《NIRI 职业操守》，在这一版中，修改了 IRM 顾问收费指南和 NIRI 职业操守。

NIRI 操作标准不仅为其他国家的投资者关系协会所采纳，据说成立较晚但发展迅猛的日本投资者关系协会就依据该标准制定了本国的操作规则。而且，成千上万的投资者关系从业人员在参照这套标准来进行信息披露，处理与企业高管人员的关系以及与分析家和投资者沟通。

三、扩展和创新阶段

随着通讯技术的发展，经济全球化的扩张及人们投资观念的变化，投资者地位越来越受到重视。越来越多的上市公司意识到要保证融资渠道的畅通

和公司的持续发展，就必须拥有长期稳定的投资者客户，建立与公众投资者良好的互动关系，并且通过投资者关系管理，上市公司实现了价值发现和价值创造。对于资本市场而言，投资者关系管理也有助于股权文化的培育。经过几十年的发展，投资者关系也有了更为丰富的内涵和操作工具。

（一）IRM 工作地域的延伸

长期以来，投资者关系管理的运用主要针对本国投资者，随着证券市场国际化和融资方式的多元化，许多上市公司将目光转向海外投资者的钱袋子。由于投资者跨境持股数量日渐增加，为了与海外投资者或潜在投资者搭建相互沟通的平台，IRM 的工作范围就理所当然地延伸到了境外，于是 IRM 工作变得愈发复杂。一些境外上市公司的 CEO 和投资者关系官员（Investor Relations Officer，缩写为 IRO）不得不每年到海外投资者所在地做现场推介，而投资者关系管理的专业性也在针对文化差异、法制差异等方面得到拓展。优秀的上市公司总能通过自身的努力，克服困难来赢得投资者和业界的认同。

在一体化的进程中，走在最前列的当属欧盟。欧元的诞生，使得欧洲人能够避开汇率风险而进行跨国界的分散投资组合，所谓的国内股票市场已扩展到整个使用欧元的地带。那些曾经专注于国内投资者的公司，开始拓宽他们的视野。欧洲公司从事投资者关系管理的专家必须将工作范围从国内转换到国际。单一货币使得业绩的比较变得容易，也让上市公司有更大的压力去提高股东价值。

目前，股票的监管在欧洲大陆还是一件艰难的事，因为没有一个统一的股权登记中心，要查出哪些股票归谁所有就得四处跑腿和打大量电话。大多数大陆公司至今仍有无记名股票，因此很难找出股票的所有者。英国是个例外，因为英国政府要求必须登记股权，并且法律赋予公司权利去获知他们的股东是谁。虽然美式的股权登记仍旧远离欧洲大陆，但欧洲清算所的兼并浪潮将极大可能地加速实现股权登记的进程。

（二）信息披露内涵的延伸

资本市场的不断发展，投资者的不断成熟，使他们对自己的权益有了更

深的认识，对信息披露有了更高的要求。

例如，在财务信息披露方面，投资者开始要求上市公司增加对品牌、商誉等无形资产价值的披露。但当前的会计准则无法完整可靠地支持这项工作，主要问题在于定价方面。例如，同样是饮料集团，Diageo 公司可以将从外部获得的 Smirnoff 品牌资本化，却不能将自身的 Bailey 品牌资本化。这对 IRM 操作者及会计制度是一个挑战。

在其他信息披露方面也同样存在问题，例如，国外的投资者一般更愿意投资于一些易识别的大型公司，这要求公司面对国外投资者的信息披露不仅要严格履行强制信息披露的内容，而且还需要有针对性地进行选择性自愿信息披露，以帮助这些投资者更好地识别自己的公司，树立对公司的投资信心。而对于一些多地上市的公司，同样的信息披露对于文化和法律迥异的投资者来说，需要特别地说明，以使不同的投资者能充分了解公司投资或融资对于公司价值提升的重要意义，这对于投资者关系管理来说的确是一个挑战。

又如，投资者逐渐关心起上市公司非财务类的信息，比如说环保问题、道德问题、社会公益事业等。投资者普遍认为，优秀的上市公司应该有效地降低废物的排放和能量的损耗，他们希望那些污染环境、雇用童工和向战乱地区销售武器的公司能够幡然悔悟。一些基金经理也要求对他们所投资公司的社会公益事业有更多的知情权。公司的治理结构也是投资者日益关注的问题。在中国和日本的资本市场上，股东由于对公司管理现状不满，上市公司纷纷引入独立董事制度，并进行相关信息披露。

我们还可以看到，国际资本市场上，关于利益冲突信息披露的呼声越来越强烈，一些当地监管机构也正在研究制定或修改关于此事的立法问题。美国证券交易协会（简称 NASD）就建议证券交易委员会（SEC）增添约束投资顾问的法规，要求分析家们和其所属公司披露他们是否与所推荐的证券有利益关系；是否拥有发行人发行在外的任何种类证券 5% 以上的份额；是否向证券发行人提供投资银行服务而收取费用。SEC 正在考虑 NASD 的建议，我们可以期待更多的保护投资者利益的相关法规出台。

（三）网络工具的运用

互联网时代的到来为IRM活动提供了新的方式。此前，大量的投资者交流和沟通是通过报刊、书信、电话和现场会议进行的，尽管面对面的互动使投资者与上市公司之间的距离在不断拉近，但现场会议或邮寄的缺陷是成本高、信息迟滞和范围的局限性。互联网的普及使网络成为最有效、最经济的信息交流媒介。上市公司网站的建设和信息发布使投资者增加了了解上市公司动态的窗口；网上发布的电话会议（包括图像和声音）可以帮助公司将信息有效地传播给最广大的投资者；网络还提供从EMAIL信息的每日更新到在线接触管理等一系列新型服务，它将成为IRO日常工作的得力助手，而企业的形象越来越依赖于各自网上信息披露的深度和可靠性。在一个跨国投资日益盛行的时代，互联网在投资者关系战略管理中将扮演重要角色。

网络工具的使用不仅为投资者沟通提供了更为便捷有效的手段，同时也给投资者关系管理带来了更大的挑战。由于互联网在信息传播上的巨大优势，投资者从仅凭上市公司的财务审计报告和投资经纪人的建议就选择投资股票的时代已经结束了。取而代之的是，投资者们会去寻找一些非财经类的信息，这些信息能够帮助他们在复杂的投资环境下更加全面地，更加细致地了解他们所感兴趣的交易。这种变化使得上市公司和它们的股民之间的传播关系也发生了显著的变化。在当今这个竞争激烈，变化多端的全球市场环境中，简单地满足监管机构合规要求的信息披露方式已经不能满足投资者对于企业信息的要求了。为了达到最好的效果，上市公司必须一年365天，每天24小时地通过各种不同的媒介与他们的投资者保持沟通和互动。

同时，由于如今各大网站纷纷成立股吧和类似的股票讨论区，提供给股民自由发表意见和观点的场所，但其中不乏关于个股的传言、因股价下跌引发的谩骂、股民个人的猜测等，站内信息的准确性和权威性均难以得到保证，妨碍了信息透明度的提高，往往会带来不必要的信息误导。所以上市公司需要及时关注各种网络媒体中出现的传言，建立具有权威性的网络发布平台，变被动披露为主动沟通，化解网络不实传言带来的不良影响，正确发挥网络

工具的信息传播作用。

（四）澳大利亚上市公司投资者关系管理实践

投资者关系管理（IRM）在国外成熟资本市场是一门比较成熟的学科，它是公众公司通过充分的信息沟通，运用金融和市场营销的原理，加强与投资者和潜在投资者之间的沟通，促进投资者对公司的了解和认同，在公众中建立公司的诚信形象，最终实现公司价值最大化和股东利益最大化的一系列战略管理行为。这门学问涉及金融、财经、大众传播、市场营销和公共关系等很多专业，属于上市公司战略管理的范畴。因为是战略管理，所以需要在公司的各个管理环节加以落实和体现。

最恰当的例子是澳大利亚在投资者关系管理方面的实践，这些实践包含了金融理论、控制权理论、营销理论的基本架构和思维方式。首先，澳大利亚的上市公司普遍把公司与投资者交流的义务作为一种企业文化来构建，要求董事会以及高管人员必须投入相当的精力，以便保持一种向所有投资者持续透明的交流文化。为了在组织体系中落实与投资者持续交流的通道，上市公司要求至少要有一个负责与投资者共享信息的管理人员，在一个人无法实时负责所有与投资者交流的事项时，可以同时授权多个代表人。其次，被指定的代表人负责与投资者就媒体发表信息、公开投标文件、公司出版物等信息载体所表达的内容与实际情况一致；最后，代表人员还应该时时依据公司所发生的变化，如内部结构、法律管理方面的变化，周期性地调整信息交流政策。

尽管澳大利亚的上市公司十分重视内部交流文化的构建，但对外发言则强调责任匹配优化，尤其强调对外信息发布的一致性。通常，上市公司的授权发言人数量一般很少，以便降低产生不一致或不利信息交流的可能性。授权的发言人可以是主席、首席执行官、财务总监、投资者关系官员，或者任命的公司事务负责人，其他的经理可以就他们所管理的领域成为发言人，但只能发表关于他们有权控制范围内的有关信息。任何公司职员或相关人员都不得公开评论公司机密，公司职员和其他相关人员应签署保密协议以防止无

授权的信息披露。同时，发言人应与交流负责人保持紧密的联系，以保证计划中的所有评论发言都在信息披露范围内，即所涉及信息是已公布或不具有重大影响。

为了保证外部人能够同时享有公司信息，如果有关公司的机密信息被非正常公开，比如同时准备向市场公布的恰当文件，尤其是关于公司兼并收购的信息被公开，公司可以考虑利用停止交易的办法；或者如果在准备重大公告的时期，公司也可以在正式发布之前组织新闻发布或简报，由于这类活动可能会引起市场的剧烈动荡，在公布之前公司可以申请停止交易，防止投机。

上市公司还可以考虑利用电话会议与更多的投资者进行直接交流，尤其是当投资者分散在多个不同地区时；电话会议的内容应向所有投资者公开，相关的记录应以录音或记录的形式保存以备任何需求，并在网站公布。

为了避免不经意的敏感信息泄露，并进而导致投资者享有信息方面的不公正待遇，澳大利亚政府要求公司对于分析师披露的信息，应仅限于已公开的信息或大众范围内的信息。负责与投资者交流的人员应保持所有已公开发布的信息的记录以有利于与投资者/分析师的交流；考虑到收益预测的价格敏感性，上市公司一般不应对分析师的预测进行评论或公布自己的预测，但若公司未来预测与已公布的预测（若存在）有重大出入并/或分析师忽略了以前披露的重大信息时，公司认为有必要对分析师的预测进行更正。若公司得知市场中对公司的收益预测与公司本身情况存在重大出入时，公司可能会发布盈利说明，但在该文件中应着重对市场预测与公司预测不同的原因进行解释而不是具体提供自己的预测数字，这就要求负责交流的人员保持所有分析师的预测记录并了解公司自己的预测。除此之外，澳大利亚的公司还经常采取召集经纪人资助的投资者会议，或者在网站上开设聊天室等方法加强与投资者的交流。值得注意的是，澳大利亚监管机构在公司与媒体的关系中，对公司行为有一些较强的约束，通常情况下，上市公司不应对媒体的猜测或谣言加以评论，除非存在影响公司的重大错误或由交易所提出此类要求。同时，如果公司对那些可能影响股价信息的评论应只停留在一般性的基础上，不应

对媒体提供含有重大影响信息的独家采访或消息。上市公司应避免向媒体提供无记录的重大信息以防止选择性披露和可能的违规行为发生。

与澳大利亚注重公司内部建设，并通过内部制度建设强化上市公司与投资人交流的做法不同，美国在安然事件以后，在投资者管理方面，尤其是信息交流的内容和方式方面，出台了一系列监管法规，通过外部法律环境的完善，来约束公司的投资者关系管理行为。在新颁布的《OXLEY 法》中，监管人专门设立了上市公司财务监督委员会，该委员会是非盈利性组织，用来监督对上市公司进行审计等财务服务的会计事务所的工作。会计事务所必须在该委员会注册取得对上市公司服务资格后才可从事相应服务，同时必须向委员会提供年度报表或依据委员会要求提供其他各类文件。委员会建立并采纳相应的审计、审计质量控制、审计独立性的检查标准，并随时确保该会计事务所及相关人员行为的合规性。《OXLEY 法》还强化了审计师的独立性和公司在信息管理方面的法律责任。对白领犯罪规定了更加严重的处罚等。这些规定，在极大约束公司恣意行为的同时，实际上还向公司施加了一种激励，激发公司规范的与投资者进行交流，确保信息在准确的基础上，传递到投资者那里。

第三节　投资者关系管理的基本特点

投资者关系在海外普遍受到重视，这是因为在发达的证券市场上，机构是主要的投资主体。上市公司必须竞争成为基金的投资对象并被列入其投资组合的核心部分，因此，资本的竞争性迫使上市公司必须不断地向基金经理说明其自身价值，吸引他们长期投资。IRM 在其中发挥的作用是，增强公司亲和力和透明度，消除投资者对陌生公司的怀疑和谨慎投资心理。因此，投资者关系管理的好坏直接决定了投资者对公司股份的认购兴趣和持有期限，

进而影响公司二级市场融资成本。

对于上市公司而言，投资者关系管理涉及到金融、大众传媒、市场营销等专业，是由市场驱动的，这与建立公共关系形成公司的CI系统进而促进产品销售没什么两样。不同的是，IRM更着眼于吸引投资者购买并持有公司股票或债券，所以，我们可以将IRM看作是将上市公司作为商品来营销，尊重“消费者”——投资者的选择。

一、投资者关系管理的基本特点

（一）投资者关系管理的本质是公司持续战略管理行为

公司战略包括产品运营和资本运营两个部分。产品运营是指企业生产经营的战略规划和实施方案；资本运营是指企业在资本市场的投融资战略。投资者关系从表面上看，似乎只是面对资本市场，但是在企业竞争逐渐由单一的产品竞争转向资本竞争的今天，企业资本市场战略更能体现统揽全局的作用。作为企业战略的重要组成部分，投资者关系管理将企业的产业发展战略、产品战略、市场营销战略、财务战略、人力资源战略等协调一致，达到彼此支持、相得益彰的效果，促进了企业在两个市场的竞争。

由于企业战略是一项长期行为，投资者关系管理必然是一种持续行为。这是因为伴随着企业战略的变化，上市公司需要不断地向已有的投资者或潜在投资者介绍公司生产经营情况和战略规划，以取得他们对公司投资价值的认可。另外，投资者关系管理作为企业的一项长期任务，应当贯彻在企业生产经营的每个环节中。也就是说，不管企业面对着多么纷繁复杂的经营环境，在生产经营和资本经营中，都要从投资者角度去考虑问题，替他们打算，为他们最大程度地创造价值。因此，投资者关系的持续性和长期性决定了其目标是上市公司与已有的投资者和潜在投资者建立长期、稳固、亲和的关系。

（二）投资者关系管理的目的是实现公司相对价值最大化

公司价值、产品价值和资产价值是完全不同的三个概念。公司价值不仅

是净资产和利润所体现的过去和现在的价值，还包含着公司未来盈利和发展的潜力，是投资者对企业未来的一种预期。体现在市场上，公司价值就是股票二级市场波动的价格。在理性的市场中，公司股票价格反映的是投资者对公司价值的估计。但考虑到股票市场面临着外部环境和系统风险，公司价值更多地表现为一种相对估值。相对市盈率和相对市净率是表现公司价值高低的重要指标，反映了投资者对公司相对价值的估计程度。

投资者关系管理的目的是通过向投资者不断展示公司前景，以及与投资者的互动沟通，使投资者能够发现价值，或者引进战略投资者为公司创造价值。当投资者对公司未来预期很好的时候，就会不断买进股票并且长期持有，其结果是提高了公司在股票市场的相对价值。

（三）投资者关系管理的核心是通过沟通促进了解与认同

随着证券市场的不断扩大，上市公司数量不断增加，如何让投资者发现公司价值，并且保持活跃的交易是一件不容易的事情。事实上，即便是在整体换手率极高的国内股票市场，我们也可以发现不少的公司交投清淡，不受投资者关注。为此，必须通过与投资者的不断沟通使公司价值得到市场的认同，投资者关系管理正是上市公司与投资者沟通的重要途径之一。

投资者关系管理的核心是通过与投资者的有效沟通，促进上市公司与投资者建立起平等、诚恳、相互尊重的基础，使双方成为一种长期、持续的关系。而沟通本身就涉及金融学、营销学等专业知识。

（四）沟通互动的主要内容是与投资者决策相关的信息

强制信息披露是保证每位投资者获得对公司平等的知情权的制度保证。站在证券监管的角度，强制信息披露是从形式和实质上帮助投资者判断股价敏感信息。但问题在于，强制披露只规定了信息的最低标准，上市公司只要符合披露程序、披露要求和披露格式，它可以对其他信息不予披露，这样投资者仍然无法清楚地知道什么公司具有较好的投资价值。

同时，好的上市公司需要获得更多的融资和更高的市值，强制信息披露下可以保证投资者对上市公司基本情况进行了解，但公司的文化、战略、经

营理念、管理层勤勉情况等等，需要上市公司的自愿信息披露来完成。投资者关系管理在这方面可以起到补充作用。一般来说，上市公司可以通过电话、参观、分析师会议、小型说明会、一对一的介绍、路演等形式与投资者小范围沟通。由于投资者对公司了解程度、投资偏好、资产配置的不同，这也决定了投资者关系可以有不同的形式，但在内容上，都是公司自愿信息披露，并且，这些信息均能影响到投资者的决策。

（五）投资者关系管理的手段是金融营销

上市公司存在于两个市场，一个是生产市场（或者说是商品市场），在这里上市公司要完成生产和产品的营销，以确认收入和利润；另一个市场是资本市场，在这里要完成融资和再融资，寻找潜在的投资者和扩大资产规模，优化资本结构、股权结构、治理结构。上市公司在证券市场上销售自己的金融产品——股票、公司债券、可转换债券等，必不可少地要运用公司营销，使投资者能通过购买公司股票、债券而获得收益。就这点而言，公司营销较产品营销的难度要大得多，但本质上一样，都需要针对产品、受众和目标的不同采取不同的手段和方法。

（六）投资者关系管理的对象是投资者和潜在投资者

投资者关系管理的对象分为已有的投资者和潜在投资者，也可分为机构投资者和个人投资者，还可分为一般投资者和战略投资者。不管怎么划分，在投资者关系管理过程中，都需要通过与不同对象的交流，帮助投资者获得对公司价值的了解。当然，这个过程绝不是单向的，投资者与公司的互动也可以促进公司更好地优化治理结构，了解市场需求，从而为较好地把握投融资市场机会创造条件。

上市公司现有的投资者对公司历史沿革和特点比较熟悉，投资者关系管理工作的重点是帮助投资者建立对公司发展重点和战略的长期信任；对于战略投资者的重点是提供与公司有关的行业趋势和公司相对价值的信息，使其能够很快地掌握公司与其他同类的区别；而对于市场中的短线或阶段性投资者，工作的重点则是就影响公司阶段性价值的敏感因素进行披露，帮助其作

出自己的判断。

（七）投资者关系管理的基础是充分信息披露

投资者关系管理工作的主要内容是信息交换和信息沟通，因此，充分信息披露是投资者关系管理工作的基础。充分信息披露的要求包含着三个方面的含义：第一，作为强制信息披露的补充，上市公司采取自愿的方式，披露更多的与公司生产经营和战略经营相关的信息；第二，在公布好的信息的同时公布坏的信息，尤其是公司出现重要事项或重大危机的时候，做到既报喜又报忧，使投资者能够全面了解公司；第三，公司的持续信息披露，其含义是上市公司与投资者的沟通是长期工作，不能等到公司需要再融资或出现了问题时就找投资者沟通，而是要在持续的信息披露过程中建立与投资者的理解与相互信任，形成投资者对公司的忠诚度，进而树立公司独特的股权文化。

案例1-3：东风汽车的投资者关系管理

东风汽车公司（以下简称东风汽车）非常重视投资者关系管理工作，作为汽车行业的龙头企业，是我国A股上市公司中较早系统实施“投资者关系管理”的企业之一。东风汽车公司管理层认为，不论是为了公司长期发展的战略利益，还是为了推进股权文化的建立和证券市场发展的历史责任和社会责任，作为一家有影响力的大公司，东风汽车都需要开展投资者关系管理，倡导“尊重投资者，回报投资者”的企业文化。因此，东风汽车实施了一系列改善与投资者关系的行动。东风汽车IRM主要包括以下几方面内容：

1. 对东风汽车投资者关系现状进行调查。公司向17家基金管理公司、大证券公司的基金经理、分析师和一些投资者、媒体记者进行问卷调查。从这次调查结果的分析看，东风汽车在投资者心中有较好的形象基础，但是公司的IRM工作缺乏计划性、规范性、系统性和针对性，公司管理层眼中的东风汽车与投资者眼中的东风汽车不一致，投资者缺乏与公司沟通的

渠道，对公司发展战略和经营策略也缺乏了解。由于缺乏与公司沟通的渠道，对公司发展战略和经营策略也缺乏了解。

2. 确定东风汽车的资本市场形象定位。通过对国内主要的机构投资者和专业证券研究机构分析师的调查，结合东风汽车战略规划、产业地位以及经营状况，确定了东风汽车资本市场形象定位，并根据投资者眼中的东风汽车定位，有的放矢地展开一系列针对性较强的投资者与研究分析机构沟通（包括一系列的分析师说明会以及与《证券时报》合办投资者关系栏目等），充分体现了投资者关系管理工作“通过沟通促进了解与认同”的特点。

3. 制定公司内部投资者关系管理规范。首先，规范公司的公开信息披露。董事会根据《证券法》、《上海证券交易所股票上市规则》等相关法规制定并颁布了《东风汽车股份有限公司信息披露管理制度》，规范公司的信息披露。其次，以董事会决议的方式宣布系统实施投资者关系管理工作，制定并颁布了《东风汽车股份有限公司投资者关系管理规定》。最后，证券事务及投资者关系管理部制定了相关的日常工作规范，包括《东风汽车股份有限公司投资者关系管理手册》和其他日常的工作制度。

4. 设立投资者关系管理组织机构。根据实施投资者关系管理的需要，公司设立了“证券事务与投资者关系管理部”，明确了证券事务与投资者关系管理部的投资者关系管理职责和具体工作内容。公司还充实了证券事务与投资者关系管理部的工作人员，并对他们进行 IRM、信息披露和证券事务管理、东风汽车相关知识的培训。

5. 定期召开分析师说明会。2002 年 4 月 8 日，由公司与中国证券业协会证券分析师专业委员会联合召开的“东风汽车 2002 年说明会”在湖北省襄樊市召开，参加会议的单位达 30 多家，包括富国、长盛、华夏等基金管理公司的基金经理或分析师；海通、申银万国、国泰君安、华夏、南方、湘财、西南等证券公司的分析师。分析师说明会在沟通公司与投资者方面所取得了良好效果，公司拟将这种方式作为公司投资者关系活动的

基本标准，在每年年报公布后邀请投资界人士进行面对面交流，让公司管理高层和基金经理、分析师进行更多的直接交流，尽力让东风汽车给人留下深刻印象。其后，东风汽车定期举办不同规模的投资者说明会，邀请机构和个人投资者参加会议，增强公司与投资者的交流。

6. 利用网站加强投资者关系管理。东风汽车在公司网站上建立了投资者关系管理栏目，使网站成为加强信息披露、改善与投资者联系和沟通的低成本、高效率的阵地。从网站运行的情况来看，在未经宣传和推荐的情况下，这里聚集了大量的人气，已经成为东风汽车投资者和关心东风汽车发展投资人的乐园。有许多投资者就公司的会计政策、中报、发展方向以及媒体对公司的相关报道提出了问题，这对于公司进一步改进信息披露工作提供了依据。东风汽车还与《证券时报》合办投资者关系管理栏目，希望得到上市公司、中介机构以及其他市场主体的反馈，共同构建尊重投资者的市场氛围。除此以外，东风汽车定期编制《东风汽车动态》刊物，分别寄往证券监管机构、交易所、证券公司、基金公司、媒体及部分投资者，形成了以信息披露、公司网站、分析师说明会、东风汽车动态刊物为主要沟通模式的东风汽车投资者关系管理体系。

综上所述，由东风汽车在投资者关系管理工作上的进步可以看到，树立起“尊重投资者，回报投资者”的企业文化正越来越多地得到现代公司的认可。能否将公司包装成一个受投资者青睐、愿意认购并持有其股份的另类“商品”，将成为决定一个公司在资本市场中地位的重要砝码。而在处理公司投资者关系工作时，坚持以充分信息披露为基础，以“通过沟通促进了解与认同”为核心，以合理而富有成效的营销手段，向投资者及潜在投资者提供可能与其投资决策相关的所有信息——这些终将成就公司更大的相对价值，也更容易在当今资本竞争的市场环境下获得资本青睐。所以，优秀的投资者关系管理工作应该得到公司足够的重视，也是一项值得公司领导层持续督导的战略管理行为。

第四节　投资者关系管理与强制信息披露

强制信息披露、独立审计与公司治理是现代资本市场对上市公司进行外部监管的三大重要因素。在我国证券市场发展初期，由于上市公司普遍对投资者缺乏尊重的理念，强制信息披露制度起到了规范上市公司信息披露义务，保护中小投资者利益的作用。但强制信息披露制度仅规定了上市公司对投资者信息披露的最低要求，它本身能够体现上市公司价值的部分，而诸如价值发现和价值创造，则需要依赖于上市公司与投资者互动过程中的自愿信息披露。

一、强制信息披露与自愿信息披露的关系

上市公司强制信息披露与自愿信息披露之间在沟通的目的、信息量、渠道上存在着不同。

（一）目的不同

强制信息披露属于法定信息披露。从产生的背景看，强制信息披露是为了防止上市公司对投资者进行欺诈、提高上市公司透明度、保护股东特别是中小股东的制度性安排。强制信息披露的特点是最低要求和被动披露，在强制信息披露制度要求下，上市公司仅披露要求披露的信息，并且只要合规就可以了。尽管强制信息披露保证了投资者通过指定渠道获得最基本信息，但投资者一般都希望自己获得的信息越多越好，在这种情形下，就需要上市公司进行主动的自愿信息披露了。

投资者关系产生的动力在于资本竞争，即上市公司希望在资本竞争中胜出，这样它必须通过与投资者的主动沟通，获得投资者对公司的了解和认同，

进而获得投资者的支持，获得低成本融资和较高的相对价值。从公共关系的角度来看，上市公司通过投资者关系工作，改善了公司市场形象，使公司在产品市场、资本市场和人才市场上有所收获。由此看来，上市公司投资者关系更加强调信息披露的主动性，是在资本竞争背景下，上市公司谋求自身价值最大化的持续性行为。

（二）信息量不同

强制信息披露由于具有法定要求，在内容和信息量及内容格式上相对简洁。而投资者关系则可以采取多种方式使投资者更加了解公司。当然在信息披露的内容上也存在着差异：强制信息披露是有限的信息量和提供与公司价格敏感的重要信息；但这并不意味着其他信息就不重要了，现代企业的复杂性和资本市场信息化使投资者对上市公司信息披露的要求远远不满足于强制信息披露的内容，他们或许需要与上市公司生产经营相关的非财务信息，也许需要与公司战略与发展相关的信息，甚至包括企业文化和管理层是否勤勉的信息。因此，通过投资者关系工作体现了企业和投资者双向的信息交流。上市公司从投资者那里知道什么样的人想来投资，他们在关注企业哪些方面的内容；投资者可以从上市公司那里获得其判断企业价值的信息。这种双向的信息流对于企业来说往往会起到意想不到的效果。

（三）渠道不同

信息必须通过一定的渠道流向投资者。强制信息披露实际上已经规定了指定披露的原则，一般是在中国证监会指定的媒体上进行披露，并且对披露次数也有要求。在投资者关系管理中，由于上市公司需要针对不同类型的投资者，因此，采取的信息发布渠道也可以有多种选择。例如报纸的形象宣传、网站的数据披露、电视电话会议、分析师会议、重大事项路演等。

目前，我国已经形成了上市公司强制信息披露的法律法规监管体系（见图 1－1），并就上市公司信息披露的触发时点进行了严格界定。但尽管如此，投资者对上市公司信息披露的理解与关注程度仍较国外有很大差距。这是因

为在固定成本[①]模式下，上市公司信息披露会出现效率递减和选择性风险。

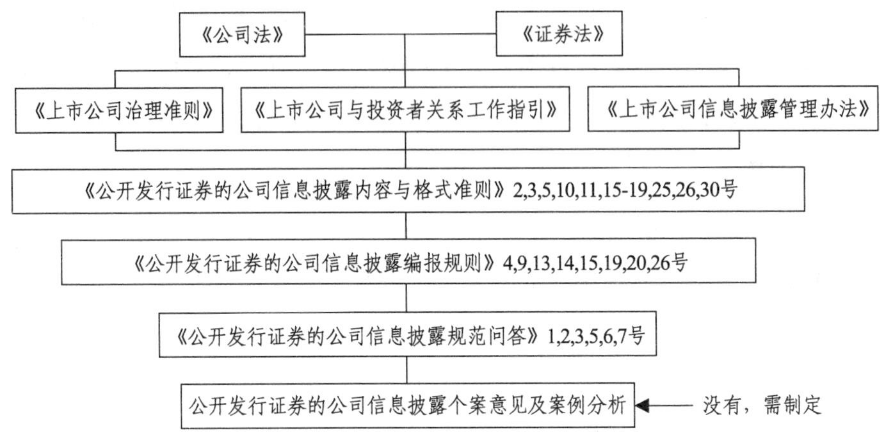

图1－1　我国上市公司信息披露的法规监管体系

二、投资者关系与上市公司强制信息披露

我们已知信息对投资人决策和市场价格会发生重要影响，监管者追求在成本固定前提下，上市公司信息披露的效率最大化，但信息披露制度和模式对上市公司信息披露的含量以及市场价格变化的影响是很大的。深圳证券交易所《上市公司信息披露若干问题研究》报告对此问题进行了专门的研究，其结论是：（1）市场反映和信息供给量有显著关系，尤其在换手率指标上非常明显，提高信息披露频率有助于引导投资人行为，稳定股价，渐进性的信息供给可以降低股价波动的幅度；（2）定期报告披露时间安排中，年报和季报存在一定的重叠性，不利于提高公司信息披露的质量；（3）业绩预报制度对报告期内因披露进度安排引起的投资人焦虑起到了重要作用，特别是在很大程度上减少了市场对亏损公司的强烈反映；（4）上市公司信息供给量与规模没有关系，大公司和小公司在信息披露频率上不存在明显区别，公司信息

① 我国上市公司信息披露采取指定披露方式，上市公司须每年向指定信息披露媒体支付固定的信息披露费用。

披露频率的增加与盈余出现剧烈波动有关。

上述研究结论给我们的启示是：第一，在上市公司信息披露成本固定的前提下，上市公司更愿意选择应披露信息而不愿意采取自愿信息披露。另一种情况是，好的信息上市公司愿意披露，而坏的信息则选择性地披露，在坏的信息中，如果不属于强制披露范围的，上市公司一般选择沉默，这对投资人显然不利。第二，迫于制度驱动压力，上市公司进行披露应付，导致信息披露内容冗长并缺乏实质内容。尽管这一问题已经被监管部门发现，并采取简化形式、信息电子化等措施方便投资人阅读，但信息雷同等仍导致投资人无所适从。第三，信息披露出现效率缺失，一个典型例子是对公司重组传闻的"辟谣"，多数公司采取公告"本公司无应披露而未披露的信息"，而结果多数传闻被证实是真实的，这不仅不利于股价稳定，相反还助长了投机资金的参与。此外，信息披露频率过高也使投资者难辨真伪。例如上市公司停牌制度，其设计的初衷是当上市公司出现重大事项或价格异动时，根据交易所条例进行例行或警示性停牌，使投资人能够对价格和信息作出充分判断。而实际情况是，我国上市公司平均停牌数量明显高于国外的停牌数量。由于我国衍生证券品种数量较少，这种局面不会造成扩散性影响，一旦市场层次扩大、品种丰富，大面积的关联性停牌将造成"信息泛滥"的后果，反而不利于价格稳定。就《证券法》和《交易所上市规则》而言，对于系统灾难性的停市规定似乎也只限于原则，缺乏具体的实施细则。

我们注意到，针对年报和季报披露时间重叠且披露密度集中的现状，中国证监会、交易所实行了对盈利可能出现较大变动的公司进行业绩预盈或预亏公告的制度，这一制度对于消除投资人因信息公告安排时间滞后而导致的焦虑猜测有积极作用，也有利于二级市场价格的稳定。

上市公司信息披露的目标是提高披露效率，方式是改革上市公司信息披露形式，投资者关系管理恰恰在这方面能发挥优势。

根据2011年上海证券交易所与特许公认会计师公会（The Association of Chartered Certified Accountants，简称ACCA）联合进行的针对投资者和上市公司对于信息披露作用的在线问卷调查结果显示，88%的受访投资者认为，企业年报中所披露的信息对于投资决策“很重要”或者“重要”。调查发现，尽管投资者认为某些非财务信息的披露对于投资决策的制定“重要”或者“很重要”，但有一部分人依然认为，当前披露的信息未能提供有意义的信息来帮助他们进行决策。就非财务信息的披露而言，公司重大风险、管理层状况、内控情况和企业治理的信息披露存在巨大差距。有82%的调查对象认为，企业风险和管理层状况的披露对于他们的投资决策“重要”或者“很重要”。但只有65%的调查对象认为，企业当前披露的风险与管理层信息能够为投资决策提供有意义的信息。部分调查对象（39%）认为披露过于格式化，或只重复往年的披露；部分人（41%）认为，披露内容太简单，或披露的信息并非所期望的。一些调查对象还表示当前的披露仅涉及金融风险，缺乏其他类型的风险披露，例如行业风险等。就公司内控情况和企业治理信息的披露而言，绝大部分（各占54%和53%）的调查对象发现，披露过于格式化，或只重复往年的披露，具体如表1-1所示。

表1-1　决策重要性与目前信息披露的有益性

	对于投资决策（很）重要	目前的信息披露对投资决策有益
公司的主营业务、经营情况及市场份额	98%	91%
重要事项	95%	85%
管理层的分析、未来计划及前景	92%	82%
财务状况及会计政策	92%	86%
公司基本情况	89%	81%
风险的识别和风险管理	82%	65%
公司的内控情况	79%	60%
企业治理	78%	63%
管理层的变动情况	72%	66%
员工情况	47%	42%
董事、监事、高级管理人员年度报酬	44%	47%

这表明，在目前强制信息披露制度的要求下，上市公司的强制披露信息还不能完全满足投资者对于信息披露的要求，需要加强投资者关系管理，通过主动信息披露的方式，增强与投资者的沟通，让投资者对上市公司有更为充分和详细的了解。

三、投资者关系与上市公司自愿信息披露

自愿信息披露是指除强制性披露的信息之外，上市公司基于公司形象、投资者关系、回避诉讼风险等动机主动披露的信息，如管理者对公司长期战略及竞争优势的评价、环境保护和社区责任、公司实际运作数据、前瞻性预测信息、公司治理效果等。

自愿信息披露具有非强制性质，在制度驱动信息披露的背景下，上市公司普遍不愿意进行自愿信息披露，其原因是多方面的，总结起来有：（1）自愿信息披露需要上市公司支付额外的会计信息成本，在我国这种额外的支付未必能立即见到超额的收益；（2）在强制信息披露制度下，自愿披露行为存在一定的风险，如公司盈利预测，如果存在较大的弹性，有可能招来股东诉讼；（3）大部分股权处于相对集中和不流动状况，而这部分股东对资本盈余的关注程度远远超过了投资收益的关注，而中小股东缺乏信息判断的专业知识，他们对公司管理层很难提出自愿信息披露的要求。

但这种情况正在发生变化，一个主要的原因是开放和竞争的市场趋势迫使上市公司增加自愿信息披露以获得竞争性资本。国外研究证明，财务信息自愿披露程度的提高有助于提高资本、资产和其他资源的配置效率，降低交易成本。Haslins，Ferris，and Selling（2000）认为，随着证券市场信息不对称风险的增加，投资人认为亚洲新兴市场的上市公司更容易隐匿坏消息，而亚洲的上市公司却将融资重点放在欧美市场，因而具有改变披露行为的动机。在我国，机构投资者的壮大使其有实力网罗一批专业的研究人员，通过评估上市公司信息披露的质量，甄别出一批坏的公司，这对整个上市公司群构成

了压力。第二种压力来自专业的证券分析师，也包括部分优秀的财经记者。他们能迅速准确地发现上市公司信息披露中存在的瑕疵并向媒体揭露，这种揭露往往又成为交易所事后督查上市公司的有利证据。因此，上市公司面临的压力是，要么采用更先进的造假技术进行反识别，不过这种做法成本实在太高；要么是和这些分析师达成妥协，通过公司与分析师定期沟通的形式分散信息披露风险。当然，上市公司以召开分析师会议或与分析师定期沟通总会示意好的或中性的消息，其目的是回避可能招来的诉讼。

在成熟市场，自愿信息披露能增进公司透明度并帮助市场形成价格机制，进行有效资源配置。我国证券市场是转轨和新兴市场，所采取的信息披露制度以强制性信息披露为主，自愿性信息披露为辅。自愿性信息披露为辅助制度，并不表明自愿披露的信息质量不高，不受法律的保护。相反，因为自愿披露是上市公司主动与投资者沟通，往往有一定的参考价值。

中国证监会于2002年1月9日发布《上市公司治理准则》中规定上市公司除按照强制性规定披露信息之外，应主动及时地披露所有可能对股东和其他利益相关者决策产生实质性影响的信息，并保证所有股东有平等的机会获得信息，上市公司应及时了解并披露公司股份变动的情况，以及其他可能引起股份变动的重要事项。当上市公司控股股东增持、减持或质押公司股份，或上市公司控制权发生转移时，上市公司及其控股股东应及时、准确地向全体股东披露有关信息。

深圳证券交易所综合研究所于2002年12月23日发布研究报告第三辑《上市公司自愿性信息披露研究》，对自愿性信息披露的基本特征、鼓励与规范、提高中国上市公司自愿性信息披露质量作了深入研究。提出证券监管部门应在相关政策法规中加入鼓励上市公司自愿性信息披露的条款，以解决政策法规落后于公司实践的矛盾，并且要求证券监管部门和交易所加强对自愿性信息披露的市场管制，防止上市公司随意披露虚假信息，保护市场秩序。相对于强制性信息披露的监管，自愿性信息披露的管制中需要主观判断的内容更多，更具挑战性。

深圳证券交易所2003年11月11日发布的《深圳证券交易所上市公司投

资者关系管理指引》，对自愿性信息披露提出了具体指引，提出上市公司可以通过投资者关系管理的各种活动和方式，自愿地披露现行法律法规和规则所规定应披露信息以外的信息，上市公司进行自愿性信息披露应遵循公平原则，面向公司的所有股东及潜在投资者，使机构、专业和个人投资者能在同等条件下进行投资活动，避免进行选择性信息披露。上市公司应遵循诚实信用原则，在投资者关系活动中就公司经营状况、经营计划、经营环境、战略规划及发展前景等持续进行自愿性信息披露，帮助投资者作出理性的投资判断和决策。

上海证券交易所在 2004 年 4 月颁发的《上市公司投资者关系自律公约》中明确指出，上市公司要增强信息披露，增进投资者对上市公司的了解，建立上市公司与投资者之间及时、互信的良好沟通关系。在条件许可的情况下，尽可能改进本公司信息网络平台建设，在网站中建立投资上市公司自愿性信息披露及其管制者关系专栏，认真履行信息披露义务，依法及时、真实、准确、完整地披露公司所有的重大信息，遵循公平披露的原则，使所有投资者均有同等机会获得同质、同量的信息。

中国证监会在 2005 年 7 月颁发的《上市公司与投资者关系工作指引》中，鼓励上市公司进行自愿性信息披露，加强上市公司与投资者之间的信息沟通，完善公司治理结构，切实保护投资者特别是社会公众投资者的合法权益。该指引指出投资者关系工作的基本原则是充分披露信息原则，除强制的信息披露以外，公司可主动披露投资者关心的其他相关信息。公司应遵守国家法律、法规及证券监管部门、证券交易所对上市公司信息披露的规定，保证信息披露真实、准确、完整、及时。公司同时可以利用网络等现代化通讯工具定期或不定期开展有利于改善投资者关系的交流活动，并及时关注媒体的宣传报道，必要时可适当回应。

一般来说，管理人员自主性是自愿性信息披露制度的最大特点，而自愿信息披露的主要内容包括：

1. 盈利猜测性信息：在西方，有关法规要求在招股说明书中披露盈利猜测外，定期财务报告则无要求。许多公司往往自愿披露盈利猜测信息。

2. 价值或现行成本信息：一些国家在物价变动剧烈时曾采用现行成本会计，由于现行成本会计比较复杂，加之近些年来物价变动趋向平静，许多国家将其改为鼓励披露。

3. 社会责任、人力资源和环境保护信息：如职工、环境保护等信息有力地减少了外部对企业的误解，改善了企业的公共关系。

4. 背景信息和经营性数据：成熟市场的上市公司目前没有要求报告高层次的经营数据和业绩指标，但有不少企业自愿提供了这方面的信息。

5. 前瞻性信息：包括机会和风险、治理部门的计划、实际经营业绩与以前披露的机会和风险以及治理部门计划的比较。

与上述内容相似，王咏梅（2003）① 对上市公司财务信息自愿披露指数进行了实证研究（见表1－2），上市公司自愿披露信息不仅包括财务信息，还包括但不限于：(1) 公司核心能力的战略规划信息；(2) 业绩预测及修正信息；(3) 与咨询机构或中介机构沟通的信息；(4) 对会计准则未要求披露而对投资人决策有重要影响的信息；(5) 公司社会责任信息，等等。上市公司自愿信息披露既可以在定期报告或临时报告中披露，也可以以分析师会议、媒体发布会以及选择制定披露媒体刊登。

表1－2　　　　上市公司财务信息自愿披露的事项

财务信息披露类别	主要信息事项
背景信息	公司战略描述；公司战略目标与步骤；实现战略时间表； 主要障碍；障碍对当前利润影响；障碍对远期利润影响
历史信息概括	资产报酬率或能计算资产报酬率的资料；净利润或能计算净利润的资料； 资产周转率或能计算资产周转率的资料；权益报酬率或能计算权益报酬率的资料
关键非财务统计	员工平均报酬；定单完成率；今年新定单额；销售量及增长率； 主要产品销售价格；关键地区销售增长率；关键产品销售增长率； 退货率；生产周期；盈亏平衡点；原料价格及数量；投入产出比

① 王咏梅："会计信息披露的规范问题研究"，《会计研究》，2001年第4期。

续表

财务信息披露类别	主要信息事项
预测信息	以前年度预测数据与实际数据比较；以前年度销售数据与实际数据比较； 利润预测；现金流预测；销售额预测；市场占有率预测； 资本性支出与研发支出预测；未来机会对公司销售的影响； 未来风险对公司销售的影响
管理层分析	销售收入变动；营业收入变动；销售成本变动；毛利及毛利率变动； 管理费用变动；净利润变动；存货变动；应收账款变动；市场占有率变动

另外，根据2011年上海证券交易所与ACCA联合调查的结果，关于需要增加哪些信息以帮助投资者进行决策时，有71%的调查对象认为应增加往年的年报所披露的未来计划的进展情况，有70%的调查对象认为应增加公司的竞争优势，有67%的调查对象则认为应增加资产价值的提升内容。具体来说，投资者对于其他应披露信息需求的比例如表1－3所示：

表1－3　　　　投资者认为公司年报中应增加的信息

尚未涉及的信息披露	比例
往年的年报所披露的未来计划的进展情况	71%
公司的商业运作模式及竞争优势	70%
资产价值的提升	67%
公司拥有的有形及无形、财务及非财务资源，如专门技术人员等	56%
环境保护政策	54%
利益相关方关系管理	52%
公司的社会责任	47%
监事会的工作披露	46%
公司遇到的失败的案例以及其解决方法	44%

第五节　投资者关系管理与投资者保护

投资者保护是站在监管层面上对上市公司提出的要求，对投资者保护的

立法与监管，促进了上市公司投资者意识的加强，其中，投资者关系管理是在尊重和保护投资者的股权文化下逐渐形成的。上市公司投资者关系管理更多地体现了上市公司与投资者之间的互动性。

一、投资者保护的理论基础

根据政府立法和执法在投资者保护过程中的作用，投资者保护理论可以分为契约论和法律论两种。

（一）契约论

契约论的学者认为，投资者通过和公司签定契约就可以保护自身的合法利益，因此政府只需保证契约执行即可。只要执行这些契约的成本为零，个人就不需要通过法律或找到规避法律而限定契约的方法。契约派有以下三个重要的观点：

1. 法律不重要。那些希望外部筹资的公司可以通过一系列机制来善待投资者。法律可能会限制这些机制的范围，但公司和投资者总可以找到有效的安排。按照这种观点，在极端的情况，如果所有国家都有良好的司法体系，应该会有相近的和有效的公司财务安排。

2. 法律尽管非常重要但会有其他制度使私人签定有效的契约。持这派观点的学者认为，法律重要，但也可以采取其他政府或民间制度，通过政府干预或公司与投资者的私人契约来达到理想的投资者保护水平。具体来说有三种投资者保护机制：（1）即使法律没有作出要求，政府也可以对公司施加压力，让其善待股东。如果公司掠夺股东，则可能受到惩罚。（2）高度集中的外部投资者所有权。高度集中的外部投资者所有权可以构成对管理层强有力的约束，从而保护投资者。（3）公司维护自身声誉，通过支付红利，公司可以建立善待股东的声誉。一般而言，管理层和股东之间的反复搏弈可以树立公司值得信赖的形象，从而增强公司的外部融资能力。

3. 当法律和国内制度不健全时，公司和个人可以通过签定国际契约，实

现效率。随着资本市场的国际化，在本国投资者保护不足时，公司可以通过交叉挂牌到投资者保护好的市场上市，从而提高投资者保护效率。

总的来说，契约论认为只要契约是完善的，执行契约的司法体系（法庭）是有效的，那么投资者与公司签定契约就可以达到保护自己利益的目的，法律并不重要。

（二）法律论

这派理论主要以 La Porta，Lopez - de - Silanes，Shleifer 和 Vishny（LLSV）为代表，主要的观点是法律在投资者保护方面很重要，是决定投资者保护水平差异的最重要因素。LLSV 分析了智利、德国、波兰和韩国的投资者保护法律和规则变革情况，发现法律规则的变化提高了投资者保护水平和公司的外部融资。因此，LLSV 认为必须完善投资者保护的相关法律框架，建立强有力的监管架构。

对于契约论所提出的政府干预、集中的外部所有权、公司的声誉和交叉上市这 4 种投资者保护机制。LLSV 认为，政府干预的前提是政府必须是有效和廉洁的，而政府是否有效和廉洁又是部分地由法律体系所决定的外生力量。LLSV 表明大陆法系的国家腐败程度较高，政府效率最低。政府虽然表示要保护投资者，但在经济危机时，更倾向于抛弃投资者而保护企业家。1997 年的东南亚经济危机中一些以大陆法系为基础的东亚国家政府的表现就是证据。

在外部投资者所有权集中的公司中，当大股东实际控制管理层时，也存在如何保护中小股东不被掠夺的问题。公司的声誉也不可靠。在经济前景好时，公司可能善待投资者，但在经济前景不好时，公司可能置投资者于不顾。交叉上市可在一定程度上提高投资者保护的水平，但不是所有的公司都会在海外上市，因此交叉上市不能替代法律规则的变革。

（三）契约论与法律论的比较

契约论和法律论指出了投资者保护机制的不同方面，两者相互补充。契约论存在以下几个问题：首先，契约不完备。契约论隐含的一个假设是投资者有完备的信息，可以制定完善的契约。但在现实生活中，由于信息的不确

定和不对称性，投资者可能没有足够的信息来采取行动以及制定完备的契约。其次，缺乏高效的司法体系。契约论隐含的另一个假设是有高效的司法体系能够执行产权和契约。但在现实生活中，法庭也可能因为资金或动力不足、缺乏相关经济知识甚至腐败而不能有效地发挥作用。在很多国家，投资者并不能依靠法庭来执行契约。LLSV 发现在大陆法系的国家，司法腐败程度和对契约执行的效率都不如普通法系国家和地区。最后，恶意欺骗。如果没有法律制止和惩罚恶意欺骗、违约等行为，仅靠签定契约也无法保护投资者利益。由于以上三个原因，必须有一个相关的法律规则框架，制定详细规则，提高公司透明度，使投资者获得足够信息，同时保证法庭有效运作。而且还有必要创建一个监管框架和强有力的监管机构来制定相关规则和执法。因此，法律规则和执法是签定和执行契约的基础。

二、投资者保护的制度和原则

投资者保护的根本目标是维持投资者信心，实现公司价值最大化，促进资本积累，证券市场发展和经济增长。投资者保护的原则包括：

1. 公平对待所有的股东；

2. 在投资者保护和公司管理层相关抉择、公司效率以及其他利益相关者利益之间取得合理平衡；

3. 建立保护投资者的法律规则（包括股东表决权制度、股东诉讼制度等）对投资者保护至关重要；

4. 建立强有力的证券执法机构，对侵害投资者利益的违规行为进行严格惩罚；

5. 建立严格信息披露标准，提高公司运作透明度，保证公司信息完整准确地传递给投资者；

6. 建立对管理层和公司业绩的监督和评价机制。

投资者保护需要一系列制度安排，投资者保护制度的核心是要通过一整

套正式的、非正式的规则，包括广泛接受的各种有关做法，建立一套涉及关键行为人的激励与约束机制，使他们的利益与投资者一致。投资者保护制度包括公司和社会两个层面：

（一）公司层面

在公司层面，相关制度安排要使代理成本最低，使代理人只有按照股东或公司的最佳利益行事，才能实现最大限度的个人利益（货币收益与非货币收益）。公司层面的制度安排，主要涉及完善公司内部治理，清晰界定管理层和董事会的责权利，建立公司内部的控制与监督机制，具体包括：

1. 股东投票权和投票程序，包括累积投票权和其他所谓的反对董事权利，这些对于保护相对于控股股东和相对于管理层的少数股东的权利来说很重要。

2. 包括董事会和单个董事在内的公司董事的职责、权利和责任，如“独立”董事的界定，关于董事会的构成以及审计、董事提名、董事及管理层报酬等董事会委员会构成的要求等。

3. 对公司内部人的自我交易的禁止，无论自我交易是借助于关联交易，还是通过管道输送或采取内幕交易的形式。

4. 完善公司收购规则，即在发生公司并购和公司私有化（公司不在挂牌）时对公司中小股东的保护。

5. 通过派生诉讼和集团诉讼，股东拥有对管理者和董事的法律求偿权。

（二）社会层面

从整个社会的角度来看，要在公司以外的相关层面建立相关制度，使这些层面的行为人只有按照股东或公司最佳利益行事，才能使个人利益最大化。

1. 政治层面，要界定清晰的政商关系，政府应避免既是“裁判员”，又是“运动员”的利益冲突。

2. 法律层面，要建立保护投资者权益的完善的法律体系，包括公司法、破产法、收购兼并法和证券法等。要制定关于公司股票与债券发行和交易的法规，包括关于证券发行人和诸如证券公司、会计师事务所、投资顾问等市场中介机构的职责和责任的法律。要明确投资者保护措施，主要是事前保护

和事后救济两方面。事前保护措施有股东表决权制度、新股发行的优先认购权等，事后救济措施包括派生诉讼、集团诉讼等。此外还应建立与股东诉讼相配套的个人信用制度、收入账户公开和个人破产制度。

3. 司法层面，要有足够的政治独立性、足够的司法权、足够而不会导致过度厌恶的法律实施资源、能够作出信息充分而又公正的判决的司法体系。

4. 执法层面，建立依照证券法运用监督手段和法律实施手段而对公司证券的发行和交易进行监管的政府机构（如“证监会”）。

5. 自律层面，如证券交易所的上市规则，即公司证券容许在交易所挂牌和交易而必须达到的条件，证券交易所对上市公司的信息披露要求，投资者协会对投资者的保护等。其中信息披露尤为重要。美国、波兰和德国市场的成果经验表明，证券发行者必须有大量强制性的财务信息披露。信息的准确性，即使在股东无权据此采取诸如集团诉讼行动时，也对股东保护至关重要。关于信息披露的制度设计，公司财务报告所依据的会计标准及其确定；外部审计及相应的审计机构的选择；以清晰、即时的方式公开披露各种有关信息，包括财务报表（分部的和合并报表，董事和高层管理人员的报酬水平和奖励手段等）、关联交易、公司治理准则和其他准则、法律、规章和自己公布的工资价值与目标的实施情况或未能实施的理由。

6. 市场层面，如约束和激励管理层的公司控制市场、经理人才市场和产品市场。

7. 证券中介机构层面，主要是投资基金和大机构投资者的分析师和会计事务所和律师事务所的自律。股票分析师对公司客观价值进行持续性分析，会计师事务所对上市公司财务的审计，起到了监管上市公司和保护投资者的作用。为使中介机构充分发挥监督作用，还应在市场中引入卖空机制，为分析师和媒体监督公司提供一种激励机制，也即卖空机制存在可以使分析师通过追查企业欺诈行为，卖空股票获利。此外，还要建立通过成员资格授予、信息共享、同业压力等界定并维持本行业执业标准的专业协会，如会计师协会、证券经纪商协会、公司董事协会等。

8. 媒体层面，主要媒体对公司可能的欺诈和侵害投资者的行为独立地进行分析、报道和披露。

投资者保护制度，无论是在公司层面还是在社会层面，主要涉及公司的监督和控制、信息披露和公司透明度这两大类，这些制度的着眼点在于最大限度地降低信息不对称程度和道德风险，实现激励相容，保证代理人利益与委托人的利益尽可能地保持一致，保护投资者利益。

三、投资者保护的国际比较

法律保护是投资者保护的重要方面，法律框架的不同直接导致投资者保护水平的差异，因此法律所规定的股东权利以及对这些原理的执行情况是投资者保护水平的重要衡量标准。LLSV 制定了一套投资者保护指标：股东权指数、债权人保护指数和执法效率指数（LLSV 指标）。根据这些投资者保护指标和法系，LLSV 对世界 49 个有代表性的国家和地区的投资者保护水平进行了比较（见表 1－4）。

表 1－4　　法系和投资者权利

指标	法系				
	普通法系（18 国）	法国法系（21 国）	德国法系（18 国）	斯堪的那维亚法系（18 国）	世界平均（49 国）
股东权利保护					
抗董事权指数	4.00	2.33	2.33	3.00	3.00
通信投票权	39%	5%	0%	25%	18%
无阻碍出售权	100%	57%	17%	100%	71%
累计投票权或比例投票权	28%	29%	33%	0%	27%
受压少数股东投票机制	94%	29%	50%	0%	53%
优先权	44%	62%	33%	75%	53%
召开特别股东大会的权利	94%	52%	0%	0%	78%

续表

指标	普通法系（18 国）	法国法系（21 国）	德国法系（18 国）	斯堪的那维亚法系（18 国）	世界平均（49 国）
债权人保护					
债权人权利指数	3.11	1.58	2.33	2.00	2.30
不得自动扣押抵押品	72%	26%	67%	25%	49%
首先支付有抵押的债权人	89%	65%	100%	100%	81%
对进入重组的限制	72%	42%	33%	75%	55%
管理层不得参与重组	78%	26%	33%	0	45%
执法效率					
司法效率	8.15	6.56	8.54	10.00	7.67
腐败水平	7.06	5.84	8.03	10.00	6.90
会计准则	69.92	51.17	62.67	74.00	60.93

资料来源：LLSV，“Investor Protection: Origin, Consequences, Reform”, NBER Working Paper No. 7428.

从表 1-4 中可以看出，普通法系的国家（地区）在投资者保护方面最好，法国法系最差，而德国和斯堪的那维亚法系国家局中。在法律实施方面，法国法系国家在法律实施和会计标准方面最差，斯堪的那维亚法系国家最好，德国和普通法系国家（地区）也较好。总的来说，普通法系国家对投资者保护做得较好，大陆法系国家则相对较差。

那么究竟是什么原因导致了这种差异呢？解释主要有两派观点。

1. 司法理论。该理论认为，法官的灵活决策和诚信义务是良好的投资者保护的关键。在普通法系的国家（地区）中，法官发挥重要作用。即使某些行为并未在法律中载明，他们也能够灵活地依据一般哲学原则和以往案例对商业案件做出判断。在投资者权益方面法官多依据诚信义务原则处理控股股东（包括管理层）与小股东的关系。而在大陆法系中法律条文起决定作用，法官难以超越法律条文的规定做出自己的解释，因此“内部人”可以选择法律没有明文禁止的手段掠夺小股东的利益。

2. 政治理论。该理论认为，影响法律的重要历史因素是政商关系，即国家在监管商业中的作用。由于历史的原因，英美国家的普通法在发展过程中较少受到当时政府的干预，是在国家对立过程中发展起来的，如法庭主要受议会和房产所有者的影响，法律在发展过程中也主要是保护私有产权不受君权的侵犯，因而一般来说更倾向于保护私人出资人的利益，法律实施的效率也较高。反观大陆法系，法律形成过程中，政府起了重要的作用，法律主要是进一步发展国家目标，法官更倾向于维护政府和管理部门的利益，法庭依赖于政府，而不是像普通法那样与政府对立，因此大陆法系对投资者的利益保护较少，法律实施的效率也较低。

因此，一个国家和地区政府对法律和市场的干预越大，投资者的保护水平也就越低。上海证券交易所研究中心主任胡汝银指出保护投资者的利益，首先就应规范政府的行为，规范国家与企业的关系。他提出按照国家对证券市场的影响程度划分，证券市场的监管可分为政府主导型，以日本和法国为代表，监管机构隶属于政府，拥有不受约束和监督的超级监管权利，运作带有浓厚的官僚体制色彩，在监管取向上，强调企业的融资和规模的扩大，但往往忽视或不重视投资者利益的保护；以英美为代表的市场主导模式，它以立法、执法和行政三权分立和司法独立的权利制衡机制为基础，比较好地解决了政府独大引起的相应问题和冲突，能够提供一个较好的立法框架，即一方面国家通过立法执法对证券市场进行监督，另一方面投资者和中介机构也可对违规公司进行民事诉讼，要求民事赔偿。投资者人数众多，对切身利益保护的动机最为强烈，而且还有与投资者诉讼配套的司法安排，保证诉讼得以实施，因此，这种市场自身的监督往往是投资者利益最有效的保障模式。

四、投资者保护的国际实践

保护投资者是证券市场监管的核心内容，也是证券市场健康运行的基础。一个完整的投资者体系大体可划分为对投资者作为上市公司股东利益的保护

和作为证券交易者利益的保护两个方面。投资者在证券市场上具有双重身份。一方面投资者是上市公司的股东，享有股东的权利，各国政府主要通过完善公司治理和强化外部司法监督机制来保护投资者在这方面的权利。另一方面，作为证券交易者，投资者（尤其是中小投资者）与证券公司之间存在着严重的信息不对称，各国政府主要通过加强对证券公司的监管来保护投资者在这方面的权益。同时，世界上大多数证券市场发达的国家（地区）还建立了投资者赔偿制度，以作为最后的保护措施（见图1－2）。

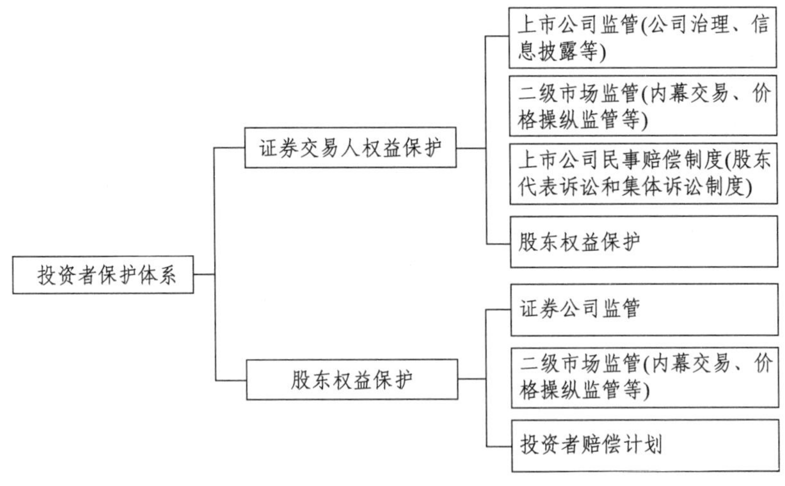

图1－2　投资者保护体系①

第六节　投资者关系管理与公司治理

上市公司通过投资者关系管理发现和创造价值，也引进了新的战略投资者，有利于改善公司治理结构。

公司治理是建立在产权基础上的董事会、监事会、管理者之间的制衡关系。

① 朱从玖：《投资者保护——国际经验与中国实践》，复旦大学出版社2003年版。

从制度的安排来看，公司治理制度具体涵盖公司微观和社会宏观两个层面（见表1-5）。投资者保护理论认为，各国公司治理结构模式的不同，主要是由于各国对投资者保护的法律体系不同所引起的，投资者法律保护的强弱将影响公司所有权结构的选择。公司治理在投资者法律保护弱的国家能发挥更大作用。

表1-5　　公司治理的制度安排

公司层面	董事会的运作	董事会结构和构成
		董事会的有效性，如董事会下设专门委员会
		外部董事的独立性和作用
		董事和管理人员的薪酬
		董事会的选举和评价
	股东权利	公平对待股东，是否保护中小股东利益不受控股股东侵害
		股东获得信息的权利
		投票权和股东大会程序
		股东所有权权利
	透明度	及时准确全面披露财务信息
		及时准确全面披露公司治理信息，如所有权结构，环境政策等
		外部审计与公司保持独立地位
	其他利益相关者	职员、供应商、银行等参与公司重大决策
	社会意识	公平的劳工、环境保护政策等
社会层面	政治基础	清晰界定政商关系，政府能够避免既是“裁判员”，又是“运动员”的利益冲突
	法律基础	《公司法》、《证券法》及《破产法》等规章制度建设，法律对投资者权利的保护程度
		司法资源，独立性和效率
	监管基础	相对独立有足够权利的证券监管机构
		发挥一线监管职能的自律组织，自律组织与证券监管机构保持独立性
		监管机构对信息披露的要求
	信息基础	公司财务报告所依据的会计标准
		外部审计及相应的审计机构的独立性和数量
		以清晰、及时的方式公开披露各种有关信息，包括财务报表和公司治理信息

续表

社会层面	市场基础	股票市场的有效运作（上市的难易程度，公司控制权市场的发展）
		银行体系的健全
		机构投资者发育
		产品市场的充分竞争
		经理市场的有效运作
		政商分开
		市场诚信和信用基础
	文化基础	股东积极主义和公司治理文化

资料来源：胡汝银、司徒大年著：《公司治理评级研究》，2002 年版。

一、上市公司治理结构的类型划分

近年来，随着各国对公司治理重要性认识的提高，纷纷提出了公司治理的原则，如 1992 年美国法律协会颁布的《公司治理结构原理：分析与建议》（Principles of Corporate Governance：Analysis and Recommendations）白皮书、1992 年英国公司治理之财务问题委员会（The Committee on the Financial Aspects of Corporate Governance）颁布卡德伯利报告（Cadbury Report）、欧盟 1991 年修改发布的关于统一欧盟成员国股份公司经营管理机构组成及职能设置的《第五号公司法指令草案》、经合组织 1998 年公布的《公司治理结构准则》（The OECD Principles of Corporate Governance）等。一般认为，一套良好的公司治理体系应遵循如下四个方面的原则：公平、透明、问责和责任。虽然普遍的原则得到了广泛的认可，但各国在具体模式上仍存在着一定的差异，总的可以分为英美和德日两种公司治理模式。

（一）英美模式

股权结构是公司治理结构的基础。英、美的股东高度分散，主要依托资本市场，具有较强的流动性。而且相当一部分股东是只有少量股份的股东，其实施治理权的成本很高，因此，不可能将股东大会作为公司的常设机构，或经常就公司发展的重大事宜召开股东代表大会，以便做出有关决策。在这

种情况下，股东大会就将其决策权委托给一部分大股东或有权威的人来行使，这些人组成了董事会。股东大会与董事会之间的关系实际上是一种委托代理的关系。股东们将公司日常决策的权力委托给了由董事组成的董事会，而董事会则向股东承诺使公司健康经营并获得满意的利润。

董事会是股东大会的常设机构。董事会的职权由股东大会授予。关于董事会人数、职权和作用，各国公司法均有较为明确的规定。除公司法的有关规定以外，各个公司也都在公司章程中对有关董事会的事宜进行说明。公司性质的不同，董事会的构成也不同。英美公司的董事会通常作出如下安排：

1. 在董事会内部设立不同的委员会，如执行委员会、任免委员会、报酬委员会、审计委员会等一些委员会。这些委员会由董事长直接领导，有的实际上行使了董事会的大部分决策职能。董事会是股东大会的常设机构，而执行委员会又成为董事会的常设机构。（1）审计委员会，主要是帮助董事会加强其对有关法律和公司内部审计的了解，使董事会中的非执行董事把注意力转向财务控制和存在的问题，从而使财务管理真正起到一种监督的作用，增进董事会对财务报告和选择性会计原则的了解。（2）报酬委员会，主要是决定公司高级人才的报酬问题。（3）董事长的直属委员会，由董事长随时召集讨论特殊问题并向董事会提交会议记录和建议的委员会，尽管它是直属于董事长的，但它始终是对整个董事会负责，而并不只是按董事长的意图行事。近年来，美国的有些公司又成立了公司治理委员会，用以解决专门的公司治理问题。

2. 将公司的董事分成内部董事和外部董事。内部董事是指公司现在的职员，以及过去曾经是公司的职员，现在仍与公司保持着重要的商业联系的人员。外部董事包括三种人：一是与本公司有着紧密的业务和私人联系的外部人员；二是本公司聘请的外部人员；三是其他公司的经理人员。外部董事一般在公司董事会中占多数，但一般不在公司中任职；内部董事一般都在公司中担任重要职务，是公司经营管理的核心成员，美国大多数公司企业的内部董事人数为三人，很少有超过五人的。外部董事有的是私人投资者，它通过

在股票市场上购买公司股票而成为公司大股东，但他们往往对于公司的具体业务并不了解，大部分外部董事作为其他公司的代表进入公司董事会，而这些公司又常常是法人持股者。自20世纪70年代以来，英美公司中外部董事的比例呈上升趋势。按理讲，外部董事比例的增加会加强董事会对经营者的监督与控制，但是，英美大公司中同时存在的一个普遍现象是公司首席执行官兼任董事会主席。这种双重身份实际上使董事会丧失了独立性，其结果是董事会难以发挥监督职能。

如前所述，首席执行官通常由董事长兼任。即使不是由董事长兼任，担任此职的人也几乎必然是公司的执行董事并且是公司董事长的继承人。大多数公司还在首席执行官之下为其设一助手，负责公司的日常业务，这就是首席营业官，即COO（Chief Operation Officer）。这一职务一般由公司总裁（President）兼任，而总裁是仅次于首席执行官的公司第二号行政负责人。有的公司，由董事长同时兼任公司的首席执行官和总裁。有的公司常设一名首席营业官协助董事长兼首席执行官的工作。此外，公司还设有其他一些行政职务，如首席财务官等。在英美公司的行政序列中，以首席执行官的地位最高，其次为公司总裁，再次为首席营业官，接下来是首席财务官。在总裁以下，各公司还常常设有多名负责具体业务的副总裁，包括执行副总裁和资深副总裁。这些副总裁一般都负责公司的一个重要业务分部，或者是作为公司董事长和首席执行官的代表担任重要子公司的董事长兼首席执行官。由于首席执行官是作为公司董事会的代理人而产生，授予他何种权利、多大的权利以及在何种情况下授予，是由各公司董事会决定的。首席执行官的设立，体现了公司经营权的进一步集中。

但是，在英美公司中并没有监事会，而是由公司聘请专门的审计事务所负责有关公司财务状况的年度审计报告。公司董事会内部虽然也设立审计委员会，但它只是起协助董事会或总公司监督子公司财务状况和投资状况等的作用。政府的审计机构也在每年定期或不定期地对公司经营状况进行审计并对审计事务所的任职资格进行审查。

下面以美国为例具体介绍公司治理情况。

第二次世界大战之后，美国的小额股票发行和职工持股的急剧增加，股东人数直线上升，股东高度大众化，股权集中度较低。同时，美国法律禁止企业相互持股和金融机构持有企业股票，因而美国的法人股东主要是由退休基金、保险公司、共同基金等组成的机构投资者，机构投资者持股比重也不断上升。1949 年为 14.5%，1960 年为 18.7%，1970 年为 27.6%，1989 年为 35.3%，1996 年达 43%。，但由于机构投资者采取组合投资、分散持股的方式，加之美国的有关法律严格限制机构投资者对某一家公司持股比例，因此，机构投资者在每个公司中所占的股权份额并不大，仍然保证了美国公司股权的分散化。

第一，在这种高度分散的股权结构下，持股人更关心的是股票的涨落，对公司重大问题的参与方式主要是通过股票买卖来表现，这也称为“用脚投票”。“用脚投票”机制灵敏有效，股权收购活动频频发生。股权的高度流动、转移和收购，强化了资本市场对企业经营者的控制和约束，有利于通过公众广泛持股增强公司的公众性、民主化和透明度，使公司在众目睽睽和法律的严密监管下规范运作。但同时小股东“搭便车”现象严重，主要依赖资本市场的退出机制，而不是用手投票对公司进行控制，导致所有者最终控制的削弱和经营者对企业控制权的强化，于是往往发生大公司经理人员权力过大、不受制约、玩忽职守和谋取私利的问题。第二，分散的股权使股东对公司业绩和经理人员的评价更加市场化，普遍实行的高管人员股票期权制度，以市场上股票价格的变动对管理者形成间接约束。经理人员面临着较大的短期盈利压力，经理人员必须不断去创新，否则自身和公司都会被淘汰，这使美国制度显示出在灵活性、反应能力、创新等方面的优势，因此有利于新兴产业和高科技产业的发展。股票期权制度虽然是一种有效的激励机制，但在失去控制的情况下，容易引发经理人员急功近利的短期行为，甚至驱使管理层大肆造假以粉饰公司业绩、推高股价、获取暴利。第三，股权流动性过强和股东角色频频换位，固然有利于发挥“用脚投票”的约束作用，但也不可避免

地削弱了股东对企业长远发展的关切度。个人股东和机构法人股东对短期收益的过分偏好，也容易造成企业行为短期化，从而损害企业的长远发展和国际竞争力。但20世纪90年代中期以来，一些机构投资者已行动起来积极介入公司治理，迫使那些经营乏术、管理无方的高层经理下台。机构投资者在积极行使控制权的同时，由于它们通常持股比例较大，交易成本较高，当公司经营出现问题时，很难顺利出货、全身而退，因而其安定性，长期性也有增强之势。此举被称为“机构持股者的觉醒”，或所有者与经理人员之间关系的“历史性变化”。对于投资者，美国法律比较注重保护股东特别是中小股东的利益，公司奉行股东第一主义，经营目标服从于股东的盈利最大化目标，给予股东的回报比较优厚，通常公司分红率高达40%～50%以上。这一点与日本公司苛待股东、极力压低股息的做法形成鲜明对比。

在法律法规方面，美国制定了普适性的法规，如在联邦政府一级，有《反托拉斯法》、《证券法》、《证券交易法》，为了尽可能促进法律制度交流，联邦一级还特意制定了诸如《商事公司示范法》等建议性法规蓝本；在州一级，各个州都有自己的公司法规和实施细则，配合联邦法院的司法解释和判例，形成了一个比较周密的“蓝天法体系”。与这种法规体系相对应，美国实行一元结构的公司治理模式，董事会作为公司最高管理机构行使公司经营管理权。作为美国公司治理结构的另一个特色，首席执行官制度则突出了执行官个人在公司经营决策中的作用。在美国，3/4的公司首席执行官兼任董事会主席，期限为6～8年，首席执行官的收入包括公司红利、转让权受限制的公司股票、长期性奖金、股票期权等等。针对首席执行官权力过大和薪酬较高的情形，近年来美国公司逐步强化了首席执行官个人决策、收入信息披露义务，完善了首席执行官业绩评价制度，建立了公司重要职务委派权力制衡机制，突出了独立董事的独立性。在董事会的董事安排中，外部董事比例也有逐渐增加的趋势，甚至在一些大型公众公司如摩托罗拉董事会，外部董事超过了内部股东董事；通用公司董事长也不由大股东派任。由于美国人多数认为股东大会、董事会和管理层的权利关系更应该是自由契约解决的问题，因

而不需要一个监察部门来监督某个主体，这使得美国公司治理的另一个特色是没有专门的监事会，只是在董事会下设监察委员会、报酬决定委员会、提名委员会、执行委员会来解决公司经营决策中的权力制衡问题。

同时，由于前面所提到的股东（以及代理人）行为的短期性，美国公司采用三种方式提高公司效率：第一，通过公司外部控制权市场兼并收购压力对治理结构方面的缺陷进行矫正；第二，通过股票期权、内部员工持股等制度对代理人进行激励，降低代理成本；第三，用董事会任意选择的累积投票制度（cumulative voting）、代理投票制度（proxy voting）、股东投票协议制度（voting agreement）、股东代表诉讼制度（shareholders' derivative suit）、内部员工持股制度（employees - shareholding）等来限制董事会或首席运营官 CEO 的权力滥用。

随着“安然事件”的爆发，美国清醒地意识到现存公司治理结构中的不足。美国证券交易委员会（SEC）于 2003 年 4 月 1 日通过一项新规定，对新形式下的公司治理提出了新的规定：要求交易所和证券商协会修订《企业上市审查准则》，明确规定上市公司和拟上市公司必须成立审计委员会，并对审计委员的独立性作出规定。从 2003 年 7 月 1 日开始，上市公司实行股权报酬必须得到股东同意，这一新的规则将帮助严格股票选择权计划制度，限制企业高层轻易获取高额收入。2003 年底，纽约证交所和纳斯达克提出新的治理规则，包括：要求上市公司董事会中独立董事应占多数，并要求定期召开独立董事会议；公司的前雇员或公司管理人士的亲属被任命为独立董事前，需经过 3 年的冷却期；任何一位董事或其家庭成员如从公司直接获得 10 万美元以上酬劳，而这些酬劳又不是作为董事的职务报酬，那么这位董事就不可被视为“独立”董事；要求所有公司均需有独立的审计、薪酬和提名委员会。

英国金融监管局主席 Howard Davies 先生也为改善公司治理结构提出了五条原则：第一，人是关键因素，应保证在董事会中安排具有自主精神和专业技能的人才；第二，股东们不应该放弃他们对董事会的义务，公司需要乐于发表个人见解的股东。第三，外部审计必须独立自主，明察秋毫；第四，公

开和透明性具有决定性意义，阳光是最好的良药；第五，单纯的自我约束是不够的，必须要有强制性约束机制的支持。

（二）德日模式

与英美的股东结构不同，德日的股东相对集中、稳定。但两国仍存在着一些区别。下面就分别介绍两国的具体情况。

1. 日本。

日本和美国的董事会在法律框架上是相似的：公司董事独立对股东就公司的经营承担责任，他们是在股东大会上由多数股东选举出来的，并且必须按照法律和股东大会的决议勤勉地为公司工作，董事会就是为了监督各个董事的工作而产生的。董事会作出重大决议并由执行董事完成。

尽管如此，日本和美国两国董事会的实际功能却非常不同。在美国，董事会任命首席执行官和其他高级管理人员并监督他们的工作，而在日本，公司董事会的重点是作出战略性的经营决定。与功能相对应，董事会的结构也有所不同。美国董事会中有许多外部董事，他们必须在公司的经营方面有一定的专门知识以代表股东监督公司的运做。而日本公司的董事通常是从公司的中层经理中选拔的，董事仍是公司的职员，对公司的运做有详尽的了解。而晋升到董事会的潜在可能性激励着公司的员工忠于公司并为公司努力工作，同时由公司内部人组成的董事会也可能为公司的稳步发展选择最合适的战略。但是，这样的董事会结构也存在着一定的缺陷。首先，它倾向于在董事会的内部创造一个等级结构，削弱董事会监督董事工作，特别是董事会主席的工作的作用。发生在公司内部的提升会在董事之间建立资历之分，因为大多数情况下，这样的提升是由董事会主席和董事会主持人以及其他一些有影响的人，如前任董事长和资深董事决定。这种等级结构使得在董事长和资深董事之间以及资深董事和资历较浅的董事之间的层级差别日益强化，后者通常被委派对公司经营的若干部分负责。其次，在这样的董事会结构中，为了回报长期效力的经理，董事的数量倾向于随着时间的发展而增加。由于这两点，许多大型日本公司中，通常存在一个包括董事会主席和少部分资深董事在内

的委员会来作出重大的经营决定，而这些决定随后自动地被董事会的全体董事批准。此外，商典法没有禁止董事同时作为公司执行官或者雇员，也没有要求任何“独立”董事的存在。因此，若不考虑法律责任，日本大公司的董事会在监督董事的工作方面以及在指导公司的经营方面比较表面。

（1）法定监事。商典法要求必须任命法定监事，由公司股东直接选举，负责为了股东的利益而监督董事的工作。法定监事有权从董事和雇员处获得有关公司经营的报告，有权检查公司的运行和财务状况，有权出席董事会议，并且在其认为董事的行为违反了法律或者公司章程的条款，有可能给公司造成严重损害的时候，有权要求终止该董事的行为。法定监事不能同时是公司的董事或者雇员。在资本额达到 50 亿日元以上的公司，以及债务达到 20 亿日元以上的公司，除了一个财务监事外，还必须有至少 3 个法定监事。这些监事组成监事会。他们之中至少一个人是“独立”个人，即他在过去的 5 年中既不是公司的董事，也不是公司的雇员。虽然法律的设置赋予了法定监事代表股东监督公司经营的重任，但在实际中，“独立”监事大约占法定监事的一半，他们常常是来自重要的商业伙伴，如集团公司和主银行的前任雇员或者个人，显然，这种情形下客观公正是很难保证的。

（2）董事。在日本公司中通常鼓励董事购买和持有公司股票，但并不像美国公司那样授予股票期权。此外，董事的薪水是通过股东大会批准的，而不是就各个董事的薪水分别进行批准。而且，对于同时是雇员的董事可支付双份薪水。

（3）雇员。日本公司的董事通常来自公司的中级管理层，这种选任由高级管理层做出。雇员也从他们的角度监督董事的活动。他们虽然没有权利解雇他们认为不够满意的领导人，但他们的观点会影响董事会其他成员采取针对这些人的行动。终身雇佣制度是对雇员归公司管理层影响的支持，在终身雇佣制度下，管理层不得不对维持与雇员的合作关系以及自下而上的决策过程给予充分的重视。另外，雇员的股票所有权在日本也非常普遍，这同样为雇员提供了直接影响公司管理层的法律权利。

(4) 股东。股东在股东大会上任命董事并在必要的时候解雇董事。股东有权利要求董事和法定监事在公司股东大会上报告公司经营状况。股东还有权利知晓和参与可能导致公司结构根本性变化的决议，例如公司章程条款的修改和重大交易。董事和法定监事的薪水应当由股东大会决定。日本实行“一票一权”。少数股东有权利召开股东大会，有权利请求法院任命视察员来核查股东大会的程序。股东具有反对董事不正当行为的诉讼权。日本的企业间环形交叉持股，大股东在大多数情况下是国内的银行和保险公司以及其他集团公司和重要的商业伙伴。集中的所有权结构使得关键股东有可能对于公司经营施加重要影响。同时，由于交叉持股下的稳定所有权结构，日本公司被恶意收购的危险很低。

(5) 主银行。通常主银行是公司最大的债权人，也是主要股东之一。主银行是公司各种金融服务的首要提供者，包括贷款的延续，支付和结算场所和债券发行的认购和管理。主银行还提供管理资源，如财务和投资意见，有时还把自己的经理派到董事会中担任董事或法定监事。

主银行主要实施三种监督：事前、事中、事后。事前监督涉及到公司的投资决定。由于重要的投资通常要求外部资金的支持，主银行通过审查贷款申请监督公司的投资决定。事中监督涉及到对公司财务状况的评价并当公司处于危机中时，对公司的经营进行关键性的干预以采取必要的纠正措施。由于掌握了有关公司的众多信息，主银行很适合有效地决定是拯救公司还是清算公司以及如何重构公司。而且作为一个重要的债权人和股东，主银行毕竟对于公司的经营有决定性的影响，而且能够适当地协调各个利益相关者的要求，有时甚至通过接受一个较大的失调比例的债务负担来拯救公司以实现这一目标。

政府在支撑主银行制度中起到重要的作用。法律的规定有利于保护主银行获得的利益，政府还提供了对于主银行的约束。通过对银行的调整性和监督性权利，政府实际上担负着监督主银行的责任。

日本的这种公司治理安排是适应其股权结构的结果。与美国的分散持有

不同，日本的股权高度集中，分散的个人持股比率低。股东高度法人化，法人持股占有较大比重，并以金融机构持股为中心。由于日本法律不像美国那样禁止企业相互持股和银行持有企业股票，因而日本的法人股东主要不是美国式的机构投资者，而是由银行、保险等金融机构及企业法人构成的，它们是占主导地位的持股主体。为了加强企业之间的关系，日本的企业法人相互持股占很大比重，其中金融机构特别是城市大银行持股处于法人持股的中心，其持股率远高于其他法人股东。据东京证交所统计，1989 年全国股票持有者的分布状况为：金融机构占 46% 雄居榜首，次为企业法人占 24.8%，个人占 22.6%。正是由于日本公司法人持股占绝对比重，日本的经济体制被称为“法人资本主义”。由于占有大部分股权的法人股东作为稳定性股东将股票长期锁定、不予流动，股票流通性差、稳定性高，很少发生大规模股权流动或转移情况。在日本，崇尚公司本位，忽视中小股东利益。法人大股东垄断集权，企业经营者首先是对企业负责，而不是对股东负责，经营目标不是依从股东的盈利最大化目标，而是生产最大化和市场占有率最大化。在对待股东和内部员工的关系上，公司奉行员工第一主义（如采取终身雇佣制和年功序列工资制），客户第二，股东最末。因此，分给股东的股息微薄。年分红额约为股票面额的 10% ~15%，如按市价计算，年收益率仅为 0.5% 左右，仅为欧美国家的 1/2 甚至 1/3。

这种股权结构的安排有其有利的一面，如企业法人相互持股有利于建立长期稳定的交易关系；金融机构持有企业股份有利于实现产融结合，使企业能依靠大量的外部资金迅速扩张，造就大企业和大企业集团，日本工商企业资金来源的 80% 为借入资本，而借入资本中银行贷款又占 80% 以上，企业法人相互持股具有抬高股价、压低分红、降低资金成本的功能。同时，法人股东之间奉行互不干涉和稳定持股的原则，通常不干预对方的经营活动，使得企业经营者拥有相当充分的权利。日本企业追求的是长期利益即企业规模的扩大和市场占有率的提高，而不像美国企业追求短期利润，这也是日本企业国际竞争力强的重要原因。

但另一方面，企业法人相互持股容易形成垄断体制，法人持股倾向于经营权与所有权的一体化，导致企业经营者权力膨胀、不受制约、腐败盛行，形成严重的内部人控制。股票流动性差，弱化了资本市场对经营者的约束。这些都将损害分散的小股东利益。而银行大量持有企业股票，使日本的金融体制凝聚了巨大风险：股价飙升所带来的巨额账外资产势必诱使银行大量增加贷款，助长经济过热和泡沫经济；股价暴跌则会使银行发生巨额资产贬值损失并背上沉重不良债权，从而动摇整个金融体系基础。

日本经济的长期停滞不前，使得很多人开始重新审视这种特殊的股权结构。日本公司和金融机构从 1991 年即开始重新评价交叉持股的价值并抛售持有的部分长期股票，交叉持股逐渐减少。据日本全国证券交易所协会发表的 1999 会计年度日本股票分布状况调查显示，日本个人股东人数连续 4 年增加，首次突破 3000 万人，而散户投资人的持股比例也创下 1983 年度以来的最高水平，达 26.4%。与此同时，金融机构的持股比例占 36.1%，比 1998 年度下降 3.2 个百分点。2002 年 9 月日本中央银行决定，直接收购银行持有的价值超过银行自有资本部分的上市公司股票，以减少银行持有的客户企业的股票，减轻股票下跌对银行经营的冲击。截至 2002 年 3 月底，日本各大贷款银行共持有 25 万亿日元的企业股票，其中大部分企业都是其业务客户。由于日本银行和保险公司持有大量股票，因此在被形容为“失去了 10 年”的股市大跌中成为最大受害者。在 2003 年 3 月底结束的 2002 会计年度，日本 7 大金融机构出现了高达 4.6 万亿日元的巨额亏损。

而最近，一些公司也开始了公司治理的改革。2003 年 6 月，索尼、东芝、日立、三菱、野村证券等日本 36 家上市公司计划按照美国上市公司体制改革管理模式，以实现与国际接轨的目标。根据改革方案，这些上市公司将在公司董事会中设立若干委员会，主要包括选举委员会、报酬委员会和监察委员会，分管董事会提名、公司管理层薪酬和审计。此外，方案还规定，董事会中半数的成员要由公司外部的人员担任；提高外国股东在企业中的控股比例以及在董事会中的人员数量；扩大外国股东在企业中的管

理范围等。

综观日本上市公司股权结构和治理结构变革的目的是，推动股权分散化、增加公司股票的流动性、减少交叉持股、减少银行持股、引入外部董事、强化信息披露、增强透明度、加强外部监督、保护股东利益、实行股权对外开放和国际化、提高外国股东持股比重以及在董事会中的人员数量。

2. 德国

与日本类似，银行在德国的公司治理中同样处于中心地位。银行通常是公司的大股东，银行可以自己持有一家公司多少股份，在德国没有法律的限制，但其金额不得超过银行资本的15%。另外，德国银行还进行间接持股，即兼作个人股东所持股票的保管人。德国大部分个人股东平时都把其股票交给自己所信任的银行保管，股东可把他们的投票权转让给银行来行使，这种转让只需在储存协议书上签署授权书就可以了，股东和银行的利益分配一般被事先固定下来。这样银行得到了大量的委托投票权，能够代表储户行使股票投票权。

由于大公司的股权十分集中，德国公司更依赖于大股东的直接控制，另外由于德国公司更多地依赖于内部资金融通，所以德国银行不像日本银行那样能够通过控制外部资金来源对企业施加有效的影响。

德日公司的股东监控机制是一种“主动性”或“积极性”的模式，即公司股东主要通过一个能信赖的中介组织或股东当中有行使股东权力的人或组织，通常是一家银行来代替他们控制与监督公司经理的行为，从而达到参与公司控制与监督的目的，如果股东们对公司经理不满意，不像英美两国公司那样只是“用脚投票”，而是直接“用手发言”。

（1）双层董事会结构。德国公司的业务执行职能和监督职能相分离，并成立了与之相对应的两种管理机构，即执行董事会和监督董事会，亦称双层董事会。依照法律，在股份公司中必须设立双层董事会。监督董事会是公司股东、职工利益的代表机构和监督机构。德国公司法规定，监督董事会的主要权责，一是任命和解聘执行董事，监督执行董事是否按公司章程经营；二

是对诸如超量贷款而引起公司资本增减等公司的重要经营事项做出决策；三是审核公司的账簿，核对公司资产，并在必要时召集股东大会。德国公司监事会的成员一般要求有比较突出的专业特长和丰富的管理经验，监事会主席由监事会成员选举，须经 2/3 以上成员投赞成票而确定，监事会主席在表决时有两票决定权。由此来看，德国公司的监事会是一个实实在在的股东行使控制与监督权力的机构，因为它拥有对公司经理和其他高级管理人员的聘任权与解雇权。这样无论从组织机构形式上，还是从授予的权力上，都保证了股东确实能发挥其应有的控制与监督职能。

由于银行本身持有大量的投票权和股票代理权，因而在公司监事会的选举中必然占有主动的地位。如果公司经理和高层管理人员管理不善，银行在监事会的代表就会同其他代表一起要求改组执行董事会，更换主要经理人员。由此可见，德国在监事会成员的选举、监事会职能的确定上都为股东行使控制与监督权提供了可能性，而银行直接持有公司股票，则使股东有效行使权力成为现实。

（2）职工参与决定制度。在德国的职工参与中，可以分为三种形式。①拥有职工 2000 名以上的股份有限公司、合资合作公司、有限责任公司，依据 1976 年通过的《参与决定法》，职工参与制度主要涉及监事会的人选。监事会的人数视企业规模而定，在 2000 名以上到 1 万名职工以上的企业有监事会成员 20 名。职工进入监事会的代表中，职工和高级职员是按比例选举的，但每一群体至少有一名代表。②拥有 1000 名以上职工的股份有限公司、有限责任公司等企业的参与决定涉及到董事会和监事会。董事会中要求有一名劳工经理参加。监事会的人数定为 11 人，席位分配的过程是，劳资双方分别提出 4 名代表和 1 名“其他成员”，再加 1 名双方都能接受的“中立的”第三方。其中的“其他人员”规定为不允许与劳资双方有任何依赖关系，也不能来自那些与本企业有利害关系的企业。③雇工 500 名以上的股份公司、合资合作公司等。规定雇员代表在监事会中占 1/3，在监事会席位总数多于 1 个席位时，至少要有 1 名工人代表和 1 名职工代表。职工代表由工人委员会提出候

选人名单，再由职工直接选举。

这样职工通过选派职工代表进入监事会参与公司重大经营决策，即所谓“监事会参与决定”，使得企业决策比较公开，这有利于对公司经营的监督，同时还有利于公司的稳定和持续发展。因为职工在监事会中占有一定的席位，在一定程度上减少了公司被兼并接管的可能性。这也是德国公司很少受到外国投资者接管威胁的主要原因之一，从而保护了经理人员做出长期投资的积极性。

员工的利益通过监事会和劳资协会之间的劳资协同经营制度而得以制度化。在与员工密切的信息、咨询和劳资协作方面，劳资协会有很大的权利。劳资协会是合法的全体员工的最高代表，促进公司和雇员的福利。监事会中的员工代表在管理中主要是平衡股东利益，并帮助员工参与制定企业经营战略。在董事会中设立员工代表强化了董事会制定决策的民主性。

二、英美和德日两种公司治理模式的比较与融合

如上所述，英美与德日两种股权结构的差异表现在股权集中度一高一低、股权流动性此强彼弱、股东地位有高有低等多方面，尤其集中体现在机构投资者性质与构成的区别上：

1. 美国的机构投资者主要由保险公司、退休基金、共同基金及各种基金会等构成。而日本的机构投资者主要是银行、企业法人和保险公司。

2. 持股动机及运作方式不同。美国的机构投资者作为他人资产的受托者，其持股目的主要是最大限度地获取投资收益而不是控股，注重短期效益，把股东财富最大化视为企业经营的最高目标，一般并不参与企业经营。当企业经营发生问题或预期企业经营前景不妙时，它们通常是抛出所持股份而不是参与或帮助改善经营，以保证既有利益或使损失最小化。日本的企业法人股东着眼于公司的长期效益，承担社会责任和义务，企业的经营不仅要满足所有者，同时也应考虑其他相关受益人。因此，企业法人持股的主要目的不是投资收益最大化，而是强化企业间的资本结合关系和控制支配影响。

3. 安定性或流动性不同。受自身性质及持股动机所决定，美国的机构投资者稳定性较差。为了最大限度地获取投资收益，它们必然要紧随市场行情的变化，不断调整投资方向、投资规模和投资结构，因而其股票投资具有周期短、流动性强、结构多变的特点。其中退休基金和保险公司持股时间要比共同基金长，而一旦证券资产的质量恶化，这类比较保守稳健的机构投资者同样会毫不犹豫地减持或抛空股票。而日本的企业法人股东既然以控股或长期结合为目的，一般不会为股市行情的涨跌起落所动，一旦买入即长期持有，因而其股票投资具有周期长、稳定性高、结构固定的特点。它们作为一种稳定性股东，其安定性大大高于机构投资者。从股东与经理班子之间的制衡关系来看，德国的监事会、日本的主体银行作为一种制度安排，在对经理班子的选择、监控上，主体银行有较大的发言权和影响；而英美的董事会多是由外部人员或独立董事组成，并没有实际的股东背景。德日的管理人员一般是大股东选派，其变动主要受大股东的影响，所以比较稳定。英美管理人员的产生可以看成是管理人员市场供求的一种交易，因而相对流动性较大。因此英美股市交易活跃，兼并、收购频频，恶意收购已成为市场活动中的一个重要方式。

4. 分红政策的取向不同。美国的机构投资者以获取高投资收益为目的，加之它们对于受益者或委托者必须定期支付一定的现金，因而具有要求公司增加分红的内在倾向，并为此而对公司经营者施加压力。而日本的企业法人股东不仅不把分红当目的，反而有压低分红的倾向。因为在企业法人相互持股的情况下，增加分红只会使个人股东获益。因此它们不会提出增加分红的要求，而且会有意压低分红以降低企业的资金成本。

5. 对股票市场的影响不同。特定的性质、持股动机及运作方式，决定了美国机构投资者的稳定存在有利于增加股票交易频度、润滑股票流通、扩大市场规模、形成合理价格、降低市场风险，因而被视为市场成熟的标志。而日本的企业法人股东垄断了股票市场，控制并扭曲了市场供求关系和股价形成机制，推动股价和市盈率高企，从而使股票投资魅力全无，投资风险凸显，

市场基础与市场效率深受损害。

6. 对中小投资者的影响不同。美国的机构投资者作为机构性代理人，与通过它们间接入市的中小投资者保持着密切的联系，并通过优质高效的服务为中小投资者提供高回报，从而吸引了越来越多的个人投资者进入股市，股市的群众基础不断壮大而步入良性循环轨道。而日本的企业法人股东则视个人投资者为俎上之肉，极尽垄断、操纵、鲸吞、排挤之能事，致使个人投资者信心严重受挫，纷纷离场，股市失去群众基础势必陷入长期危机，而法人大鳄“杀鸡取卵”、“竭泽而渔”的做法最终也难免害人害己。

从上述两种公司治理模式的变革看，不同模式融合趋同之势十分明显，美国模式显著强化了所有权约束、强化了机构投资者对公司治理的参与、强化了对公司信息披露及中介机构的监管，而日本模式则大力提高股权的流动性、强化资本市场约束、提高外部融资比重、保护投资者利益。总的看来，由于日本经济积弱多年而美国经济尽显强势，日德模式渐趋衰微，美国模式渐成主流，因此趋同主要表现为在日本模式向英美模式靠拢。流动性。而且相当一部分股东是只有少量股份的股东，其实施治理权的成本很高，因此，不可能将股东大会作为公司的常设机构，或经常就公司发展的重大事宜召开股东代表大会，以便做出有关决策。在这种情况下，股东大会就将其决策权委托给一部分大股东或有权威的人来行使，这些人组成了董事会。股东大会与董事会之间的关系实际上是一种委托代理的关系。股东们将公司日常决策的权力委托给了由董事组成的董事会，而董事会则向股东承诺使公司健康经营并获得满意的利润。

三、投资者关系管理与公司治理

投资者关系管理是公司治理的重要内容。公司治理的一项核心内容就是如何处理好上市公司和股东之间的关系。投资者关系搞得好，才能使投资者的合理化建议及时被上市公司采纳，从而改善公司的经营管理和治理结构，

提高上市公司的核心竞争力。在目前“一股独大”的情况下，让广大投资者尤其是中小投资者，在充分知情的情况下，对公司决策拥有更大发言权，不失为改善公司治理结构的积极举措。

虽然投资者关系管理在国外已较为成熟，但对于我国的资本市场还略显陌生。随着我国证券市场的不断成熟和与国际接轨速度的加快，一些上市公司已逐步认识到投资者关系管理的重要性。特别是一些在海外上市的公司，如中石化、联想等，由于受成熟资本市场环境的影响，以及为适应不同市场的监管要求，已经开始注重投资者关系管理工作。其他上市公司也开展过一部分属于投资者关系管理范畴的工作。但从整体上说，投资者关系管理在中国还只是刚刚起步。

第七节　投资者关系的法律属性与市场地位

上市公司是股东、债权人、董事会、经理层的若干组契约的组合，毫无疑问是具有复杂的法律关系的集合。投资者关系也不例外，它在法律属性上表现为投资者权利与权益，尽管在商法中上市公司的权利和权益更多的表现为一种“公权”，投资者（包括个人投资者和机构投资者）的权利和权益表现为“私权”，但这丝毫不妨碍将投资者特别是中小投资者作为弱势群体加以保护的商法立法精神。在现代企业制度中，所有权和经营权的分离使投资者权益呈现出三个方面的特点：一是投资者权益应受到“公权”的保护；二是尽管投资者权益在理论上表现为统一的权益，但是在实际的情形下，投资者权益却表现为个性化的“私权”或“他权”；三是上市公司与投资者的权利或权益在中国特殊的市场环境下表现为时而统一、时而分离的情形，导致证券市场“政策市”的特点明显。

从上市公司法律制度的安排来看，投资者作为上市公司资产的所有者的

身份，使上市公司必须将投资者作为“衣食父母”，为投资者负责，为投资者最大限度的创造价值。因此上市公司必须遵守商法规定的诚实信用和平等原则对待投资者。

一、我国投资者关系管理的法律地位与市场地位

中国证券市场发展20年来，现行法规体系对投资者关系及投资者关系管理的规定主要是针对投资者权益的外部保护，2005年颁布的《上市公司与投资者关系工作指引》则是试图在上市公司与投资者之间建立一种持续稳定的沟通交流机制。它体现了证券监管部门对这项工作的重视和引导。近年来，在投资者与上市公司关系中，对投资者进行特别保护的安排在一定程度上体现了中国民商法的进步和与国际接轨的趋势，这主要体现在三个方面：

第一，事前预防性规定，如股东大会召集权、提案权、知情权，等等。

第二，事后救济性规定，指中小投资者在其权益受到侵害或分割情形下可以向人民法院起诉以寻求救济。

第三，《公司法》、《证券法》等规定的特别制度安排，例如关联交易方的表决回避制度、独立董事制度、累积投票制度等。

在事前预防性规定中，有关投资者（股东）的提案权、知情权和召集权的规定有：(1)《上市公司股东大会规则》第十四条规定单独或者合计持有公司3%以上股份的股东，可以在股东大会召开10日前提出临时提案并书面提交召集人。召集人应当在收到提案后2日内发出股东大会补充通知，公告临时提案的内容。除前款规定外，召集人在发出股东大会通知后，不得修改股东大会通知中已列明的提案或增加新的提案。股东大会通知中未列明或不符合本规则第十三条规定的提案，股东大会不得进行表决并作出决议。(2)《公司法》第一百零一条规定单独或者合计持有公司10%以上股份的股东请求时，应当在两个月内召开临时股东大会。(3)《上市公司股东大会规则》第九条规定单独或者合计持有公司10%以上股份的股东有权向董事会请

求召开临时股东大会，并应当以书面形式向董事会提出。董事会应当根据法律、行政法规和公司章程的规定，在收到请求后10日内提出同意或不同意召开临时股东大会的书面反馈意见。董事会同意召开临时股东大会的，应当在作出董事会决议后的5日内发出召开股东大会的通知，通知中对原请求的变更，应当征得相关股东的同意。董事会不同意召开临时股东大会，或者在收到请求后10日内未作出反馈的，单独或者合计持有公司10%以上股份的股东有权向监事会提议召开临时股东大会，并应当以书面形式向监事会提出请求。监事会同意召开临时股东大会的，应在收到请求5日内发出召开股东大会的通知，通知中对原请求的变更，应当征得相关股东的同意。监事会未在规定期限内发出股东大会通知的，视为监事会不召集和主持股东大会，连续90日以上单独或者合计持有公司10%以上股份的股东可以自行召集和主持。

在事后救济性规定中，包括提起停止侵权诉讼和股东派生诉讼的权利，以及对上市公司虚假陈述提起民事赔偿诉讼制度，如：（1）《上市公司治理准则》第4条规定，股东有按照法律、行政法规的规定，通过民事诉讼或其他法律手段保护其合法权利。股东大会、董事会的决议违反法律、行政法规的规定，侵犯股东合法权益，股东有权依法提起要求停止上述违法行为或侵害行为的诉讼。董事、监事、经理执行职务时违反法律、行政法规或者公司章程的规定，给公司造成损害的，应承担赔偿责任。股东有权要求公司依法提起要求赔偿的诉讼。（2）最高人民法院2002年1月15日发布《关于受理证券市场因虚假陈述引发的民事侵权纠纷案有关问题的通知》，开始受理因上市公司、证券公司、中介服务机构等作出虚假陈述而使证券投资者遭受损失的民事侵权案件。

特别制度安排涉及内容较多，如：（1）《上市公司治理准则》第10条规定了上市公司董事会、独立董事和符合有关条件的股东可以向上市公司股东征集其在股东大会上的表决权；（2）《上市公司治理准则》第15条规定了独立董事对公司全体股东负有诚信与勤勉义务，尤其要关注中小股东的合法权益不受侵害；（3）《关于上市公司独立董事制度的指导意见》第四条规定，

上市公司董事会、监事会、单独或者合并持有上市公司已发行在外股份1%以上的股东可以提出独立董事候选人，并经股东大会选举决定；(4)《上市公司治理准则》第90条规定，上市公司董事会秘书负责信息披露事项，包括建立信息披露制度、接待来访、回答咨询、联系股东、向投资者提供公司公开披露的资料等；(5)《关于上市公司增发新股有关条件的通知》第5条规定，增发提案必须获得出席股东大会流通股（社会公众股）股东所持表决权的半数以上通过；(6)《关于上市公司重大购买、出售、置换资产若干问题的通知》规定了关联股东的回避表决制度。

此外，《证券法》、《刑法》对上市公司违反规定擅自发行股票、虚假陈述、内幕交易、操纵市场等违法行为均规定了责任方应承担的民事赔偿责任、行政责任和刑事责任。这说明，尽管我国投资者关系和投资者关系管理的法规尚不完善，但基本体系框架和内容已经存在了。

从进一步完善投资者关系的政策环境来看，尚需完善以下工作：(1) 倡导股东至上的股权文化，通过互动形成投资者利益保护和公司发展的沟通谅解机制；(2) 充分运用互联网技术，进一步完善投资者网上投票制度，鼓励投资者参与公司重大决策；(3) 完善股东代理制度、征集投票权制度和累积投票制度，增加少数股东选择累积投票权的机会，扩大少数股东在股东大会上的影响，使上市公司决策更加透明、科学；(4) 鼓励上市公司通过接待股东来访、回答咨询、投递内部简报、路演、分析会议、小型投资者会议、新闻发布会等形式进行自愿信息披露；(5) 必要时，组建全国性和地方性的投资者关系协会，以推动上市公司投资者关系的制度化和法制化。

从以上分析可以看到，我国投资者关系的外部环境规范已经建立，今后需要继续完善。而诸如“股权文化”、分析师会议、路演等上市公司与投资者的内部沟通则处于探索之中，这些将对上市公司价值发现和价值创造产生深远影响。

二、国外保护投资者利益的经验与借鉴

国外上市公司在积极实施投资者关系管理的同时，通过投资者诉讼这一

外部强制约束协调上市公司与投资者的关系，以保护投资者利益。在国外，群体诉讼是为解决多数人纠纷所设计的一种当事人诉讼制度，各国采取了不同的途径。美国的集团诉讼制度将人数不确定但各个人所具有同一事实或法律关系的当事者拟制为一个群体。群体中的一人或数人提起诉讼视为代表整个群体所提起，判决效力扩及群体中的每个个体。日本的选定当事人制度则是扩大原有共同诉讼制度的适用，并通过当事人适格的扩张，在任意的诉讼担当理论基础上，由全体共同诉讼选出能够代表他们的当事人，通过委托授权使多数人诉讼通过选定的当事人进行。德国则将具有共同利益的众多法律主体提起诉讼的权利“信托”给具有公益性质的社会团体，由该社会团体提起符合其章程、设立目的的诉讼。判决是针对该团体及其被告作出的，有利判决的效力间接地惠及于团体的成员。下面就分别对美国和日本的诉讼制度做详细的介绍。

（一）美国的集团诉讼制度

“集团诉讼”（classaction），是由一位或二位原告（也称“牵头原告”或“首席原告”）代表众多受害者提出起诉，首席原告和被代表的数目众多的原告在诉由上必须相同、在利益上必须一致。诉讼过程中，只有首席原告代表所有其他（匿名的）原告参加，包括与律师交涉、进行和解谈判、搜取证据、为开庭做准备等。一旦达成和解或得到法院的判决，所有参诉的成员（甚至包括未参诉的受害者）都不可再以同样事由对被告方提出起诉。下面具体介绍美国的集团诉讼制度。

1. 基本条件

集团诉讼可以说是美国小股民所持有的最强有力的武器。若上市公司侵害到小股民权益，则集团诉讼在下列两个条件下可以被提出：第一，对于股民而言，该公司的违法伤害到了所有股民（Commonality Requirement）。第二，集团诉讼代表人必须具有相当代表性（Typicality Requirement）。联邦法院可以根据这两个条件判断是否可被归纳为集团诉讼。但法院不是每个案件都会受理，法院可以因情节轻重而自行做出是否受理的判断。一旦联邦法院做出可

受理的集团诉讼决定后，法院将对所有股民发出通知。

（1）按照美国《联邦民事诉讼程序法》第 23 条规则，只有在以下 4 个条件均满足时主管法官才可将一个多人诉讼案定为“集团诉讼”。

①集体成员众多（numerosity）。集团人数众多，以致全体成员的合并在实践中不可行。但对于具体人数，美国和加拿大都没有作出明确的规定，而在澳大利亚规定为 7 人[①]。

②各成员诉由应相同（commonality）：要么有同样的法律问题（common-questionsoflaw），要么有同样的侵权事实（commonquestionsoffact）。

③首席原告的请求或抗辩具有代表性（typicality）。也就是要求首席原告和缺席成员拥有相同的利益或者遭受相同的损害。如果首席原告所遭受的损害和集团其他成员所遭受的损害之间存在着联系，即可满足此条件。

④首席原告必须确实能够代理其他集团诉讼成员参诉（adequacy）。一方面，这要求前者与后者无利害冲突；另一方面，首席原告通过代理律师充分、有效地主张了集团的诉情。法院在判断这点时通常考虑以下几个方面的因素：代理律师代理行为的恰当性；利益的潜在冲突；首席原告本人的信用；首席原告在此类集团诉讼案件所具有的相关法律知识；该集团是否会由于其他成员地理位置分布上的限制而可能难以管理；首席代表人以及其他原告是否有能力支付集团诉讼的相关费用等。

（2）根据美国《联邦民事诉讼规则》第 23（b）条的规定，集团诉讼有三种类型：

①必要的集团诉讼，即法院必须将它作为集团诉讼对待，而不分开来进行审理的集团诉讼。它除了符合集团诉讼上述 4 个条件外，还必须符合以下要求：集团成员分别诉讼或针对集团分别起诉的，存在产生相互矛盾和不一致的判决；并会产生处分非判决当事人的利益或妨碍保护自身利益的情况。

②寻求禁止令的集团诉讼，即要求向对方当事人的作为或不作为，或者

① Federal Court of Australia Act，1976，§33C（1）：Suprem Court（General Civil Procedure）Rules，1996.

寻求的救济为宣告性救济的集团诉讼，不同于一般的寻求损害赔偿的集团诉讼。

③普通的集团诉讼，即相对于第一种类型而言，合并不是必要的条件，属于可分之诉。

诉讼集体成员一般根据某一时段内买进（或卖出）某股票的事实来界定，所有满足这一条件者自然成为诉讼集体之一员。如果由此定义的诉讼集体满足上述4个条件，主管法官将正式立其为集团诉讼案。

2. 基本程序

在美国和加拿大的集团诉讼中都存在着由法院诉讼作为集团诉讼程序继续进行的确认，而澳大利亚没有这方面的规定。

一旦首席原告选定，其他诉讼集体成员均不直接介入，因而成为“缺席原告”（absentmembers）或“匿名成员”。正因为此，诉讼过程中的许多重大事项都由法官在与首席原告协商的情况下，代表缺席原告的利益作决策。集团诉讼在程序上设置两个程序以保持公平性。一是通知程序，通知涉及通知方式和通知内容两个问题，法律要求对集团成员发出“最可行的通知”，并经过“合理的努力”对所有成员进行个别通知。通知程序在集团诉讼具有特别的重要性。但是，不同类型、不同领域内的集团诉讼中的通知程序的要求不尽相同，如证券欺诈集团诉讼中就包括集团原告提起诉讼时的早期通知、确认程序中的通知以及在和解程序中的通知等。二是退出诉讼程序，默示参加，明示退出。集团成员可以在诉讼中的确认阶段与和解阶段选择退出诉讼。但集团成员在行使该权利时必须依据法院规定的时限和方式进行，在最后时限之前以书面的形式告知法院其退出目前的集团诉讼。而集团成员退出该集团诉讼后，在有关诉讼时效规则的限制下仍可以其他形式主张其权利。

根据《联邦民事诉讼规则》第23（d）条，法官在集团诉讼中有如下职权：决定包括证据提供和辩论在内的诉讼程序的进行；保护集团成员的利益并公正地指挥诉讼；规定诉讼代表人或诉讼参加人的条件；根据退出诉讼人的要求，将其从诉讼中排除出去；其他程序权和监督权。在案件终结时，法

官必须对诉讼代表人的撤诉或和解行为进行监督，并及时通知所有集团成员。案件终结时，法官必须对决定禁止令的方式和期限、损害赔偿的财产分配及过程、诉讼文书的送达、参加集团诉讼人员和拒绝参加集团诉讼人员的名单、合情合理地支付律师费等作出规定。

首席原告可推荐“首席律师”，但在选定首席律师之前，法官一般邀请多家合格律师所参加投标。一旦所有的律师费投标收到后，法官给首席原告推荐的律师一种优先权：首席原告推荐的律师要么接受最低的费用投标并成为首席律师，要么就放弃机会，让投标最低的律师所成为首席律师。这种投标过程可保证以最低的费用为诉讼集体找到最合格的律师代理。诉讼和证据调查过程中，法官一般都禁止被告方去直接召见或骚扰缺席原告成员，以避免被告方以这些手段影响原告集体的一致性，也禁止被告方去误导任何原告方成员。与一般民事诉讼不同的是，法院对集团诉讼中的和解协议有批准与否的权利。法院在对和解进行审查的过程中主要是考虑以下几个方面的因素：该集团成员的利益是否得到重复的保障；参与诉讼的人是否滥用集团其他成员的信任；实施以上行为或者不实施以上行为，是否只是为了首席原告的利益等。同时，被告的经济能力也是法院对和解协议进行审查以确定协议内容是否公平的重要因素。一旦与被告方达成初步和解条件，首席原告和律师需要立即刊登广告、通知其他集体成员，并给他们反对和解或退出集团诉讼的机会。此后，法官举行正式和解听证、听取各参诉成员对和解条件的意见。如果听证会表明和解条件足够合理，法官会正式批准协议。一旦双方达成和解或得到法院的判决，法官最后还得审定两项事情。第一项是如何分配和由谁来分配赔偿费。这项工作一般是由专门从事集团诉讼赔偿分、送的独立服务公司负责。第二项是律师胜诉费。在集团诉讼中，首席原告不能与律师直接锁定律师费，而是通过前面介绍的投标过程确定，但在最后支出胜诉费之前，法官还得举行最后听证，在确信合理的情况下胜诉费和其他律师费才可支付。因此，与个人诉讼和共同诉讼不一样，整个集团诉讼过程都得到法官的监督，以保护缺席原告的利益。

在美国1995年《私人证券诉讼改革法案》和1998年《证券诉讼统一标准法》中，两新法在以往集团诉讼法律的一般性规定基础上，对证券民事赔偿的集团诉讼案件审理和判决作了专门的、特殊性的规定和调整：

（1）关于诉讼代表人（首席原告）。新法强调，不提倡原有的让第一个填写起诉书的人作为首席原告的做法，规定在填写起诉书后的20天内，原告应当通知集团诉讼的全体成员，表明主要诉讼请求并表示他们中的任何人都可以担任首席原告，法院可以基于最大财产利害关系的假定来选择首席原告。首席原告必须书面声明没有在律师指导下购买股票或为了具备原告资格而购买股票，担任首席原告的人在过去五年中最多不能超过三次。首席原告获得的赔偿金不能超过其股票所占比例，但因担任首席原告产生额外工作负担而可以得到一定的补偿。首席原告选定后，法院、律师、对方当事人都与之打交道，法律禁止被告骚扰、误导或直接召集未出庭的一般原告。

（2）关于上市公司免责。新法强调，上市公司可对因在业绩预测方面的错误陈述或省略而免责，只要上市公司标明材料为预测性质并附上警示性声明即可，但明知材料虚假和误导的情况除外。

（3）关于调查取证。过高的调查取证费用过去被看作被告愿意庭外和解的主要原因，尽管原告可能并没有实质性的和有意义的证据。新法强调，当法院还不能确定是否受理诉讼案件时，应延缓一切调查取证工作，而为保护可能丢失的证据来进行的特定取证工作除外；特别在上市公司预测性信息是否可以免责不能确定时，应暂停调查取证工作。

（4）关于比例责任。绝大多数集团诉讼涉及多个被告，过去，每一个被发现对案件负有责任的被告之间，自动地被规定对全部诉讼结果承担连带责任，这样实际上就鼓励原告尽量多寻找“有赔偿能力的被告”，而不管这一被告在案件中的责任大小和事实依据。因此，新法强调，改变传统的连带责任做法，规定区分故意违法行为和其他违法行为的界限，如果是故意违法则承担连带责任，如果是其他违法，则根据行为性质、行为与损害结果之间的关系承担比例责任。

（5）关于和解。新法强调，和解协议最后签字之前，必须以公告方式将

和解条款告知集团诉讼的每一个成员，并且给每一个成员提供时间和条件，允许其反对和解和退出集团诉讼的机会，对此，法官可以举行听证，如果听证表明和解方案对方都是合理的、必要的，法官将批准这一和解方案。

（6）关于起诉和证据。新法强调，原告必须明确提出被告欺诈的直接相关事实，如果是存在误导的报告，必须指出具体段落，如果基于消息和看法，必须提供相应的依据。原告还必须证明被告的误导确实导致原告的损失。

（7）关于损害计算。新法强调，损害计算应为证券购买价格与上市公司对其虚假陈述进行更正之后的 90 天期限内平均收盘价格之间的差额。如果在 90 天内卖出股票，则直接计算卖出价。

（8）关于注册会计师的责任。新法强调，注册会计师应检查上市公司是否存在欺诈行为，如果发现或意识到存在违法行为，必须向上市公司管理层报告，并保证让上市公司董事会或审计委员会知道细节。公司董事会在接到存在违法行为的报告后一个工作日内，应报告证券交易委员会并抄送注册会计师，注册会计师未收到文件，他应当辞去审计工作或者直接向证券交易委员会报告，辞职的应向证券交易委员会做出说明。注册会计师因故未能遵守这些要求，他在证券诉讼中不承担个人责任，如果有意不遵守这些规定，证券交易委员会可以进行罚款处罚。

（二）日本的选定当事人制度

日本在解决证券纠纷的诉讼上，一是依靠单独诉讼机制，在群体诉讼模式上还是依靠传统的选定当事人制度。

根据日本民事诉讼法第 30 条的规定，当因与某一事件有牵连而具有共同利益的当事人为多数，且这些人又不属于在民事诉讼法第 29 条中规定的非法人社团时，该全体成员可以从中选定一人或者数人作为当事人实施诉讼。其中作出选定行为的人称为选定人，而被选定的人称为选定当事人。一旦选定当事人，其他当事人退出诉讼（日本民事诉讼法第 47 条第 2 款），不再行使诉讼权利，承担诉讼义务，仅仅是承担判决的实体后果，受法院判决的拘束。选定人在诉讼中仍然可以更换所选定的当事人中一人或数人（日本民事诉讼法第 47 条第 1

款）。在被选定的当事人中有死亡或由于其他事由丧失资格时，其他当事人可以为全体进行诉讼行为。(日本民事诉讼法第48条)。所以，诉讼实施权是属于选定当事人的，但诉讼实施权的授与来源于当事人全体，并且在诉讼程序中通过更换选定当事人等方式使当事人全体的意志和利益在诉讼程序中得到反映。

选定当事人制度的适用，应具备如下要件：（1）须有共同利益的多数当事人存在。选定当事人是多数人诉讼的一种形式，以有共同利益的多数人存在为前提。所谓当事人就诉讼有共同的利益，指多数人对于诉讼争点都有利害关系，这种利害关系既包括诉讼标的对于多数人必须合一确定的必要共同诉讼情形，也包括其他情况下，当事人间有共同利益可以形成普通共同诉讼的情形，所以有学者称其“有得为共同诉讼人之关系”。选定当事人所要求的“多数”是指二人以上的多数。（2）设有代表人或管理人的非法人团体，不得选定当事人进行诉讼。日本民事诉讼法对于非法人团体的当事人能力是有条件承认的，设有代表人或者管理人的非法人社团或财团，承认其有当事人能力。有当事人能力就不存在选定当事人的问题，不具备当事人能力的非法人团体，以及其他未经登记的非法人团体，因多数成员有共同的利益关系发生诉讼，只能通过共同诉讼或选定当事人的方式进行。（3）由有共同利益的多数人选定其中一人或数人为原告或被告。选定当事人应通过被选定人以外的有共同利益的人全体选定。并以全体当事人书面授权予以证明。

选定当事人在诉讼程序中是诉讼当事人，而不是代理人，因此具有当事人的权利和能力，舍弃、认诺、撤回或和解均无需选定人的授权。由于选定行为是基于选定人与被选定人之间的信任关系形成的，当这种信任关系消失时，如选定当事人因死亡等原因丧失其选定当事人资格，选定人可撤消其选定行为，自己进行诉讼或更换选定当事人。但由于选定人在诉讼中不是诉讼当事人，其在选定当事人后，在诉讼中居于第三人地位，在诉讼过程中应为辅助参加，选定当事人所获得的判决效力及于选定人。

（三）选定当事人制度与集团诉讼制度的比较

日本的选定当事人制度和美国的集团诉讼制度都被用来解决群体性纠纷

案件，但两者在政策定位、诉讼实施者条件以及诉讼范式方面存在着不同。

1. 政策定位

集团诉讼模式的政策定位在三个方面：对个人损害的救济；对不良行为的遏止和纠正；促进诉讼经济。而选定当事人制度只是为了简化诉讼程序，促进诉讼经济。选定当事人制度主要是为了单纯地解决纠纷，而集团诉讼制度则是在解决纠纷的基础上辅以政策修正。

2. 诉讼实施者条件

在集团诉讼中，代表人需满足代表性、相同性等要求，但不需要集团成员的书面证明，只要是符合条件，一人或数人就可以请求代表多数人的全体或部分进行集团诉讼。除法院另有裁定外，该代表人所受的裁判效力适用于所代表的人。同时，由于以集团诉讼方式提出的诉讼中相当一部分是请求宣示性判决或禁令，不存在对未参加诉讼的当事人的执行问题，在赔偿性判决中，集团代表人遭败诉判决时，对未参加诉讼的集团成员执行，仍需胜诉方向法院申请。因此法院裁判的执行力，非经法院许可不及于他人。而在选定当事人制度中，除了在形式上需要由全体或部分一致选定外，还要求选定当事人和选定人全体之间在实体上具有共同利益关系。在集团诉讼模式中，只需要集团成员之间有共同的争点，这其中既要求共同的法律问题，也包括是共同的事实问题。

3. 诉讼范式

在集团诉讼中，并不需要确定受害人集团的具体成员名单，只是需要以一定的方式确定受害人集团的范围和损害的赔偿金额。美国集团诉讼的集团成员无须以书面方式进行明确的授权，只要不作任何表示就视为认可。就使得拟制的“集团”是很松散的。除进行通知外，成员之间甚至无任何意思联络，各个受害者对自己的权利是否实现毫不关心，即使原告胜诉从被告那里取得了赔偿，也不前来领取属于自己那份的人并不在少数。而以选定当事人诉讼请求损害赔偿，必须要以特定受害人和具体权利内容为条件，请求的范围仅限于此。

案例1-4：郑百文回购案

2004年6月，郑百文回购案再起波澜，6名原告因不服一审判决向法院提交了上诉书。而这起案件因为涉及到诸多法律空白，致使案件的审理因为业界的关注也尤为谨慎。2004年6月13日，郑百文股权回购案在郑州市金水区人民法院作出一审判决，被告三联商社股份有限公司和被告中国证券登记结算有限责任公司返还原告李香玲等6位股民按原持有股票数量50%，即返还六股东三联商社流通股合计7800股。

虽然这样的判决结果并没有让几位原告满意而继续上诉。但多数业内人士表示，法院判决返还50%说明投资者在保护自己权益方面已取得了阶段性胜利，在股市中的“弱势”与“强势”群体的博弈中，弱小的投资者已经懂得如何变“被动”为“主动”，利用法律武器来维护自己的权益。

2003年被称为中国证券市场的“维权年”。这一判断来源于证券投资者权益保护法律体系的不断完善。2003年2月，最高人民法院《关于审理证券市场因虚假陈述引发的民事赔偿案件的若干规定》正式施行，成为中国逐步完善证券市场侵权民事责任制度的重要一步。截至2003年年底，证券民事赔偿案立案超过1600件，案件涉及股票种类从A股扩大到B股，被告范围从境内机构扩大到境外机构，适用的前置条件也从单一的中国证监会处罚决定扩展到财政部处罚决定、法院刑事判决文书。大庆联谊、嘉宝集团等一批在信息披露方面存在重大问题的上市公司屡屡被中小股民推上被告席。

虽然中国证券投资者的“维权”已取得了很大进步，但是，还应看到，在中国现行的有关证券法规中，对证券市场各种违法违规事件的行政责任、刑事责任的规定比较全面，对侵犯中小股民合法权益的民事责任条款相对欠缺，这给投资者权益保护形成了难以突破的法律“瓶颈”。

近几年来，证券市场上侵犯投资者权益的事件时有出现，在一定程度

上已经影响到证券市场的稳定。投资者是弱势群体，受害最深最大。而《证券法》中的诸多缺漏，使得《证券法》未能充分有效地发挥出保护中小投资者的合法权益、遏制违法行为的作用。如民事赔偿责任的相关部分，主要是民事赔偿制度，《证券法》法律责任一章中，涉及行政责任的有30余条，涉及刑事责任的有18条，而民事责任仅有原则性的2条。《证券法》中民事责任的缺位，目前已实际影响了司法实践。《证券法》第63条规定仅仅涉及虚假陈述的民事赔偿，对内幕交易和操纵市场的民事赔偿未作规定，而对“虚假陈述民事赔偿”的规定也很笼统、概括。在2002年“1·15”通知发布及2003年1月司法解释出台前，我国《证券法》相关证券管理法规仅规定了各种证券违规行为的行政处罚与刑事责任。追究欺诈者的行政责任和刑事责任虽然可以对欺诈者予以惩戒，但是在欺诈行为中受害的投资者的利益却得不到补偿。

可以看到，虽然证券民事赔偿案不乏立案案件，但是，法院真正判决的案件确屈指可数，很多案件还在漫长的等待中，而且，有些案件因为不开庭审理而过了诉讼时效，投资者丧失了起诉的权利，同样也失去了“维权”的权利。有些案件虽然已开庭审理完，但迟迟不判决。这些方面的“瓶颈”还需要突破。

正如业内人士所说，证券投资者权益真正得到有效保护，有赖于相关法律体系的进一步完善，包括确立内幕交易、操纵股价、欺诈客户等证券违法行为的民事责任，规定在证券发行、上市、收购等阶段的不同信息披露义务及应承担的民事责任等。而司法部门也应根据中国证券市场以散户投资者为主的特点，努力探索适合中国国情的证券民事赔偿诉讼制度。

有关法律界专家指出，“保护投资者的合法权益有时因缺乏相应的具体措施而可能成为一句空话，因此，证券法中民事责任制度的建立与完善是个突出的问题，可以说到了刻不容缓的地步”。

业内人士同时也指出，投资者在维权方面的意识还需要进一步提高，例如，郑百文回购案中原本还有32名投资者与原告的情形相同，但由于

他们没有拿起法律的武器保护自己，致使因诉讼时效过期而丧失了获得赔偿的资格，令人惋惜。事实上，象郑百文这样的情形出现在很多证券民事赔偿案件中。很多投资者在维护自己权利时，总是采取“观望”的态度，只有看到“成果”才会行动，这种“被动”的态度往往使得很多投资者都丧失了维权机会。因此，投资者建立积极主动的维权意识也是加快证券民事赔偿案件发展完善的重要一方面。

案例1-5：会计师事务所承担连带责任第一案

湖北蓝田股份有限公司（后改名为“湖北江湖生态农业股份有限公司”）因上市时虚增资产，1999年10月26日接到证监会的行政处罚决定，蓝田造假案83名原告向11名被告索赔617万余元。2006年7月31日，武汉市中级人民法院一审判决生态农业赔偿原告540多万元，包括华伦会计师事务所在内的其他8名被告对原告的经济损失承担连带赔偿责任，另外2名被告不承担责任。这是会计师事务所在中国内地“虚假陈述证券民事赔偿案”中承担连带责任的首例判决，将会计师事务所列为被告增强了此类判决的执行能力。

在此共同诉讼案之后的2007年，河北投资者张平海等三人以个案形式诉讼蓝田股份要求民事赔偿。该案在一开始因是否超出了诉讼时效引起了很大争议。蓝田股份原董事长保田、瞿兆玉等四名主要高级管理人员因提供虚假财务报告罪、虚假注册资金罪等罪名，于2003年12月31日由湖北省高级人民法院终审判处有期徒刑一年半至三年并立即生效。根据最高人民法院《关于审理证券市场因虚假陈述引发的民事赔偿案件的若干规定》，上市公司因造假造成股民损失，股民可以进行诉讼，有效期为两年。业内人士认为，由于湖北省高级人民法院对保田、瞿兆玉等人的刑事判决已于2003年12月31日作出，那么本案诉讼时效应从2003年12月31日起至2005年12月31日截止。

但根据《民法通则》等有关法律规定：诉讼时效期间从知道或者应当知道权利被侵害时计算。蓝田股份可以提起证券民事赔偿诉讼的前提是因为公司原董事长、总经理等高级管理人员被法院终审判决有罪并被判处有期徒刑，但刑事处罚消息并未由公司在任何媒体上进行公告，而仅仅是在2005年10月在一份刊登有关官员因涉及蓝田案而落马的报道中提及，因此，诉讼时效如何确定成为一个争议的焦点。这也是蓝田案区别于其他同类案件的一个非常复杂的问题。张平海等人认为，相关信息并没有在指定媒体公开发布，造成自己根本不知情，因此自己的诉讼合法有效。最终湖北省武汉市中级人民法院做出支持原告请求的一审判决：判处蓝田股份、华伦会计师事务所、洪湖蓝田经济技术开发有限公司赔偿三位原告损失合计约15.7万元人民币。

第二章　理论准备：交叉学科的新突破

本章提要

投资者关系管理是管理学、金融学、心理学、统计学等学科知识融合运用发展而来的一门交叉学科，兼具艺术性和科学性的特点。要了解投资者关系管理的本质，需要从多角度来观察、多维度来分析，这些角度包括了公司价值角度、公共关系角度、社会责任角度、股权文化角度、控制权角度等等。

投资者关系管理不是简单的公共关系学，它不仅和上市公司战略紧密结合，而且也受到市场因素的影响，其中比较重要的是政府行为。概括地说，政府对投资者关系管理的监管影响着投资者关系管理理论的发展。从近年来证券市场的实践来看，政府、上市公司、投资者之间的关系形成了新的格局。

由于投资者关系管理涉及金融学、营销学、公共关系学、危机管理学等若干新兴学科，因此，在研究投资者关系管理时，我们首先要对相关学科的基本知识进行简要介绍，以便读者能更加深入地理解投资者关系管理在中国证券市场将会发挥的作用。

第一节 公司价值创造与投资者关系管理

从金融学视角下探讨投资者关系，主要是说明投资者关系管理是否能够发现公司价值和创造公司价值。

一、市场时机理论和啄食顺序原则对上市公司融资行为的解释

中国上市公司长期以来的“圈钱饥渴症”一直是学术界和投资界非常关注的重点问题，因为上市公司过度融资导致投资者信息缺乏和价值中枢不断下降。尽管，一些原因是显而易见的：如上市公司法人治理结构不完善，导致公司管理层决策具有很大随意性和局限性；再融资的条件一度较为宽松，等等。这些分析主要是基于“制度”上的，而很少涉及甚至忽略了从公司财务理论进行分析。也许从传统的公司财务理论中，我们难以找到上市公司“圈钱饥渴症”的答案。而事实上，我国上市公司的“圈钱饥渴症”为公司财务理论的研究提供了丰富的素材。

传统金融学建立在市场参与者是完全理性的假设基础之上。但是，近二十年来大量的金融学实证研究表明，市场参与者并非完全是理性的，以理性投资者为基本假设的传统金融学存在着内在的不足。在此基础上，行为金融学不仅对总量股票市场的股票溢价难题进行研究，而且对微观层面上投资者非理性行为进行探讨，同时还将研究领域扩展到公司财务方面，并取得了大量的有益成果。

市场时机（market timing）理论是行为金融学对于证券发行、资本结构、投资等公司财务领域进行分析的一个基本理论框架。在公司财务中，市场时机指的是在股价高的时候发行股票而在股价低的时候回购股票。这一分析框

架首先由斯坦因于1996年在《非理性世界中的理性资本预算》一文中提出。斯坦因的研究可以总结如下。

首先，它假设投资者是非理性的，而公司经理是理性的。理性的公司经理假设，隐含了公司经理以上市公司真实价值的最大化作为目标和行为准则。在投资者是非理性的情况下，上市公司的股价往往会错误定价（mispricing）。假如在公司股价高估（over valued）的情况下，公司经理在最大化上市公司真实价值的条件下，很明显会采取发行新股的做法。这样，上市公司就可以从因投资者的亢奋而产生的高估股价中获得好处。

斯坦因的研究表明，公司经理不会把股票市场的新融资进行真正的投资，而只是保存为现金或者投资于资本市场中其他公平定价的证券。因为在投资者非理性亢奋情况下，投资者认为上市公司将要实施许多的投资项目（这些投资项目的净现值为正），而理性的公司经理的做法则恰恰与此相反——要避免进行真正的投资。简而言之，斯坦因的研究认为，投资者的非理性会影响到上市公司的股票发行的时机，而不会对上市公司的投资计划产生影响。

不过，理性的公司经理并不意味着他选择的是公司真实价值的最大化。代理理论认为，公司经理可能会从加强其自身的特权出发，在企业规模等其他目标方面最大化。那么，在这种情况下，公司经理就会扩大投资规模，以投资者的非理性亢奋来建立他自己的“帝国大厦”。

资本结构理论中有所谓的“啄食顺序原则（pecking order rule）”，即先内部融资，后银行贷款，再发行债券，最后是发行股票的融资顺序。但我国上市公司的“圈钱饥渴症”是违背啄食顺序原则的。大量的证据表明，我国的拟上市公司和上市公司都偏好于股权融资。对此的解释，较流行的观点认为是制度性的原因。而笔者认为公司经理的行为是非理性的，即上市公司经理并不是以公司真实价值最大化为目标，是导致偏好股权融资的主要原因。

在公司财务理论关于上市公司股权融资、资本结构和投资的关系的研究中，一般都是假定公司经理是理性的。在我们上述的讨论中，都是基于理性的公司经理对部分投资者的非理性行为的反应。近年来，一些西方的公司财

务学者对公司经理的非理性行为进行了初步的研究。其结果对于我们更深入的研究“圈钱饥渴症”将会有很大帮助。

通常人们认为，西方国家的上市公司都设计有比较好的机制来解决代理问题和使公司经理的行为集中于公司价值的最大化。这些制度安排包括经理股票期权和经理负债。这样一些制度设计，可以使得公司经理的个人利益与公司的价值挂钩，从而使得从私利出发的公司经理能够以公司价值最大化为行为准则。

在我国上市公司中，由于法人治理结构的不完善和经理股票期权等机制的缺乏，导致公司经理的代理问题相当严重。公司经理不是以公司的真实价值最大化作为目标，而往往是倾向于公司经理自身利益的最大化。这决定了公司经理的融资和投资行为决策不可能是完全理性的。这也就是为什么上市公司存在严重的“圈钱饥渴症”以及“投资饥渴症”的内在原因。

行为金融学为公司财务理论开辟了一条新的道路。从市场时机理论、资本结构的啄食顺序原则到管理者非理性模型，从假设条件的逐步接近真实世界，而使得其理论价值逐步增强。这对于我们从公司财务角度认识我国上市公司的“圈钱饥渴症”提供了有力的工具。从我国上市公司“圈钱饥渴症”的内在原因来看，表面上是由于公司经理的非理性行为，而背后的更深层次的原因在于导致公司经理非理性行为的上市公司股东与公司经理之间的“代理问题”。解决代理问题，一方面要加强上市公司的法人治理结构的完善，使其发挥对公司经理的监督作用，使公司经理真正做到以公司价值的最大化为行为准则。另一方面，要在微观机制上进行设计，发展和完善对公司经理的激励机制，尽快推行经理股票期权等激励制度，使得公司经理的利益与公司价值的最大化捆绑在一起。

二、公司价值理论说明了投资者关系管理带来股票溢价

公司的价值是公司预期产生的自由现金流量按公司资本成本折现的净现

值。所以自由现金流量是公司的价值创造之源，公司的任何一项管理活动和决策必须满足以下四个中的一项或多项条件，才能为公司创造价值：（1）增加现有资产产生的现金流；（2）增加现金流的预期增长率；（3）增加公司高速增长期的长度；（4）优化融资决策及资本结构管理增加公司价值。其中，第（2）、（4）项明显地要运用投资者关系管理来体现公司价值，这是公司直接表现出来的价值。

在资本市场上，上市公司的价值通过价格来表现，因此它还具有相对性。这个相对性就体现在资本竞争背景下，上市公司通过赢得投资者的信任和认可，提高投资者的忠诚度和投资热情，使股票价格长期维持上升趋势而获得的较高市值。实证说明，拥有较高市值的公司在再融资方面更具有优势。

受到历史上股权分置的影响，中国的公司治理结构中，突出保护中小投资者利益，避免“一股独大”对于公司发展具有尤其重要的意义。迄今为止，国际金融经济学学术界在“股权结构与企业经营业绩和企业市场价值是否存在显著的相关关系”方面并无明确一致的实证结果。Demsets 和 Lehn（1985）考察了 511 家美国大公司，发现股权集中度与企业经营业绩会计指标（净资产收益率）并不相关。McConnell 和 Servaes（1990）考察了 1000 多家公司，发现公司价值与股权结构之间具有非线性关系。内部控股股东股权比例小于 40%时，托宾 Q 值随控股比例的增大而提高；当控股比例达到 40% ~50%时，公司托宾 Q 值开始下降。而 Mehran（1995）发现，股权结构与企业业绩（托宾 Q 值和资产收益率）均无显著相关关系。Han 和 Suk（1998）的结果表明，公司业绩与外部大量持股股东（Blockholders）的股权比例正相关。Myeong - Hyeon，Cho（1998）研究了股权结构、投资和企业价值三者之间的关系。最小二乘法回归结果表明，股权结构影响投资，进而影响企业价值。但联立方程回归结果表明，投资影响企业价值，然后影响股权结构，即企业价值影响股权结构，但反之不成立。Pedersen 和 Thomsen（1999）考察了欧洲 12 国 435 家大公司，认为公司股权集中度与公司净资产收益率显著正相关。Morck、Nakamura 和 Shivdasani（2000）研究了日本公司股权结构与公司托宾 Q 值的

关系，发现公司价值与主办银行持股比例负相关。当公司主办银行持股比例较低时，公司托宾Q值随主银行持股比例上升而下降；持股比例达到一定程度后，这种负相关逐渐减弱，甚至转变为正相关。Claessens（1997）对捷克和斯诺伐克，以及Claessens，Djankov，Fan和Lang（1998a）对东亚地区企业的股权结构的研究，均发现这些国家和地区的企业股权高度集中，并且与企业价值正相关。Lins（1999）对18个新兴市场国家的企业研究获得了相似的结果：大股东对企业价值有正面影响。

投资者关系管理在抑制大股东信息优势，引进战略投资者方面具有重要作用。公司治理与公司业绩之间的关系，一直是人们关心与研究的重点。有关研究认为，中外公司在市场竞争力上的差距从根本上看是公司治理水平的差异造成的。Millstein和Macavoy（1998）对154家美国大型公司进行了五年的跟踪调查，发现拥有健康、独立并有效行使董事会职权的公司在20世纪90年代的业绩明显好于董事会消极、不独立的公司。里昂亚洲商业银行曾用7大项、54小项的标准衡量公司治理与公司绩效的相关性，结果发现公司治理良好的公司，其股价表现相对优异。1999~2000年，根据麦肯锡公司的全球投资者观点调查，按5分制标准（1分为非常差，5分为非常好），对亚洲国家的公司治理质量进行了打分，结果发现，从印度尼西亚的1.1分到日本的2.6分，亚洲国家与地区的公司治理平均值为3分，低于公司治理质量一般的水平（美国则超过4分）。由于公司治理水平的差异，投资者对目标公司股票所愿意支付的溢价也不同。经比较，投资者愿意对美国公司的公司治理质量多支付的溢价为18%，对亚洲国家公司的公司治理质量多支付的溢价为24%，其中最低的日本、中国台湾为20%，最高的印度尼西亚则达27%。由此得出两条重要结论：一是良好的公司治理和良好的财务状况一样重要，都是投资者投资时所要重点考虑的问题，二是投资者愿意为公司股票所付出的溢价与公司治理的水平呈正相关。

投资者关系管理促进公司价值发现的意义在于，通过上市公司与投资人的互动沟通，完成了信息的双向交流。上市公司在投资者面前成为越来越透明的公司，并且，投资者很容易在这个过程中发现某上市公司区别于其他上

市公司的特殊标识。当投资者关系管理使投资者对公司长期投资价值进行确认时，他们不仅会选择长期持有或不断买进的操作，而且愿意为公司支付更高的溢价，这使公司相对价值不断提高。而战略投资者的引入可以进一步优化公司股权结构，改善公司治理结构，并为公司提供低成本的融资。因此，战略投资者作为外部股东，他们的进入直接为公司创造了价值。

案例 2－1：方正科技投资者关系与公司价值创造

当我们观察不同国家投资人对公司治理结构的关注程度的时候，治理结构就成为公司向外部投资人传递信号的一个手段，一个更加重视投资者权益的公司，会在其治理结构中安排一些投资者关系管理的要素，以便谋求投资者的信任和亲近。图 2－1 是以企业管理咨询闻名于世的麦肯锡公司 2001 年在全球范围内对不同国家和地区的投资人所作的问卷调查。调查的问题是，投资人愿意为良好的公司治理结构支付多少溢价，麦肯锡公司根据这些回答，汇总以后，对不同国家和地区投资人愿意支付的溢价进行排列，排列的结果如图 2－1 所示：

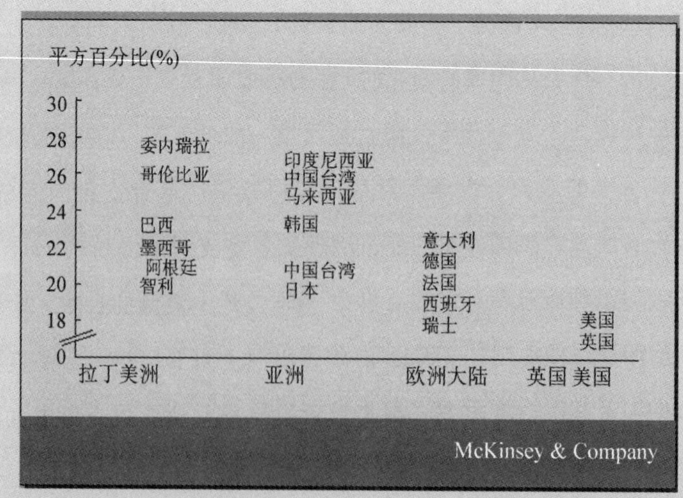

图 2－1　不同国家和地区投资者愿意为良好的公司治理结构支付的溢价

来源：www. worldbank. org

图2-1中结果显示出，英美国家投资人愿意支付的溢价最低。拉美国家投资人愿意支付更高一些的溢价。尽管这只是在特定时段上的一次调查，但国别间投资人对公司治理结构关注程度的差异还是明显的。外部人对公司治理结构给出的溢价越高，说明对外部投资人来讲，可靠的有关公司治理结构的信息对于一些投资人具有更高的价值，作为难以获得的一种信息，公司治理结构本身具有投资价值，如果治理结构具有投资价值，那么就典型地说明，在这样的国家里（此处是拉美国家）大多数投资人对公司内部人控制权的分配和运作持有怀疑态度。下一节我们将会看到这种怀疑态度直接导致了法律框架的差异。在英美国家，相比较而言，外部投资人与公司内部人之间具有更多的信任，因而外部投资人不必再为治理结构支付具有吸引力的溢价。

不同国家的投资人对公司治理结构的关注程度不同，说明在不同国家的资本市场中，信息结构和其中暗含的价值判断是不同的。信息结构和其中暗含的价值判断会进一步引导市场主体的行为选择，而我们知道，市场主体行为选择的变化会影响法律规则的总体特征，至于经济组织形式选择，本身就是由行为选择决定的。简言之，法律规则、治理结构和经济组织形式之间存在互动关系。

治理结构中投资者关系管理要素的重要性在国内也有反应，只不过由于国内资本市场的成熟程度存在差距，因而投资者关系管理的水平如何，更多的体现在个案中，投资者对公司治理现状的认可程度罢了。

方正科技前身为“延中实业”，是沪市著名的“三无概念股”和“老八股”，大股东持股比例较低，造成历史上控股股东多次变动。从1990年12月延中实业股票在上海证券交易所上市起，方正科技历经四次“举牌”。每次“举牌”对公司来说都是一次不小的考验，也正是在股权的这种变动中，投资者与公司一同成长，资本力量带动产业升级，使这个区域性的“延中实业”成长为全国性的上市公司“方正科技”。

从1985年1月14日公司向社会公开发行股票起，公司就产生了萌芽

中的投资者关系管理。延中实业出身于一家街道工厂，特殊的股权结构下，广大股东急公司所急想公司所想，为公司的发展出谋划策。当时公司有部分投资项目就是由小股东牵线作成的，比如当时一位在上海某设计院工作的同志，因持有公司股票，积极协助公司寻找项目，并提供设计方案。“宝延风波”时期，这种投资者关系也得到了初步发展。1993 年 9 月，中国宝安集团上海实业公司大量购入延中股票。宝安的收购突如其来，对于中国资本市场这种新鲜事，无论是中小股东、公司员工，还是管理层，都没有思想准备。公司管理层与广大投资者一起商讨实施三点对策：一是寻求政府支持，因延中是全流通上市公司，宝安则是深圳带“国”字背景的上市公司，同时，宝安收购过程中也有违规行为；二是寻求第三方支持，增持公司股份进行抗争；三是聘请香港一家知名公司为反收购顾问。由于当时对这种收购战认识不足，中小股东特别是上海的股东更多是觉得被深圳一家公司收购不服气，公司管理层在处理投资者关系时也更多是联合大家一起抵制收购方。从公司发展的角度考虑，宝安在二级市场上控制延中实业后，1994 年正式进入公司董事会，宝安给公司带来了先进的管理思想和管理理念，并进行了部分资产置换。

宝安从 1998 年年初开始有步骤地减持延中股份。宝安的退意引来了北大方正的登场。以北大方正为代表的北大所属企业“举牌”过程中及入主后，带来了投资者关系管理的进一步发展。就在方正举牌之初，中小投资者都对北大入主寄予厚望。一位公司老股东在媒体上公开发文欢迎北大入主。他说，“众多高位套牢者，寄希望于宝安，盼其能有所作为。然而宝安除在资本运作上有所表现外，并无多大建树。”“有名扬中外的北大方正高科技产业，再加上有在香港的资本运作经验，综合优势明显。尤其在当前科教兴国的大背景下，高校的科研成果与股市筹资功能相结合，加速高科技产业化所迸发出的能量似聚合效应迸发的原子能一样不可限量，如此看来，似与当年的宝延风波不可同日而语”。这种态度代表了当时 90% 以上股东的想法。公司管理层也正是顺应了这种潮流，方正顺利入主。

1999年，延中实业正式更名为方正科技。此后，方正科技在投资者关系管理方面进一步完善，适时举办公司股东座谈会、经营情况沟通会，公司还经常邀请部分老股东到公司实地考察，就公司的发展战略听取中小股东的建议。正是这种良好的投资者关系管理，再借助中国IT市场的蓬勃发展的东风，方正科技在经营方面出现了质的飞跃。

方正集团入主后，方正科技迎来良好的经营形势。在投资者关系管理方面，逐步全面落实，并不断形成制度化和规范化。首先，面对非善意的收购行为，投资者最终还是选择了公司管理层和方正集团，使公司再次化解危机。2001年5月，面对"裕兴系"的举牌，公司董事会一方面就一些言论作出澄清；另一方面公司还就经营情况举行说明会，让广大投资者对公司有一个真正的了解。多数股东最终坚定地站到了方正集团这边。有的股东还提出，要把他们的表决权委托给管理层行使。2001年6月，方正科技股东大会审议并通过了方正集团的提案，方正集团以新一届董事会成立为标志取得了股权之争的胜利。随后上海高清又第四次"举牌"，公司董事会一方面向投资者充分披露有关信息及时反映公司真实状况，另一方面还向中小投资者充分阐明这次举牌给公司带来的不利影响。经过多次沟通，投资者再次选择了方正集团。其次，投资者关系管理制度化、规范化。经过多次股权纷争并且最后得以平息，不仅使公司各项业务得到平稳发展，也为投资者关系管理制度化创造了条件。2003年8月，公司董事会正式通过了《投资者关系管理制度》，同时，公司还成立了投资者关系管理部，聘请了专业公司为投资者关系管理顾问。最后，不断就公司的发展战略听取中小股东意见。方正科技的最大魅力是全流通，一旦经营不好，广大投资者就会用脚投票，方正集团的控股地位也不会高枕无忧。

总之，在目前证券市场不断发展、上市公司数量不断增加、投资品种日渐丰富的情况下，如何让投资者发现公司价值，并且保持对公司的长期认可并不是一件容易的事情。上市公司应当将投资者关系管理作为公司长期持续

的一种观念和态度，与投资者平等、诚恳、相互尊重的沟通，取得投资者的信任。

第二节 公共关系视角下的投资者关系管理

公共关系（PR：Public Relation）是一种管理职能，属于一种经常性和计划性的工作，无论公私机构或组织，均能通过它来审度公众意见，使本机构的政策与措施尽量与之配合，再运用有计划的大量资料，争取建设性合作获得共同利益。这是国际公共关系协会对公共关系的定义。美国公共关系研究与教育基金会主席 R. 哈罗博士通过征询 83 位公共关系领导人的意见，研究了 472 个关于公共关系的定义，得出结论是公共关系是一种特殊的管理职能，它帮助一个组织与公众建立和保持相互沟通、了解、接受与合作的渠道；参与问题与纠纷处理；将公众意见传达给管理部门并作出反映；明确与加强为公众利益服务的管理责任；作为监视预警系统，帮助管理部门预先做好应变准备，与社会动向保持一致并有效加以利用。这一定义集中概括了企业公共关系管理的主要内容。

一、公共关系管理实际上是“声誉管理”

近年来，作为对“公共关系”这一名词的一种新的解释形式，“声誉管理”这一说法在国外日益突出并为大众所接受。“声誉管理”的积极倡导者保尔·赫尔姆斯还创办了《声誉管理》杂志。有学者认为，企业之间的竞争经历了价格竞争、质量竞争和服务竞争，当今已开始进入一个新的阶段——声誉竞争。然而，“声誉管理”一词对于我国企业虽说还是一个全新的概念，但已引起企业家的关注和重视。

（一）声誉管理的内涵

声誉是指一个企业获得社会公众信任和赞美的程度，以及企业在社会公众中影响效果好坏的程度。声誉管理是对企业声誉的创建和维护，是指企业以正确决策为核心，通过声誉投资、交往等手段，从每个员工做起，建立和维持与社会公众的信任关系的一种现代管理方法。相比"公共关系"而言，"声誉管理"的定义强调了准确决策的重要性，而老生常谈不无贬意的"公共关系"一词却有在管理操作上要弄手腕之嫌。

企业决策在声誉方面的含义在于这一决策将影响到与该企业有关的人对它的看法，这些人包括股东、客户、雇员、供应商、政府调控部门及传播媒介，甚至竞争对手。如果一个决定将潜在地影响到该企业与任何上述对象之间的关系，这一决定就具备了它的声誉含义。换言之，我们很难设想作出一个不具备其声誉含义的决定。声誉的核心是信任，声誉管理的核心是企业的"准确决策"，其目标是在公众和企业之间建立起相互信任的关系。需要说明的是，声誉管理不同于公共关系和形象策划。我们可把公共关系想象成为安装于家中一堵墙上的镜子，这面镜子反映出你的外貌，把形象策划想象成为房屋的装饰，再把声誉管理想象成为房子的地基，如果地基不牢固，房子就会倒塌，包括镜子和所有一切。因此，公共关系代替不了声誉管理，只是声誉管理的副产品，而声誉管理是形象策划的基础见图2-2。

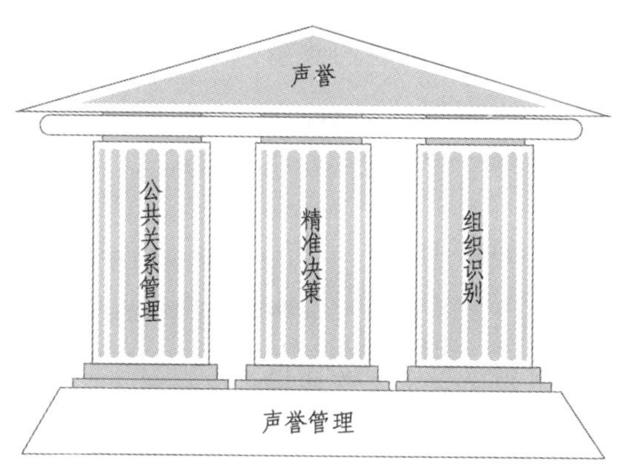

图2-2

（二）声誉管理在现代企业发展中的重要性

美国学者戴维斯·扬在《创建和维护企业的良好声誉》一书中说，“任何一个团体组织要取得恒久的成功，良好声誉是至关重要的，声誉管理是一个价值不菲的产业。”企业声誉的重要性表现在以下几个方面：

1. 声誉是企业与公众交往的前提，人们愿意与自己信任的企业打交道。当双方不存在任何交往时，首先要有一种声誉存在，除此之外，现代公关技术（广告或促销）是毫无用处也是毫无意义的。公众对于企业声誉的要求不亚于他们对于产品和服务的要求，他们拥戴或尊敬一个企业，不仅因为企业善于生产好的产品，提供就业机会，上缴利税；还因为它的经营活动对社会带来的损失最小或甚至没有损失；而且因为它做的事情稍稍超过了人们对它的期望。因此企业应当重视声誉管理，以赢得公众的认同和信任。

2. 声誉为企业摆脱不利局面提供了条件。任何企业部难免有决策失误，出问题的时候，此时对于平时具有良好声誉的企业，顾客比较容易给予谅解，企业由此赢得了纠正错误，恢复形象的时间，而且由于企业一直注意维护自身的声誉，善于运用情感交流，使得它的声誉受损的很大一部分后果得以消除。可见，良好的声誉是企业最重要的财富，特别是企业处于困境之时。

3. 声誉是一种特殊的无形资产。声誉的特殊性在于它既能贬值也能升值。当企业经营出问题时，它的声誉就会受到损失，企业可以弥补破损声誉，但永远不会修复到它先前未遭破损时的状态，声誉财产会迅速贬值。然而如果企业善于声誉管理，声誉财产价值会与日俱增，并且还会创造许多潜在的价值。

4. 声誉是企业竞争的有利武器。当今激烈的市场竞争是产品质量的竞争，人才的竞争，也是企业声誉的竞争。企业只有建立起良好的声誉，做到有口皆碑，才能在激烈的市场竞争中脱颖而出，击败对手。同时，良好的企业声誉有利于吸引优秀人才，创造更高品质的产品，使企业发展长盛不衰。

具体而言，企业良好的声誉能够激发员工士气，提高工作效率；能够吸引和荟萃人才，提高企业生产力；能够增强金融机构贷款，股东投资的好感

和信心；能够以声誉形象细分市场，以形象占领市场，提高企业利润；能够团结号召有业务关系的企业，加强合作；能够提高和强化广告，公关和其他宣传效果；能够使企业的基础得以长期稳固，根深叶茂。

（三）我国企业实施声誉管理初具条件

首先，从有利因素来看，声誉管理在国外已经形成了较为完善的理论框架，并引起我国一些学者的关注。特别是美国学者戴维斯·扬所著《创建和维护企业的良好声誉》一书 1997 年在国内出版，给我们的理论研究和实践指明了方向。该书阐明了在创建企业声誉过程中需要懂得的东西以及所需掌握的战略和规则。国内有学者著文强调了企业进行声誉管理的重要性，认为声誉管理是驾驭现代竞争的重要方法，是突破传统管理理论局限，比公共关系、组织识别理论（CI：Corporate Identity）更具有丰富内涵的现代化企业管理的高阶段竞争手段，希望引起企业的重视。

虽然大多数企业家尚未透彻地了解声誉管理的内涵，但他们对树立良好的企业声誉都是持肯定态度的，而且已有许多明智的企业家自觉不自觉地对企业进行了创建和维护，尤其是当今 CI 策划已成为我国企业进行战略规划的热点，为塑造良好的企业形象，企业或多或少地进行了声誉投资。所谓声誉投资主要是指企业在履行社会责任方面的投资，即从事一些与公益事业相关联的经营项目，在企业赚取利润的同时，为公益事业做出贡献，或拿出一定的财力为公益事业作贡献而不图回报，如向慈善机构、灾区捐款等。

其次，国内企业建立声誉尚需要一段过程。这是因为：

第一，企业管理者的声誉管理意识不强。企业管理者们曾受训于各种可以想得到的专门领域，却唯独没有受过声誉管理方面的训练。他们可能熟悉市场营销、财务管理、人事管理和法律事务，但许多人不能胜任声誉管理的职责。他们对声誉管理的内涵及重要性认识不足，因此，也极少制定计划、方案来促使员工们意识到一个好声誉对企业的重要性。企业管理者在做任何决策时首先想到的是利润，很少有人首先提出这样的问题，“如果我们这样做，会有损于企业的声誉吗”？管理者们时常致力于解决成本、时机、价格、

人事方面的问题，可他们对声誉问题却很少注意。即使是在进行形象策划时，也很少从声誉建立和维护的角度出发，而更侧重于形象的包装。由于这一疏忽，声誉受损的潜在可能性就变得无时不在。

第二，对声誉管理的预期值较低。我国企业经历了扩大企业自主权、利润留成、利改税、承包制、股份制试点等阶段，进入建立现代企业制度的转轨时期后，大多数企业还处于财富的初级积累阶段，企业普遍树立了现代企业管理、市场营销等新观念，但除了在广告、公关等方面舍得一定投入外，还不愿在声誉创建和维护上投放更多的资金，他们担心在公益事业和福利事业上的投资将来得不到预期的收益，至少短期收益不明显。

第三，体制弊端限制着声誉管理。许多企业仍采取承包制经营，而承包制是企业声誉管理的一大阻碍。承包制使得企业经营者滋生短期行为，为了完成承包任务，实现自身利益最大化，而片面追求利润的增长，而忽视了有利于企业长远发展方面的建设。这种行为会使公众产生这样一个印象，即企业的唯一目的是赚钱，而无暇顾及企业声誉及其肩负的社会责任。

第四，政企不分是企业声誉管理的另一个阻碍。政府参与企业管理或直接干预企业经营者的任免，甚至业绩颇佳的经营者也有被调任其他领导岗位的可能，使得经营者难以制定和实施完善的声誉管理战略。因为声誉投资是巨大的、明显的，而收益是潜在的、无形的。政府干预有时甚至会使企业本来创建的声誉减弱或丧失，可见企业自主经营是声誉管理的前提。

二、企业实施声誉管理的一般途径

创建、维护和发扬企业的良好声誉并非易事，也非一朝一夕的努力所能奏效的。它既需要在人际交往中运用准确的措辞和完善的技巧，又需要培养和行使合乎规范的行为，还需要拿出一定的管理时间和资金，同时企业的良好声誉取决于对正确决策的实施。

一般而言，企业良好声誉的建立可以通过以下途径：

（一）激发企业管理者实施声誉管理的意识

基本方法是不断完善现代企业制度，使管理者获得企业法人产权，凭借这种产权，管理者成为企业经营管理的核心，并享有企业的剩余索取权。要建立长期的、动态的激励机制，把管理者的任用、报酬与企业经营业绩紧密联系起来，采取年薪制、股权工资制等报酬形式。这将有利于激发企业管理者的工作热情和敬业精神，有利于声誉管理战略的实施，有利于企业的长期生存与发展。

（二）通过制度安排使声誉管理者能够处于企业重要决策层的核心地位，以保证企业决策是在一个考虑到所有潜在影响力的环境中作出的

企业决策层要充分利用各种渠道，广泛征询各类社会公众的意见，站在企业全局利益和社会利益的高度，综合评价各职能部门目标的效果，依据企业全局利益和社会利益来确定决策目标和方案，并在决策方案实施后，及时了解社会公众的反映，以便对原决策目标、决策方案作出必要的调查，使之既反映企业经营管理的需要，又符合社会公众的需要。

（三）加强声誉投资创建企业的良好声誉

声誉投资主要是指企业在履行社会责任方面的投资。企业可以通过两种方式承担社会责任：善于经营和善做好事。善于经营是指企业应从事一些与公益事业相关联的经营项目。这样，在企业赚取利润的同时，也为公益事业作了贡献。善做好事比善于经营更进了一步，它需要企业在相当大的程度上在财力和其他方面为公益事业作出贡献，并且不图回报。比如，向慈善机构、灾区捐款；免费为社区解决一些困难；以同情、积极的态度处理灾害、事故，即使灾害、事故并非应由本企业负责；等等。随着相互竞争的同行企业在产品质量、服务和价格间的差距大大缩小，在企业的社会责任方面投资就会产生很大作用。扩大影响是企业战略管理的重要组成部分，但企业的所作所为要比自我标榜更为重要。良好的声誉不同于广告，可以一夜之间策划出来，而必须经过长期的一点一滴。日复一日的努力来造就企业的好名声。因此，企业必须进行声誉投资，这是创建企业良好声誉的必要条件，不仅要有明确

的目标，而且还要拨出一定的管理时间和资金，配备相应人员，并把这些用于声誉财产的积累之中。

（四）员工共同参与及对员工的信任和鼓励

企业管理者要重视对员工的培训，使他们明白他们的行为对企业创建声誉和生产经营的成功会带来的影响，使每个人树立起保护企业声誉的意识，同时要培训员工，使其行为符合职业道德，并学会礼貌、热情、得体的服务方式，因为那些有悖于职业道德的过失，倘若得不到妥善处理，就可能导致潜在的声誉危机。

企业管理者要加强与员工的沟通。一方面，要向员工及时通报企业各方面经营活动的信息，使员工明白企业现在在做什么，做的如何，使他们明确目标，树立信心；另一方面，要诚恳地倾听员工的意见，并及时向他们通报意见的处理结果，使员工感到他们的努力是有意义的，激发他们的主人翁意识。

除了上述途径外，企业声誉的建立还需要加强与外界相关群体的交往同企业有利害关系的群体，包括客户、投资人、供货商、政府、新闻媒介、竞争对手和权威人士。这些构成了企业的外部环境，他们对企业的看法决定了企业声誉的好坏。为了创建和维护企业的良好声誉，企业应加强与这些群体的交流，同时在与他们交往时要考虑到他们的需要和期望。

三、投资者关系管理在提高企业声誉中的作用

以上分析说明，投资者关系也是企业声誉管理的重要组成部分，是企业公共关系的内容。企业对外公共关系的内容包括：

（一）客户

企业需要了解客户的想法，而客户需要了解企业在干什么和为什么这样干，而且对他们意味着什么。客户们总是与他们信任的企业有交往，按时的、可信赖的双向交流是建立良好的、令人信任的关系的基础。

（二）投资人

投资人对企业的将来继续保持信心是极其重要的，他们需要了解企业的行为方式。而企业经营中出现的不利情形对投资人的信心具有极大的破坏力，因此，双方需要长期的信息交流，以消除误解，保持信心。

（三）供货商

当企业对供货商以礼相待并做到互通商情时，他们就成了维护企业声誉的同盟者。他们会带来企业的竞争对手以及更为广泛的商界内部信息，这其中很大一部分是有关其他企业声誉的。

（四）政府部门

政府官员需要在与企业交往中发现互利的因素。因此，要让他们看到企业为公众利益在工作着，妥善地传递良好决策是达到这一目的的关键。

（五）竞争对手

竞争对手永远不会成为企业声誉创建的“啦啦队”长，可企业确实要中和一下他们的评论。因为他们没说好话并不意味着他们一定说坏话。因此，保持与竞争对手间的交往桥梁的畅通有助于缓和他们对你的评头论足。当彼此间建立了一定程度的了解，企业间就最大限度地降低了公开交战的潜在可能性。

（六）舆论权威人士

任何企业组织周围都有这样一些人，他们是对企业做出评论的权威人士，人们向他们征询看法，他们被称为顾问、技术专家等。他们学识丰富，并且在企业感兴趣的业务范围里很有影响。企业需要了解他们，他们也需要了解企业。

很明显，每一个群体都有其自身需要关注的交往方面问题和期望值，为了提高声誉，企业应珍惜获得这些利害攸关者群体理解和支持的机会。包括倾听他们对企业的议论，有效地传递本企业的信息，慎重、从容、开诚布公地面对媒体，充分利用各种交往手段，如广告、法律顾问和公共关系部门加强对外宣传和沟通。

四、危机管理与企业投资者关系

公共关系管理的另一个内容是危机处理，由于企业在生产经营和资本经营中面对的是瞬息万变的市场，市场的不确定性很容易使企业陷入困境。即使是再好的企业，都有可能因为一时疏忽而出现危机。公共关系要解决的课题是，当企业危机出现的时候，企业快速反映和与投资者、社会公众的谅解。

能及时主动地处理企业面临的危机是企业声誉构成要件。虽然危机可以毁掉企业声誉，但是只要企业管理者对企业经营中出现的问题做出及时反应，主动向公众澄清事实，承认错误，并提出详实的危机解决计划，就会在社会公众面前树立起诚实信用的形象。无数事实说明，诚信的企业要比掩盖事实真相、侥幸等待要好得多。企业只有主动采取摆脱困境的行动，勇于承担责任，才能把握自身声誉的命运，防患于未然。

在危机管理中，投资者关系往往发挥着意想不到的作用。例如，当一家企业面临危机时，通过与最重要的机构投资者的沟通，并取得其理解和支持，往往这些机构投资者的表态或行动会支持公司股价稳定，而股价的稳定本身就向市场传递了信任和支持的信息，这对于公司顺利度过危机无疑会起到良好的作用。

建立和维护企业的良好声誉是现代企业在竞争中立于不败之地的必要条件，声誉管理已成为现代企业管理的崭新阶段，我国许多企业已经具备了进入这一阶段的基本条件，只要勇于实践，声誉管理必将为企业在激烈的市场竞争中立于不败之地发挥巨大的作用。

案例 2－2：TCL32 亿资金购买央行票据是否构成重大违规

2004 年 6 月，TCL 集团发布公告称，自 2004 年 1 月以来，利用闲置资金购买央行票据，累计发生额高达 32 亿元，截至 6 月 29 日持有的央行票据余额为 13 亿元。资金来源其中包括募集资金 13 亿元。

有证券媒体认为这是TCL集团的生财有道，是一种低风险理财方式。生财有道的背后却是李东生越权、投资决策程序和信息披露违规。

32亿元对TCL集团是个什么概念？相当于TCL集团2003年底净资产22.6亿元的142%。由于年初发行上市募集了大量的资金，2004年一季度末净资产增加至53.5亿元，相当于一季度末净资产的60%。

32亿元巨额投资的决策过程不仅没有经股东大会批准，甚至没有经过董事会讨论，仅仅是由TCL集团分管财务的副总裁和总裁批准的。

李东生为TCL集团的总裁，他同时也是TCL集团的董事长。TCL集团总裁权限究竟有多大？TCL集团公司章程第一百七十三条规定：总裁对董事会负责。这一条明确了总裁的职权，但在11项职责中并无具体的投资决策权限。TCL集团公司章程第一百七十七条规定：总裁应制订总裁工作细则，报董事会批准后实施。

TCL集团公司章程第一百七十八条规定了总裁工作细则包括下列内容：(1) 公司设立经营管理委员会，总裁为该委员会的当然主席；(2) 经营管理委员会会议召开的条件、程序和参加的人员；(3) 总裁、副总裁及其他高级管理人员各自具体的职责及其分工；(4) 公司资金、资产运用，签订重大合同的权限，以及向董事会、监事会的报告制度；(5) 董事会认为必要的其他事项。但都没有规定总裁的具体投资决策权限。

TCL集团公司章程第一百四十九条规定：累计5000万元人民币以上的股票、期货、外汇交易等风险投资，以及单项投资额8000万元人民币以上的基建、技改项目和单次投资额、收购和被收购、出售资产总额占公司最近经审计的总资产3%以上的一般性投资，经董事会批准后实施。

累计超过8000万元人民币限额的风险投资及单项投资额40000万元人民币以上的基建、技改项目和单次投资额、收购和被收购、出售资产总额占公司最近经审计的总资产5%以上的其他重大投资项目，应当组织有关专家、专业人员进行评审，并报股东大会批准。

由此我们可以判断，如果没有经过股东大会和董事会的授权，总裁批

准32亿元的短期投资，是越权行为。查遍TCL集团当时的所有公告，但没有发现相关授权。

TCL集团于2004年初发行上市，共募集了资金25.134亿元，扣除发行费用后净募集资金约24.2亿元。截至2004年6月29日，还有18.6亿元募集资金尚未使用，占实际募集资金额的76.5%，其中5.6亿元以银行存款形式存放在商业银行，另外的13亿元资金用于购买央行票据。

中国证监会要求上市公司募集资金专款专用，变更用途必须经过董事会和股东大会批准。TCL集团运用13亿元募集资金进行短期投资，而且未经董事会和股东大会批准。

一位银监局官员称TCL集团这一做法“存在问题”，他对于利用募集资金是否属于变更募集资金投向，他认为不好轻易确定；他认为运用募集资金进行短期投资虽然没有被明确限制，但应该要履行必要的决策程序并及时进行相关信息披露；他认为动用13亿元募集资金不仅需要董事会的批准，还需要股东大会批准。TCL集团显然没有履行这一决策程序。

对于2004年1月，即上市当月，就利用募集资金进行短期投资，并且金额高达13亿元，占实际募集资金额的54%。但TCL集团直到2004年6月29日才披露这一信息，这位银监局官员称TCL集团信息披露是“严重滞后的”，他还认为，6月29日突然披露这一信息有“背景”，可能是“受到相关部门的压力才被迫披露的”。一位业内人士对TCL集团这一行为作出了分析，他认为两种可能性较大：一是中报披露日期临近，再不披露相关信息，等到中期报告再披露这些信息将较为被动；二是2004年6月伊利股份国债投资事件受到广泛的质疑，在这一背景下，相关监管部门可能关注TCL集团利用巨额资金购买央行票据这一行为，要求TCL集团履行信息披露义务。

实际上TCL出现上述问题后，较为明智的措施是与投资者进行沟通，并积极与监管机构及市场各方进行高密集度的交流，及时加大了投资者关系管

理工作，实施了公司危机管理的有效应对策略。同时，强化信息披露，进一步规范公司内部决策程序，从而使整个事件的处理过程成为改进公司治理和加强投资者关系管理的一个过程，迅速化解一次严重影响公司形象的事件。

第三节　公司社会责任视角下的投资者关系管理

上市公司作为现代企业的一种特殊组织形式，自16世纪产生以来，以其筹资的效率性、规模性，管理的科学性以及股权的流动性等特点在世界各国的经济和社会发展中起到了重要作用。但上市公司作为传统企业市场化发展的产物，在筹集巨额的社会资本使其自身获得迅速发展壮大的同时，不仅要考虑以良好的经营业绩回报股东，更要充分考虑其所赖以产生、发展的环境。上市公司存在于一定的社会和经济环境之中，任何一个社会或阶级，都总是要向本阶级的或全社会的成员，提出一定的义务要求，以调整各主体之间的关系，把各主体的行为引导到一定的社会秩序中去。同样，上市公司赖以存在的社会环境也会对其提出一定的义务要求，即要求上市公司充分考虑其行为外部性对社会的影响，以树立其良好的市场信誉和形象，维护资本市场的健康稳定和发展。

一、上市公司社会责任的历史渊源

上市公司是现代公司制企业的典型形式，对其社会责任的理论探讨首先可以追溯于传统企业。一般地说，从理论上看，企业社会责任来源于企业对社会应尽的义务，表现为企业对社会环境的关注和反应。从实践上看，19世纪末，随着企业规模从小厂商向大公司的演变，企业对社会的影响越来越大，企业的社会责任问题便显露出来。

受亚当·斯密自由经济观点的影响，早期主流经济学提出的“经济人”假设，一直被众多企业理论研究者和经营者奉为指针而维护企业单一追求利润最大化的经营目标。他们认为，社会的每一个主体都是从利己主义出发来从事各种经济活动，只有允许和鼓励个体最大限度地追求利润和财富并通过市场和竞争这只“看不见的手”的支配，自动调节各种主体之间的利害关系，才能达到最大的社会福利。美国经济学家密尔顿·弗里德曼就认为：企业负有一种并只有一种社会责任，那就是遵守职业规则，在拒绝诡计和欺诈的前提下，充分利用其资源从事公开的、自由的竞争而增加其利润。然而，美国1929年出现的经济大萧条促使了人们对古典自由经济理论的反思，凯恩斯学派的观点逐渐为多数经济学家和企业工作者所接受，他们几乎一致地认为现代企业处于一个开放的、具有多种功能的系统中，并非仅仅以追逐利润的个体存在，而是在一个相互需要、相互依存的社会环境中从事生产和经营活动。追逐利润是其市场行为的主要方面，但企业对社会发展所负的责任不仅仅限于市场行为主要方面的结果，即利润的最大化，而应贯穿于企业经济活动的全过程，包括获取利润的途径、方法和手段，对外部环境的影响等方面。随着企业经济案件的不断发生，企业管理者唯利是图的道德品质也开始让人怀疑，单一追逐利润而不顾社会影响的企业经营活动所造成的环境污染、商业欺诈、假冒伪劣、工人失业等问题，使人们越来越认识到企业对社会负担责任的重要性。美国学者莱诺·托恩·豪斯莫在《管理伦理学》一书中就曾指出，“除了利润，我们还需要以其他东西来测量我们对社会的义务”。以安德鲁斯为代表的经济学家认为企业除了为股东追求利润目标之外，还必须承担其他社会责任，包括捐助教育和慈善事业、选择高于法律和习俗的经营道德标准、关心内部生活质量的改善等。管理大师德鲁克也认为，企业是“社会的器官”，应为满足社会、社区或个人的某种特别需要而存在。同样，上市公司作为现代企业的一种组织形式，不应该仅仅追逐利润的最大化，更应对社会承担责任。

此外，上市公司社会责任问题的来源还在于其作为社会资本优化配置的

产物，其众多的股东来源于整个社会，同时，由于其股权的流动性，使其社会股东更具广泛性，因此，上市公司应以对社会负责的态度保证其广大社会股东的利益，这也是完善其法人治理结构的内在要求。

二、上市公司社会责任的特殊性及现实例证

（一）上市公司社会责任的特殊性

上市公司社会责任的特殊性突出表现在其对现代社会影响的特殊性方面。

第一，上市公司股权分散化和股东社会化促使其社会影响的广泛性。

上市公司一般是采取募集式设立的股份有限公司，不仅在上市前已经吸引了众多的投资者，在上市后还随着股权的转让交易、增资扩股等方式使其投资主体不断地向社会扩散，使社会上的各种团体、组织、机构、个人都有机会参与投资而成为股东，从而使其股权比一般企业更具分散性特点。同时，股权分散化推动了上市公司股东的社会化，使上市公司的资本具有了社会所有的属性，加快了资本社会化的进程。因此，上市公司的资本社会化使其社会影响具有广泛性。

第二，上市公司的信息披露及现代信息传媒的日益发达促进了上市公司社会影响的迅速性。

由于股东社会化，上市公司必须履行信息披露义务，向社会及时公告其经营信息。随着资本社会化程度的提高，社会对上市公司信息披露的内容和频度要求越来越高，既要求年度报告、半年度报告、季度报告等定期报告，还要求重大事件、关联交易等临时公告；既要求陈述性信息披露，还要求分析性信息披露。这种信息披露要求反映了公众对社会资源优化配置主体的监督。同时，现代社会信息传媒日益发达，信息的社会化程度日益增强，媒体对上市公司不良社会影响活动的报道日渐增多，那些不重视社会责任的上市公司将受到社会的关注和惩罚。可以说，上市公司的信息披露制度及现代社会信息传播技术的进步尤其是现代网络信息传播途径的普及，使上市公司受

到了传统企业前所未有的公众监督。这种监督不仅是广泛的，而且是及时的。

第三，上市公司经济力量的日益强大促使上市公司对社会影响的有力性。

在市场经济条件下，上市公司是社会资本（股东）和人力资本（经营者）聚集、交易、整合的最佳场所，是对社会经济资源和人力资源优化配置的重要市场主体。股份公司募集社会资本后不仅获得了发展的原动力，还通过挂牌上市获得了发展的加速度。马克思曾举例说明，资本集中通过股份公司转瞬之间就把聚集资本以修建铁路这件事完成了。上市公司经济力量正日益强大。许多上市公司是行业的龙头，因此可以影响甚至决定行业产品的市场价格、质量及供求关系；许多上市公司是区域经济的排头兵，不仅是当地财政收入的主要依赖，还控制着成千上万个当地劳动者的就业命运，不仅可以通过募集资金投资促进区域经济工业化、信息化进程，还可以通过自身的发展带动金融、服务等相关第三产业的发展。上市公司经济力量对社会经济带来有力影响的同时，还会影响社会政治生活。如上市公司可以运用自身的经济实力或通过股票市场的间接力量对政府立法、政府经济政策作出强有力的反应，这一点从我国国有股减持政策出台始末可以得到例证。此外，上市公司经济力量对社会科学、教育、文化等领域也会产生有力的影响。如上市公司运用经济实力设立研究开发中心，培养科研力量改变了社会传统的产学研体系、加快科技向生产力的转化；上市公司投资教育或与高校及科研机构联合改变了社会传统的教育模式和科研模式等等。上市公司日益壮大的经济力量正对社会产生着强有力的影响。可以说，伴随着上市公司经济力量增强，特别是大型上市公司的兴起，利益相关方涉及规模不断增大，社会影响凸显，上市公司的社会责任应该引起包括上市公司本身在内的各利益相关方的充分重视。

第四，上市公司对社会的影响还体现在对企业制度创新的带动方面。

从独资企业、合伙企业到公司制企业反映了企业组织制度的演进过程。现代公司制企业组织制度的优越性已有目共睹。上市公司是公司制企业的典型形式，在企业制度上实现了多种创新。从产权制度上看，上市公司实现了

股权分散持有、资产集中控制和经营聘请专家的产权分解、产权结合和产权交易的统一；从组织制度上看，上市公司建立了明确的法人治理结构，权责级层制和委托代理制在上市公司中得到了充分的体现和运用。同时，各证券交易所上市规则对公司上市要求的严格性增强了上市公司资源的稀缺性，人们已经不自觉地将上市公司作为企业组织制度创新的典范来引导一般企业的经营、管理和改革，有时甚至通过对上市公司组织制度的研究、创新来树立这种典范的权威性或提高这种典范标准。例如，我国国有企业改制过程中多以上市公司为参照。

第五，上市公司社会责任还体现在人们对上市公司的特殊期望方面。

人们投资于上市公司的股票或债券，不仅仅局限于追求这些有价证券的股利或利息，更青睐于证券市场上这些有价证券价格上涨所带来的资本利得。因此，上市公司追逐利润并以此来保证股东分红回报或保证利息支出就不能成为其唯一的目标，而良好的公司形象、稳定的成长性、技术的不断创新、良好的未来预期等往往更能满足资本利得追逐者的特殊期望。尤其在经济高速发展、人们生活水平不断提高、社会产品日益丰富甚至市场供过于求的情况下，社会公众对上市公司的期望更不再局限于提供产品和创造利润，同时还会要求上市公司提供产品具有环保性能、适应性能，要求上市公司创造良好的生存环境，维护社会正义和公平、解决社区问题等等。

因此，从上市公司对社会影响的上述特殊性中可以看出，上市公司作为资本社会化的典型组织形式，已经成为社会公众充分关注的目标并已不自觉地将之活动视为一种典范而加以期望，公司经营的好坏都将会起到一种强烈的示范效应。作为上市公司来说，有责任和义务来维护这种示范的正效应，杜绝或避免这种示范的负效应。从这个角度讲，上市公司的社会责任也可以称之为效应责任。正如哈罗德·孔茨等人所言："公司的社会责任就是认真地考虑公司的一举一动对社会的影响"。

（二）上市公司承担社会责任的现实例证

上市公司是现代企业的一种特殊组织形式。从微观角度看，该种组织形

式不仅具有一般公司的产权清晰、责任明确、管理科学的特点，更由于其股权的流动性、筹资的效率性、规模性及资本的社会性而受到众多企业发展的青睐。从宏观上看，上市公司的培育和发展，不仅可以通过资本市场有效地配置社会资源，提高社会生产效率，同时，上市公司的发展状况、发展速度及发展规模还会对国民经济和社会的发展带来重要影响。

以我国为例，上市公司企业组织形式的产生和发展，对推进传统企业股份制改造、建立现代企业制度起到了有力的指引和示范作用。许多地方的未上市股份公司都参照了当前上市公司的组织特点和运行机制而设立，并随着上市公司组织制度和运行机制的完善而相应调整。同时，随着资本市场的发展，我国上市公司的规模和实力日渐壮大。根据万得资讯的统计，2010 年年底中国境内已有 2063 家上市公司，股票市场市价总值达 265423 亿元，占 GDP 的 67%。此外，上市公司股票市场的发展，不仅为社会提供了良好的投资交易场所，也培养了公众的投资意识。2010 年全年股票市场成交量达 41722 亿股，成交额达 542512 亿元。由此可见，从整体来看，上市公司的产生和发展有力地推动了我国资本市场的发展进程，不仅扩展了企业的融资空间，对我国经济乃至社会的发展都起到了良好的示范效应。

但是，上市公司的不良发展也会对其所处的环境产生强烈的负效应。在中国证券市场上，从“琼民源”、“红光实业”、“东方锅炉”到“中科系事件”再到“银广夏”系列的上市公司案件不仅让广大投资者损失惨重，而且令中国证券市场的信用危机骤然上升，“规范和发展”成了证券市场健康成长的主题。无独有偶，2001 年 12 月，美国 500 强第七名安然公司破产案件突然发生，仅随其后，世界通信、施乐等上市公司的丑闻也公布于众。一时间，由安然事件引发的“安然综合症”如“多米诺骨牌”一样对美国乃至全球的社会及金融秩序产生了强烈的影响。安然事件的发生使公司股票价格从 34 美元迅速跌至 0.6 美元，投资者损失达 320 亿美元；世界通信股票 1999 年峰值时，股价最高达 64.5 美元，事件发生后，公司股票价格迅速跌至 0.09 美元。据 CNN 电视新闻报道，美国第二大养老基金——纽约州养老基金在世通公司

的投资损失高达3亿美元。美国投资者信心在上述案件下大受打击，道—琼斯指数在2002年6月26日开盘后下跌了140多点，自2001年10月10日以来首次跌到9000点以下，纳斯达克股市指数也一度跌到“9·11”事件以来的最低点，全球股市也因上述案件产生了连带效应，英国、法国、德国、日本、韩国、新加坡等国股市也出现了剧烈动荡。上述案件对社会造成了巨额价值损失的同时，更重要的是它带来了严重的上市公司信用危机。《商业周刊》曾载文说：安然事件“从根本上动摇了我们的信念”。美国著名的经济学家保罗·克鲁格曼在《纽约时报》发表文章说：“安然公司的崩溃不只是一个公司的垮台问题，它是一个制度的瓦解。”上述上市公司系列案件对社会造成了严重的负面影响。

三、提倡建立公司“社会责任”具有重要的意义

我国社会主义市场经济是社会主义和市场经济的结合体，它要求社会公平和市场效益的一致，始终把社会公平放在突出的位置。因此在我国提出公司的社会责任具有以下必要性和重要意义：

（一）社会责任是公司滥用经济力量的外部约束

在市场经济条件下，公司是生产资料和劳动力得以结合的最佳经济体，也是最大场所，是对全社会经济资源予以配置的最为重要的市场主体，绝非合伙、自然人独资企业所能比拟的。从整个世界的发展来看，公司的经济力量只会越来越强，社会财富越来越向公司集中。据统计，仅世界500强企业的财富就占全世界的一半以上，而且一些跨国公司的实力就可以和一些小国的实力相提并论。因此，公司对社会的影响也只会日益增大，强调公司的社会责任就可以预防公司的经济力量被人为地滥用来损害社会利益。

（二）强化公司社会责任有利于公司的健康发展

在美国，绝大部分的学者把公司的社会责任作为公司治理结构的一个核心特征。认为一个公司的持久的竞争力和最终成功是协调工作的结果，它体

现了来自不同资源提供者的贡献。因此，公司治理结构还必须认同和适当保护利害相关者的合法权益，并且鼓励公司和利害相关者之间就创造财富和工作机会以及保护企业财务健全进行积极合作。当代经济的发展也越来越表明，物质资本对公司的发展作用日益减弱，人力资本，尤其是掌握各种复杂的专门知识的人力资本更能决定公司的兴旺发达，公司职员所拥有的高素质的劳动比物质资本更为稀缺。因此不应简单地把公司看成是“股东们的联合体”而应是物质资本所有者、人力资本所有者以及债权人等利害关系人组成的契约组织。连日本学者大隅健一郎也认为，无论是在理念上还是在现实上，上市公司都是股东利益、公司债权人利益、社会公共利益等各种利益的集合体。同时，作为社会中的一分子，上市公司发展也必然会受到其他利益相关者的制约。1984 年著名管理学者 Freeman 在他的著作《战略管理：利益相关者分析方法》里，第一次把利益相关者分析引进管理学中，并把利益相关者定义为影响企业的经营活动或受企业经营活动影响的个人或团体。而且进一步指出任何一个健康的企业必然要与外部环境的各个利益相关者之间建立一种良好的关系，从而达到一种双赢的结果。另外，他还认为处理好公司、股东与相关利益者之间的关系有利于提高公司的社会声望，提高公司的调整和反应能力和增加创造性地解决问题的能力。像世界上一些发展较好的公司，如通用公司，海尔公司，它们就十分重视在公司与员工、消费者之间建立良好的关系，为它们提供优秀的个性化服务，让更多的利益相关者参与到公司的管理中来。因此，适当地强化公司的社会责任不仅不会增加公司的负担，导致公司的低效益，还会有利于公司的长远发展，从而更加有利于社会经济的稳定发展。

（三）强化公司责任有利于保护利益相关者的合法利益

在市场经济中，公司因其强大的经济实力，加上市场经济下公司与利益相关者之间的信息不对称，利益相关者单凭自身微薄分散的力量无法与公司强大的经济实力相抗衡，因此公司往往会为了自身的利益而不择手段去损害利益相关者的利益，而且在中国消费者买假货、债权人拿不回自己的债款的

事情经常会见之于报端。所以强调公司的社会责任，完善公司立法，规制公司行为便显得特别重要。而投资者关系管理正是从公司责任角度使公司能和投资者以及相关利益人形成亲和的关系，并通过建立这种亲和关系来取得投资者信任，提升公司的价值。

（四）强化公司责任需要与公司治理结构相结合

所谓公司治理结构是指有关公司权力与责任在各公司机构之中分配状况的安排。按投资者行使权力的不同，公司治理结构在模式上可分为外部控制模式和内部控制模式两种。外部控制模式的公司治理结构以美、英两国为代表。这种模式的主要特点是公司股权比较分散，持股人对公司的直接控制和管理的能力极为有限，但在资本市场发达股票流动性好的情况下，大多数股东可通过市场交易即借助股票市场来形成对公司行为的约束和对代理人的选择。内部控制模式的公司治理结构以德国、日本两国为代表。这种模式的主要特点是公司股权较为集中，尤其是存在公司之间相互持股和银行对公司大比例持股的现象，对股票市场的依赖性较小。

德国的公司治理结构的特点是其通过双层委员会制度设计和员工广泛参与管理形成了企业重大事项共同决定的机制。德国共同决定制的权利主体涉及股东、经理、工会和雇员等各个方面，主要通过企业委员会和人事委员会来实施。他们代表员工的个人权利和基本利益，保证他们拥有安全的工作岗位和人道的生产流程。这一平等共赢的企业组织制度通过三层组织来保障三项权利：即通过企业监事会行使共同决定权，通过企业委员会行使参与决定权以及通过与企业董事签订劳资合同行使自主决定权。在法律架构上，1951年的煤钢法、1952 年的企业宪法法案和 1976 年的共同决定法共同构成了职工参与管理的基本框架。企业宪法法案适用于一般的劳资共同决策。该法案规定，凡是雇佣 5 人以上的私人企业，都要设立企业职工委员会，由工人参与管理决策；共同决定法的实施对象包括所有雇员超过 2000 人的大企业（包括股份公司、股份两合公司、有限责任公司、有自由人地位的矿业联合公司以及经济合作社等）。该法规定每个企业的监事会由 12 名成员组成，其中 6 名

是股东的代表，6名是雇员的代表，各占一半代表权，监事会主席由股东推选的人员担任。监事会采取多数表决制，如遇议案赞成票和否决票各占一半，由监事会主席裁决。监事会的职权是负责企业执行机构的任免和监督，对公司重大经营事项作决策，审核公司的账簿，核对公司的资产等。

德国的共同决定制度在很大程度上促进了社会的平等和劳资关系的和谐，也是对企业制度和公司治理模式的有益尝试。当然，也不乏质疑和批评，例如干预了所有权，导致了决策与风险承担的分离，非自发的共同决定制限制了个人通过谈判产生最有利的组织形式的自由等。

而日本的公司治理结构，特点之一就是利益相关者的治理机制——主银行制。主银行制度又称主银行关系，是指在企业与特定的银行之间普遍形成了一种长期的、稳定的、综合的交易关系。主银行参与公司治理体现出以下基本特征：（1）主银行是企业资金的最大出资方，银企之间存在债权债务关系；（2）主银行持有企业股份并通过派遣董事参与企业经营管理；（3）主银行经常为企业提供信息。在主银行制度下，企业与其主银行间形成了通畅、准确的信息传导机制并且主银行拥有决定企业命运的最大债权人和最大股东的双重地位。与此同时，由于日本企业独特的企业文化以及通过终身雇佣和年功序列制度对经理人员形成的有效激励，日本企业的经理人员其努力程度和工作效率与美国经理相比毫不逊色，但却拿着远低于后者的报酬。所以，强化公司的社会责任也应该关注公司自身的治理结构特点，强调公司各相关利益方在公司治理中发挥的不同作用，完善信息沟通的方式与效率，从而使得公司获得更好的发展。

四、投资者关系管理是公司履行社会责任的一种途径

现代公司经营日益专业化和复杂化，对于经营者的要求越来越高，经营者的自身素质也越来越决定着一个公司的发展。而且股东会非常设机构，不可能对公司的任何突发事件通过定期召开股东大会及时作出处理。同时，一

些股东搭便车现象的存在也表明了股东会中心主义的不足。因此自1937年德国率先强化董事会职权起，西方各国公司立法中也逐渐放弃了股东会中心主义，建立了以董事会为中心的治理结构。因此我国公司法的修改也应顺应这种发展，确立董事会中心主义，让董事会对更加广泛的利益主体负责，授权董事在做出公司经营决策时适当地考虑非股东利害关系人利益，而不仅仅只对股东们负责。这也是国外司法判例中越来越普遍的做法。因此在董事会成员中建议借鉴美国等公司制度发达国家的经验设置独立董事，适当地增加外部董事的比例，以纠正目前公司法中内部董事比例过高的现象。这里的外部董事是指在董事会中设置一个由来自公司外部，且独立于公司业务执行委员会的外部董事组成的内部委员会专门行使经营监督职权。这个外部董事本人认为应当由职工和社会某些法学人士来担当。在美国公司社会责任通常被认为，公司的董事们作为公司各类利害关系人的信托受托人，而积极实施利他主义的行为，以履行公司在社会中应有的角色。

有限责任制度被喻为现代公司的三大原则之一，是现代公司制度的基础和核心，被西方学者称为可以与蒸汽机相媲美的伟大发明。有限责任的确立大大降低了投资者的投资风险，从而大大提高了股东们投资的积极性，对经济的发展曾起着巨大的作用。但是，这一制度也存在着极大的局限性，其主要弊端就是对债权人的保护不足。在有限责任制度下，股东自己的风险降至最低限度，实际上也就是将公司的经营风险转移给公司的债权人。因此，美国在司法判例中首先确立了“揭开公司面纱”即否认法人人格。其基本原理是，当公司的法人人格被不正当使用时，公司的独立人格掩盖了个人的非法的、不正当的行为，若继续拘泥于公司的独立人格和股东的有限责任原则，实有悖于法人制度的真正目的。因此，在公司的法人人格被滥用时，公司债权人利益受损下，将无视公司独立的法人地位，否认股东的有限责任原则，令不当行为人（包括公司的股东、董事等）对公司的债权人直接承担责任。现在这种做法已为德、英、法、日等国家仿效，逐渐成为两大法系共同认可的一项法律原则。我国《公司法》第二十条也明确规定：公司股东应当遵守

法律、行政法规和公司章程，依法行使股东权利，不得滥用股东权利损害公司或者其他股东的利益；不得滥用公司法人独立地位和股东有限责任损害公司债权人的利益。公司股东滥用股东权利给公司或者其他股东造成损失的，应当依法承担赔偿责任。公司股东滥用公司法人独立地位和股东有限责任，逃避债务，严重损害公司债权人利益的，应当对公司债务承担连带责任。本人认为，在我国目前处于法制建设不断完善的时期，还存在一些不法分子利用公司形式规避法律，进行欺诈的现象，如，一套人马几个公司牌子，母子公司之间互相转移利润等。因此，将公司独立人格绝对化，片面强调股东在任何情况下对公司的债务都不负责，势必会助长不法行为人的不法行为，不利于保护债权人利益，有悖法律的初衷，不利于社会经济健康发展。所以，应借鉴以美国为代表的西方发达国家的“揭开公司面纱”的制度，在《公司法》中加入规定，在某些情况下，为维护利害相关者的利益，可以不考虑公司的独立人格而直接由股东对公司债务承担责任，即严格责任作为一种例外。

投资者关系管理虽然只针对投资者，但由于投资者关系管理是公司对社会公众进行的充分信息披露，也是引进战略投资者的行为，因此，在一定程度上体现了公司诚信的社会责任和平等对待利益相关人的原则。更重要的是，通过投资者关系管理，公司获得了价值的提升，这从一定程度上有助于推动公司经营和管理职能的统一。

那么，如何通过投资者关系管理促进上市公司提高社会责任意识呢？我们认为主要有两种程序：一是决策程序社会参与，二是行为结果社会考虑。

首先，决策程序社会参与主要是针对上市公司经营决策程序和过程而言的，要求上市公司在决策过程中引入社会利益或社会权代表，即引入社会约束机制，如通过立法或其他方式在上市公司董事会或监事会中引进社会利益的代表，包括行业专家、法律专家、财务专家、监管部门代表、环保部门代表等，从而使上市公司的决策和监督过程能够反映社会利益。例如，目前为完善法人治理结构在上市公司董事会中引入独立董事就是决策程序社会参与的一种方式。为进一步落实上市公司社会责任，可以考虑在上市公司董事会

中引入更多的社会参与者。其次，行为结果社会考虑主要是针对上市公司决策执行的行为结果及经营者的私人行为结果而言的，要求上市公司的经营决策执行者在具体行动时能够对社会利益负责，充分考虑其行为方式外部效应可能对社会的影响，同时，引入“经理市场”观念，在社会或证券行业内建立上市公司经营者档案并进行信誉监督考评，从客观上要求上市公司经营者树立社会责任观念。

案例 2-3：上市公司如何将社会责任转为竞争力

从 1802 年总资产仅 36000 美元的火药作坊，到 2009 年全球总收入超过 261 亿美元的跨国企业集团，杜邦 200 年可持续发展的过程中，对企业社会责任的重视功不可没。我们在生产运营过程中担负起社会责任，同时这种投入给我们带来了新的价值。杜邦中国集团有限公司总裁查布朗（Charles Brown）这样说。

另一家跨国公司——诺维信通过承担社会责任，在 2002 年获得了道琼·斯可持续发展指数全球生物医药类第一名。诺维信公司中国区总裁蒋惟明说：这说明我们在社会责任上的投入是值得的，已经得到了所有利益相关者（stakeholder）的认可，为公司带来了整体竞争力。

（一）节约能源

诺维信中国总部的办公大楼是一座中西合壁的建筑，它的外观是古色古香的老北京四合院样式，内部装潢则处处体现出简约现代的丹麦风情。这幢办公大楼的墙体增设了很厚的保温层，并采用了先进的蒸汽式空调系统，不论酷暑寒冬，室内都能很容易达到恒温，大大节省了能源。

诺维信不惜提高造价建设这个大楼，一是要对环保负责，二是想为员工营造一个舒适的、有人情味的工作环境。尽管当初公司里有人对此提出了异议，但诺维信决策者还是坚持了既定规划。蒋惟明说，事实证明，头 3 年所节约的能源就等于多增加的投资，之后就是净节省，绝对是很划算的事情。

诺维信对环保的重视由来已久，其母公司诺和集团从1974年就开始制定第一条环境政策，进行严格自律。从1993年开始出版第一份公开的环境报告，这在全球是最早的5家公司之一。一直到2003年，10年来每年出版一本环境报告。

作为诺和集团全资控股的子公司，诺维信的做法与母公司一脉相承，都遵循统一的原则：尽量节省能源，减少废弃物的排放，尽量综合利用，达到环境综合治理。在一致的原则基础上，具体则根据各个国家和地区的要求，和各个工厂的状况和工艺的先进程度，制定出各自适合的目标。

比如位于苏州附近的诺维信太仓生产工厂，当地并不缺水，但是公司和合作伙伴达成共识，不用地下水，而用地表水，并循环利用。这种行为影响了社区环保意识的提高，后来当地政府将之作为新的环保标准。

诺维信天津生产工厂，通过了ISO－14001环保认证，尽量做到清洁生产，废物循环利用，变废为宝。废水或固体废料经过处理能够再利用，而不是简单地排放到自然环境里。废水经过处理后变成中水，达到国家二级排放标准，免费提供给当地灌溉绿地。固体废料经过处理变成生物肥料，免费提供给当地的农民，改善天津的盐碱地土壤。包装材料尽量节省，并用一些可以降解的材料，减少对环境的危害。通过以上各项措施，该工厂几乎达到了零排放，连续5年被天津经济技术开发区评为环保优秀企业。

对环境负责，当然要花钱。但诺维信的先期投资，却在后来不断地节省了水、电、能源的开支，实际上就等于减少了生产成本。而且换来了所在社区和政府对公司的认可和支持，这种无形资产是花多少钱也买不来的。

（二）废物再生

在杜邦公司，对环境影响的定义除了传统衡量的废物和废气排放之外，还包括对原材料和能源的不当消耗。杜邦公司全球首席执行官贺利得在1994年提出零污染、零排放的目标，对化工业的传统思维提出了一个

挑战。同时这也帮助杜邦将体现社会责任的企业环保哲学同企业的战略规划、经营活动更好地结合在了一起。目前，杜邦公司每年平均花费5亿美元左右用于环境保护的改进和开发。

从1990年开始，杜邦每年设立公司的环保奖，以鼓励全体员工为保护环境做出自己的努力。员工们记住了这样的名言：尽量不要在地球上留下脚印。这句话有两层含义：一是尽量少用不可再生的资源；二是所有排放物尽量减少到最低限度，不对环境造成伤害。因此废料减量和资源再生利用成为杜邦环境管理的重点，这样，环境保护不再只是消极地增加企业运营成本，而是被视为能够产生效益的行业。

首先从减少废源开始，其次是再生利用，最后是废物处理。通过减少污染来保护环境，关键是在生产的源头上就没有任何废料的产生——如果你尽量把所有的原料都投入生产，当然就不会产生任何废料，而你的生产成本也就相应地降低。查布朗说，同时有些残存的废料会被看作是没有充分利用的资源再次加以开发，比如我们对废塑料回收利用技术的研究。

把废品变成有用的产品，从而为企业创造更多的价值，杜邦公司在这方面已经有过多次尝试。比如：将回收的旧尼龙地毯加工成汽车部件和土壤稳定剂；利用废弃的牛奶杯生产特卫强（TYVEK）的信封，美国邮局的信封业务已经被杜邦承包下来；把丽耐材料（CORIAN）废片用来生产更高附加值的产品如手表、钢笔等等，而这种废片过去只是被直接埋在地下，无疑这种改变为CORIAN表面固体材料企业开辟了一个新的收入来源。杜邦下一步的目标是到2010年，全球工厂至少有10%的能源需求和25%的收入来自可再生资源。

（三）安全生产

在杜邦公司召开会议，主持人的开场白往往是：开会前，我先向诸位介绍安全出口的位置。这种注重安全细节的传统源自于最初的火药生产。火药早已不再生产，安全却成为原则。查布朗说：不管在工厂、实验室还是办公室，每一个员工都必须安全地开展工作。杜邦公司目前的安全纪录比化学和石油行业的平均指数高出5倍，我们的员工在上班时比下班后还要安全10倍。

有些公司会把解决安全问题看作增加成本，而杜邦公司却把保障生产安全、完善预防措施视为一种回报丰厚的投资。如果杜邦公司的安全纪录只能达到美国工业安全的平均指数，那么我们每年都要多损失掉10亿美元。近年，美国私人企业因为员工在工作场所受伤所付出的赔偿金额超过700亿美元，而由于事故导致的供应中断给企业所带来的业务损失、设施重建费用、罚款等实际成本更是员工赔偿金的2~5倍。随着产品品质变差、生产能力降低、加班及临时劳动成本的产生，还会进一步增加费用。而且，在可以衡量的金钱代价之外，企业声誉受损和员工凝聚力涣散，通常还会带来融资信用的缺失和生产效率的下降。

杜邦公司于1989年在深圳开设工厂以来，创造了工伤事故零记录的奇迹。为此深圳工厂获得杜邦公司和深圳市政府颁发的最高安全奖。工厂总经理方梅珠介绍，公司的10大不可违背安全条例是员工作业的天书，并作为评估员工和主管的重要指标。如果有任何触犯条例的事件，将视情节轻重进行处罚，部分员工就是因为没能跨过安全这道关而被辞退。杜邦深圳工厂在安全方面进行了持续的投入。比如安全鞋、安全帽、安全眼镜等，都使用高质量的产品，并严格按照规定定期更换。对近视员工，专门定制近视安全眼镜，避免了两层镜片的烦恼。在特灵车间，为了避免粉尘入侵，员工配带昂贵的3M呼吸器。这样公司每年对安全消耗品的投入在100万人民币以上。杜邦公司对供应商、客户等合作伙伴同样有严格的安全要求，如要求建筑承包商必须配备PPE（个人安全设施）。

杜邦深圳工厂12年来没有一次事故，估计共节省了上百万美元的直接费用，而节省的间接费用（由安全事故带来的停工、寻找新员工、劳资纠纷和客户损失等费用）则至少数倍于此。同时，安全使产品质量更为稳定，和供应商、客户之间关系更为紧密，员工的投入度和凝聚力增加，工作效率更高，这些效益难以用数字衡量。

在已经为杜邦公司工作了33年的查布朗看来，在安全生产方面承担的社会责任给公司带来的更大好处是对人力资源的吸引和保护。人是杜邦公司最重要的资产，我们要为杜邦公司雇用那些最具有天分的员工。你可以设想一下，父母们肯定不会愿意自己的孩子大学毕业以后到一个工作环境很危险的公司去服务。现在，我很高兴有很多中国同事对我说，安全保障是他们为杜邦公司工作获得的一种特别的好处。当然，我相信这样的员工工作态度会更加积极自信，生产效率也会充分提高。

（四）尊重员工

社会责任的一个重要的内容就是人，要以人为本。对内来说，员工的薪资、福利、劳保、培训有保障。诺维信首先考虑遵守中国的法律法规，比如劳工方面的规定、最低工资的保障、应该提供哪些培训；其次是公司确立自己的目标，通常在以上基础之上，做得更好。比如在酶制剂的生产过程中，有的人容易阶段性皮肤过敏，克服一下也就挺过去了。他们却定期给员工作检查，如果属于过敏性皮肤，就立即调换工种。这种让大家尽可能安全生产的细微措施，让员工非常感动。

杜邦公司的高层领导很早就达成了这样的共识：为员工创造健康安全的工作环境，建立完善的福利和保障制度，通过激励机制促进效率和创新，都是承担社会责任最直接的做法。1904年杜邦公司制定了第一套养老金计划和员工福利标准，同时它也是世界上最早实施员工医疗计划、辅导计划、种族尊重和性别平等计划的公司之一。

查布朗认为，比保障员工劳动权利更重要的，是创造一个让员工充分施展才华的环境。杜邦公司鼓励员工与公司共同发展，并设计了专门的人员发展计划。针对员工的不同岗位、不同层次、不同阶段和不同需要，分别制定定向培训计划，并进行全程跟踪。每年经理和员工会就一年的进展情况进行讨论分析，提出需要解决和加强的部分，把员工的发展方向定下来，做到员工个人目标和公司期望始终统一。对于个人发展空间潜力大的员工，杜邦公司会给予更多的关注，帮助他突破和提升；而对于那些发展

空间小的员工，公司则帮助他维持现有良好状态。

我们希望被雇用的员工能够在杜邦公司看到自己很多的发展机会，并会长期留在公司里，因为我们把对员工的培养看作是一种长期的投资。杜邦公司在中国近年来的人才流失率保持在7%～8%的水平，在经济发展迅速的中国，这个数字与其他的公司相比，是非常不错的。查布朗对此数字相当满意。

杜邦深圳工厂人力资源部张经理做了一个统计，员工流失率近年来一直保持在10%左右，而其他企业同期的流动率是15%～20%。在这10%里面，其中0.6%是由于到国外求学或移民而辞职的，7%是由于各种原因被公司辞退的，基于个人发展的考虑离开的只有2.4%。这样，除了员工忠诚度带来的无形效益，杜邦公司节约了大量的招聘、培训等由于员工流失而产生的直接成本。

杜邦公司重视培养本土员工。据介绍，以往深圳工厂中上层都是外籍人士，现在中上层以本土人才为主，总经理本人就是大陆人。这样培养了一批更熟悉本土文化又了解国际运作的高素质员工，加速了在中国的业务增长，而且大大降低了人力成本，让更多的本土员工看到了希望，激发了员工的前进动力，同时解决了当地社区的就业问题。

（五）执行之道

想要通过承担社会责任提升竞争力的企业应当从何着手呢？杜邦和诺维信提供了如下的经验：

诺维信公司从诺和集团中正式独立出来后，将社会责任、环境保护提升到与经济发展同等重要的战略地位。从2001年开始，更将财务、社会、环境三个报告合并在一起发表。

为什么要这样做呢？时任诺维信中国区总裁的蒋惟明解释：首先是希望股东（shareholder）全面了解公司在以上几方面做得那么样。这是全球的趋势，股东不仅仅关心公司的财务和经营状况，也会对其社会责任和环境方面的表现倍加关注。其次，出于更广泛的考虑，公司必须从利益相

关者那里获得继续经营下去的许可。除了对股民，还要对员工、用户、采购商、当地的社区、政府组织（所在国家的政府组织）、以及非政府组织（绿色和平组织、世界自然基金会等）负责。

在执行全球公司的统一战略的基础之上，诺维信中国公司制定了选定专注范围并各个突破的策略。如 2001～2002 年，公司确定了建立工作场所均等机会的业务策略。在所有工作岗位上，男女机会均等。当新的工作出现，首先要给内部员工机会，根据他们的发展计划，看是否有兴趣从事这份工作。公司经过仔细考虑，在内部找不到合适人选后，再从外部招聘。2003 年，成立社会责任委员会，对中西方社会责任进行对照，看是否需要针对中国国情采取特别的措施。

在杜邦公司，社会责任早已上升到了战略高度。安全、健康和环保（Safety，Health，Environment，即 SHE）是杜邦公司的发展战略和经营计划中的关键的因素。1994 年，杜邦公司又在业内率先制定了零设备事故，零人身伤害，零污染排放的目标。

充分沟通从新员工进入公司开始，我们就会介绍杜邦公司的环保文化，但他们可能并不真正相信，所以我们必须不断地重复和强调，直到他们明白杜邦公司对待环保问题是非常严肃的，并在认真地执行。我们的目的是让每个员工都真正接受它，并将之延续下去。查布朗不断强调沟通的重要性。

在诺维信公司，沟通是一种制度。对于企业承担什么样的社会责任才是适度的问题，也需要和员工双向沟通。首先要收集发自员工的建议，社会责任的做法只有得到 80% 以上的员工认可，才能有效落实下去。如果经过冷静分析觉得是过度的，不能做到的，也要向员工解释清楚。蒋惟明说：社会责任的做法不能老板说了算。光是自上而下的命令没有基础，自下而上的建议才是大家所希望做的，而且是有能力做到的，才是真正适度的。

2003 年，诺维信中国公司还成立了社会责任委员会。这是一个临时项

目小组，成员来自于公司的各个部门，旨在通过与所有员工沟通，将全球的基本要求和中国的国情相对照，看两者是否吻合。并思考一下，是否需要为中国量体裁衣，在社会责任方面采取一些有中国特色的内容。

目标考核首先要设立明确的环保目标。以诺维信天津工厂为例，2002年的环境目标是：与2001年相比，单位水消耗降低22%，单位能源消耗降低10%，循环利用80%以上的处理工艺废水，用于灌溉工厂和天津泰达工业开发区绿地。到了每年年底，公司都会如实报告经过审计公司审核的，过去一年的执行结果，包括节省了多少水、能源，少排放了多少废物，社会责任方面对员工的健康和安全采取了什么具体措施，员工流动率是多少，一年中每个员工平均得到了多少培训等等。

诺维信公司每年对管理层的绩效考评，也不仅是考察所负责领域的本职工作，也包括环保和社会责任方面的内容。比如对天津生产工厂的总经理，不仅看工厂的产品合格率、生产效率，也全面综合考核环境和社会责任表现，比如水、能源的节省和循环利用做得怎么样，员工的流失率是多少，安全和健康方面采取了什么措施，出了多少安全事故，多少安全隐患得到了处理，等等。

第四节　股权文化视角下的投资者关系管理

一、股权文化概念的提出

股权文化在2003年召开的国际证监会组织（International Organization of Securities Commissions，IOSCO）第27届年会中被广泛提及和讨论，新兴市场

国家特别关注股权文化，这是因为新兴市场的系统风险特别高，境外投资人一般选择直接投资，而较少地选择证券投资。由于直接投资需要亲自经营或者参与经营的程度较深，商业习惯的差别和法律环境的生疏，往往使境外投资人难以适应，进而影响境外资金流入的积极性，对全球来说，就是一种效率损失。证券投资则不然，由于证券投资是通过证券市场来完成的，亲身经营的人一般是本国居民，因而能提高投资效率。不过这样一种效率提高，要能实现，还有赖于境外投资人对本国投资环境的了解，否则，信息不对称将葬送很多潜力巨大的投资。在国际证监会组织第 27 界年会上，巴西证监会主席 Osorio 在题为《全球证券投资：新兴市场的机遇和障碍》的发言中谈到，新兴市场吸引的外国直接投资颇多，但吸收的境外证券投资相对很少。一些变数影响着外国证券投资者的决策，比如，新兴市场股东的参与程度低，缺乏股权文化，等等。其实，缺乏成熟的股权文化的危害还不尽于此，新兴市场国内证券投资水平不高，与投资人和其他市场主体之间的认同感不够也很有关系。

现代企业理论的一个基本命题是，企业是一系列契约的组合。企业所有权的安排是各产权主体（人力资本所有者与非人力资本所有者）平等博弈的结果。但在契约不完备的条件下，随着技术和专业化水平的发展，契约各方的地位与实力也在发生着变化。企业剩余由原来的物质资本生产逐步演变为由物质资本与人力资本，进而与利益相关者共同生产的局面。由于企业剩余索取权必然要与相应的控制权相对应，控制权又表现在经营权、监督权及风险承担能力上，因此，一个有关企业所有权的最优安排问题自然产生，传统的“资本雇佣劳动”的单边公司治理模式受到挑战，“劳动雇佣资本”这样一种新的公司治理模式受到重视，并逐步博弈成为企业各个利益相关者共同享有企业的控制权和利益分配权的新格局。因此，公司治理的内涵与外延都得到了极大的丰富。

不同公司治理模式的趋同现象，是共同治理公司这一新现象的最好诠释。事实上，共同进行公司治理已成为绝大多数国家设计和制定公司治理原则和

方案的基本指导思想。国际经济合作与发展组织（Organization for Economic Co－operation and Development，OECD）的公司治理结构原则明确提出，“一个公司的竞争力和最终成功是协同工作的结果，它体现了来自许多不同资源提供者，包括职工的贡献。公司治理框架应当确认利益相关者的合法权利，并鼓励公司和利益相关者为创造财富和工作机会以及保持企业财务健全而积极合作。”在众多国家和地区的公司治理实践中，股东至上主义的“纠偏行为与机制”也在不断丰富与发展，尤其是随着高科技产业的发展以及公司经理层地位的提升，人力资本的概念与作用得到了重新界定，诸如经营者股票期权计划、员工持股计划、股票奖励计划等方案大行其道。在以美国为代表的市场经济发达国家，逐步形成了各利益相关者要求能够共同参与企业的控制权与剩余索取权的分配，企业也逐步演变成为各利益相关者共同服务、为契约各方共同拥有的经济实体。

必须强调的是，共同治理并不能否认股东至上这一传统企业理论的基本命题。产权是非常重要的，企业需要最优产权制度的安排。但什么是合理的安排，有众多的标准。关键是看谁最有，也就是最后的风险承担能力，谁投入的资产专用性最强。从这一角度分析，企业首先要树立对股东负责的理念。同时，由于股东的物质财富投入与经营者的人力资本投入，在企业的不同发展阶段、企业所属的不同领域所起的作用是不同的，双方有一个博弈的过程。所以，单纯强调股东至上的“资本雇佣劳动”，或人力资本至上的“劳动雇佣资本”的单边治理，都有悖于现代企业发展与企业价值增值的基本要求。企业的发展必须强调“合力”的概念，组成企业的不同特性资源投入者要以契约为前提，以企业制度建设与运行机制建设为保障，通过最佳产权和控制权的配置，实现企业价值的最大化，而不仅仅是股东价值的最大化，更不是单纯的所谓人力资本价值的最大化。

我们将投资者关系管理看做是公司主动邀请投资者参与公司共同治理，那么，投资者关系管理所发挥的作用显然和监管部门从外部对公司治理进行约束所产生的作用是不一样的。投资者关系管理是一种个性化的行为，是一

种内部激励机制——因为公司和公司的投资者都可以通过持续的投资者关系管理获得价值的提升，最终，投资者关系管理创造了公司自己的股权文化，在这一“文化”的引导下，更多的投资者因为获得尊重和获得了解公司各方面的信息而变得更有信心，投资者关系管理最终使公司和投资者都获得了增加的价值。

二、股权文化的特点及在证券市场中发挥的作用

境外成熟市场的监管机构对股权文化相当重视，一些高层官员在发言（尤其是涉及公司治理的发言）中多次提及。1999 年以来有关论述提到，全球正在向股权文化转移，传统的银行融资正退居次席。无论如何，监管机构保护公共利益的使命不会改变。越来越多的国家转向股权文化，高质量的金融信息成为推动市场的“货币”。而确保这个“货币”价值的是强劲、有效的公司治理。公司治理水准取决于如下一些关系的质量：公司与董事关系、董事与审计师关系、审计师与财务管理的关系、最终是信息与投资者的关系。高质量的信息是市场的生命，但除非投资者信赖这些信息，否则投资者的信心就丧失殆尽。促成证券市场全球化的动力也要求每个市场达到各自的最高标准，不仅是出于竞争，更是为了生存的目的。上市公司的行为不仅影响一国市场，而且影响全球市场。如果一国没有良好的公司治理，资本将流向它方。

布鲁斯·纳斯巴姆（Bruce Nussbaum）在《股权文化的震惊》一文中认为，20 世纪 90 年代，股市已史无前例地改造了美国。人们生活在这样的股权文化中，近期的繁荣仰仗股市，甚至社会福利体系也靠股市。

《控制制高点》一书的作者丹尼尔·叶尔金指出：在当今全球化盛行时期，将世界紧密联系在一起的基本动力之一是‘全球股东’的崛起。技术进步为投资者提供了便捷的家庭交易平台。全球股权文化的蓬勃发展不仅仅归功于互联网。美国 20 世纪 60 年代个人养老基金计划的盛行以及共同基金的

兴起首次使股票成为被广泛持有的核心资产，20世纪30年代欧洲、日本也是如此。更为重要的是，基金持股迫使公司完善信息披露并且充分捍卫了股东权利。

股权文化的繁荣表现在：第一，全球股市总市值首次超过全球经济总产出。第二，股票市场在有些地方大受欢迎，以至于拥有股票成为惯常之事。第三，以纳斯达克为范例的二板市场在香港、日本、伦敦、法兰克福等市场蓬勃发展起来。二板市场的发展催生了许多“年轻”的高科技公司的迅速成长与壮大。

有识之士已注意到中国也悄然兴起了股权文化。摩根士丹利公司的亚洲专家在《国际经济评论》（2001年9~10期）发表文章认为：中国经济的大趋势正在成为资本市场不断扩张、投资环境得以重塑的关键推动力量。自成立以来的10年间，中国资本市场的规模日趋扩大，成为亚太地区仅次于日本的第二大资本市场。盎格鲁萨克逊式的股权文化正逐渐在中国兴起。中国的投资者数目迅速增加，将成为中国经济革命的强大推动力量，重塑中国的经济和社会格局。中国投资者同其他市场的投资者一样，关注其资本的安全，希望得到理想的投资回报。他们因此呼吁责任制度、透明度和良好的企业治理结构，需要依靠资本市场的健康运作来分散风险，提高收益。

（一）股权文化属于非正式规则，是上市公司监管的有力补充

证券市场的监管一定伴随着欺诈行为的出现，违规交易、管理者自利交易，以及各种信息虚假披露或者隐瞒，会随着市场范围的扩大而增加。这是由于追逐利益是各个市场主体参与交易的根本动机，如果当事人意识到不遵守法律有收益，收益大于成本，那他们就会不遵守法律。主流的观点认为，中国市场上存在的大量证券欺诈行为，其根本原因在于法律对欺诈行为的处罚不力，表现在：（1）已经发现的欺诈行为往往得不到实质上的处罚，当事人要么出国去了，要么处罚执行不下去；（2）更多的欺诈行为没有被发现，这种情形一般会被归因于监管硬件建设不到位。处罚不力的情形的确存在，比如，我们到现在为止还不允许集体诉讼，这使得人数巨大的中小投资人在

遭受损害后，无法通过法律途径主张权益。又比如，对行政监管的过度依赖，必然使市场过度依赖监管人的行政能力，行政能力的差异既会表现在监管过程中裁量权运用的是否恰当上，也会表现在行政人员对市场和法规精神的理解深度上。如果行政能力较差，像很多新兴市场的监管人做的那样，就会出现一些违规行为被查处了，另外一些违规行为并没有被监管人注意到；被查处的当事人可能会觉得处罚过分严厉，但却缺乏纠错机制帮助他们；另一些被查处的当事人可能觉得处罚是轻松的。还有，如果监管人查处了一些违规行为，在市场公信力十分脆弱的情况下，投资人的信念会受到严重打击，等等。

一个很自然的推论是对违规行为进行更严厉的处罚，可以医治证券违规现象，事实上，这也是一般人的普通心态。但是实际情形并不支持这种观点。1994～2009 年，证监会处罚证券公司的次数逐年上升，但违规操作也逐年上升。证监会和两个交易所处罚上市公司的次数，在 2000 年只有 6 家，2001 年迅速达到 61 家，2009 年共有 135 家上市公司受到监管部门公开纪律处罚或立案调查。为什么更多的处罚没有让我们看到违规行为减少的结果？一个似是而非的解释也许是查处手段加强以后，以前没有被查出的案件，现在被查出来了。但我们知道这不充分。

纵然监管人设计的规则，能够把所有的违规发掘出来，并且监管人（包括法院）也都能够确定地对这些行为施加处罚，我们也不能相信监管人能预见到所有潜在的违规现象。考虑到违规当事人更有激励创新——钻规则的空子，监管人用堵塞的办法事实上是解决不了问题的。进一步说，如果投资人对公司管理者或者大股东的行为经常抱有怀疑的眼光，中小投资人经常怀疑大型投资人会掠夺他们的利益，并且，公司管理者和大型投资人既有掠夺的动机，也知道中小投资人对他们的不信任，那么无论多么细致的法规，可能都不能解决冲突利益的问题，这让我们看到认同感对一个市场的重要作用。

股权文化的重要地位正是在这里被凸现出来。如果在上市公司管理者与股东之间、控股股东与中小股东之间、内部人与公司外部人之间具有更多的认同感，则监管成本会显著降低，市场主体之间的交易成本也会显著降低。由于投资人具有稳定的预期，监管人处罚某一家公司不会引起整个市场的恐慌。稳定的预期还表现在，大多数市场主体对别人的行为模式具有较高的认同和了解，这是减少市场巨幅波动的根本办法。有了这样的认同以后，监管的角色也更容易中立。更为关键的是，市场的自运行能力会显著增加，以前需要法规强制的机制，现在可能会变成一种商业习惯，以前市场寻求逃避法规管辖，现在市场主体可能会自愿遵守规则，也就是说我们拥有了自己的文化。

（二）股权文化是人们生活习惯的一个重要组成部分，属于文化范畴

文化既是一种沉淀，又具有足够的开放性，它不断吸纳创新，形成新的文化。发展一种文化对于不同的国家通常会经历不同的途径，人们的商业习惯不断地受到外在力量的干扰，这些干扰如果是持续的，长期会形成新的习惯沉淀。我们经常看到的外部干扰是法律环境，一个老练的立法者在立法的时候，会把已有的行为习惯考虑进去，这也是从来没有任何两个司法领域里的证券法律会完全一致的原因。

股权文化的含义非常广泛，但其主要体现在四个方面：（1）股权投资成为人们习惯的一种资产积累方式；（2）股权投资人对管理层的行为给予了足够的注意，同时又能尊重管理者的经营裁量权利；（3）管理者以积极作为的方式，尊重和维护股权投资人的权益（所谓积极作为，指管理者不会因为过分惧怕承担责任，而在商业决策时显得固步自封）；（4）股权权利平等，不同的股权投资人不会因为投资额度大小有别，而受到差别对待。

在股权文化比较成熟的市场，投资人基础能得到不断拓宽，个人参股投资已具备相当的深度与广度，股市波动和过度投机相对较小，容易吸引境外资本投资于本国证券市场，国际化程度较高。这样一种文化，本身就能够对市场产生巨大的影响，并且可以成为社会各界生活方式的一部分，股市的兴衰，既深刻影响许多人的个人财富、商务发展与生活质量，同时又不会使股权投资遭受全面挫折或者全面胜利，有了股权文化以后，人们知道，股市的

兴衰与物价的涨跌是一样的，我们既然不会因为物价上涨而否定货币的意义，我们也就当然不会因为股市波动而怀疑股权投资的意义。

因为股权文化与行为习惯高度相关，因此，没有哪个国家的股权文化会完全适应另外的国家。每一个国家都可以在不同的阶段提出一个股权文化的构建目标，但一定要仔细把握当前的习惯。但不管是那个阶段，一种股权文化的生成和成熟，至关重要的因素是投资人信心，没有了投资人信心，证券市场会趋向于萎缩，其他因素将无法产生什么大的影响。对于国内而言，投资人信心帮助我们拥有一个成熟和持续繁荣的市场，对于境外投资人而言，投资人信心增加了一国资本流入的吸引力。

（三）我国股权投资与交易的习惯现状说明投资者关系管理具有巨大发展空间

虽然股权文化在国外已经是一种成熟理论，并在实践中对净化市场，保护投资者利益，协调上市公司与投资者关系方面发挥着重要作用。但是，对于中国而言，由于市场经济的实践还比较短，尚未形成股权文化的相关“软环境”。这表现在：

第一，股权投资远没有成为财富积累的手段，中国目前拥有 1.3 亿股权投资人，相对于中国庞大的国民基数是很低的，股权投资的不普及与人们热衷于手持货币形成对比；在这 1.3 亿股权投资人中，投机的氛围还很浓烈，市场的剧烈波动说明投资人对公司未来没有形成一致的、稳定的预期，并且我们推测，这种状况主要是由于投资人和其他利益相关人缺乏认同感造成的。

第二，公司内部人与外部人之间相互猜疑，互不信任。从媒体上接连曝光上市公司在股东大会期间设法控制股东发言的机会和权利，能够很容易的发现。

第三，法律救济难以获得，各种必要的民事诉讼手段不存在，或者名义上存在但实践中难以获得，如集团诉讼、民事疏忽责任等；刑事诉讼的手段不能适应或者覆盖所有的证券欺诈或者其他犯罪行为。

第四，规范证券交易和公司行为的法律规章中，禁止性条款过多，而且

一般采取概括性禁止的办法。比如对发行优先股的禁止，以及市场准入方面的诸多禁止等。禁止性规定使得众多市场主体在名义上迎合法规，而在实质上却违反。另外，禁止性条款还排斥了市场主体的深度参与，他们往往把这些条款看成是一些需要在经营中加以克服的障碍，而不是当作降低交易成本的工具。

考虑到一种文化在生成以前，必须首先有交易习惯的存在，但由于我国投资人从事股权交易的历史较短，习惯尚未形成，因而，股权文化的生成和成熟必须依靠法律规章的推动。透过法律规章，我们首先让各个市场主体切身感受到合作、谅解、让步、妥协和有秩序竞争的必要，然后形成自己的交易习惯，这些交易习惯逐步被对方认可，变成交易中“不言自明”的东西，最终生成股权文化。

（四）股权文化繁荣与信息时代的相伴相成绝非偶然

一方面，要不是进入股票市场，资金奇缺的高科技创业公司肯定无法如此迅速壮大；另一方面，如果不是技术进步为投资者提供了便捷的家庭交易平台，股票市场可能还只是资金实力雄厚的专业投资人士的游戏领域。此外，全球股权文化的蓬勃发展不仅仅归功于互联网。美国 20 世纪 60 年代个人养老基金计划的盛行以及共同基金的兴起首次使股票成为被广泛持有的核心资产，20 世纪 30 年代欧洲、日本也是如此。更为重要的是，基金持股迫使公司完善信息披露并且充分捍卫了股东权利。

股票市场的迅速膨胀反映了公司的一种普遍信念：出售股份是获取高速成长的最佳手段。同时，它还表明投资者将股票投资视为其积蓄寻找长期投资的首选目标，当然也有人视股市为一个充满风险而又刺激的金钱博弈的场所。

股权文化的繁荣表现在：第一，全球股市总市值首次超过全球经济总产出。据摩根斯坦利国际资本公司估计，1999 年末，48 个规模最大的市场中股票市值高达 31.7 万亿美元，而根据国际货币基金组织（IMF）的测算，全球商品与劳务产出总额只有 30.1 万亿美元。第二，股票市场在有些地方大受欢

迎，以至于拥有股票成为惯常之事。澳大利亚证交所宣称该国成人近54%持有公司股票，加拿大公布的数据是52%，接下来是美国，将近一半成人直接或通过共同基金间接持有公司股票。即使在偏爱债券和储蓄存款安全性的德国，1998年持有股票的成人比例已经从11%不到上升至13%。第三，以纳斯达克为范例的二板市场如香港、日本、伦敦、法兰克福等地蓬勃发展起来。二板市场的发展催生了许多“年轻”的高科技公司的迅速成长与壮大。

股权投资对市场的影响深远，表现在：其一，股票投资者要求拥有股东的权利以及对所买股票的公司拥有完整的信息。债权投资者只需知道发债公司是否有能力支付本息，而股票投资者则要更为详尽、完全的信息披露。如美国退休金基金运用手中掌握的数十亿资金，迫使公司方面改善信息披露，有力保护了小股东的权益，促进公司治理结构的改善。其二，日益壮大的股票投资者队伍史无前例地拓展了市场的深度，有利于降低与出售股票有关的费用，并且吸引了更多的公司首次发行股票。

三、投资者关系管理在股权文化中扮演的角色

首先，投资者关系管理是获得投资人信心的方式，是通过提供一个完善的法律环境，尤其是提高法律救济的可获得性，让投资人感觉他们在受到伤害时，法律总是会出面保护他们。这要求我们拥有：（1）良法。良法并非是总能让投资人赚钱的法律规章，良法应该是那些能够帮助最理性的决策被做出的法律，它永远不能代替投资人决策；（2）执行这些法律的必要的、充足的资源（包括法官的证券知识和对交易的善良理解）。我们必须承认，这两条在目前的中国，还远不能实现。事实上，法律规章及其执行的低水平，是所有新兴市场和一个世纪以前美国的通病。这样，一方面我们将不得不转向依赖别的方式，另一方面，我们在制定法律规章时，应该尽量为投资人决策创造空间。

其次，通过投资者关系管理可以改善投资人结构，在交易的技术层面和

理性层面提高弱势群体自我保护的能力，增强投资人的安全感。任何市场中投资人素质都是参差不齐的，一些投资人经验丰富，他们知道自己愿意承受多少风险，并且知道哪些证券或者证券组合适合自己的风险偏好；一些甚至可能是专业交易者。而另一些则缺乏经验，只凭借证券之上承载的表面信息做出投资决策——更致命的可能是，这些投资人对自己的风险承担能力和偏好没有稳定的判断：他们甚至不了解自己。在新兴市场中，不能透彻了解自己偏好的投资人数量很大，特别引人注目。对这种投资人，我们目前已经有了一些改善手段，比如，通过发展机构投资人，收集分散投资人的资金，提高理性。但不管采用哪一种方式，投资人可以不了解自己的真实偏好，但一定应该知道自己拥有什么样的权利，这种意识对发行人和其他交易中介的机会主义行为具有长期的抑制作用，最终就能形成一种股权文化。

最后，投资者关系管理实际上是投资人教育的过程。投资人教育既具有公共产品的性质，又具有私人产品的性质，因而提供方式应该是多样化的。成熟股权文化中的投资者信心主要是指，通过上市公司与投资者的双向沟通，使投资人坚定地认为市场会就他们的投资所涉及的风险给予合理公平的回报，他们还坚定地认为，在现有制度框架下，其他市场主体将公平地对待他们。例如，面对控股股东和管理者侵占公司利益的潜在可能，法律赋予他们的表决权（用手投票）和交易权（用脚投票）足以保护他们。又比如在信息的获得方面，他们不能由于投资规模相对较小就处于过度的劣势状态，等等。

我们发现，境外上市的公司在“股权文化”意识上较其他公司更好一些。以华能国际为例，华能国际 1994 年改制成立，并首次在全球发行 12.5 亿外资股，以存托股份形式在美国纽约上市。1998 年 1 月以介绍方式在香港联交所上市流通，并于同年 3 月在香港增发 2.5 亿股，同时向控股股东华能国电定向配售 4 亿国有法人股。2001 年在境内增发 3.5 亿股 A 股。目前，华能国际总股本达 60 亿，其中国有法人股为 42.31 亿，法人股为 1900 万，境外上市外资股为 15 亿，境内上市人民币普通股为 2.5 亿。

由于经历了三地上市的过程，可以说按照三地不同的上市规则及要求，

华能国际先后经历了三次大的内部治理结构的完善。特别是 1998 年在香港联交所上市，对推进公司法人治理结构起了很大的作用。从那时起，华能国际就引进了 2 名独立董事，同时下设了三个专门委员会，主任委员均由外部董事担任。华能国际形成了比较明晰的内部独立运行机制，股东大会、董事会、监事会与经营层在三权分立下各司其职。在规范控股股东行使权力时，明确做出了不得损害中小股东权益的规定。同时，它也较早引进了类别股东会表决机制。公司董事会负责年度概算及投资等重大决策，经理层只负责具体实施，完成董事会提出的指标任务。华能国际在加强对分支机构控制方面，全面实行预算管理，特别是在加强财务管理方面，不但要实行财务人员派出制，而且还从技术上通过应用新的财务管理软件，实施有效的集中监控。

在规范内部运行机制方面，华能国际还有一个明显的特点是，重视利用外部资源。通过中介机构的专业咨询，进一步保证公司决策的科学性和决策效率。据公司介绍，在涉及重大关联交易时，董事会会议室外常常有专业中介机构的人员待命，董事们可以随时就关联交易中定价合理性等问题要求提供专业意见。而在一些重大的活动之后，公司也会聘请专业机构进行跟踪回访、提供改进意见。据了解，在审议收购大股东四家电厂的关联交易时，为使关联交易更公平与规范，共聘请了 12 家相关中介机构作相应的评估、财务顾问及审计等。这使得股东权益的保障更多了几道门槛。目前，华能国际正按中国证监会关于《上市公司治理准则》的相关要求，进一步完善公司治理。

《亚洲金融》杂志评价的“2002 年中国最好上市公司”中，华能国际在“公司管理得最好、最好的投资者关系、最好的财务管理、最致力于增强股东价值、最致力于公司治理”等五个主要方面，均列前十名，而其在“最致力于增强股东价值”方面尤其表现出色，名列前茅。而在上交所上市公司 50 强中，华能国际位列第三。

作为早期在境外上市的企业，理应在认识股东利益最大化的问题上“先行一步”。华能国际正是基于这样的认识，首先在公司上下形成共同理念，摆正公司与股东之间的关系和位置，通过在行为上规范和约束，建立尊重股东，

保护股东权益的氛围，从而使全体股东获得价值体现。华能国际在建立和维护股权文化上为我们开阔了视野，提供了一些思路。2006 年 4 月，华能国际完成股权分置改革。2010 年 12 月分别完成在 A 股市场 15 亿股及港股市场 5 亿股的定向增发。目前，华能国际总股本达 140.6 亿股，其中流通 A 股占 28.8 亿股，流通 H 股占 38.6 亿股，限售 A 股占 76.2 亿股。

同时，经中国证监会核准，华能国际在 2007 年 12 月及 2008 年 5 月分两次完成了总额 100 亿元的公司债券发行工作。

在 2010 年由《财富》和中国香港财华社联合发布的“中国上市公司 TOP500 排行榜”中，华能国际电力股份有限公司以 797.42 亿元的年营业收入规模位居排行榜第 27 位，是国内电力行业唯一进入排行榜前 30 名的上市公司。

2010 年 12 月 18 日，由上海证券交易所、国资委及经济合作与发展组织（OECD）联合举办的“第九届中国公司治理论坛”在上海举行，公布了“中国公司治理专项奖”获奖名单。华能国际凭借在公司治理方面的卓越表现，在 800 多家上市公司中脱颖而出，荣获“2010 年度上市公司董事会奖”。

第五节　控制权理论框架下的投资者关系管理

公司控制权的本质是内部人对公司重大事务拥有的权利，作为交易这一特定商品的市场——公司控制权市场，是不同利益主体通过各种手段，获得具有控制性地位的股权或委托表决权，以获得对公司控制而相互竞争的市场。不同的利益主体既可以是公司股东，也可以是公司外部力量，还可以是这两者组成的利益集团。站在控制权交易的立场，市场主体可以被分成两类，一类是公司内部在位的控制权主体，另一类是潜在的争夺控股权的主体。

潜在控制权争夺主体的存在，对在位控制权人产生巨大的压力，迫使他

们提高管理水平，为公司利害相关人创造更多的价值。这是控制权市场作为外部约束力量，发挥作用的主要方式。当然，获得公司控制权的方式中，包括征集表决权等众多方式。当我们在控制权理论框架下讨论投资者关系管理的时候，我们发现投资者关系处理的质量，基本决定了控制权溢价被实现的水平。

首先，站在宏观监管的角度，控制权转移本身能够创造价值。这一点在过去曾经有过很大的争论，赞成控制权转移可以创造价值的一方认为，这种转移是制约经营者的有效工具，由于控制权市场的存在，公司有由于业绩不佳被并购和接管的风险，现有的管理层将不得不尽力改善经营，提高业绩，从而公司的每个股东都会从中获益。而且并购也会因规模经济而产生协同效应。相反的观点则认为，控制权转移无法创造理论上所认定的价值，以并购为例，并购者采取并购行动的最大动因往往不在于目标公司价值被低估或为了并购公司股东利益的最大化，而经常只是为了最大化并购公司管理者的个人利益或满足其虚荣心。由于频繁采取并购活动过分扩张导致内部管理混乱的案例不在少数，2002 年发生在美国的“安然事件”和“世界通信公司事件”就是非常典型的事例。国外有关研究表明，近 8 成的并购案例最终趋于失败，从另一角度对并购的作用提出了质疑。美国教授 Grubb 和 Lamb 在 2001 年发表评论：“客观事实是只有大约 20% 的合并真正取得了成功。多数并购侵蚀了股东财富……残酷的现实是多数合并没有真正的财务回报……合并失败率很高……难以遏止的合并失败”。

新古典公司控制权市场理论被指责为过于乐观。Hart 和 Grossman（1981）指出，在股东分散的大公司，小股东在收购中同样存在搭便车的现象。即小股东认为自己是否出售股票给收购者，对收购的成败没有影响。当他们预计收购后的股价 V 会高于现在的出价 P 时，就不想出售股票给收购者而指望别人出售，以便从收购成功后的股价上升中得到更多好处。当许多小股东都这样做时，收购者就只有不断的提高标价，使 P 不断接近于 V，他们在收购后获得的净收益（V － P）就越来越小，考虑到收购的费用，净收益还有可能

为负。这样，由于股东在收购中的搭便车现象，一些收购就不可能发生或发生后也会失败。另外，为了保护中小股东在收购中的利益不受侵害，一些国家的收购法中规定了一个公开期，要求收购者在提出收购要约后必须有一个等待期，在此期间不能从股票市场收购目标公司的股票，以鼓励或等待潜在的收购者进行竞争，使股东在收购中能得到最好的股权溢价。而由于搜寻目标企业要花费大量的时间和金钱成本，如果这种信息变成共享，就会出现类似公共产品那样的搭便车行为，从而弱化收购者对目标企业的搜寻动机。

其次，收购还必然会遇到目标公司现任经营者的激烈反抗，他们会采取五花八门的反收购措施来直接或间接的增大收购者的收购成本，使一些应该发生的收购难以出现或出现后遭到失败。

因此，在控制权转移的过程中，多种力量博弈，将通过投资者关系的处理，体现出对控制权溢价水平的明显影响。然而，在控制权变化的过程中，投资者的收益从何而来，又如何实现，这是控制权理论框架下探究投资者关系管理的最核心要素之一。

在美国20世纪80年代的收购浪潮中，被购并公司的股东从股价上升中得到很大好处，平均来讲，被收购企业的股价上升30%～50%，有的公司则超过100%。另一方面，购并发起企业的股价平均来讲没有多大变化。也就是说，收购的收益明显归于被收购企业的股东，但是他们获得的收益来自收购后的价值转移、效率改进，还是财富的重新分配？股东从收购中得到的额外收益到底从何而来呢？

1. 效率提高假说

效率提高假说认为，效率提高来自公司资产的联合（包括规模经济），缺乏效率的治理结构的替代以及浪费性投资的减少。同时，LBO对管理者提供了高强度的产权激励。而在石油、烟草行业，杠杆收购通过提高企业资本中债务的比重，迫使经营者将本应换给投资者的收益返还给投资者，从而削减了经营者低效或无效使用冗余现金流量（Free cash flow）的选择空间。这一假说从事件研究的结果中得到了实证支持。Jarrell和Poulsen（1987）证实，

收购公司股票20世纪60年代有5%的超额收益，20世纪70年代为2%，20世纪80年代则有统计上不显著的损失；目标公司股东则获得了显著的升水，各时期分别为平均19%、35%，1980～1985年平均为30%。Jensen（1993）估计，1976～1990年间的合并收购交易使目标公司股东获得了平均41%的溢价，约7500亿美元的收益（按1992年美元计算，不包括交易执行后的收益损失）。同时，没有证据表明存在大量财富转移。

反对意见则认为，效率提高假说以有效率的资本市场为基本前提条件，从宣布收购对股价的正向作用（即事件研究）到收购提高效率的逻辑推导存在严重缺陷。收购，尤其是善意收购提供了经理表达他们非价值最大化偏好的最好机会。换句话说，收购在援助了目标公司股东的同时却损害了收购公司股东的利益，如何断定收购提高了效率呢？效率提高假说的支持者进一步回应了这些批评：

（1）如果收购确实是因为目标公司价值被低估，其政策含义就十分明显：目标公司经理应该尽一切可能阻止收购成功，即使目标公司股东可以获得较高溢价。因为，保持独立可以创造比机会主义收购者报价溢价更大的股东价值。而事实上，挫败恶意收购的公司其市场价值又回到了收购前的水平，保持独立创造更大的股东价值并没有成为现实。

（2）对水平收购的反对基于这样的逻辑，即认为行业集中度是行业市场力量的可靠指标，相对较高的行业集中度在存在进入壁垒的情况下，有助于形成行业内合谋或优势公司定价，形成较高的垄断租金；并从行业利润和市场集中度的相关关系中得到实证支持。

（3）对事件研究的批评，无非是说股价对宣布收购的反应不能说明收购对企业长期业绩的影响。但60年代的收购主要以多角化收购为主，而80年代的收购主要以水平、垂直式为主，前者的失败不意味着后者必然失败。事实上，90年代的持续经济增长似乎说明长期业绩也获得了提高。

2. 税收利益的诱因

恶意收购的目标公司一般为经营效率较低的公司，这样，在收购完成后，

目标公司的低盈利或负债会减少公司收入的总量，从而使公司所得税的数量减少。持这种观点的人认为，恶意收购给收购者带来的消极收入，是以社会成本为代价的，恶意收购收入的来源无疑是社会应有的福利（应缴纳的所得税），这是一种对社会公众福利的剥夺。

3. 其他参与者利益的转移

股东从收购中获得好处并不是总价值的增加，而是其他参与者利益的转移，控制权的变动常常伴随着削减工人和工资。因为股东需要雇员努力为公司工作，而雇员则希望其投入公司的人力资本在未来得到回报，因此在雇员为公司努力工作的同时，股东也承诺提高雇员的福利。股东最初雇用制的信任的经营者，与工人签订可以信赖的长期承诺合同，这种合同是内容不完全、意义模糊的。在被雇佣者接受雇佣之后，出于对自身利益的追求，股东总是想违反合同，降低工人对公司所享有的份额（如降低工资和福利）。恶意收购者不同于这些经营者，他们对雇员没有任何的承诺，他们会毫不犹豫的违反这种模糊的合同。收购完成后，收购者经常会削减工资，裁减雇员，减少行政经费，降低员工福利等。Shleifer 和 Summers（1988）对美国“环球航空公司”（TWA）被恶意收购的案例作了研究，发现收购后该公司的工资总额削减了 2 亿美元，仅此一项就足以支付股东从中得到的好处了。这恰恰说明，公司收购的一大部分来源于对工人应由福利的掠夺。

4. 对消费者的掠夺

收购者通过对竞争对手的收购（水平收购），获得产品市场垄断地位。收购者得以制定垄断价格，获得垄断利润。因此，收购获得的收入意味着将消费者的财富向收购者公司股东的转移。这种观点流行于 20 世纪初，但到后来已经失去意义，因为反垄断法认为这种联合是违法的。另外，这种解释也有很大的局限性，因为很多收购的目的并不是获得垄断地位。

5. 对目标公司真正价值的认识

有一种观点认为，由于信息不对称的原因，证券不能正确反映公司的实际价值。收购者在收购所付出的价格和目标公司的实际价值的差价中获利。

目前并没有足够的证据支持这一观点。如果这种解释是正确的，则一旦一个目标公司成为被收购对象的信息被公之于众，该公司的股份价值就会被人们所认识，无论最后是否被收购，该公司的股价必将上升并持在真实的价格水平上。但研究表明，挫败恶意收购的公司其市场价值又回到了收购前的水平（Ruback，1986）。

6. 躲避风险假说

这种观点认为公司收购并不能给公司带来利润，公司经营者进行收购只是为了减少破产或被他人收购的风险。

7. 胜利者的诅咒

有的时候收购者会支付过高的收购价格。当收购者过度相信自身的能力，认为目标公司经过企业改组后效率有望大幅度提升时，过高的支付价格就会出现。一些经验研究表明，在投标竞争中平均来讲，这种现象被称为“胜利者的诅咒”（The Winner's Curse），这在收购中意味着收购者可能过高估计目标企业的价值。另外，当收购者为了追求自身规模扩大和“经理帝国”时，也可能支付过高的价格，尽管这并不符合其股东的利益。此时，收购公司股东的利益就会被转移到其经营者和目标公司的股东手中。

此外，由于股东和经营者在收购中也存在着明显的利益冲突，这种潜在的利益冲突所带来的反收购行为，对于投资者的关系管理也会产生明显影响。关于反收购措施有两种理论假设：经营者利益说和股东利益说。

经营者利益说认为经营者采用反收购措施的目的在于保护自己的利益和地位，通过人为的增加收购成本，相应的减少公司控制权变更中的收益，从而弱化了潜在收购者发起收购的动机。随着可收购可能性的降低，公司控制权市场的制约作用就收到了削弱，企业的价值也可能受到损害。除此之外，如果经营者的抵抗挫败了一个对股东有利的收购，股东还要承受直接的财产损失。这一学说的问题在于：这种旨在保护经营者利益的反收购一般要争得股东的同意，意识到这些措施对股东利益的不利影响，股东为什么还要同意管理者采用这些措施呢？对此，该学说提出了三种解释：第一，股东可能缺

乏合理性；第二，大股东可能投票赞成管理者，不愿承担公司控制权变化后的风险；第三，缺乏信息的股东在评价管理者提出的反收购措施时要花费大量成本，由于这种成本可能超过潜在的利益，他们往往认可反收购的措施建议，尽管反对采取这些措施对他们有利。

另一个学说是股东利益说，该学说认为，控制经理的其他机制已足以保护股东的利益，因此不可能用收购来进一步改进经营效率。有以下主张认为对收购的抵抗可以增加股东利益：第一，反收购措施克服了公司控制权变更中的“公共资源问题”，即股东单独行动，只考虑个人收益，竞相向收购者出售股份，丧失集体行动时可获得更高溢价的机会，并使一些个别股东迫于他人出售而不得不出售。而若公司采取防卫措施，就能以卡特尔的形式对收购者做出反应，因此，如果经营者在交涉中的地位得到强化，便可获得更高的溢价，如果在职的经营者利用反收购措施延长买收，使更多的投标者出现并相互竞争，股东同样可得到更高的收益；第二，采用防卫措施可以弱化经营者在决策时的短期行为，鼓励其从长期利益着眼进行经营决策；第三，当经营队伍比较稳定和连续的时候，股东也能从中获利。另外，对股东来说，选择有才能的经营者并将其保护起来，也是提高企业价值的一个有效措施；第四，允许采用反收购措施，可以使经营者获得向企业进行特殊人力资本投资的收益，从而鼓励他们对企业进行更多人力资本投资，这对那些需要经理进行特殊人力资本投资的产业更为重要。

收购与反收购、股东与经营者在收购事件中存在的利益冲突，以及来自市场的压力，都会导致一个对外部投资者有力的格局。可见，站在市场参与者的角度，投资者关系管理对与并构、重组和其他可能影响公司控制权的事项中，都显得十分重要，那些更受投资者欢迎的措施和行为可能更容易成功；站在监管的角度，投资者关系管理是监管人掌握控制权转移动向、引导控制权转移向着更规范方向发展的一个关键环节，因而不可掉以轻心。

第三章　投资者关系管理的路径选择

本章提要

由于投资者关系管理需要针对不同类型的投资者并采取不同方式，因此选择适当的路径有助于达到最佳的效果。具体来说，投资者关系管理需要从目标制定、组织建设、内容准备、以及沟通渠道等各个环节进行仔细规划，善用传统媒体和网络的力量，才能够收到事半功倍的良好沟通效果。

第一节　投资者关系工作的目标管理

公司战略是决定公司全局的策略。现代公司制度的复杂性使构成公司的各要素之间需要用一定的形式进行匹配。国际管理大师安索夫和德鲁克认为，公司战略是指依据公司所拥有的资源勾画出公司未来的发展方向①。林奇认为，在公司战略管理过程中，有三个方面的管理尤其重要，分别是公司内部资源管理、公司所处的环境和公司的增值能力。

① Richard Lynch，《公司战略》中译本，云南大学出版社，2001 年版。

投资者关系管理的研究学者认为，公司战略可以被看作是公司内部资源管理以及公司与外部，如客户、供应商、竞争者以及公司与所处的经济、社会环境之间的联系过程。对于上市公司来说，股东或投资者是公司最重要的外部关系（见图3－1）。

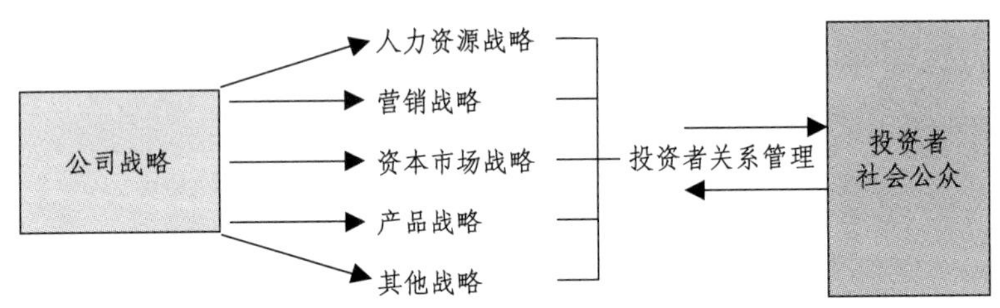

图3－1　投资者关系管理在公司战略中的作用

那么，上市公司为什么要处理好外部的关系呢？首先，从融资的角度看，良好的投资者关系可以降低融资的成本，使公司获得持续的融资。其次，从公司管理角度看，通过信息交流，公司和投资者可以实现价值最大化。最后，从公共关系的角度看，投资者关系树立了公司诚信的市场形象，体现了公司的社会责任。

企业战略是投资者判断公司价值的重要依据。一个缺乏持续战略能力的公司，不管它处于什么样的行业或者规模周期，投资者都会因无法对其未来盈利作出准确预期而选择观望。在证券市场上，一家企业的股票长期无人问津就表明多数投资者对这家企业的战略和未来是不清楚的，表现在价格上就会相对较低。反过来，一家拥有高度战略能力的企业往往会给投资者在盈利预期上提供重要依据或信心，特别是当这家公司短期业绩出现下滑时，投资者往往视为买进的最佳机会。受到多数投资者关注的公司在证券市场上一般会有较高的换手率和持续走高的价格趋势，因此清晰的企业战略能为投资者和公司创造价值。

典型的例子是美国20世纪80年代的通用电气（GE）。当时投资者认为GE的发展战略是不清晰的，GE的跨行业综合经营甚至受到了投资者的指责，这种看法形成了GE股票价格不能反映良好的盈利业绩。1987～1988年，GE

每股收益增长了17%，净资产收益增长了17%，每股净资产收益率增长了19.4%，并且公司资产负债结构和现金流状况也有了较好的改善，而同期GE股价却几乎没有出色的表现。这种情况一直沿续到杰克·韦尔奇上任前。杰克·韦尔奇是一位富有远见并且善于向市场传递公司未来发展方向的领导，他和他带领的团队积极与投资者沟通，将投资者当成最好的客户接待，给他们及时、准确、完整的信息并充分尊重他们的信息需求。通过持续的投资者沟通，GE投资者对公司战略的理解程度提高，并通过观察形成对公司业绩持续增长的预期，最终在杰克·韦尔奇任期内GE股票市值增长一倍并成为全球市值最大的上市公司。

GE的例子说明，投资者关系管理在上市公司战略中具有信号传递作用。它通过不断地向投资者传达公司适应市场的战略，包括公司人力资源战略、营销战略、资本市场战略、产品战略，等等，使公司在迅速变化的竞争性的资本市场中，使投资者获得公司战略的相关信息，并通过这种传导吸引一批"志同道合"的投资者，从而保障企业获得长期稳定的发展。

那么，企业在投资者关系的目标管理方面应该如何把握呢？我们认为应该注意以下几个方面：

一、投资者关系管理的目标因市场和公司而异

不同的市场、不同的公司和同一公司的不同发展时期，投资者关系管理的目标战略是不同的，这表现在：

（一）不同的市场决定了投资者关系管理的地位不同

在美国等成熟资本市场，市场发育程度较高，法制和文化相对健全。上市公司在市场上的竞争主要体现为资本竞争，若要取得投资者的信任和支持，投资者关系管理是不可或缺的工作，并且是公司的基础战略。而在中国，长期以来计划发行体制使上市公司的竞争主要体现为计划额度的竞争，因为在卖方市场中上市公司不需要和投资者打交道。但随着发行体制改革和上市公

司治理的不断规范，机构投资者队伍的壮大，投资者对上市公司融资、再融资以及其他重大事项来说显得越来越重要。所以，从趋势上看，投资者关系管理将纳入上市公司基础战略的重要组成部分。

（二）不同扩张模式的公司投资者管理的地位不同

上市公司的扩张模式无外乎是外源式扩张和内源式扩张。所谓外源式扩张是指上市公司利用其资产或现金流向银行、企业或社会公众举债，约定到期还本付息，这种扩张模式建立在企业资产负债结构和信誉基础上，不需要过多的倚重投资者关系。而对于依靠内源扩张为主的公司就不一样了，因为内源扩张主要形式是股权融资。对于上市公司而言，这种方式虽然成本低，但由于股权融资的结果一是要求投资者掏出真金白银，二是融资后会造成每股收益的摊薄，如果没有投资者的积极参与配合，上市公司在融资过程中很可能会受到影响。所以，内源扩张的公司更应重视投资者关系管理。

（三）处于不同发展阶段的公司投资者关系的地位不同

一般来说，在首次公募和再融资、战略转型过程中，投资者关系管理的地位会显得相当重要。这是因为企业首次发行需要投资者的关注和形成对企业的初步印象；再融资涉及到市场价格和融资规模，投资者的积极参与也很重要；而当企业面临战略转型、新产品推出或重要对外合作时，向投资者传递公司的战略意图，取得投资者的理解和支持可以起到维护股价、引进机构或战略投资者、增强投资者信心等作用。在企业成长的一般过程中，投资者关系的管理更多地表现为日常性的维护工作。

二、投资者关系管理的战略目标应体现的原则

投资者关系管理的战略目标不是空洞的套话，而是依据公司所处的环境、目标而确定要达成的目的。在实施投资者关系管理时，应该考虑的原则包括但不限于：

（一）量化和非量化指标

量化的指标包括：（1）公司相对于行业的市盈率水平；（2）新股发行市盈率；（3）媒体正面报道率；（4）关注公司的分析师数量；（5）当年市场上关于公司的具有影响力的分析报告的篇数；（6）公司股票在市场的年度或月份换手率；（7）平均每月投资者咨询电话的次数；（8）机构投资者的持股比例，等等。

非量化指标包括建立良好的内部信息汇集制度、与投资者的沟通渠道畅通、公司战略得到市场的普遍认可、良好的公司资本市场形象。

（二）公司资本市场形象定位

公司在资本市场上的形象定位是公司易于识别的标识。在现代资本市场上上市公司数量巨大，投资者面对众多的上市公司是不可能有充分的时间逐一了解的，这就需要公司通过投资者关系树立公司在资本市场上的易于识别的标志，并能形成吸引投资者眼球的特征。比如，目前市场上对上市公司的划分不再仅仅依据流通股份的数量或是行业属性，而是被概括性的冠之以蓝筹、创新、规范稳健、高回报、高科技、经营垄断性等类型。公司通过投资者关系管理使投资者在脑海中形成对企业的基本印象非常重要，往往这种第一印象会形成传导效应，激发投资者进一步了解公司的好奇心，或是提供其向其他投资者介绍公司的基本素材。

（三）积累公司信誉

投资者关系管理是公司在公众面前建立信誉的过程。前面我们提到过投资者关系管理的重要目标之一就是将公司战略传递给投资者，取得他们的理解和认可。而外部人士、利益相关者对公司战略的合理性、可信度的判断本身就是公司信誉积累的过程。在与投资者打交道的过程中，上市公司是否做到了对待所有的投资者一视同仁的尊重，是否认真履行对投资者作出的各项承诺，等等，这些都是公司信誉积累的过程。

（四）操作层面的安排

投资者关系管理的战略目标还体现在操作层面的一些细节安排上。投资

者关系管理的操作层面包括组织保障、手段、渠道、工具和时间安排等。一般来说，为建立有利于实施投资者关系管理的组织体系，一方面需要建立专门的投资者关系管理部门，另一方面需要建立公司内部信息汇集机制，以保证公司内部信息自动汇集到投资者关系管理部门。手段、工具、渠道是个性化的安排，比如，有的公司特别重视中小投资者；有的公司喜欢采取面对面沟通方式；有的公司重视互联网或其他媒体的作用；有的公司倾向于独立开展投资者关系；有的公司倾向于委托给专业的投资者关系顾问或财经公关公司来完成此项工作。但不管具体方式如何，投资者关系管理都是一项长期和富有挑战的工作。

三、制定投资者关系管理战略的主要步骤

制定投资者关系管理战略大致有五个步骤：

（一）考察公司总体战略

作为公司整体战略的一部分，投资者关系管理必须与公司整体战略协调一致，才能为公司发展发挥应有的作用。制定理想的投资者关系管理战略的内容包含两方面内容，一是对公司战略要有明确的把握，领会公司定位和未来发展的基本思路。具体来说，需要搞清楚公司是做什么的？公司在行业中的地位如何？公司的优势是什么？公司未来有哪些发展方向？搞清楚上述问题后，投资者关系管理战略的制定才有了依据；二是确保投资者关系管理战略与公司其他战略的一致性和协调性，投资者关系管理负责人应与公司高级管理人员密切接触，防止在独立制定投资者关系管理战略时，与公司人力资源战略、产品战略、投融资战略、市场营销战略、财务战略等发生冲突。在此基础上，做到投资者关系管理战略在公司整体战略中发挥积极的作用。

（二）研究市场特点和需求

市场研究的主要内容是获得证券市场的基本数据和特点，并识别市场的需求和愿望。投资者关系管理的最终目标是在满足市场需求的同时帮助企业

创造价值。由于市场瞬息万变，因此获得资本市场的理解和支持具有相当的难度。例如，2000 年上半年网络概念尤其火爆，不少投资网络的公司成为投资者追逐的热点，投资者关系基本上不用费劲，但好景不长，当网络概念出现回调时，这些公司的股价也大幅下跌，并且融资十分困难。在这种背景下，上市公司就需要向投资者不断说明网络行业的特点和融资进展情况，并通过向投资者展示网络业的发展前景，坚定投资者的信心。又如，2004 年上半年钢铁、电力、水泥等行业因为宏观经济好转而效益大增，并获得了机构投资者的追捧，但国家宏观调控政策发出了抑制上述行业投资过热信号后，投资者纷纷调整预期，导致上述行业上市公司融资困难。这时，就需要上市公司针对机构投资者说明公司的生产经营情况，说明国家抑制部分行业投资过热对上市公司的具体影响。只要投资者关系管理的工作到位，机构投资者认同公司股价，那么公司今后发展就能创造较宽松的环境，这就是投资者关系管理在公司战略和价值创造中的作用。

（三）分析公司产业和经营

在考察公司战略和分析市场的基础上，需要进一步分析公司的产业、经营和财务状况，以便有针对性的向投资者介绍公司的特点和发展战略思路。在分析公司经营时，对过去和现在业绩的分析比较非常的重要，因为通过这种分析，可以帮助公司制定切合实际的投资者关系战略。同时，产业分析有助于公司确定在产业中的奋斗目标，并帮助投资者完整地认识自己所投资产业的前景。

（四）考察公司投资者关系现状

公司投资者关系管理的现状是未来继续实施投资者关系管理的起点。在系统实施或拟改变公司投资者关系管理战略前，有必要对目前投资者关系的现状进行分析。常用的方法有：（1）向中小投资者和机构投资者分别进行调查；（2）对财经记者的调查，并搜集以前媒体公司的报道，以准确比较历年来媒体对公司关注程度和关注的深度；（3）对公司成交量、换手率和股价走势、机构投资者持股比例变化的分析；（4）分析师对公司研究和调研次数的

统计分析。在此基础上，投资者关系管理的负责人应定期就公司投资者关系管理的现状进行分析、形成分析报告，供企业决策层参考。

（五）制定投资者关系战略

在分析研究的基础上，公司可以进行投资者关系管理战略的制定工作。具体来看，需要把握以下原则：

1. 实事求是原则。要求公司在制定投资者关系战略时要讲求诚信，在与投资者沟通和传递公司战略时，不宜过分追逐市场热点，或公布一些不切实际的战略规划，使投资者感到公司华而不实。坚持实事求是的原则还要求在制定投资者关系战略时要敢于讲真话，反对只向投资者宣传公司好的一方面，而对坏的问题避而不谈的倾向。

2. 有效的配合公司整体战略。要求投资者关系战略在一定的时间段内要突出重点，比如，公司在融资阶段应当更加突出融资背景和融资意义、融资对公司盈利的影响等投资者切实关注的问题；在公司战略转型时期，投资者关系的重点是让投资者明白公司通过重组收购所希望达到的目标，使投资者能够理解公司为达成这些目标所尽的努力，这种战略转型会在未来给公司和投资者带来什么，有什么风险是投资者应该注意的，等等。这样，投资者就会觉得公司是在替他们着想，并且将他们的利益放在首要位置。

第二节　建立信息汇集和信息发布的机制和组织

投资者关系管理作为一项日常工作，需要专门的机构来维护。但是，在投资者关系管理中常常遇到这样的问题，投资者对公司的咨询不完全是信息披露方面，还会涉及财务、办公室、销售、采购等部门。如果仅依靠投资者关系部门来一一联系回答，不仅效率较低，而且也很难使这项工作制度化。在这种背景下，明确投资者关系管理部门在股份公司的地位和职权范围，对

于投资者关系管理的实施十分重要。

恰当地设置投资者关系管理部门要因地制宜，根据上市公司的业务规模、组织结构等特点来决定，对于"一家法人，多种业务"的上市公司，投资者关系管理的组织设置宜考虑由总经理直接领导，董事会秘书进行业务指导（见图3－2）；对于"多家法人，多种业务"的上市公司，投资者关系管理的组织设置宜归董事会秘书领导，并与证券事务部合并办公（见图3－3）。

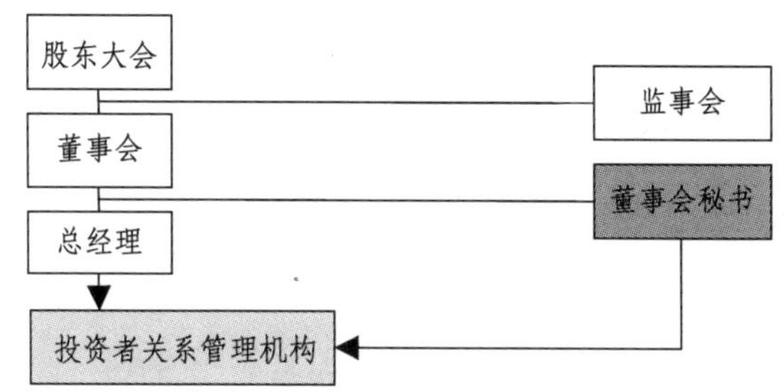

图3－2　一家法人、多种业务的公司投资者关系管理的组织设置

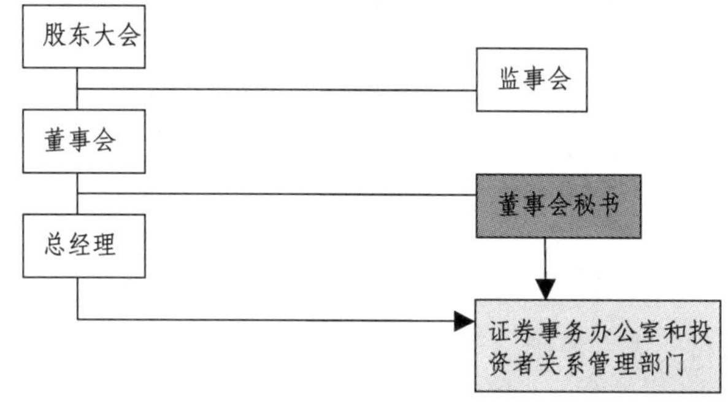

图3－3　多家法人、多种业务的公司投资者关系管理的组织设置

在完成组织机构设置后，应适当配备工作人员。结合国内上市公司的普遍情况，专门的投资者关系管理机构由公司董事会秘书负责，并配备若干工作人员，还需要根据交易所规定，指定一名证券事物代表，在董事会秘书不能履行职责时，代行董事会秘书职责。

一、建立实施投资者关系管理的相关制度

根据中国证监会颁布的《投资者关系工作指引》，上市公司应制定内部相

关的管理制度，以规范投资者关系管理行为。

首先，应制定《内部信息披露规则》，对上市公司信息披露工作进行同意规定，使公司信息披露符合“统一、有序、及时、准确、完整、合规”的原则要求。

1. 统一：指信息披露的渠道统一在公司证券事务部；

2. 有序：指公司具备信息披露的完整流程；

3. 及时：指按照监管部门要求以最快速度向投资者披露相关信息；

4. 准确：指信息披露在内容上无错误，文稿简洁、清晰明白，无歧义且不存在有误导或虚假的陈述；

5. 完整：指信息披露格式完备、内容完整，不存在重大遗漏；

6. 合规：指信息披露程序和内容符合监管基本要求。

其次，应制定《投资者关系管理制度》，对投资者关系进行统一规定，使公司投资者关系管理遵循规定的原则：

1. 充分披露投资者关心的与公司相关的信息的原则；

2. 信息披露遵守国家法律、法规以及交易所对上市公司信息披露的规定原则；

3. 平等地对待所有投资者原则；

4. 高效率和低成本原则。

这里需要注意的是，上市公司规模、战略方向和工作重点各不相同，因此，投资者管理制度规定也应体现出公司特色和差异性。上市公司可以参考或借鉴其他公司的经验和做法，使投资者关系管理工作更加主动。

再次，应制定《投资者关系管理人员行为规范》，对从事投资者关系管理人员的职责和行为规范进行明确界定。上市公司投资者关系管理部门应对从业人员进行必要的任职培训，使其充分了解投资者关系管理的意义和工作流程，并做到精通业务、热情耐心、平等对待投资者。

1. 精通业务：指投资者关系管理人员应该熟悉信息披露的相关法规；了解公司战略、产业、产品、营销、人力资源、财务状况；熟悉证券市场；掌

握与投资者沟通交流的基本技巧。

2. 热情耐心：指投资者关系管理人员应当热情对待并耐心解答投资者提出的问题，在回答问题和待人接物时要做到有礼貌、仪态大方。

3. 平等对待投资者：指在和投资者交流沟通时，无论对中小投资者还是机构投资者一视同仁，不搞区别对待，使其享有平等的问讯权和知情权。

二、建立公司内部信息汇集和发布机制

投资者关系管理对企业信息流具有特别的要求，需要在公司层面上集中领导。但是，将各个分部或相互有联系的部门垂直置于某个主管人员权力之下几乎是不可能的，这就要求增加正式的报告关系和跨部门协作。缺乏这种双重报告关系和非正式的网络合作，企业信息披露就会出现政出多门的混乱局面。对于上市公司而言，通过组织和规范建立起公司信息回击和发布的机制必须要明确以下几点：

（一）建立公司内部信息收集和发布规范

公司各生产经营部门及下属控股公司应及时将国家政策、生产、销售、价格、财务、会计、税收、投资、合作、担保、诉讼等信息进行收集汇总到投资者关系管理部门，投资者关系管理部门再根据相关法规及公司《信息披露规则》、《投资者关系管理制度》进行信息披露和与投资者沟通。投资者关系管理部门应定期与公司董事会、公共关系部门、宣传部门等建立定期和及时沟通机制，协调公司对外信息发布工作。

（二）在不泄露商业机密和影响生产经营前提下，由投资者关系管理人员协调公司其他部门以及下属公司参与投资者关系管理活动。包括接待分析师公司调研、接待媒体和投资者参观访问、出席公司投资者关系管理的各项会议和活动、提供各种投资者感兴趣的商业数据和内部报表，等等。

三、投资者关系管理的多种组织模式

一般来说，上市公司投资者关系管理可以采取多种模式。一种是自主管理，主要由上市公司董事会秘书直接领导、证券部来承担该职能，其优势是专业对口，在业务上容易嫁接，并且从公司角度来说容易调动内部资源，做好各个部门之间的信息协调。另一种模式是业务外包，即上市公司将投资者关系管理工作外包给独立的专业财经公关公司。其优势是借助独立的第三方力量，保证了投资者关系管理不具有公司任何倾向，并且能更平等地对待股东和定期给予上市公司这方面的独立建议。但劣势是商业化操作，增加了上市公司营运成本。无论采取哪种模式，在投资者关系管理的组织安排中，投资者关系经理的作用是非常重要的。

投资者关系经理一方面要履行专业的管理工作，另一方面也是公司面对投资者的窗口，代表着公司在投资者中的形象，还要与公司董事、监事、高级管理人员、监管部门、媒体记者、分析师、基金经理、投资者等各种相关部门和人员进行交流，因此，投资者关系经理的素质要求应该很高。一名合格的投资者关系经理应该具备以下素质和技能：

1. 对公司的全面了解，包括产业、产品、技术、战略、管理、营销、财务、人力资源等方面。

2. 良好的知识结构，包括对政策、财务和营销技能的熟悉。

3. 熟悉证券市场，了解各种金融产品和市场运作机制，了解资本市场投资者的基本需求。

4. 具有良好的品行，诚实信用，有管理协调能力和心理承受力，对信息收集和反馈能力较快。

5. 具有较强的协作能力，能够撰写年报、中报、季报以及各种新闻写作，总结归纳能力强。

第三节 与投资者沟通的主要内容

无论是采用指定渠道的信息披露，还是采取分析师会议、小型见面会、一对一沟通、电话咨询、现场参观等形式，都是将公司展示给投资者，让投资者了解到投资的有关信息，这些信息涉及到公司生产、经营的各方面。概括起来，上市公司与投资者沟通的主要内容包括以下几个方面：

一、公司发展战略

前面我们谈到过公司发展战略对于投资者来说是非常重要的信息，并且，在与投资者沟通过程中，战略沟通非常重要。公司战略在投资者沟通的作用相当于给投资者识别公司的标识。目前，国内很多上市公司在制定战略规划后，不知道怎样将这些战略意图清晰地告诉投资者。由于缺乏有效的战略沟通，不少投资者甚至不知道公司是做什么的、做得怎么样和今后还打算做什么。这种情形说明两个问题，一是上市公司还没有掌握和投资者主动沟通的一般技巧，二是公司战略对投资者的重要意义理解还不够。

公司战略是一个高度抽象的概念，具有特定的系统和环境。如果不能将公司战略进行恰当的分解，很难向投资者说明公司战略的特点。一般来说，公司战略的传递需要说明以下几点：

（一）产业发展方向

产业发展方向是投资者判断公司战略是否可行的基础，产业方向包括现有的市场容量、市场成长率、技术组织路线、技术创新速度和方向，进入者和退出者的数量和规模、规模经济成本的影响程度等。

（二）公司竞争战略

竞争战略是公司依据产业竞争环境做出的战略选择，包括低成本战略和差异化战略，以及聚焦特定市场等。提出明确的公司竞争战略有助于投资者判断公司在产业环境和市场环境中的应变能力和反应能力。

（三）公司职能战略

这是为特定的职能活动、业务流程和业务领域制定的策略规划，包括研究发展战略、市场营销战略、客户服务战略、人力资源战略、财务战略以及投资者关系战略等。

二、公司经营管理、财务及运营中的动态信息

制定了公司发展战略后，公司进入了组织和实施阶段，这期间有许多需要与投资者沟通的信息。例如，公司生产经营、新产品开发、重大投资、重大融资、重大重组、对外合作、管理层变动、财务状况、经营业绩、股利分配、管理模式、股东大会、董事会决议等信息。这些信息有些是强制信息披露要求的内容，有的则不是，需要公司根据实际情况有选择的进行资源信息披露。

这里需要强调持续信息披露的重要性。因为公司在不断变化的环境中其战略也会不断地调整，所以公司有必要不断地将这种变化的信息传递给投资者，以方便其了解真实的公司。但实际情况是，由于我国上市公司信息披露意识较差，信息披露过程中容易出现有头无尾的情形，造成投资者理解上的混乱。尽管监管部门针对上市公司信息披露中存在的不规范行为，已经不断提出深化持续信息披露的理念。例如，要求上市公司在中报的基础上增加季报披露、实行业绩预报、引入分阶段信息披露等等，都是要求上市公司做好持续信息披露。投资者关系管理还要求上市公司除了达到监管部门的最低要求以外，根据自身情况自愿选择信息披露。

三、企业文化宣传

企业文化是企业的环境或个性，具体包括（1）企业员工的共同目标、价值取向等行为外资表现形式；（2）由管理理念和管理作风形成的管理氛围；（3）有企业管理制度和管理流程构成的管理规则；（4）书面和非书面形式的标准和程序。企业文化之所以作为公司和投资者交流的重要内容，其原因在于企业文化作为一种思想观念和行为方式，不但对企业发展产生了潜移默化的作用，而且也是投资者观察企业成长状态的重要依据。不同的企业文化吸引着不同的投资者，换言之，投资者关系管理中，企业文化的推介实际上是企业寻找适合自己的投资者的过程。例如，麦当劳的企业文化是开放和大众化，它的投资可能更喜欢的是这个企业快捷、自由和兼容的文化特点；而喜欢奔驰的投资者可能对德国企业的严谨、精细和古典文化比较认同；日本企业特别是电子制造类企业的投资者比较喜欢精巧和创新性。而中国的企业文化是什么呢？这是目前国内企业投资者关系管理中需要考虑的问题。

四、企业外部及其他信息

企业外部信息是影响企业生存发展的外部环境。它包括政治环境、国际市场、法律环境、产业政策、价格趋势、补贴政策、财政政策、社会习俗、公众价值标准等。一般来说，理性的投资者是比较关心企业外部信息的，并对投资者关系人员的信息敏感度要求较高。一些看起来似乎联系不大的外部信息很容易对公司生存发展造成实质影响。投资者关系管理正是通过上市公司与投资者就企业外部环境信息的双向沟通，促进双方共同了解的过程。

案例3-1：中兴通讯事件与投资者关系管理

2002年8月20日，深圳市中兴通讯股份有限公司（以下简称“中兴通讯”）召开临时股东大会，讨论公司发行H股及上市的有关事宜。中兴通讯提出的海外融资方案遭到了众多基金和中小股东的强烈反对。机构和小股东纷纷提出质疑，认为中兴通讯增发H股一方面会摊薄A股股东的利益，另一方面有大股东圈钱套现之嫌疑，双方为此展开了唇枪舌剑。

此前，2001年7月17日中兴通讯董事会审议通过了《关于公司H股发行上市方案的议案》，初步计划于2002年第四季度在境外发行境外上市外资股（H股），并在香港联合交易所主板上市。7月19日的公告迅即在股市引起轩然大波，中兴的股价也从24元左右迅速在20天内跌到了18元左右，累计跌幅接近30%，创下了中兴股价一年多来的新低，中兴流通股市值损失了十多亿元。投资者普遍不看好该融资计划，是由于当时香港上市的高科技公司的市盈率较国内市场和纽约股市要低很多，这样其发行股价定价将会低于国内股市（股东大会透露出来的发行价最低底线是15.7元，比中兴去年增发A股的32元低了很多），此做法势必会摊薄A股股东的权益，即便中兴业绩保持去年的良好增长势头，也难以抵消股民对权益摊薄的担心，股价因此应声下跌。其后，8月17日，某媒体刊登文章“中兴通讯要上H股的幕后玄机”，称中兴A上H计划的真实目的是侯为贵等中兴高管层意欲通过减持国有股实现个人套现。中兴由于其体制是所谓“戴红帽子”的国有民营混合体制，该文指出侯为贵有可能通过国有股坚持实现约数千万港元的套现。此种“阴谋论”迅速让中小投资者群情激愤，并使这一事件成为媒体关注的焦点。同时，机构投资者，特别是基金公司也担心，H股上市将稀释中兴通讯的每股收益，且当时H股的发行价很可能远低于A股股价，必将拉动中兴通讯A股股价下沉。基金公司采取了抛售抵制的策略，导致中兴股价遭受重创，一度跌到8.61元的历史最低。

经过近一段时间股票价格的剧烈波动以及基金经理、媒体、分析师等

不同声音的激烈碰撞，在2002年8月20日的股东大会上，中兴通讯股东大会艰难的通过了此次H股发行及上市方案。其后，受到资本市场环境变化的影响，2003年4月18日中兴通讯董事会在发布2003年首季业绩公告的当日，决定停止H股发行上市工作。

应该说，不管该事件最终结果如何也已经使得上市公司开始意识到处理好投资者关系，加强投资者关系管理已经是一个企业不得不面对的现实问题，尽管这种认识可能是被动的，不情愿的，甚至是抵触的。这也正是中兴通讯拟发行H股之所以可以被称为中国资本市场的一次重要事件（以下简称“中兴通讯A to H事件”）的原因之一。

基金经理的表现，不管其真实目的是什么，毕竟使管理层“超常规发展机构投资者”的做法有了现实的注解，至少我们听到了以基金为代表的流通股东第一次有了自己的声音，因此如果小题大做一点，本次“中兴通讯A to H事件”甚至可以上升到股东意识的觉醒和新型股权文化萌芽的高度。

投资者关系管理（IRM）与客户关系管理（CRM）和人力资源管理（HRM）构成了现代企业和公益机构“合作关系管理”的主要内容。由于公平市场条件下竞争的日益激烈，“客户为中心”的服务理念已经成为企业的共识，客户关系管理也已经成为了企业管理的核心。但是在中国，由于资本市场股权分割、国有控股上市公司为主、“一股独大”的公司治理结构、投资品种数量有限、供求关系严重失调、非市场化的股票发行方式、散户为主的投资者构成形态、非理性的投资理念导致的市场过度投机等市场特征的存在，上市公司外部约束弱化，一般投资者（包括机构投资者）无法真正影响公司的发展规划，因此目前只有很少的企业管理层能够充分理解投资者关系管理对于公司长远发展的战略意义。

通过“中兴通讯A to H事件”，无论是上市公司大股东，还是管理层，无论是普通投资者，还是机构投资者，都有必要对于中国资本市场的深刻演

变以及由此催生的对于新型投资者关系的需求保持清醒的认识。为此，我们希望结合“中兴通讯 A to H 事件”初步探讨一下加强投资者关系管理的必要性和紧迫性：

首先，中国资本市场“机构投资者比例的稳步提高”、“股份分散化和全流通”、“持股周期越来越长”和“保护中小投资者权益”等均是必然的趋势，股东对于上市公司的影响力度和控制欲望正在逐步加大，因此上市公司对于处理好投资者关系面临着越来越大的外在压力。

其次，再融资制度的市场化在中国并不一定意味着融资难度和成本的降低，相反随着投资性资本竞争的日益激烈，企业再融资面临越来越大的市场竞争，前期“配股配成大股东”现象固然与市场低迷有关，但是恐怕与企业投资者关系管理水平的低下和相应意识的薄弱也不无关系。

再次，媒体的“双刃剑作用”已经越来越得到大家的认同，一方面，强制性信息披露制度越来越严格，越来越复杂，另一方面指定信息披露媒体制度却可能被取消，导致信息披露的渠道也越来越复杂，因此上市公司对于处理好与媒体关系和加强危机管理也越来越有其内在动力。

最后，保证资本安全，得到理想回报是所有投资者的目标，随着中国资本市场机构投资者的发展以及盈利模式的变革，“阳光下的投资”将迫使以投资基金为代表的流通股股东自觉地捍卫股东权利，呼吁责任制度、透明度和良好的企业治理结构，迫使上市公司完善信息披露和关注所有股东的权益。在这样的背景下，作为持有一定比例股份的投资基金通过自身的投票权甚至收集其他小股东的投票权来干预上市公司决策和管理的所谓主动性投资，将成为一种趋势，投资者将不仅仅“用脚投票”，而且将积极参与公司治理，学会“用手投票”。

既然意识到投资者关系管理的重要性，上市公司就应当从这次事件中吸取经验教训，尽快扭转“投资者关系就是大股东和政府关系”的错误认识，并以现代的投资者关系理论武装自己。

从理论上看，企业的投资者关系管理的目标当然是最大可能的解决经营

者、控制者与投资者的信息不对称问题，最大可能避免代理人风险，确保投资者利益的最大化。在实践中，基于“通过有效沟通增强公司价值”的理念，上市公司的投资者关系管理则主要致力于在资本市场积极塑造企业的良好形象，搭建投资者与上市公司的桥梁，充分展示企业的价值和潜力，实现投资者与上市公司长期的积极的良好互动。这其中，有效沟通至关重要，其实“中兴通讯 A to H 事件”固然有公司主观上漠视流通股股东权益的原因，但是缺乏有效的沟通渠道和沟通方式却是真正的导火索，例如某基金经理曾这样评价，“到目前为止，中兴通讯没有主动找我们公司沟通，我们也不会找他们，没有沟通的必要，一切按法律程序，按证监会的文件办。”言外之意不言而喻。

投资者关系管理在欧美成熟资本市场上有两大基本功能，一是有助于实现公司价值提升、增进股票流动性；二是有助于企业利用资本市场及时融资，并降低融资成本，事实上，通过“中兴通讯 A to H 事件”，可以从一个侧面说明投资者关系管理的重要作用。

第四节 投资者关系管理的渠道和方式

由于投资者关系管理实际上是信息双向交流的过程，因此，投资者关系管理的渠道和方式就是信息沟通渠道和方式问题。上市公司与投资者的信息沟通包括强制信息披露和自愿信息披露两种。强制信息披露是按照监管部门要求，上市公司在指定媒体上公布应披露信息的行为，由于强制信息披露要求上市公司及时、准确、无误，因此，强制信息披露下，上市公司只需要向投资者进行合规披露就可以了，并不需要进行多余的解释。强制信息披露的渠道和形式有年报、公告和股东大会。对于投资者而言，强制信息披露虽然可以做到及时和易获得，但投资者需要了解公司的信息较多，并且，不同的投资者对公司的“兴趣点”完全不一样。在这种背景下，上市公司可以通过

自愿信息披露来弥补强制信息披露的不足。例如，分析师会议或说明会、一对一沟通、网站、广告、公司调研、媒体报道、邮寄资料、现场参观、电话咨询、路演，等等。

一、上市公司年报

年报属于上市公司定期信息披露的重要内容，是上市公司对投资者汇报经营业绩的法律文件，具有创新内容和深入分析的上市公司年报对于吸引投资者对公司的兴趣至关重要。站在投资者关系角度，上市公司在编制和出版年报时应注意以下问题：

1. 年报编制是否符合监管部门强制信息披露的相关要求；

2. 是否体现了公司管理层对公司生产和经营外部环境的认识和策略；

3. 是否对公司战略进行调整以及对这种调整是否进行了详细的介绍、解释和分析；

4. 是否就投资者关心和讨论较多的问题进行了分析和回答；

5. 管理层是否就公司经营进行了实事求是、有理有据的分析；

6. 年报是否出现了数据错误、用词不当或重大遗漏；

7. 年报设计是否反映了公司个性和企业文化；

8. 是否对公司未来经营业绩进行了合理的预期；

9. 所选用的图表、图片等是否系统地展示了公司的产品、服务以及员工的精神面貌。

二、上市公司公告

上市公告除了包括定期披露外，还包括不定期的信息披露。公告属于强制信息披露的内容，它包括定期报告和临时报告。其中年报、半年报和季报属于定期披露的内容。相对于上市公司年报，季报和半年报对信息披露的内

容和格式进行了简化，其目的是方便了投资者阅读。但作为投资者连续对上市公司业绩的观察，半年报和季报更多的反映了公司短期生产经营形式和对外部环境变化的适应能力。临时报告包括股东大会公告、董事会、监事会决议公告以及其他非定期报告。由于公告要求合规、及时，因此，尽量按照证监会、交易所等监管部门规定进行披露，文字部分应注意简洁。

三、上市公司股东大会

根据《公司法》规定，上市公司每年至少应召开一次年度股东大会，并根据需要召开若干临时股东大会。召开股东大会必须符合有关法规和公司章程规定的相关程序。由于股东大会是公司最高决策机构，召开股东大会实际上是一件很严肃的事情，也是投资者关系管理工作的一项重要内容，上市公司投资者关系管理机构应在股东大会召开前进行详细安排，争取通过每次股东大会，向投资者展示公司精神面貌、取得的业绩和发展规划。

四、分析师会议或说明会

分析师会议是国外比较流行的上市公司与投资者交流的方式，也是上市公司获取外部信息的渠道之一。分析师会议是上市公司集中向证券分析师介绍公司发展战略、生产经营、新产品开发、财务状况、投资项目等各方面的情况，分析师也可以向公司领导提出问题和建议。分析师就了解到的情况进行分析，向机构投资者撰写分析报告。分析师会议是上市公司与机构投资者间接沟通的重要形式。举办分析师会议，可以使公司在发生重大事件（如再融资、重大资产重组、收购兼并）或者出现危机时，投资者可以通过阅读分析师报告准确把握公司的真实情况。由于分析师观点对市场主流资金的价值判断影响较大，公司通过定期举办分析师会议的形式，可以鼓励投资者长期关注公司的发展。

发达国家上市公司在履行强制信息披露义务的同时，都非常重视投资者关系管理，其中业绩发布分析师会议尤其盛行。通过业绩发布分析师会议，分析师与上市公司进行最直接、最广泛的沟通，并作出独立分析评判传递给公众，其意义不仅在于履行信息披露义务，更在于树立良好的资本市场形象。

目前，我国传统的业绩发布形式存在一定的缺陷，一是上市公司与投资机构和媒体之间沟通不畅。传统的年报发布，上市公司往往过于低调，采取的形式是登报，然后听凭市场讨论。二是信息反馈缓慢，市场信息传递不对称。年报发布后如果投资者有较多问题，大多数只能凭推断进行分析。此外，投资者需要上市公司对年报作进一步解释时，少数大型机构投资者占有较大信息资讯优势，其他投资者或分析师处于相对盲区，得不到及时的信息反馈。

采取国际通行的“分析师会议”这种信息发布形式具有十分明显的优势。由于参加分析师会议一般都是国内各主要证券公司、基金管理公司、独立研究机构的分析师以及主流财经媒体记者，代表性广，可以得出较客观的分析。交流形式采用国际惯例的电话会议形式，结合网络交流及现场交流，以最快捷的方式实现互动交流。而且由于采用电话和网络沟通的形式，使交流不再受地域限制。上市公司无须在业绩发布后缄口不言，可以在分析师会议上对以分析师为代表的广大投资者，直接阐述公司的经营情况，接受实时、公开、透明的监督。相对其他传统方式，这一传播方式的创新，有效降低了市场信息传播成本，使上市公司和投资者达到双赢。

目前，国内许多上市公司及研究机构已广泛采取了“分析师会议”这种投资者关系管理方式。分析师会议通常会在上市公司年报刊登或重要公告刊登的当天举行，并在恢复交易前将交流过程通过网络及媒体向社会公众公开。

通过业绩发布分析师会议这一规范化、国际化的信息披露方式，上市公司高层与证券分析员、财经媒体记者等财经界专业人士进行最直接、最广泛的沟通，将上市公司的经营运作情况、面临的市场和行业状况、未来的发展战略以及详细财务数据等，真实、准确地披露给这些专业人士，并实时传递信息到市场，使市场能够充分了解并反映上市公司真实价值，让专业投资者

对公司的经营发展状况有更清晰、更深入的了解。藉此为投资者作出科学的投资决策提供直接、及时、深入的信息，并通过会议建立与会专业人士的业内联系网络，提升公司在业内的声誉和知名度。

这种形式顺应了境内上市公司信息披露走向规范化、公开化的潮流，有利于提高上市公司信息披露工作的质量，对加强上市公司投资者关系管理，坚定投资者信心、提高中国证券市场透明度都具有十分重要的意义。对上市公司而言，其意义不仅在于规范地履行信息披露义务，更在于建立上市公司良好的投资者关系，树立上市公司公开、诚信的资本市场形象，塑造并保持上市公司良好的企业形象和声誉，增强投资者信心。同时对于净化分析师队伍、促进分析师成长有着极大的作用。

五、一对一沟通

一对一的沟通是指公司管理层或投资者关系管理人员就投资者关系的公司重大事项与投资者进行面对面的沟通。这种方式的优势是能充分体现上市公司对投资者的尊重，并且近距离地接触投资者，使上市公司高管人员直接倾听了投资者的意见。但一对一的沟通也存在不足之处，比如范围过小、成本较高等。一对一沟通通常使用于引进战略投资者，或者在重大的融资、再融资、兼并收购、资产重组以及出现危机事件时，向投资者介绍背景以取得支持、谅解，并征求投资者意见的过程。

六、网站

利用互联网进行投资者关系管理具有公平、便捷、经济、信息量大、易于存储查询等优点。世界知名上市公司均建立了自己的网站，一方面通过自己的网站发布新产品和自我宣传；另一方面，有吸引力的网站还可以吸引投资者关注，并增强投资者对公司的信心。并且，国外的实践也证明，网站宣

传具有使投资者和消费者相互转换的特点，有助于为公司创造更多的价值。一般来说，上市公司在自己的网站上可以增设投资者关系管理的栏目或频道，介绍公司基本情况、公司所处行业的特点和发展趋势、分析师对公司的专业分析、公司生产经营的基本信息，等等。互联网的另一个功能是互动，投资者关系的网上管理可以采取这种形式，上市公司可以通过电子邮件等形式接受投资者的咨询和意见，并对这些意见逐一进行回答。

七、广告

刊登投资者关系广告的媒体包括但不限于电视、财经报刊、路牌广告等。广告的优势是受众面广，容易很快吸引受众的关注，但缺点也是显而易见的，就是广告的深度不够。一般来说，上市公司发生再融资、重大资产重组和兼并收购时广告密集度比较高，采用这一形式可以及时将重大事件的结果直接、快速地传递给投资者。

八、媒体采访报道

公司在认为合适的时候，可以安排公司高级管理人员或者其他投资者关心的人员接受采访，回答投资者关心的问题。对媒体的选择主要范围是财经类媒体，报道的内容也可以采取多种角度。但媒体一般具有新闻倾向性，由于角度不同，很可能导致公司报道的内容散落在不同的媒体或者难以向投资者提供完整统一的信息。一般来说，媒体报道应该由公司证券事务管理部门协调宣传部门负责执行，还应当注意形成公司各部门与证券事务部门的沟通协商机制，以避免不同的部门对媒体发出不同的声音，影响公司形象。在公司发生与证券事务相关的重大事情时，公共关系部门应配合证券事务部门组织处理与媒体的沟通。

九、邮寄资料

上市公司向重要的投资者邮寄资料是国外上市公司投资者关系管理的通行做法。邮寄资料的好处是直接面向投资者提供公司信息，使投资者感到与公司处于时刻联系和沟通之中。传统的邮寄方式成本较高，并且时效性也不强。互联网技术普及后，以电子邮件形式向重要的投资者邮寄资料可以使投资者随时获得大量公司的最新信息，从而达到亲和投资者的目的。

十、现场参观

现场参观是指在不泄露商业机密的前提下，上市公司邀请投资者或分析师参观公司生产车间、研发中心、产品及产品演示等。现场参观可以帮助投资者形成对公司经营的直观印象，增加投资者对公司的感性认识，但缺点是可能泄露商业机密、影响企业正常生产、对投资者也可能会有选择地接待，不符合公平原则。

十一、电话咨询

根据证监会和交易所的要求，上市公司必须设立专门用于投资者咨询的电话，并公示号码，以便于投资者随时通过电话了解其关心的问题。电话咨询的优势是投资者可以方便和低成本的获取信息，缺点是信息传播范围有限。

十二、路演

当上市公司出现融资、再融资、公布年报或重大事项时，集中向投资者介绍公司发展战略、生产经营、财务状况和拟投资项目等信息。路演一般是上市公司委托专业的财经共管公司以网上互动形式进行，其优点是信息量大、管理层直接面对投资者、互动性强；不足之处是协调起来比较复杂，成本较高。

第五节　投资者关系管理的日常工作

投资者关系管理的日常工作是依据上市公司投资者关系管理的相关规定，维持上市公司与投资者关系管理的工作。该工作一般由上市公司的证券事务部或投资者关系管理机构专人负责，其工作职责包括：

1. 主持上市公司年报、中报、季报的编制、设计、印刷和寄送工作；

2. 汇集上市公司及控股子公司生产、经营、财务等相关信息，根据法律、法规、上市规则要求和监管部门关于上市公司信息披露、投资者关系管理的相关规定，及时进行披露；

3. 拟定、修改有关信息披露和投资者关系管理的规定，报送公司有关部门批准；

4. 通过电话、电子邮件、传真、接待来访等形式回答投资者日常咨询；

5. 筹备年度股东大会、临时股东大会、董事会、准备会议材料；

6. 定期或者在出现重大事件时组织分析师说明会、网络会议、路演等活动，与投资者进行沟通；

7. 上市公司网站中设立投资者关系管理专栏，在网上披露公司信息，方便投资者查询和咨询；

8. 与机构投资者、证券分析师及中小投资者经常保持联系，提高市场对公司股票的关注程度；

9. 加强与财经媒体的合作关系，引导媒体的报道方向，安排公司高级管

理人员和其他人员的采访与报道；

10. 跟踪、学习和研究上市公司资本市场发展战略、经营情况、行业动态和相关法规、补充自身知识，并通过适当方式与投资者沟通；

11. 与监管部门、行业协会、交易所等保持密切接触，形成良好的沟通关系；

12. 与其他上市公司的投资者关系管理部门、专业投资者关系管理咨询机构、财经公关公司等保持良好的合作、交流关系；

13. 调查、研究本公司投资者关系的状况，跟踪反映上市公司与投资者关系状况的关键指标，定期或不定期撰写反映公司投资者关系状况的研究报告，供决策层参考。

第六节 投资者关系的事件管理

本节围绕上市公司投资者管理工作中的若干重要事件，并结合具体案例进行说明。

一、首次公开发行（IPO）

首次公开发行是上市公司与投资者初步建立投资者关系的重要时刻。首次公开发行由于需要根据证监会和交易所规定履行强制信息披露义务，并且由于招股说明书、上市公告书经过了上市保荐人、主承销商和中国证监会核准，应该说在信息内容与格式方面是比较规范的。通常，由于我国股市的投资者对新股参与热情较高，在上市定位和首日换手率方面均能吸引投资者眼球，所以首次公开发行和上市是上市公司投资者关系定位的重要机会。以下列举首次公开发行时投资者关系管理工作要点：

（一）主要法规

1.《证券法》、《公司法》关于公司公开发行股票并上市的规定；

2.《公开发行证券的公司信息披露内容与格式准则》；

3.《公开发行证券的公司信息披露编报规则》；

4. 上海、深圳证券交易所股票上市规则；

5. 上市公司治理准则。

（二）要点

1. 募集资金投向及风险分析。强调资金利用效率和企业诚信记录，并对未来盈利情况进行预测；

2. 行业发展趋势和竞争情况。着重介绍公司在行业中的竞争地位和发展潜力；

3. 公司企业文化和企业战略。企业文化非常重要，不同的企业文化吸引不同的投资者。公司战略则是公司向投资者描绘的公司蓝图，也是投资者非常需要获得的信息；

4. 风险提示。由于是新上市公司，需要就公司业务、市场和行业向投资者充分说明风险。这一方面是监管部门的要求，另一方面可以在投资者面前树立诚信的市场形象；

5. 上市公司治理结构。向投资者说明公司治理结构的过去和现状，并说明目前的治理结构有没有需要改进的地方和怎样改进。

（三）处理

1. 选择发行量最大或指定信息披露的证券媒体进行指定信息披露；

2. 选择特殊角度介绍公司的经营管理或产品特色，通过企业形象广告形式在财经类媒体刊登；

3. 招股说明书公告后选择声誉较好的专业财经公关公司就上市路演进行策划，争取在公司股票上市前完成上市路演；

4. 在公司网站上设立投资者关系栏目，开始与投资者进行交流互动；

5. 股票上市后不久，组织安排公司高管人员与机构投资者的一对一沟通。

（四）不当行为

1. 过分包装和对公司发展前景进行不恰当的描述；

2. 选择中介结构不慎重，选择了缺乏经验或声誉不佳的中介机构，导致影响公司与投资者的首次沟通；

3. 缺乏上市后公司开展投资者关系工作的总体安排，导致上市路演后公司不见踪影。

案例 3－2：宝钢股份投资者关系管理的经验

作为中国蓝筹股的代表，宝钢股份在上市后积极开展投资者关系管理，并在实践中不断探索经验，形成具有宝钢特色的投资者关系管理模式。公司认为，实施投资者关系管理过程中有三样东西必不可少——公司管理层的支持和参与、信息披露工作制度化、高素质的投资者关系管理工作人员。

投资者关系管理工作的基础是投资者关系管理工作人员得到高管层的充分信任，能够接触、了解公司内部由上而下、由下而上的信息流，对公司的现状、战略及前景有全面的了解。管理层除了重视和支持外，还必须抽出时间亲自参与和投资者交谈。很多投资者喜欢直视管理层眼睛提出尖锐问题，因为往往对管理层的信心是投资决策的一个重要砝码。

宝钢股份管理层形成了这样一个共识：向投资者准确、及时、全面、合法地提供公司有关信息是上市公司应尽的义务，同时也有助于促进公司进一步完善治理结构，增强核心竞争力。投资者关系工作不只是董事会秘书办公室一个部门的工作，公司的投资者关系管理工作一直得到了董事长、总经理的高度重视和大力支持，他们将此作为一项重要工作来对待。同时，董事长、总经理、财务总监、战略、销售、财务部门的负责人，包括董事会秘书都是公司的投资者关系的积极分子，均要出席公司定期业绩发布会，参加网上路演，每年接待的中外投资者、分析师、财经媒体不计其数。

信息披露最重要的就是信息的真实性。公司制订了定期报告编制管理办法，严格按照披露准则及编制规则详尽披露有关信息。

每年宝钢股份还根据战略规划和市场形势制订投资者关系计划，因对象而异，采用多种方式和投资者交流。除了以电话热线和投资者关系管理电子信箱形式及时地向国内外投资者、分析师、财经报刊传递有关公司战略和业绩等信息以及常规的来访接待外，公司还邀请证券公司和基金分析师来宝钢调研，请总经理和财务总监和分析师直接对话；配合公司定期及临时报告的公布，举行记者招待会或网上业绩发布会，及时答疑解惑；到北京、上海、广州、四川等投资者较集中的地方召开股东座谈会，让更多股东有机会接近公司、了解公司；走访战略投资者和基金投资者，介绍公司近况，争取他们对重大战略决策的理解和支持；向大、中投资者以及关注公司的散户股东寄发公司年报和宣传资料；个别散户投资者被深度套牢，对公司误解较深，怨气很大，公司还派人登门拜访，以诚意和事实化解积怨，以真诚和耐心搭建和投资者沟通的桥梁。

如果说管理层的重视、制度的建立是奠定成功的投资者关系计划的基础，那么优秀专业的投资者关系管理工作队伍则是成功的保证。公司管理层不可能接待每一个投资者，大量的日常工作需要依靠董事会秘书办公室的投资者关系管理队伍和相关职能部门的人员去共同完成。董事会秘书办公室人员应有良好的经济、财务、法律专业背景，公司其他职能部门人员则是公司经营管理的直接参与者。他们了解公司的战略思路，熟悉公司的财务数据，熟悉信息披露法律法规要求，有较强语言表达能力、有热情、有责任心。如果说宝钢股份的投资者关系工作走在了大多数上市公司的前面，他们功不可没。

二、再融资

良好的投资者关系管理可以为上市公司再融资提供强大的资金支持，这

里所指的投资者关系管理既包括日常的沟通工作，也包括针对再融资项目进行的专项沟通。在证券发行市场化趋势下，投资者是否对融资项目感兴趣或是否参与融资活动是上市公司再融资成败的关键。如果没有事前的良好沟通，投资者很可能因不了解融资在公司发展战略中的作用，或是不理解融资项目的盈利前景，或者认为再融资项目损害了自身利益而放弃参与。

（一）主要法规

1.《公司法》、《证券法》关于上市公司融资的规定；

2.《上市公司证券发行管理办法》；

3.《上市公司非公开发行股票实施细则》；

4.《公开发行证券的公司信息披露内容与格式准则》；

5.《公开发行证券的公司信息披露编报规则》；

6. 上海、深圳证券交易所股票上市规则。

（二）要点

1. 对于选择增发融资的公司，应重点介绍拟投资项目的盈利前景；

2. 对于选择可转换债券进行融资的公司，应重点介绍投资项目盈利前景和可转换债券收益的竞争力；

3. 对于选择配股再融资的公司，应着重说明项目盈利前景和何时产生收益；

4. 对于选择非公开发行股票融资的公司，应慎重选择发行对象，确定发行价格并明确股票锁定期，同时重点介绍项目盈利前景。

（三）处理

1. 选择声誉好、专业能力强的中介机构；

2. 对投资者关系管理人员进行与融资相关事宜的专项培训；

3. 对拟与投资者沟通的问题进行统筹安排；

4. 鉴于从董事会公告到股东大会批准再到证监会核准，最后实施的过程比较长，可以在公司网站开辟再融资讨论专栏，存放关于再融资的相关材料，便于投资者查询；

5. 组织分析师会议，就项目盈利前景和再融资对公司的影响等问题与分析师和投资者进行沟通；

6. 选择安排高管人员与机构投资者的一对一沟通；

7. 聘请有经验的财经公关公司在正式路演前进行策划和组织；

8. 选择声誉较好、身份独立的投资咨询公司撰写相关投资价值分析报告，并在主要证券媒体上刊登；

9. 向重要的投资者邮寄相关的公开资料；

10. 不断收集与再融资有关的资料，包括法定文件、分析师研究报告、媒体报道等，备案以方便投资者查询；

11. 上市公司与保荐机构应合理选择定价基准日，保证非公开发行体现自觉的市场化原则的同时又不失公平。

（四）不当行为

1. 向投资者介绍公司和再融资项目时，过分突出公司的优势或项目可行性，刻意回避竞争劣势或项目风险；

2. 选择中介机构不慎重，导致投资者关系管理工作遇到困难；

3. 对再融资过程中投资者关系工作缺乏整体安排和计划。

案例3－3：全兴股份依靠投资者关系管理顺利完成增发

2001年9月全兴股份实施了增发，那时正值大盘暴跌的中段，当时的市场可谓谈增发色变、谈国有股减持色变，公司的融资活动遭遇到最为艰难的市场环境。在那种极端不利的条件下，全兴股份将“理性融资、理性投资”的理念融入到公司融资工作的各个环节，以11.06元/股的价格成功增发A股3660万股，并同时减持国有股366万股。

这次增发成功为公司实现产业转型，做大生物医药产业提供了及时的资金支持，也是全兴股份发展史上的一个里程碑。公司认为，增发获得成功，一是靠全兴股份历年优良的经营业绩；二是由于全兴股份近年来一直注重信息披露和与投资者的沟通，并在增发时强化了上述工作。

尽管当时并没有提出“投资者关系管理”的概念，但公司意识到当需要融资时才想到和投资者进行沟通，为融资而准备的临时活动只会让投资者反感。所谓“功夫在诗外”，与投资者的沟通也是异曲同工，上市公司需要良好的投资者关系支持公司的长久发展。如果企业自身已经深陷泥潭，违规操作层出不穷，那不论怎样刻意的开展沟通的活动都不可能建立良好的投资者关系。严格遵守国家法律、法规及政策，通过认真细致、诚信负责地努力工作，保证公司规范运作和健康发展是对投资者和社会的最大尊重，也是建立良好的投资者关系的基础。公司自上市以来的规范运作和优良的业绩是该公司敢于直接面对投资者的信心源泉。

近年来，全兴股份进行了一系列的资产重组，从资产重组一开始，公司就十分注重信息披露工作，严格依照上市公司信息披露制度规定适时的披露公司信息。公司在2001年度被上海证券交易所评为信息披露“优良”的上市公司，有目共睹的规范信息披露为该公司赢得了投资者的认同。

伴随着中国证券市场日益成熟，股票市场的供求关系正在发生变化，股东权利意识也越来越强，几乎每天都有很多投资者来电、来函、来访，询问有关公司的各种问题。与股东权利意识的增强相对应，上市公司需要有好的投资者关系管理才能满足股东的各种需求，在尊重股东的思想指导下，公司认真细致的回答投资者的各种问题，有问必答，有函必复，获得了好评，较好的维护了公司市场形象。

《公司法》、《证券法》、《上海（或深圳）证券交易所股票上市规则》及监管部门制订的信息披露法规确定的公司信息披露要求仅仅是一个最低要求，投资者作出投资判断需要更多的公司信息。回答投资者的来电、来函、来访的信息传递又显得过于被动，且传递范围有限。为了让投资者更好的了解公司情况，做出正确的投资决策，该公司认为应更加主动、自觉地向投资者传递更多的与公司相关的信息。因此公司近几年都通过有关媒体向投资者介绍公司，让大家知道“公司在干什么”、“向什么样的目标发展”、“有什么样的措施保障”等投资者关心的问题。

有了大量日常工作的积累作为铺垫，增发的投资者关系活动就显得顺理成章。针对增发开展的投资者关系活动的重点依然是沟通。

随着国内证券市场的发展，机构投资者的数量也逐步增加，地位更加重要。在当时的市场环境下，如果要取得增发的成功，必须有机构投资者的积极参与。而机构投资者对上市公司的基本面的关注程度更高，需要更为精心的沟通，否则一方面增发难以吸引投资机构的注意力，导致增发的失败，另一方面，假如事前沟通不到位，也难以吸引机构投资者长期持有公司的股票。

公司 2001 年的增发是一次比较市场化的发行，是一次真正意义上的卖股票，不仅仅做了网上、现场路演，还在路演前后中拜访了国内几乎所有的基金管理公司。向他们介绍公司良好的业绩，光明的发展前景，向他们推销股票。后来发行结果显示，所有的基金管理公司都参与了全兴的增发，可以说后来的增发成功与公司前期积极开展的一系列沟通活动密不可分。

“好酒不怕巷子深”的时代已经过去了，只有沟通才能将金子的光芒显现。上市公司只有通过良好的投资者关系管理工作，充分展示公司内在价值，尊重和保护投资者的知情权，做好公司和投资者之间的交流，才能真正吸引机构投资者和中小股东，公司价值才能得以实现，公司决策才能得到股东支持，公司的融资渠道方能畅通。

三、收购兼并

收购兼并不仅意味着公司控制权的实质转移，而且还会对公司主营业务、战略、治理结构产生深刻影响。由于收购兼并属于公司重大事件，因此对股票价格影响较大。收购兼并的方式包括与外商合资、重大资产重组、吸收合并、国有股份转让、管理层收购等，在上市公司收购兼并中，由于专业性较

强，并且对价格影响较大，中小投资者往往因为信息不对称或缺乏专业判断能力而处于劣势。因此，需要及时开展投资者关系工作，保护投资者利益。

（一）主要法规

1.《证券法》、《公司法》中关于上市公司收购兼并的相关规定；

2.《上市公司收购管理办法》；

3.《上市公司重大资产重组管理办法》；

4.《外国投资者对上市公司战略投资管理办法》、《外国投资者并购境内企业暂行规定》；

5.《公开发行证券的上市公司信息披露内容与格式准则》。

（二）要点

1. 及时合规的信息披露，使投资人了解股权变更背景的意图；

2. 保护中小投资者利益，注意信息的公平性；

3. 减少市场价格的非理性波动。

（三）处理

1. 及时在公司网站上就市场传闻进行澄清说明，披露公司收购兼并谈判的进展情况；

2. 通过路演、媒体报道等形式就收购兼并的后果向投资者做充分说明，以帮助其对收购兼并后公司盈利情况和发展前景作出正确判断；

3. 关注价格和成交量波动变化，及时与交易所取得联系；

4. 利用临时股东大会等机会进行投资者关系管理工作，突出公司战略转型。

（四）不当行为

1. 完全不作为；

2. 信息披露不充分或不及时，使投资者对收购兼并协议不知情或存在信息不对称；

3. 忽视收购兼并后公司治理结构安排和企业文化的介绍，使投资者无法了解公司为什么这样做，以及这样做会导致什么样的结果。

案例3-4：大冶特钢不规范的信息披露侵害投资者知情权

大冶特钢是2004年股市里的一只牛股。该股从年初最低时的4.88元/股，一路上涨到最高10.50元/股，最大涨幅高达115.16%。

伴随着该股股价的一路上涨，市场上关于中信泰富收购大冶特钢母公司冶钢集团、间接控股大冶特钢的传闻不断。特别是2004年2月28日《证券市场周刊》上刊发的《拟收购冶钢集团，中信泰富有望间接控股大冶特钢》一文，更使得中信泰富收购冶钢集团的消息在市场上广为流传。而与此相对应的是，该公司的澄清公告也接二连三。最早是在2月20日，针对公司股票连续三个交易日达到涨幅限制发布“股票交易异常波动公告”称，“公司未有该披露而未披露事项”；接着又分别于3月4日、3月20日发布“澄清公告”称，根据大股东函复，近段时间，虽有包括中信泰富在内的多家机构与冶钢集团就合作事宜接触，但到目前为止，没有任何一家机构与冶钢集团签署收购协议，也没有一家机构与冶钢集团签署收购其所持公司股权的协议，冶钢集团及公司均未接到地方政府关于与中信泰富达成收购协议和意向的通知。中信泰富收购冶钢集团、间接控股大冶特钢，这无疑是影响着大冶特钢下一步发展的大事。大冶特钢理应及时披露这一收购工作的进程，这是确保投资者知情权的需要。

但从大冶特钢所发布的澄清公告来看，中信泰富对冶钢集团的收购仅仅只是停留在“就合作事宜接触”这一层面上，而且与冶钢集团“就合作事宜接触”的还不只中信泰富一家，还有“包括中信泰富在内的多家机构”。而事实是，2004年2月，中信泰富便已与黄石市政府就收购冶钢集团事宜签订了正式协议。然而，到了3月份，大冶特钢还在称冶钢集团未与任何一家机构签署股权转让的协议，显然是在玩弄文字游戏（因为协议是与市政府订立的，确实不是与冶钢集团所签）。3月20日，大冶特钢再次公告“没有任何一家机构与冶钢集团签署收购协议”。该公告与3月18日中信泰富公布的年报中记载的“中信泰富于2004年2月签订了一份收

购位于湖北黄石市大冶特钢95%权益之协定。大冶特钢2003年钢产量为130万吨，并计划在2004年将产量增加到200万吨”。其结果造成不是中信泰富在向投资者说谎就是大冶特钢公司在欺骗投资者。

2004年6月深圳证券交易所就大冶特钢不规范的信息披露问题向该公司董事长进行公开谴责。具有讽刺意味的是，大冶特钢居然还是深交所评出来的“2003年度上市公司信息披露优秀公司”（见2004年2月6日《证券时报》刊发的《六成公司信息披露质量优良》）。

四、危机管理

对于一家系统实施投资者关系管理的公司而言，日常的投资者关系管理往往是程序性工作，并不能真正体现投资者关系经理的执业能力。只有当公司出现危机时，投资者关系经理的专业素质才会真正体现出来。上市公司危机分为两类：一类是因为市场和经营原因出现了业绩下滑；另一类是诚信危机，如会计舞弊等。无论是上述哪种情形，最好的策略是直面问题，以坦诚的态度，采用适当的投资者关系管理的技巧面对投资者，通过与投资者的沟通及时解决问题。下面分类列出了面临危机时投资者关系管理的工作要点。

（一）针对媒体的重大负面报道

1. 内容。媒体重大负面报道指媒体对公司的负面报道将对公司生产经营、形象、股价等产生重大不利影响。

2. 主要法规。《上海、深圳证券交易所股票上市规则》相关内容。

3. 要点。通过与投资者直接沟通减少负面的影响。

4. 处理：

（1）积极跟踪媒体，判断负面报道对市场的影响，在影响尚未扩大前处理问题；

（2）公司投资者关系经理就重大媒体负面报道向管理层专题汇报；

（3）管理层应对媒体报道事项进行调查，无论公司能否证明报道是否属实，或是否有办法解决，都应及时公告，以表明公司已经对该报道进行了关注；

（4）公司可以通过适当渠道与发布报道的媒体和作者进行沟通，了解事因、消除隔阂，争取平稳解决；

（5）当不实或夸大的负面报道对公司股价产生重大影响时，应及时发布澄清公告，必要时向交易所申请临时停牌；

（6）对报道事实进行调查核实后，公司应及时公告。如果公司或公司管理层应对报道内容负责的，应及时向投资者公开致歉；

（7）负面报道事项解决后，公司应当及时公告；

（8）尽量避免与媒体形成对立关系；

（9）可视情况发布对公司利好的消息，以对冲不利消息的影响。

5. 不当行为：

（1）发现有重大负面报道后不作为；

（2）在未查清事实前即竭力为自己辩护；

（3）与媒体对抗并扩大事态。

（二）针对重大不利诉讼

1. 内容。重大不利诉讼是指上市公司涉及的该项诉讼可能对公司经营、形象、股价产生严重比例的影响。

2. 主要法规。《证券法》第 67 条、《上海、深圳证券交易所股票上市规则》。

3. 要点。通过与投资者沟通减少不利诉讼的影响。

4. 处理：

（1）发生重大诉讼时，应及时披露，并根据诉讼进程进行动态公告；

（2）诉讼判决后应及时公告，并就该判决可能对公司产生的影响进行评估性公告；

（3）如果重大诉讼判决对公司产生重大不利影响，公司应当力争通过其

他途径将损失降低为最小限度，并以恳谈会的形式与投资者沟通，争取投资者的支持。沟通方式包括公布对投资者的道歉信、召开分析师会议、一对一拜访重要的机构投资者等；

（4）以实事求是为原则，适当发布对公司利好的消息，以对冲不利影响。

（三）针对监管部门的处罚

1. 内容。受到证监会或交易所等监管部门的谴责、批评，被要求限期整改等处罚。

2. 主要法规。《上市公司信息披露内容与格式准则》、《上海、深圳证券交易所上市规则》等相关内容。

3. 要点。以诚恳的态度接受处罚并及时改正。

4. 处理：

（1）受到监管部门调查时，应及时公告；

（2）接到处罚通知时，应及时公告。无论处罚理由是否充分，公司都应该认真对待监管部门提出的问题。如果监管部门处罚不当，可以根据相关的行政和司法程序进行申诉；如果公司接受处罚，应及时研究改进措施，并公告，必要时向投资者道歉。

（3）适当发布对公司利好的信息，以对冲影响，但要注意发布利好消息必须实事求是。

5. 不当行为：

（1）对减缓部门处罚不在乎或不作为；

（2）表面应付不认真改正。

（四）针对经营业绩答复下滑或出现亏损

1. 内容。经营业绩下滑或出现亏损。

2. 主要法规。《上海、深圳证券交易所股票上市规则》。

3. 要点。及时公告，并认真分析公司业绩出现下滑或亏损的原因，并提出应对措施。

4. 处理：

（1）由突发事件影响公司生产经营的，应就原因、影响程度进行及时公告；

（2）预计出现年报亏损时，应及时发布预警警告；

（3）年报中应对经营业绩大幅下滑或出现亏损的原因进行中肯分析，并提出对策。如果属经营管理的原因，管理层应向投资者道歉。

5. 不当行为：

（1）封锁公司经营业绩大幅度下滑或亏损消息，不及时公告；

（2）管理层推卸应当承担的责任。

案例 3－5：上市公司委托理财遭投资者质疑

2004 年 6 月 9 日，重庆实业公布德隆合计占用该公司及控股子公司 2.3471 亿元资金后，该股当日即告跌停，2600 万流通盘早市封盘量就达到 170 余万股。德隆系是 2004 年最先坍塌的一个系，合金投资、湘火炬等股票的年内最大跌幅超过 80%。被德隆系冲击波伤害的上市公司有：合金投资 1.44 亿元、上工股份 3000 万元、天山股份 3.05 亿元、湘火炬 1 亿元、渝开发 4000 万元、茉织华 5000 万元的委托理财风险纷纷曝光。

宁波海运 2004 年 5 月 20 日的一则公告，让投资者看到闽发证券的危机。闽发证券冲击波下，一大批公司股价纷纷倒下。闽发冲击波伤害分三类情况：一是委托理财受害，自 2004 年 5 月下旬以来由于委托闽发证券进行国债托管等委托理财业务而发布风险提示公告的上市公司达到 6 家分别是庆丰股份、洪都航空、片仔癀、青山纸业、福建南纸、茉织华，涉险资金少则 1000 万元多则达到 1.5 亿元。二是投资闽发股权受害，其代表是宁波海运。三是作为中间人受害，代表是民生银行。

2004 年 6 月 9 日，托普软件（000583）被诉为托普集团 1900 万元贷款承担连带清偿责任。当日托普股价几近跌停，关联股票炎黄物流也跌近

8%。2004 年 5 月 21 日，托普软件（000583）曝出三起借款诉讼，在香港创业板上市的托普科技（8135. HK）披露的信息显示，为应付诉讼，托普系不得不违规调用托普科技几乎全部资金。在托普系实际控制人宋如华转让托普发展股权后，托普系上市公司托普软件和炎黄物流接二连三清理出隐瞒的担保和诉讼。截至 2004 年 6 月 8 日，托普软件对外担保额合计 57697. 9432 万元，占公司 2003 年度末经审计净资产的 57. 73%。

另外，关于复星实业投资宁波建龙钢铁公司的消息，更是加剧和放大了市场的恐慌，作为复星集团旗舰企业的复星实业的股价下跌 30%。此外，民营背景的复星系在产业方面的扩张非常快，据相关媒体报道，复星系控股兴业证券，已经引起了证监会相关部门的关注。

发生上述情形后，部分上市公司采取了积极措施进行说明，并对相关控股股东进行了资金追讨，但仍有多数上市公司仍采取不作为方式，任由股价下跌，给投资者带来损失。无一家上市公司或董事会就投资理财造成的业绩风险向投资者公开道歉。发生在 2004 年的上市公司委托理财风波从一个侧面说明上市公司与投资者关系尚处于一种“悉听尊便”的状态，说明和国外相比，我国上市公司还没有意识到投资者作为上市公司的股东应享有的权利，更谈不上通过危机处理去改善与投资者的关系，树立诚信的市场形象，从而提升公司价值。

这些事例还表明，评价一家上市公司的投资价值，其经营者应当占据的权重应放在重要位置，而不能像一些分析师那样——只顾看今年业绩会怎样，明年业绩会怎样。如此分析，是完全脱离了中国国情的，因为在当前经济转轨时期，企业经营制度的不完善，使得部分高管人员有机会肆意妄为。

评价上市公司高管，有两个标准相当重要，一是诚实，二是成熟。前者易于理解，而成熟所包含的内容在于，不仅能够成熟地把握自己所从事的行业，而且对于资本市场，尤其是中国资本市场也应当有成熟的认识。事实上，近期很多起委托理财事件，其根源还是在于高管人员的不成熟，不明白其中

蕴含的风险，不知道非法的利益后面就是无底的深渊。

第七节 投资者关系媒体管理

从现有的部分上市公司实施的投资者关系管理来看，似乎过分局限于“投资者”这一层面上，作为上市公司和投资者之间联系的一大桥梁——媒体，却始终没能较好地体现到这一工作环节中，或者说是上市公司还没有学会善用媒体。

为了能够更好地处理与投资者的关系，在一些公司的股东大会上，公司高管层采取了一律站着发言，或将会议形式改成圆桌会议，不设主席台的形式，以营造一种亲近中小投资者的氛围，但由于上市公司没能善用媒体，使这一种形式上的亲近，只是成了亲近小部分与会投资者的形式。媒体作为一种沟通桥梁，能在上市公司与投资者之间建立起一种更广泛的联系，但相当部分上市公司仍拒绝媒体旁听股东大会，或对媒体的参会持不欢迎态度，勉强接待却不作主动沟通，这在问题公司中尤为突出。

其实有了问题不可怕，可怕的是问题的负面影响被最大限度地扩大，并形成不可收拾之势。在这些问题处理过程中，媒体将起到举足轻重的作用。上市公司与媒体主动沟通与否的区别在于，如果媒体无法与企业沟通，则其根据公开披露的资料分析得出的结论，很可能是理论上存在的，而事实上由于单个商业活动有其个体的特殊性，其实际情况会与媒体分析得出的结论有较大偏差，这也就是通常会出现的小事化大的后果，但从媒体所运用的资料和分析的方法来看都是无懈可击，上市公司在这时候就很可能是哑巴吃黄连有苦说不出，这时再与媒体作沟通工作以期挽回影响就为时有点晚了。

“危机公关”也是投资者关系管理中的一项重要、也是难度较高的工作内容，而“危机公关”中媒体的作用显得尤为重要。媒体并非都是唯恐天下不

乱，尤其是专业证券媒体，因其受到信息披露规范的制约，并充分了解信息对上市公司所产生的重大影响，其对上市公司报道必须慎之又慎。因此，上市公司在遇到危机时，不妨主动与专业证券媒体取得沟通，以取得媒体的支持，并通过媒体取得更广大投资者的谅解，帮助公司渡过难关。

媒体的“桥梁”作用，应该不仅仅在企业取得成绩的时候被运用，在企业碰到危机的时候更应该受到重视。例如，中国证监会杭州特派办曾经发文要求上市公司邀请记者参加股东大会，这是一个良好的开端，但我们寄希望有更多的上市公司能主动意识到这一工作的必要性。

一、媒体在投资者管理中的作用

媒体包括立体媒体、平面媒体和多媒体。立体媒体是指电视、广播；平面媒体指报纸、广告牌；多媒体主要指网络。在信息社会里，媒体是经济主体发布信息、获取信息的重要渠道，媒体以其广泛的受众成为信息发布主体对外传播信息的重要途径。由于投资者关系管理是一种公共关系管理，因此媒体必然要在投资者管理中扮演重要角色。但是，媒体在投资者关系管理中所起的作用是一把“双刃剑”——如果上市公司媒体管理工作做得好，媒体会成为上市公司的重要合作伙伴，并为上市公司投资者关系管理开辟重要的渠道。特别是当上市公司出现危机时，媒体不仅可以将大事化小，甚至有了媒体的协作，投资者可能会对上市公司做出截然不同的反应；相反，与媒体关系处理不好，可能会导致上市公司遇到很多的麻烦。所以，良好的媒体关系可以使上市公司事半功倍，节约管理费用。

二、上市公司媒体管理技巧

媒体关系管理是上市公司有步骤、有计划地处理与媒体关系的行为。上市公司与媒体接触主要发生在以下环节：媒体披露上市公司的不利信息、媒

体对上市公司的正面报道、重大事项时的媒体沟通。为此，上市公司在与媒体沟通时应把握三项原则：一是变被动为主动，建立与核心媒体的关系；二是完善与媒体的日常联络制度，使媒体对上市公司经营动态形成连续的印象；三是关键时刻的媒体应对。

公共关系理论认为，在一组被称为关系的人群中，沟通的好坏决定着关系的发展方向，互动程度决定着关系发展的速度。上市公司因为是公众公司而成为新闻媒体关注的焦点，不少上市公司为了少惹麻烦常常对媒体避而远之。但殊不知这种做法往往容易造成媒体主观臆断、旁敲侧击，引起不好的效果。正确的方法是保持与媒体的正面接触，因为新闻媒体在帮助投资者获得知情权的同时，也帮助上市公司对信息进行全面、准确和及时的传播。

上市公司在和媒体打交道的过程中，首先要了解媒体的本质和需求，消除对媒体的陌生、误解和抵触情绪。媒体作为公众监督的窗口，在上市公司监管中发挥着重要作用。从新闻学角度出发，媒体喜欢挖掘公众不知晓的事情。上市公司作为公众公司，自然会引起媒体的关注——它们有义务帮助投资者获得上市公司一些不为人知道的信息。但这并不意味着媒体天生就会与上市公司过不去，只是新闻目标和角度不同而已。了解这些特点后，上市公司就不应当对媒体产生陌生或抵触情绪，相反，应该明确自己是否可以向媒体提供资料，并且对媒体代表——记者也会相应给予尊重——因为媒体对新鲜的事物总是充满了好奇。

上市公司的媒体管理实际上是对媒体的分类管理和维护。比如，针对核心的媒体群可以形成一个相互交流的平台，上市公司可以通过媒体了解外界很多情况，而媒体可以从上市公司那里发掘到很好的新闻题材。一些上市公司经常抱怨媒体对其报道有失公允，与媒体沟通存在误区，主要原因是：（1）上市公司和媒体之间缺乏应对媒体选择、采访、撰稿、投放、效果评估的完善流程和制度，导致与媒体的沟通活动缺乏效率；（2）缺乏接受媒体采访的经验和技巧导致的信息传递错误；（3）缺乏对外信息控制，没有统一宣传口径，内部意见不统一造成对媒体传递信息相互矛盾，引起媒体误解；（4）对不利

消息消极回避或尽力掩盖，导致媒体猜忌，甚至恶化与媒体关系，导致错误的信息在市场流传。据统计，仅 2010 年 12 月，就有 23 家上市公司相继在上交所及深交所发布因媒体错误报道的澄清公告。因此，上市公司媒体管理过程中完善媒体沟通制度、细化媒体沟通流程、经常进行媒体需求调研、对每次媒体活动进行量化效果评估、举办高层媒体沟通培训，等等，都是可以积极采用的办法。

媒体管理的核心内容是接受媒体采访。以电视采访为例，电视是我国目前最强势的媒体，其广度和深度令人瞩目，同时接受电视采访的要求也特别高。上市公司在接受电视台采访前有必要索取采访提纲，以便帮助了解以下事情：

第一，为什么要接受采访？采访者希望采访什么？采访者关注的焦点是什么？

第二，是现场直播还是录播？

第三，采访时间多长？专题还是一般的采访？

第四，该媒体的受众是谁？

第五，采访前是否有时间进行充分准备？

第六，是否形成访谈要点并记录？

第七，仪表是否端庄？精神状态是否能够代表公司形象？

第八，采访前不必弄清采访者的全部问题，因为采访者一般不会确切地告诉被采访人他们将问到那些问题，只是会简要介绍采访意图和大致想法，需要被采访者现场发挥。

第九，还需要考虑被采访者是否是采访的最合适人选？对采访专题是否足够的了解？

第八节　互联网在投资者关系管理中的运用

随着互联网技术的发展和普及，投资者关系管理已经可以做到低成本地

突破地域界限，并提供每个有条件上网的投资者和上市公司沟通交流的机会。

一、利用互联网进行投资者关系管理的优点

2011 年 1 月 18 日，中国互联网络信息中心发布的《第 27 次中国互联网络发展状况统计报告》显示：截至 2010 年 12 月底，我国网民规模突破 4.5 亿大关，达到 4.57 亿，较 2009 年年底增加 7330 万人；互联网普及率攀升至 34.3%，较 2009 年提高 5.4 个百分点。我国手机网民规模达 3.03 亿，较 2009 年底增加 6930 万人。

通过普及的互联网技术，越来越多的新形式信息沟通方法得以实现——包括有网络投票，舆论调查，网上投资者交流会，网上路演等等。在新实施的包括《上市公司信息披露管理办法》及《上市公司与投资者关系工作指引》在内的多项法律法规也明确指出或建议公司通过网络媒介进行信息披露及沟通。互联网具有公平、便捷、经济、信息量大、易于存储和查询、可以互动等优点。

（一）公平

上市公司将信息上传到互联网上，使所有投资者可以在第一时间里公平地获得上市公司发布的各项信息。

（二）便捷

互联网在我国快速普及，目前我国上网人数已经超过 4.5 亿人，而且网络普及率还在进一步提高。互联网的普及使得投资者能够方便地通过网络获得信息，只需要浏览公司网页便可以在第一时间里获得上市公司的最新信息。

（三）经济

互联网的经济性主要体现在两个方面：一是降低了上市公司进行投资者关系管理的成本。由于互联网无需印刷、邮寄、媒体、场地、差旅费等成本，上市公司可以通过网络将自己的信息最快地告知投资者；二是降低了投资者获取上市公司信息的成本。投资者采取路演、实地参观等形式获得公司信息，

需要支付时间、金钱成本，而互联网使这种沟通几乎不需要花费任何成本。

（四）信息量大

互联网可以登载海量信息，使投资者可以在很短时间内获得关于产业、公司经营管理、财务状况、股票市场等多种信息。

（五）便于存储和查询

上载到互联网的信息一般可以保存若干年，公司可以利用网络信息分类技术完成信息分类查询，这样投资者可以利用搜索引擎方便地分类查找。

（六）可以实现互动

互动对于沟通来说至关重要。通过互联网，投资者可以发电子邮件、留言等向公司提问；公司也可以以电子邮件或直接在网上进行回答。一些上市公司还设置 BBS，方便不同的投资者和公司讨论问题。利用互联网举办网络路演、网上分析师会议也是比较正式的互动沟通形式。

二、网络在我国上市公司投资者关系管理中的应用

从上市公司运用互联网进行投资者管理的情况来看，有一个从陌生到熟悉的过程。其中也存在一些不尽如人意的地方，网站的投资者关系管理水平亟待提高。

首先，不少上市公司的网站疏于维护，开通率不高。以湖北省为例，一项调查显示，辖区 59 家上市公司中，对外公布了其网址信息的有 51 家，占总数的 86%。在这 51 家公司中，又有 13 家公司的网址信息错误，无法正常浏览，能正常登录浏览的仅有 38 家，整体网站开通率只有 64%。网站开通率不高的原因在于部分公司的网站疏于维护，有一家公司的域名信息完全错误，另有 3 家公司对外公布的网址已处于域名招标转让的尴尬境地，还有的公司对外公布的网址信息简单地借用了其集团公司的网站，但投资者根本无法从其集团网站中找到上市公司的相关信息。

其次，网站内容单一，缺乏营销观念。现代企业营销不仅是其产品服务

营销，还包括资本金融营销，而后者就是投资者关系管理所要达到的目标。调查显示目前上市公司在其网站内容建设上，只偏重于其产品服务介绍，对于与资本营销相关的投资者关系管理内容相当欠缺。在湖北省38家能正常登录浏览的公司网站中，有8家公司的网站只有其产品及服务介绍，丝毫没有与投资者关系管理相关的内容，另外31家公司网站设有投资者关系管理栏目或有相关的内容，占53%，只占上市公司的半数。

第三，质量参差不齐，亟待提高。以前面统计为例，在31家涉及投资者关系管理的公司网站中，利用网站开展投资者关系管理工作的总体水平较低。其中，在网站中开设了专门的投资者关系栏目只有11家，在11家公司中能利用互联网开展投资者关系管理工作的仅有三家公司，分别是东风汽车、精伦电子、火箭股份；有20家公司的网站无专门的投资者关系管理栏目，仅仅在利用互联网进行公司信息披露方面做了初步的尝试，所披露的信息也基本上局限于公司的公告、财务报告、股票行情等强制性披露信息，强制性信息披露更多地强调监管者对上市公司的信息要求，有别于投资者关系所强调的满足投资者对公司全面了解信息要求，两者在沟通的出发点、信息量、方法和渠道等方面有很大的区别。因此，这些公司网站上所披露的信息对于广大投资者来说并无多大的实际参考价值，没有起到投资者关系管理的作用。

第四，如今各大网站纷纷成立股吧和类似的股票讨论区，提供给股民自由发表意见和观点的场所，但其中不乏关于个股的传言、因股价下跌引发的谩骂、股民个人的猜测等，站内信息的准确性和权威性均难以得到保证，妨碍了信息透明度的提高，往往会带来不必要的信息误导。一方面，监管机构有必要进一步加强权威网络平台的信息优势，构建更为开放的网络平台，促使上市公司在该平台中积极开展与投资者的交流互动，增强主流网络媒体在信息发布方面的权威性和及时性。另一方面，上市公司也需要及时关注各种网络媒体中出现的传言，建立具有权威性的网络发布平台，变被动披露为主动沟通，化解网络不实传言带来的不良影响，正确发挥网络工具的信息传播作用。

第五，网络对于信息流动的负面作用。正因为网络的大范围普及使得信

息的获取成本十分低，其结果就是一些不利于投资者关系管理的信息流动也随着互联网的飞速发展而蔓延。最典型的例子恐怕就是近年来兴起的“人肉搜索”。相较于传统的百度，谷歌等机器搜索技术，人肉搜索的搜索方式更多借助人工参与，所以对于互联网上乃至于互联网下的信息覆盖十分全面，搜索效率高。但同时，不可避免的存在消极影响——侵犯隐私、诽谤、欺诈等。一些没有事实依据的小道消息经过大家的以讹传讹后可能直接影响到上市公司的形象乃至股价，正所谓众口铄金。所以如何合理利用网络交流平台，遏制不必要的负面信息流动必将成为公司投资者关系管理中必修的重要一课。

近年来，一些有远见的上市公司开始意识到投资者关系的重要性。2004年，深圳证券交易所将投资者关系作为重点工作内容，为了协助深交所推进投资者关系管理工作，深圳证券信息有限公司于2005年2月26日在国内首创推出了具有个性化特点的“上市公司投资者关系互动展示平台”。该平台旨在提供一个即时、实用、便利的展示上市公司风采的互动场地，缔造一个长期、持续的网络推介中心，提供一个针对投资者进行宣传推介、改善投资者关系、树立企业形象的窗口，促进上市公司增加自愿性信息披露，提高上市公司的透明度，将上市公司投资者关系管理活动向纵深方向推进。率先参与此项活动的有万科、新钢钒、江铃汽车、粤高速、石油大明、粤美的、电广传媒、法尔胜等八家深市公司。上述公司的董事长、总经理和其他管理人员通过“上市公司投资者关系互动展示平台”中的“投资者接待日”窗口，以互联网的形式在线回答投资者的咨询。首次参加“投资者接待日”活动的8家上市公司还将联合其他已加入“上市公司投资者关系互动展示平台”的22家上市公司，在活动当天还发出“建立上市公司与投资者互信关系”的倡议书。

案例3－6：南方航空公司网站设计

优秀的投资者关系管理网站能够向投资者提供方便的检索，并实现投资者与公司随时双向沟通。以下我们简要介绍上市公司投资者关系管理网站的模块和内容，以南方航空公司网站中的投资者关系管理栏目为例进行说明。

（一）主页

公司主页是上市公司与投资者在互联网上沟通的界面，是上市公司向投资者表达自己经营理念，获得投资者认同和支持的开始。主页的设计一般强调三个方面：（1）全面提供投资者感兴趣的菜单；（2）适当的图片、动画等，展示公司成绩，要求突出公司特点，简洁明了；（3）公司最新消息和热点新闻，要求重点突出。

主页一般由公司简介、信息披露、股市信息、历年财务分析、常见问题、联系方式、热点栏目等构成。南方航空公司的投资者关系主页内容见图3-4：

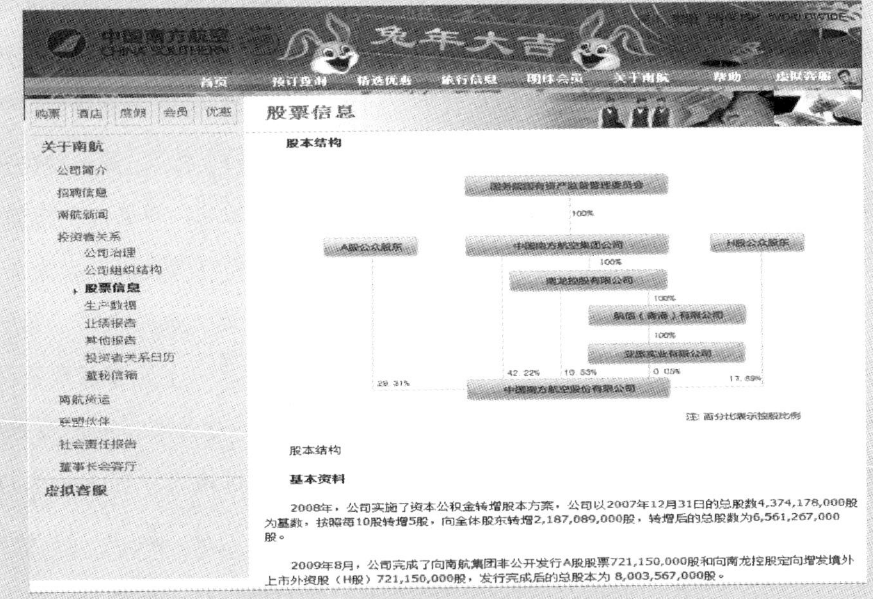

图3-4　南方航空公司投资者关系主页

（二）公司介绍

公司介绍包括公司概况、公司框架、管理层、主要业务、主要产品、财务数据等，这些介绍的内容要求与公开上市披露的信息一致。有的公司介绍放在公司主页《关于我们》栏目，南方航空公司将《招股说明书》内容放置在《其他信息栏目》，属于标准格式，其他的内容在公司主页其他栏目中也可以查询。

（三）信息披露

信息披露包括业绩报告和生产经营数据。业绩报告属于强制信息披露，上市公司可以在自己的网站上将历年要求披露的季度报告、半年报和年度报告分类刊登出来，一般以 html 和 PDF 格式供投资者查询。生产经营数据属于公司自愿披露信息，主要是指可能影响公司业绩的主营业务的生产经营数据，以供分析师或普通投资者研究判断之用。南方航空公司投资者关系主页中设置的业绩报告和生产数据两个栏目，就是属于信息披露的内容（见图 3 –5）。

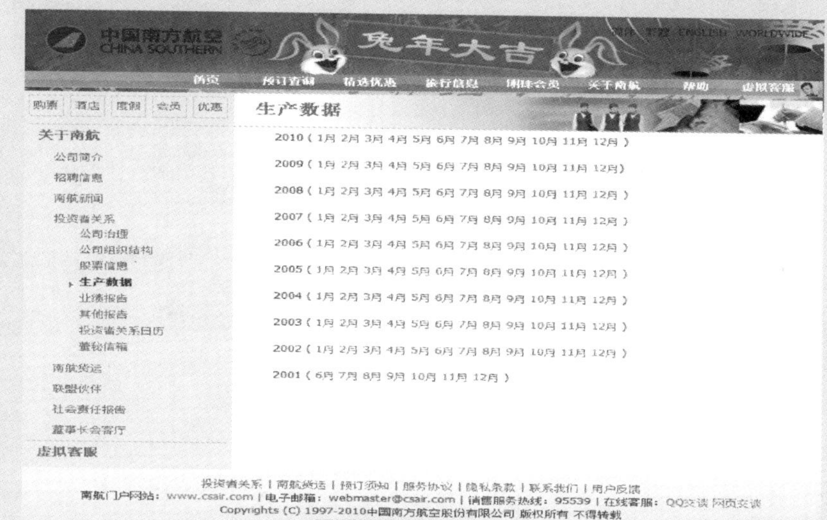

图 3 –5 南方航空公司信息披露内容

（四）新闻发布

网上新闻发布的内容包括（见图 3 –6）：①新闻稿件，指在国内著名媒体和财经类专业报刊发表的公司信息；②公司所在行业权威专业媒体的报道；③行业信息，指与公司相关行业政策背景及发展方向的分析；④动态的网上直播或录像。注意，网上新闻由于是其他媒体对公司或公司所在行业的报道，应注明媒体来源、日期、版面等信息，以方便使用者查证。南方航空的公司信息不在投资者关系栏目，而被安排在公司主页上，这种

安排不仅有助于投资者直接查询方便，也可以使消费者通过获得公司信息形成对公司良好的印象，吸引消费者转换为投资者。

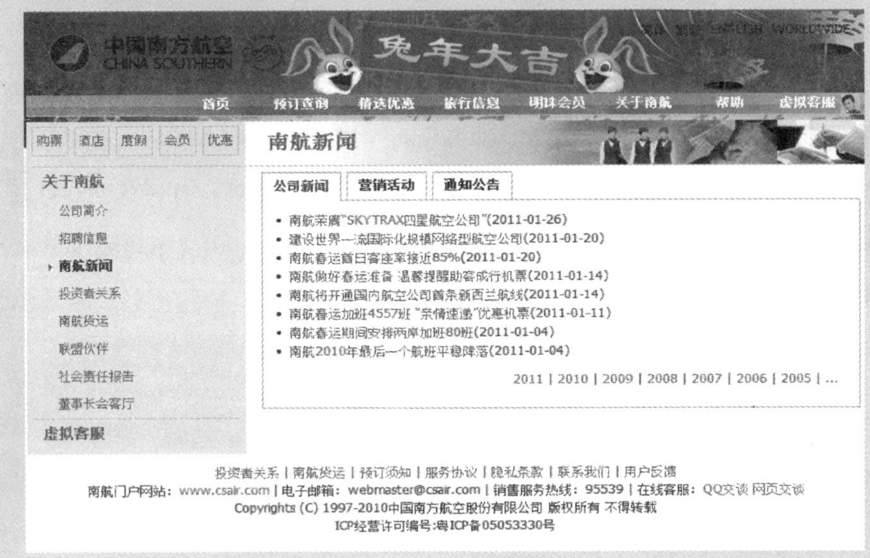

图3－6　南方航空公司网上新闻发布内容

第四章　国外投资者关系管理的理念与实践

本章提要

投资者关系管理在海外的实践，已充分说明其在公司价值发现和价值创造方面具有特别的作用，也是海外各公司纷纷开展投资者关系活动的主要原因。对于我国而言，投资者关系管理工作尚有待继续推广和完善，他山之石可以攻玉，通过分析海外投资者关系管理的经典案例，有助于上市公司了解投资者关系管理的成功经验，从而不断提升投资者管理水平。上市公司投资者关系管理建设不断提高，无形中也促进了资本市场的良性发展，推动着我国经济体制不断优化和完善。

纵观投资者关系管理在海外的发展，其从无到有的过程中有几个因素值得特别注意。在最开始，投资者关系管理并不完全是上市公司的自觉行为，而是在市场不断扩大、机构投资者实力不断增强的背景下，上市公司基于资本竞争而被迫采取的行为。在以后的发展中，我们看到上市公司重大的恶性案件不断发生，使监管日益严格，甚至可能出现投资者和公司严重对立的情绪。投资者关系作为“润滑剂”，它的出现无疑有助于形成上市公司与投资者的一种亲和的文化氛围，久而久之，便形成了海外市场特有的股权文化。这种股权文化作为一种非正式规则，在规范上市公司行为，处理上市公司与投资者关系方面发挥着非常独特的作用。而投资者关系管理在海外的实践，已充分说明其在公司价值发现和价值创造方面具有特别的作用，也是海外各公

司纷纷开展投资者关系活动的主要原因。

对于我国而言，投资者关系管理工作尚待继续推广和完善，借鉴海外管理的经验，有助于上市公司在资本竞争中获得相对投资者价值的提高。同时，投资者关系管理作为一种途径，也有助于上市公司引进战略投资者或寻找潜在的、适合于自己的长期投资者，并最终形成上市公司和投资者的稳定合作关系。

第一节　国际投资者关系协会及其运作

我们分别观察各国及国际投资者关系协会的成立及发展情况，以说明投资者关系协会在促进上市公司投资者关系工作上的积极作用。

一、美国的投资者关系协会（National Investor Relations Institute，NIRI）

美国投资者关系协会（以下简称 NIRI）于 1969 年成立，由企业管理者和投资者关系顾问组成，是负责企业管理层、投资公众和金融界之间交流、沟通的专业协会。它是一个独立的、非盈利性、非政府性的机构，在美国共有 32 家分会和大于 3500 个成员（代表着 2000 家公司和 5.4 万亿美元的股票市值）。会员既包括美国多数巨型社会公众公司，也包括数目不断增加的中小型公司。NIRI 是一个独立的、非盈利性、非政府性机构。正如其使命所述，NIRI 致力于提高投资者关系操作水准和成员的专业水平。

（一）使命

美国投资者关系协会致力于提高投资者关系的操作水平，提高成员的专业水准的需求。

（二）职责

美国投资者关系协会的职责主要是帮助市场了解监管意图，并对具体工

作方法进行指导；对会员进行理论和实务方面的教育和培训；建立以投资者关系管理为核心的网络，为从业人员提供交流的平台。NIRI 的一个不寻常职能就是提供内容涵盖面广、提升专业水平的活动计划，包括主题丰富用以提高会员职业水准的研讨会。每年 6 月，NIRI 的年度会议都吸引了 1/3 以上的会员。

（三）会员组成

美国投资者关系协会的一半会员都有公司或金融方面的背景；美国投资者关系协会的成员在投资者关系管理的经验非常丰富；美国投资者关系协会的会员 75% 以上都在公司里任职；美国投资者关系协会近 60% 的上市公司在纽约证券交易所挂牌上市。

（四）会员条件

NIRI 对入会的唯一要求是申请者在申请加入协会时必须具备一定的投资者关系事件能力。NIRI 共有三种形式的会员：

1. 普通会员要求：个人要成为 NIRI 的普通会员，必须在某家企业或顾问公司积极从事投资者关系活动，可以是专职的，也可以兼负投资者关系管理的责任。年度会费为 595 美元。

2. 合作性会员要求：个人要成为 NIRI 的合作会员，必须与普通会员有工作交往，对公司投资者关系职能提供支持服务。合作会员可以得到 NIRI 所有出版物，并享有普通会员的权利，只是不能在董事会任职或表决。年度会费为 595 美元。

3. 学术性会员要求：个人要成为 NIRI 的学术性会员，必须是某家学术团体的成员，该学术团体的教学或研究领域包括投资者关系。学术性成员享有同合作性会员一样的服务和利益。除此之外，他们参加 NIRI 的研讨会和讲座的登记费用最少。年度会费为 100 美元。

（五）工作方式

1. 定期举行讲座：全面系统地向新的上市公司和新的从业人员介绍投资者关系的理论体系、实际操作方法和相关行业的运作。

2. 定期举行研讨会：会员与政府部门、投资界、媒介共同探讨投资者关系领域的最新发展趋势和理念。

3. 发行出版物：内容涉及投资者关系人员基本知识教材，最新动态，投资者关系行为指南，投资者关系资源指南及汇编。

4. 无偿咨询网络：会员之间以协会为核心，互相提供经验介绍和咨询意见。

5. 政府部门事务：随时跟踪监管部门的监管动态，由专家帮助会员吸收理解监管意图，并及时调整相应的工作方法。例如：美国2000年出台了FAIR DISCLOSURE的监管条例，NIRI在2001年年度讲座中便全面对内容做了相应调整，并增加了专门课程讲解该条例对市场的影响及应该如何具体操作。

6. 建立投资者关系人才库：向有需求的上市公司推荐合适的人才，也向相关人才提供更好的事业发展机会。

组织分会的日常活动。

（六）组织结构

见图4－1。

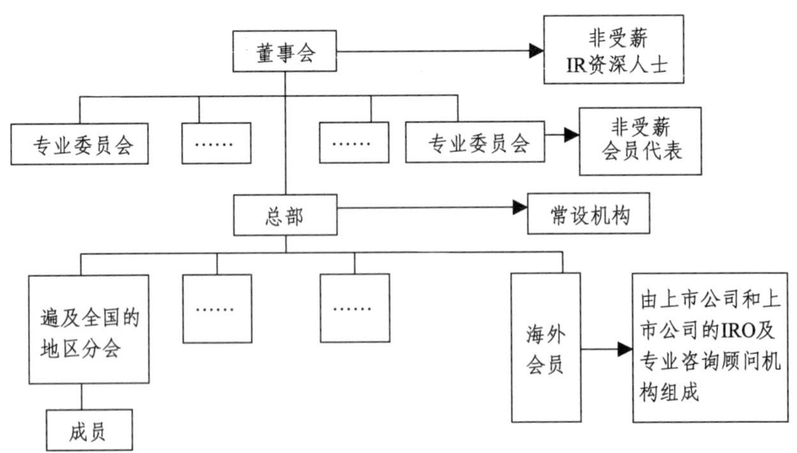

图4－1　美国投资者关系协会的组织结构

（七）协会成员构成

首先，NIRI的一半会员都有公司或金融方面的背景（见图4－2）。

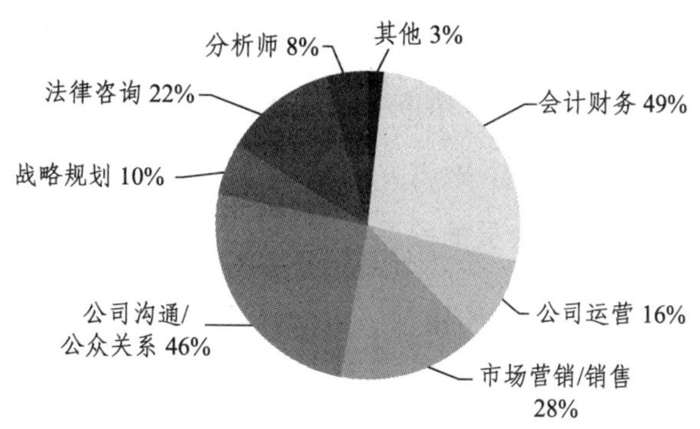

图 4-2 美国投资者关系协会会员的背景

其次，我们看一下美国投资者关系协会会员的 IR 从业经验。图 4-3 显示多数协会会员具有较长时间的从业经验。

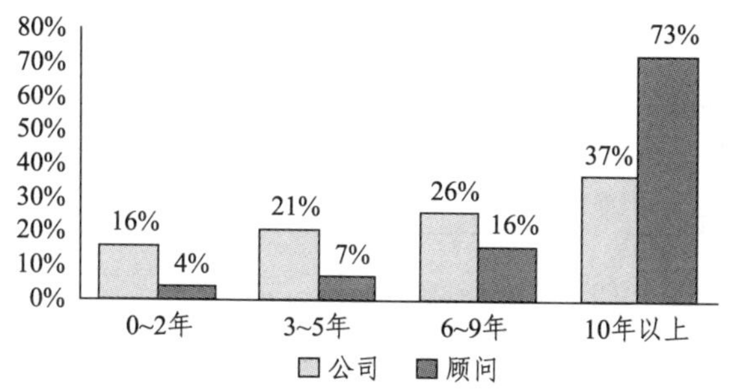

图 4-3 美国投资者关系协会会员的从业经验

从会员类型来看，NIRI 的会员 75% 以上都在公司里任职。图 4-4 表明了在公司任职会员的专业化有利于提高投资者关系协会的市场形象和吸引力。

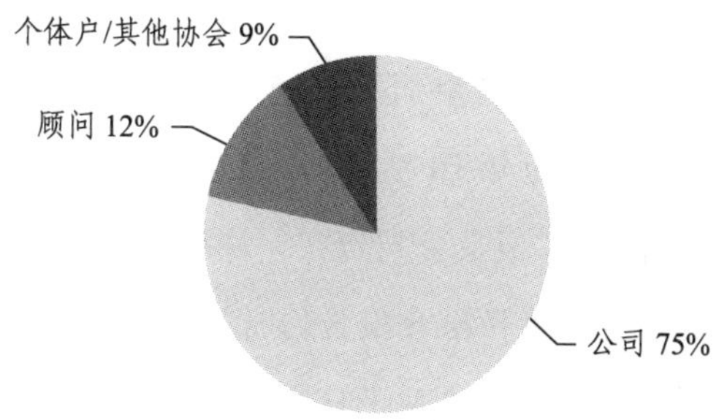

图 4-4 美国投资者关系协会会员的任职情况

NIRI会员中，有56%的上市公司在纽约证券交易所挂牌上市（见图4－5）。其中近一半的会员公司在股票市场的市值超过了15亿美元，表明大公司更愿意加入协会以提高自己的市场声誉；协会也注意吸收小公司作为会员，图4－6表明超过10%的公司会员的股票市场市值低于1亿美元。

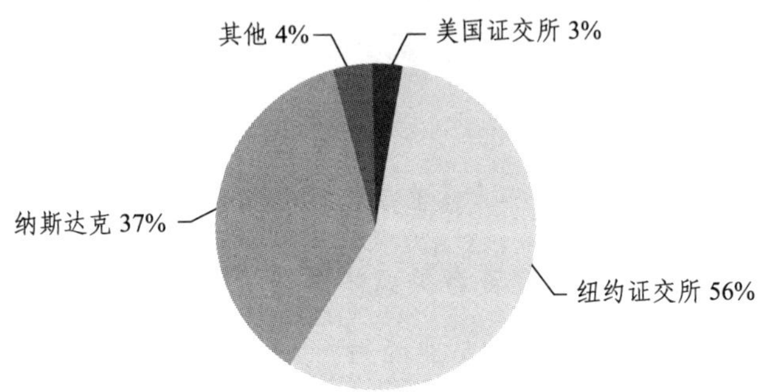

图4－5 NIRI会员的上市情况

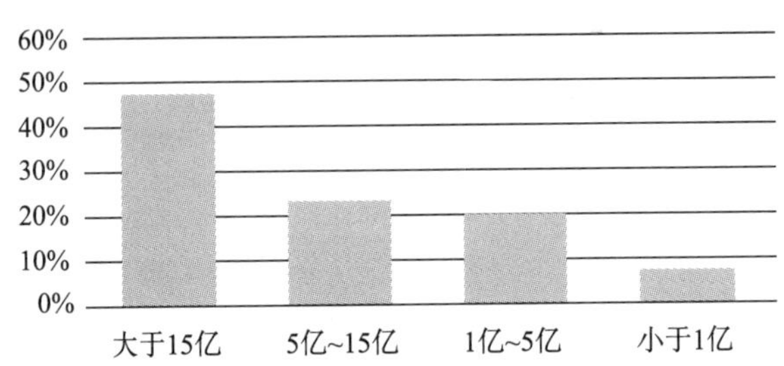

图4－6 NIRI会员的股票市值情况

二、日本投资者关系协会（Japan Investor Relations Association，JIRA）

该协会成立之初，其目的简单而又笼统，就是在日本大力推行投资者关系的实践，该会佐藤会长说近年IR活动内容变得更加具体。例如，JIRA每月都为它的成员举办研讨会。“成员公司聚在一块探讨他们所关心的问题，像如何举办投资者见面会，管理者做推介报告的时间该有多少等等。”该协会每月都会出一篇新闻稿，每年出具一份关于日本IR执行情况调查报告，并且还有一个研究会负责编辑IR优化操作指导方针。1993年，日本投资者关系协会（JIRA）成立。刚开始的几年，它的会员数增加缓慢，但近几年会员数迅猛增

长。增速如此之快，以至于超过了那些欧洲老牌的 IR 协会。目前 JIRA 会员数已达 772 个公司及组织，并持续增加。会员涵盖大型跨国公司、盈利预期优秀的中型公司及欲上市公司。

JIRA 成员的增加归功于企业经营理念的极大改变。在一些如日立、本田和索尼等大牌公司的示范下，日本公司的高级管理层开始意识到投资者关系是企业的一项重要职能，它能够引导企业战胜动荡的市场环境。但对投资者关系更加关注的主要原因在于日本本身的经济状况。过去，日本大企业根本不必关心资本的效益，因为主要银行给他们提供源源不断的资金。但是自从 1997 年爆发了那次东南亚金融危机后，金融机构不得不提升他们的运作效率，于是银行与企业间相互持股的现象不复存在。现在，日本企业不得不去找寻其他的股东了。

出于日本对协调的一贯尊重，JIRA 通过与 JIRA 成员商讨来构建起研究的领域，划分为以下 9 项：

1. 信息披露；
2. 应对财经媒体；
3. 协同上下游公司关系；
4. 公平和完整的信息披露；
5. 信息披露快捷性；
6. 信息披露定时性；
7. 股东诉讼案；
8. 前景评述；
9. 内部信息管理和共享架构。

JIRA 每年 4 月或 5 月召开年度会议，12 月召开年度研讨会，吸引了 400 多人参与。与会代表高兴地说："我们现在有了许多成员，他们兴趣各异。但最近，尤其是去年大部分成员都对公平信息披露发生兴趣，因为 IR 行为现已国际化了，他们要关注国外投资者和对日本个人投资者公平的信息披露。"

当日本放松对跨国持股的限制，上市公司就面临着发掘新股东的机会，日本的个人投资者一下子成为一个重要的听众。现在，那些在传统的封闭的环境下成长起来的日本公司都不得不迎合国际投资者。他们面对的是新的期望更高的投资者，这就对信息披露义务提出更高要求。美国、加拿大和欧洲国家开放市场和向公众披露信息的做法已有很长的历史，也许不会感觉这是一个多大的变化。但是对长期以来公司运作受政府支配的日本而言，这不能不算是一个里程碑式的改变。发展至此，JIRA 的存在非常必要。

三、英国投资者协会（THE SOCIETY OF IR）

英国投资者协会（THE SOCIETY OF IR）成立于 1980 年，是 IR 从业者的专业性机构。公司会员包括全国富时指数 100 强，缩写 FTSE 的绝大多数的企业和 FTSE 的许多企业。IRS 同时是全球投资者关系联盟的主要发起人之一，因此与欧洲、北美、加拿大和远东的投资者关系协会有着紧密的联系。

公司会员分为三种：完全会员、辅助性会员、荣誉会员，各种会员有不同的资格界定并规定了不同的权益。

协会制定投资者关系从业人员执业守则、定期举行培训、讲座和发布出版物。

四、全球投资者关系联盟（the International Investor Relations Federation，IIRF）

鼓励所有证券业活跃的国家成立全国性的投资者关系机构，这本身就是 IIRF 的目标之一。长期以来，投资者关系就被认为是公司健康运营的一个重要环节，至今许多国家已发展成立了全国性的投资者关系组织。

虽然第一家正式的投资者关系协会是在美国成立的，但时至今日，这样的组织机构已遍布全球。1980 年英国投资者关系协会（IRS）成立；1990 年 NIRI 加拿大分支机构从母体脱离出来，即更名为加拿大投资者关系协会；同

年，芬兰投资者关系协会也宣告成立；也是在1990年，最先成立的美国NIRI又在德国召集组建了德国投资者关系协会（DIRK）。

还有许多这样的社会团体如雨后春笋般地涌现，如法国的CLIFF、日本的JIRA、巴西的IBRI、俄罗斯的AIRP、瑞典的SIRA等各国机构的成员代表联合起来就成立了国际投资者关系联盟（IIRF）。

这个国际性机构在1990年成立之初，只有10个机构成员。到现在，按照IIRF高层人员Jill Sargeant的说法，这个数字已增加到了18个，而且还有另外若干国家和地区有意加盟，例如巴基斯坦、澳大利亚、爱尔兰共和国、中国香港和南非的加盟申请，这是因为上述国家和地区在表示加入IIRF兴趣之时，还未能在各自本土首先建立正式的投资者关系组织。

第二节　国外投资者关系管理的主要理念

这一节我们主要介绍国外著名的大企业通过多年实践形成的投资者关系管理的理念，这些理念有助于我们的企业在资本市场竞争中保持领先的思维。

一、投资者关系管理体现企业的战略眼光和文化底蕴

上市公司与非上市公司的不同之处在于，上市公司同时经营着两个市场（即产品市场和资本市场），而非上市公司仅存在于产品市场。尽管上市公司在资本市场上要受到外部规制的约束，但资本市场的最大优势是使上市公司通过竞争获得直接融资。换言之，上市公司之间的竞争同时具有两种目标：产品市场上的客户或市场份额，胜出的上市公司可以获得持续的现金流；而在资本市场的竞争本质是资本竞争，上市公司的经营一旦获得了投资者的认

可，就可以轻易地在资本市场实现直接融资和再融资，从而实现规模的扩大和现金流的增加。

就这点而言，投资者关系管理的性质已具有战略性。它使企业之间的竞争逐渐由单一的产品市场竞争转向包括资本市场竞争在内的全方位竞争。由于公司战略涉及产品开发、市场营销、人才管理、财务管理、投资者关系等多方面，需要上市公司在经营上进行统一协调，方能达到良性循环的目标。同时，实现战略的长期性决定了投资者关系管理不会是短期行为，它必将随着企业外部环境和内部战略的不断变化而持续不断地向投资者和潜在投资者介绍公司经营和发展的前景，以取得他们的认同和支持。

如果将投资者关系管理上升到企业战略高度去认识，就可以形成企业的共识。事实上，在不少指明企业的投资者关系管理中，需要多个部门的共同配合和协助。这一过程也是企业文化形成的过程。假定，上市公司的每位员工都能清楚地认识到投资者关系的重要性，那么这家公司必然会形成尊重投资者的企业文化。这种文化根植于员工头脑之中，可以使企业在面临纷繁复杂的外部环境变化时，处处为投资者考虑，形成与投资者长期、稳定和亲善的关系。

以房地产行业为例，在现今房地产的竞争中，地段、资金、信息技术、新型建材和规模经济等都将不再是突出的优势，而产品价格、环境、销售渠道等操作层面上的竞争优势，也由于企业相互间的模仿和借鉴，使得借此建立起来的优势也越来越短暂。房地产企业之间的竞争也深入到文化竞争，开发商一旦能成功地将楼盘赋予独特的文化内涵，则该项目将会具有长期的不可替代的竞争优势。

房地产文化是整个房地产经营开发的灵魂。优秀的房地产文化不但能形成持久竞争优势，而且可作为对付模仿的最有效、最坚固的壁垒。文化的独特性所包含的只可意会，不可言传的因素，使竞争者难以模仿和复制。房地产文化贯穿于整个房地产开发的全过程，影响项目定位的科学性和准确性，并对楼盘的市场销售起着直接推动作用，也为未来优秀的社区文化形成和建

设奠定了良好的基础。

成功的开发商可以利用文化独特的亲和力，把具有相同文化修养与文化追求的人们聚集在一起，并取得价值观的认同，从而达成有效的沟通，建立起与顾客的亲密关系。优秀的开发商通过倡导和塑造优秀的房地产文化，能够真正为顾客提供独特的附加利益、居住体验和生活价值，超越顾客的期望值和满意度，从而提高顾客的忠诚度和企业的美誉度，也为开发商长期发展提供文化积淀和品牌提升。

一家好的房地产上市公司完全可以通过投资者关系管理使公司轻易地获得消费者和投资者，并使两者在一定程度上相互转换，而这种转换的结果是使公司价值最大化。所谓的房地产文化定位，就是从楼盘项目本身出发，将投资理念、时代特征同目标顾客群文化价值观念完美地相融合，赋予房地产项目以富有魅力的文化生命，针对顾客的心智模式进行设计、沟通，从而使其在目标顾客的心目中确立一个独特的、有价值的位置，这就是房地产文化定位。定位的关键是在目标顾客的心智的相应坐标中，确立一个区别于竞争者的、独特的、鲜明的地位。文化定位是企业和顾客通过多种沟通渠道进行互动沟通的结果，最终反映为目标顾客对楼盘项目建立起的一个独特的、有价值的联想。文化定位并不仅仅是你对项目本身做些什么，而且还是你在目标顾客的心目中做些什么。

房地产业的上市公司来自五湖四海，很多投资者甚至一生中也不可能亲临现场去观察公司的经营和销售情况，他们是如何选择一家公司来进行投资者的呢？很显然，文化代表了公司的一种品味，房地产的消费者因为认同这种文化而进行投资；房地产公司的投资者可能也会因为认同这家公司的经营理念、经营模式而投资于该公司。而要使消费者、投资者长期投资于该公司的产品或股份，就需要利用文化来做双向交流了。所以投资者关系作为一种文化，其内涵不仅是企业的经营理念，比如尊重投资人或消费者、保护环境、亲近自然，等等，更重要的是会表现为企业与消费者和投资者的互动过程。通过互动，企业搜寻到了有特点的消费者和投资者，并形成了长期稳定的关系。

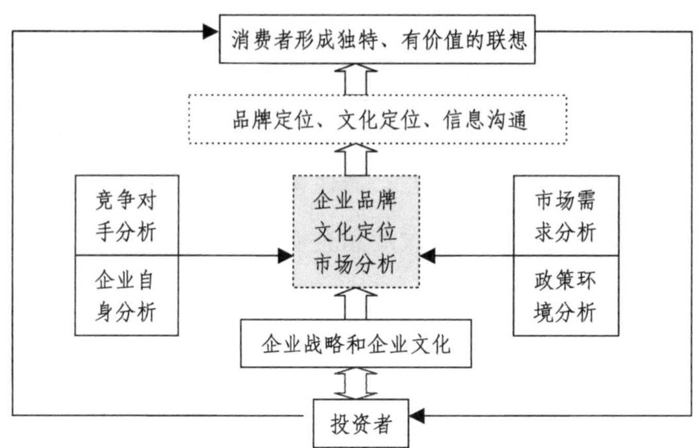

图 4-7 房地产企业通过投资者关系实现消费者和投资者的互换

二、投资者关系管理是引进机构投资者的重要途径

投资者机构化是全球证券市场发展的趋势之一，大型机构投资资金的规模化和专业化投资是上市公司竞争的焦点。机构投资者有广义和狭义之分。狭义的机构投资者主要有各种证券中介机构、证券投资基金、养老基金、社会保险基金及保险公司。广义的机构投资者不仅包括这些，而且还包括各种私人捐款的基金会、社会慈善机构甚至教堂宗教组织等。

德鲁克（Drucker）首先觉察到机构投资者获取股权证券是一场无声色的“社会主义革命”[①]。在美国，机构投资者被认为“可解决因所有权和控制的分裂而产生的问题”，“机构投资者资本主义”通过将资本供应者的利益返还使资本主义的创造能力本质重现[②]。1988 年，美国机构投资者所持有的股票占美国著名大公司，如阿莫科（Amoco）公司全部普通股的 86%，通用汽车

① Peter F Drucker, The Unseen Revolution, How Pension Fund Socialism Came to America, New York, Haper Row 1976.

② Alfred F Conard, “Beyond Managerialism: Investor Capitalism?” (1988) 22 J of Law Reform 116, P 135.

公司（General Motors）的82%，美孚石油公司（Mobil）的74%。退休基金资产由1985年的1.59万亿美元增长到1989年的2.47万亿美元，即55%的增幅；零售的共同基金由1985年的49560亿美元增长到1989年的98200亿美元，即98%的增幅[①]。1989年美国的公司股权证券43%由机构投资者拥有，1990年这一比例是53.3%[②]，2001年，美国保险基金、养老基金、共同基金等机构投资者的持股比重达57.6%。

通过投资者关系引进机构投资者改进公司治理结构，导致了两种趋势正在形成：一是非执行董事的角色将会扩大，他们将拥有更多的资源，因而也更具独立性；二是机构投资者被要求在公司治理标准的把关上加强力度[③]。2001年，英国投资者关系协会对英国200多家大型公司高层经理的调查表明，72%的人都认为他们比三年前更重视公司与机构投资者的关系，48%的首席执行官要花费超过10%以上的工作时间来处理与机构投资者关系相关的业务，而三年前却只有6%。英国养老基金股票投资占总市值的比重为32.5%，保险公司占16.3%，其他金融机构占16.2%，个人只占20%。

日本人寿保险协会2001年1月发表了一份对561家上市公司和122家机构投资者所作的调查，调查结果认为日本银行、企业法人和保险公司等主要机构投资者占70%以上，打破了关于“日本的机构投资者不支持现代的企业管理观念”的错误说法。同大多数日本的机构投资者一样，各家保险公司担心，如果它们采取为某些公司高级管理人员及政客所反对的立场，会招致事与愿违的后果。它们既害怕因行业整顿而失去政府的支持，也害怕会失去它们持有股份公司的保险及养老金业务。

这种以机构投资者为主的格局，从根本上改变了成熟资本市场的结构，极大地推动了上市公司治理。使市场的整体素质得以提高，从而使所有投资

① Jayne W Barnard, Institutional Investors and the New Corporate Governance, (1991) 69 NCLR Rev 1135, p1140.

② John C Coffee, Jr, “The SEC and Institutional Investor: A Half – Time Report” (1994) 15 Cardozo L Rev 837, P848.

③ Richard M Buxbaum, Institutional Owners and Corporate Managers: A Comparative Perspective (1991) 57 Brooklyn L Rev 1, P16.

者都受益。

（一）机构投资者在公司治理中发挥的作用

早在20世纪60年代，美国证券市场机构化（Itutionalization）的现象已十分明显，机构投资者的金融资产总值是英国机构投资者金融资产总值的6倍，法国和德国的10倍，日本的4倍；美国机构投资者占美英德法日五国机构投资者金融资产总值的62%①。对于这种现象是否有利于证券市场公众，有不同的看法。在美国，有人宣称机构投资者是“有毒之物”②，这促使美国证券交易委员会（SEC）对机构投资者展开了广泛的调查，于1971年3月10日向国会正式提出这份耗费了数百万美元的报告（《美国证券交易委员会关于机构投资者的研究报告》，Institutional Investor Study Report of the Securities and Exchange Commission）。这份报告对机构投资者的批评十分温和，认为机构投资者不能很好地发挥作用的理由有以下三个：（1）流动性与行为短期性，将流动性与控制权结合在一起会造成严重的危险。机构投资者不能预期从监控中取得即时利益，选择使用监控权的机构投资者可能要在一个长时期内持有市价比实际价值低的股份。问题的关键是他本身的表现是以更短的周期来衡量的。所以，“可以遇见面对强大竞争压力的，或当时的表现已经低于保留职位所需要的表现标准的基金经理会不愿意进行表决争夺战或其他行动，除非可预见该行动很可能会对基础公司的股价在短期内有积极的影响”③。（2）高层管理人员的敌意，管理层对机构投资者的评价不高，一个经验研究报告发现虽然调查的基金经理中有37%的人认为基金是长线投资者，只有11%的公司董事认同。18%的基金经理认为现任董事会改善业绩，只有7%的公司董事认同④。

① Lewis D. Solomon, Institutional Investor : Stock Market Impact and Corporate Control," 42 Geo Wash. L. R. 961 –97（1974）.

② Institutional Investor Study Report of the Securities and Exchange Commission, H. R. Doc. 64, 92d Cong., 1st Sess（1971）（IIS report）.

③ John C Coffee, Jr, "Liquidity Versus Control: The Institutional Investor As Corporate Monitor（1991）91 Colum L Rev 1278, p 1326.

④ Jayne W Barnard, Who Is Minding Your Business? Preliminary Observations on Data and Anecdotes Collected on the Role of Institutional Investors in Corporate Governance（1992）45 Hofstra Labor LJ 23, P 31 –32, 46 –47.

（3）分散性与实际监控的困难。现代证券市场和证券投资理论的发展使分散投资成为证券投资的主导策略。与过去持有少数几家公司的股票不同，现代机构投资者持有的股票数量达到上千甚至上万种，机构投资者整体拥有大多数的股权证券，但所有权并不集中。Coffee 教授印证数据显示，截至 1900 年 12 月 31 日，最大规模的 5 家机构投资者一共拥有最大规模的 25 家美国公司 10.58% 股份，可独立控制的表决权为 7.55%。这意味着如果机构投资者要影响某一公司，必须由数家机构投资者联合行动，而这些大规模的联盟根本不能运作，“由二十多个不同的机构组成的联盟存在着内在的负累及不稳定因素。如果这样的联盟试图就每一决定和决定过程中每一阶段采取一致立场，这就需要代表机构投资者的基金经理以及其客户之间、基金经理之间、机构与其试图影响的公司之间进行磋商。任何提出的问题、建议的和解、在任何这个过程中察觉到的弦外之音都要通过整个网络进行讨论。对个别基金经理来说，这个过程好像是没完没了的，而这一个人可能同时监控 100 家以上的基础公司”。外部的基金经理通常以百分比的收费方式获取报酬。任何对监控所花的费用都会减少基金经理的净收入。这就是共同基金经理拒绝在公司治理问题上担任积极角色的理由。

因为上述原因，在相当长的一段时间里，大部分学者对机构投资者可以在改进公司治理结构中可以发挥积极作用持否定态度。基金经理首屈一指的权威学者 Garsten 指出，Black 建议机构投资者担任的角色是毫无意义的。结构性改革不能保证更高的股东收益，而且独立董事没有有效地制约高层管理人员。Barnard 论证由最积极活跃的公共退休基金——加利福尼亚公务员退休基金所倡议的一个主要结构性改革，即股东顾问委员会，是不必要的。

认为机构投资者能很好地发挥作用的理由有以下四个：（1）机构投资者相对于个人投资者的优势；（2）机构投资者可以缓解“囚徒困境”；（3）当“用脚投票”成为下策；（4）对“关联投资”的贡献。

（二）对美国机构投资者的分类描述

美国目前机构投资者包括银行人寿保险、互助基金以及大学基金、慈善

团体、养老基金等，其中养老基金所占份额最大。

1. 银行

尽管1863年颁布的《国家银行法》赋予了国家银行有限的权力，却没有包含让其持有股票的权力。1933年通过的Glass – Steagall Act强制性地将商业银行的活动与投资银行的活动分离开来。之后，商业银行或银行的分支机构已经获得了买卖公司股票或在自己的银行户头上拥有股票的权力。当银行同意股票作为借款计划协议的一部分时，它们有时被准许在自己的账户上拥有公司的股票。

后来，对银行的管制逐步放松，从而使一些大的银行获得了证券交易商的资格或开始从事证券中介经纪业务。银行可以通过它们持有股票的公司来规避Glass – Steagall Act的一些限制，后者被准许购买一家非银行企业超过5%的有选举权的股票，但要求这些股票的持有者必须是被动的投资者（Passive Investors）。

当法令禁止银行在它所投资的公司中拥有更多的影响时，银行的信托部门则被准许管理私人信托基金。但银行信托基金管理部门不能将它们自身资产的10%以上用来购买任何一家相同公司的股票，而且，当银行想重新得到自有交易股票的权力时，它必须要拥有一个“中国墙”（Chinese Wall）将投资活动与信贷活动相分离。

多年来，银行一直是大公司借贷周转资金（working capital）的主要来源，20世纪70年代后，由于商业票据（Commercial Papers，CP）市场获得了进一步的发展和完善，从而使大多数公司可以通过公开证券市场上发行和销售短期CP来筹措周转资金。当银行变成这些公司的主要借贷者时，银行面临着次公平（Equitable Esubordination）的麻烦，这个麻烦限制了银行通过贷款的作用来试图控制公司经营管理的程度。例如，当一家公司不能履行还贷协议并申请破产保护时，任何一个被认为曾对该公司经营决策产生过有效影响的债权人将会发现，它在该公司的破产清算中对该公司拥有的债务索取权是“次要的”。如果此案处理过程中有事实表明银行为了自己的利益而操纵了该公

司，那么，银行也将对其他债权人负有赔偿损害的责任。

可见，在美国，对持有股票的法律限定与债务索取权潜在的次要性的结合，已经有效地削弱了银行在公司治理中所能发挥的作用。

2. 保险公司

美国的保险公司共拥有资产 2.7 万亿元，占美国全部金融资产的 5.8%。保险公司由州一级进行管理，而各州的法律都对保险公司投资于公司股票的额度进行了限定。虽然各州对其限制的内容各有不同，但共同点在于都规定保险公司在公司股票上的投资只能是其总资产的 20%，并且，通常只能将其中的一少部分（例如，纽约州规定为其总资产的 2%），投资于一家单个公司的股票；财产和灾害保险公司也不能去控制非保险公司①。

保险公司往往投资于一些大公司的债券，但债券的持有者除了该公司不能履约还债或申请破产保护之外，实际上对该公司没有什么控制权。而且，即使该公司不能履约还债或已申请破产保护，债券持有者也无法对该公司施加更多的影响，或者像银行一样，对该公司的债务索取权只能排到所有索取权的末端。因此，保险公司与银行很相似，在公司中基本上是完全被动的投资者。

3. 共同基金与投资公司

虽然大部分共同基金都将它们的主要资本用于投资公开上市的股票，但它们在如何运用其投资对公司施加影响方面也面临着许多限制。在 1940 年通过的《投资公司法》中，当共同基金或投资公司宣称它们自己是多样化经营的投资公司时，法案只允许该共同基金将自身资金的 25% 或以上用于同一投资方式，如果它对意见公司的股票持有份额达到或超过 5%，那么，这一被投资的公司将被认为是该共同基金的一个“成员”（affiliate）。这些限制扩展为：第一，共同基金在未获得 SEC 的事先批准之前，不能与其“成员”公司进行任一确定类型的交易；第二，所有其他投资公司或在该公司拥有超过 5% 股票的投资者也均被认为是共同的成员；一家共同基金不能与其他成员合伙

① 胡振齐，博士论文《中国机构投资者》。

选择或选举该公司的一名董事，或者以其他方式对此施加影响；也不能在未得到 SEC 批准之前与其成员进行任一确定类型的交易。这一规则同时扩展到禁止公司的管理层、董事或其他人与共同基金合伙利用共同基金的账户从事自利性交易。这一规则的重要作用在于组织共同基金集团试图对一家公司实行操纵控制。例如，当 10 家原非成员集团的共同基金分别对一家既定公司的股票持有份额超出了 5% 时，这 10 家共同基金便形成了一个集团，在得到 SEC 批准之前，该集团不得对这家公司实行控制性操纵。

共同基金和其他投资公司也同样受到 1976 年通过的 Hart - Scott - Rodino Act 的制约，该法案要求任何一家公司主动投资于另一家公司时，都必须向司法部和联邦贸易管理委员会备案，如果它们的目的"只是投资"，它们就必须服从于这一法案的要求而接受审查，通过这一审查的要求是，它们必须是完全被动的投资者。同时，被投资的公司也必须接受特定范围的审查。

从主要内容上看，这些法案已经限制了共同基金主动监控和试图对它们所投资的公司施加影响的活动，但一些共同基金还在继续审视着这些禁令的限制，并企图寻找不违法而又有机可乘的方式。例如，1986 年 Fidelity 所属的 Magellan Fund 曾为了对其所投资的一家公司施加控制影响，请求它的股东批准修改基金章程以消除对该公司投资的限定。Magellan Fund 基金总裁在申请基金代理权时对此解释说，这只是为了寻求被投资的公司董事或经理人员的变动、寻求该公司领导层的变化、寻求转让一家公司或其部分资产的权力、参与接管或反对接管。但这并没有"倾向于将自身卷入对任何有价被投资公司控制或对其日常决策运作的管理。"事实上，被投资公司的经理们相信 Magellan Fund 的总裁已有资格去开展上述活动①。Fidelity 的律师 Robert Pozen 也说到，Fidelity 在复杂的公司经营决策中并不会自动支持该公司的经营管理者们②。

---

① Fidelity - Magellan Fund, The Special Minute of the General Shareholders' Meeting, December 8, 1986.

② Susan Pulliam: Institutional Investor Involved In The Best Arrangement,《Wall Street Journal》, February 5, 1995.

4. 养老基金

养老基金被认为是四类金融机构中受规制最少的一种机构投资者。养老金拥有的总金融资产比其他机构投资者中的任何一个都少，养老基金自身的特点使得他们与其他的机构投资者有所区别。

首先，养老基金具有预知性的进入和退出的措施，对于它们来说，资产的流动性比其他金融机构显得更为重要。历史上，许多养老基金的受托管理者都曾以努力增加回报为目的，将其资产的一部分交给那些实际中买进和卖出股票的基金经理们。但越来越多的迹象表明，在所有的交易费用都正常的情况下，这种投资战略难以始终如一地抓住市场的均衡。结果，一些大型养老基金便采取“定向投资（indexing）”的策略，这样，便迅速降低了其资产投资的分散程度并延长了它们持有股票的平均周期。公共的养老基金一般执行长期的投资策略（平均周期是 12 年，见 International Standard 一书），因而他们对公司的长期经营管理比一般的投资者更感兴趣。

其次，养老基金已经变得非常庞大，所持有的股份在市场变化中举足轻重。养老基金比其他类型的机构投资者持有更多的公司股票，即养老基金可以持有的股票份额是全部上市公司股票总额的 25% 以上。它们实际上“只是在极小的范围里做些边际上的调整”，但是其营业额的任何变化都将反映出整个经济的动态。

养老基金的特征促使一些经济学家和法学家得出如下结论，即依靠公司经理人员进行的公司治理改革或许不如培育机构投资者，特别是作为活跃投资者的养老基金。律师 Ira Millstein 提出，“严格地讲，机构投资者……将是长期的所有者而被经理们认为是必需的。”在克林顿政府劳工部的积极活动下，养老基金已经在公司治理中处于被优先考虑的地位。美国劳工部及劳工部长 Robert Riech 极力主张政府应在公司治理中为养老基金发挥积极作用。与此相适应，养老公司的承办者（公司）也更加积极地关注养老金计划在既定风险水平下获取更高的回报并积极参与公司治理。

5. 私人（雇主承办 employer - sponsored）既定收益计划（Defined - Benefit Plans，DBP）

DBP 是所有私人养老基金计划中最大的组成部分。在 DBP 中，雇主有责任向退休者支付一定水平的退休金，为此，雇主应当在一个信托基金中建立一个基金项目赚取收入并以此来支付未来的退休金（就像支付工资一样）。这一基金计划由劳工部按照 1974 年通过的《雇员退休收益保障法案（Employee Retirement Income Security Act，ERISA）》的相关条款进行监督和管理。根据这一法案的规定，雇主对信托基金的支付是以未来需要支付的退休金额度为假定并需有实际依据的估算为基础。这一计划使雇主与信托基金共同承担投资风险。如果计划用于投资获得的收入高于原定的支出额度，那么，雇主便可以减少下一年度在此计划上的支出并仍能够保证事先所许诺的支付水平；如果这一计划不能赚取高收入而亏损，雇主则有责任来弥补这一差额。

虽然原则上说雇主承担风险，但如果该养老基金计划投资一旦受挫，受害者仍然是雇员和退休者。因此，ERISA 规定，禁止雇主的自利交易行为，并禁止他们对养老基金财产进行任何有风险的交易行为。这一法案还同时禁止养老金计划将其资产的 10% 以上存放在其承办公司，并给养老基金的托管人施以严格的信托责任。以此来鼓励将养老基金用于从事范围广泛的多样化经营。而且，如果一个养老金计划企图去控制一家工业性公司的话，那么，这个养老金计划就将失去其豁免税收的资格。

这些法案的条款强制规定禁止法人承办（Corporation - sponsored）的养老基金计划在公司的管理中发挥实质性的作用，禁止通过强化养老金的地位形成被动的公司治理。一些批评者提出，要禁止那些承办养老基金的公司老板们私下达成默契，通过养老基金互相介入各自公司的经营业务。

6. 私人（雇主承办，employer - sponsored）既定贡献计划（Defined - contribution Plans，DCP）

税收法的众多条款都鼓励雇主们参加“既定贡献计划”（DCP）。在这个计划中，雇主/雇员双方都必须做出一定的贡献，建立一定数额的正常本金，

用来支付雇员未来的退休收入。由双方所贡献出来的这部分本金一般可以存放在下述三种基金组织中的任何一种形式：由专业信托基金会管理；由私立的基金会管理，如401（K）计划；或由投资公司管理。在DCP中，雇员和退休者承担投资风险并对基金如何进行投资拥有一定的控制权。当投资获得高额回报时，收入归他们自己；当投资回报很低，或基金价值贬值时，他们自己必须承担这一损失。雇主对于养老基金的贡献是免税的（tax - deductible），因为他贡献出来的这笔收入在作为退休金支付给雇员之前没有经过纳税处理，而且，雇员的贡献也在一定限度内仍作为税前收入（protax income）。更典型的是，存放在基金中的盈利和资本回报也不纳税。这一计划还避免了ERISA中许多条款的限制和规定他们必须购买养老金担保公司的保险（Pension Benefit Guaranty Corp）的法律要求。

全美教师保险和年薪协会与大学退休财产基金（Teachers Insurance and Annuity Association - College Retirement Equity Fund，TIAA - CREF）是美国最大的一家DCP养老金计划管理机构。实际上这个机构由两个公司组成。教师保险和年薪协会（TIAA）是一家保险公司，受《保险法》制约；而大学退休基金（CREF）则是一家类似于共同基金的投资公司。该公司对全部资产实行内部管理，并拥有分析人员、经济学家、有价证券管理人员及其他管理专家，且投资分析人员也是关于公司治理结构问题的专家。

TIAA - CREF选举出两个独立理事委员会：公司治理结构委员会和社会责任委员会，这些委员会实行联合开会办法，决定相关的公司治理结构政策、方针、解决问题的立场及代理问题。正是依赖于机构投资者内部的公司治理能力，机构投资者可以花费较多的时间和精力对问题进行研究，通过促使上市公司参与讨论的方式改善经营。

7. 公共雇员养老基金（Public Employee Pension Funds，PEPF）

美国最活跃的公共雇员养老基金有威斯康星州投资委员会（The State of Wisconsin Investment Board）、加州公共雇员退休系统（California Public Employees Retirement System，CalPERS）、纽约州立共同退休基金（New York

Common Retirement Fund, NYCRF)。尽管ERISA没有行政性的规定，但是大部分的公共雇员养老基金计划都是既定收益计划（DBP）类型，这就意味着雇主（联邦和地方政府组织）将承担这一投资风险，并往往与ERISA所制约的其他养老基金计划一样，都服从于与它们相同的规则。

（三）美国机构投资者参与公司治理的实例

20世纪70年代后，美国各种退休计划，如IRA、401（K）和ERISA的出现，促进了养老基金、退休基金等机构投资者的发展壮大，这些机构投资者对共同基金的投资需求极大地改善了共同基金的投资者结构，促进了共同基金的绝对资产规模的扩大。

20世纪80年代以前，以养老基金、保险基金等为主的机构投资者普遍奉行“华尔街准则”的投资策略，即对参与所投资公司的治理结构保持低调，主要通过财务评价以及考察公司的成长业绩等手段来确定投资方向，当出现偏差时就“以脚投票”，通过抛售股票来确保投资利益。

21世纪80年代之后，美国市场掀起了一场并购大战，机构投资者开始尝试利用代理投票机制来行使股东权利，争取一定的发言权，由此促进了机构投资者参与公司治理意识的觉醒，美国第一大基金管理公司富达基金的总裁就公开表示，“基金公司再也不打算成为沉默的股票持有者了。”

与此同时，由于整个经济形势的变化以及市场投资热潮的消退，企业的成长速度和经营状况受到严重挑战，经理层的管理能力和适应市场的能力日益成为制胜的关键因素，机构投资者以往的投资策略再也难以带来稳定收益，单纯地被动抛售股票已经基本无利可图，也迫使机构投资者开始利用股东权利来对经理层进行必要的监督和制约。

机构投资者对上市公司治理的参与可以有两个方向：一是与行业相关的公司治理，探寻适应于所属行业的最佳公司治理行为；二是一般性的公司治理，主要涉及股东、董事、经理层关系和关联交易、信息披露等方面。Black教授建议机构投资者可在四方面对监控公司作出贡献：（1）程序及结构类的问题：指董事会结构及组成、保密表决、股东审议某些交易的权力、收购防

御的措施、管辖区的选择等问题；（2）混合类的与公司独特的问题：指高层管理人员的薪酬、综合性业务收购及多元化、股利分配政策；（3）对表现差的高级管理人员的威慑及辞退问题；（4）对董事会强化的问题。布莱克建议给予机构投资者董事会的少数席位，而且让这些代表从那个位置辞退不称职的高层管理人员①。一个名为 Governor Mario Cuomo 的研究机构于 1989 年通过一个特别工作小组来集中地考察公共雇员养老基金所应该发挥的作用，做了“我们钱的价值：‘管理者’特别工作小组对养老基金投资的研究报告”，他们验证了养老基金的四个责任：监督的责任、与“经营管理者”相沟通的责任、参与公司治理的责任和负有解释说明义务的责任②。

在美国，机构投资者参与公司治理结构的改进主要体现在以下几个方面。

1. 对并购浪潮的推动

20 世纪 80 年代的并购大战，使得机构投资者能够以高于正常市场价格的水平出售所持的股票，但是，成为并购目标的公司往往采取一系列反并购措施（anti－takeover measure），如绿色邮袋计划（greenmail）、毒药丸方案（poison pills）、金降落伞计划（golden parachutes）、王冠宝石销售（crown jewel）等。

机构投资者将它们的主要精力集中在阻止经理人员在各自的公司中建立反并购措施。1987 年，机构投资者在 50 多家公司里掀起了一场声势浩大的反毒药丸计划的运动③。他们还积极拥护联邦保护股东权利的法律，反对州的反并购法，并为了他们的股权利益发动了一场轰轰烈烈的宣传运动。它们同意为反对宾夕法尼亚反并购法一案的听证会作证。虽然这一法案最终还是于 1990 年得以通过，但其中增加了“公司可以决定在接管的标价中不使用法律授予的这一保护性措施”这一条款。于是，CalPERS 在该州这一法案被通过后不久，立即致函给它们持有股份的宾夕法尼亚州的公司，要求它们宣布放

① Bernard S Black，“Agents Watching Agents：The Promise of Institutional Investor Voice”（1992）39 UCLA L Rev 811，p822.

② Bain，N. & Band，D.，1996，Winning Ways Through Corporate Governance，MacMillian Press Ltd.，p131.

③ George Anders：Institutional Investors are tired of “The Poison Pill”，《Wall Street Journal》March 10，1987，P6.

弃使用这一被机构投资者们强烈反对的法案条款。在被机构投资者威胁要卖掉股份的形势下，财富500强的500家公司及总公司中有超过60%的公司不得不宣布放弃使用法案的保护性条款①。

1990年，加州公务员退休基金（CalPERS）在入侵者（Raider）Harold Smimmons试图接管Lockheed公司时，运用它的股权投票反对该公司董事会决议。Lockheed公司的董事们被CalPERS的反对行为所震惊，以至于董事会主席不得不破例与公司的几个机构股东会谈，从而代替以往公司只是经华尔街经纪人与机构投资者沟通的方式。在1990年，威斯康星投资局在Champion International并购案中成功地撤除了“毒药丸计划”。

1993年，美国医疗护理公司（Medical Care America）断然拒绝了由外科护理集团（Surgical Care Affiliates）提出的一项合并方案，由Medical Care America等七个主要机构投资者组成的集团在纽约召开了一次会议来讨论这一局势，会议决定发动一次大规模的游说活动，在短短的几周内，便有占公司40%以上股票的股东直接表示他们对公司董事的忧虑。

在举世瞩目的2001年惠普收购康柏公司事件中，联合投资公司拥有惠普公司2130万股股票，约占1%，是惠普公司最大的机构投资者之一。联合投资公司副主席桑德尔斯对合并案的支持观点公开发表在《华尔街日报》上。桑德斯称这次合并将给两家公司提供在PC市场不景气的情形下继续成功的最好机会。Proxy Monitor公司的帕特里克表示，尽管这是机构投资者首次表示支持这一合并案，但它不可能是最后一次，将会有越来越多的机构投资者支持这一计划②。

2. 股东投票权和代理权规则

O'Barr和Conley利用人类学的研究方法对九个机构投资者（其中包括八个养老基金的管理者）进行了追踪研究，发现既定收益养老基金计划（DBP）

① Monks, R. A. G. & Minow, N., 1996, Watching the Watchers - Corporate Governance for the 21st Century, Blackwell Publishers, Inc. p151.

② Wall Street Journal, 2002, April 24.

的托管者对于公司治理问题更加敏感和积极。劳工部对养老基金托管者信托责任的规定要求它们必须在经营管理中行使股东的投票权①。

而且，劳工部要求信托管理者在行使投票权时要从自己是“这一养老计划的参与者和受益者”从而能“得到最经济的回报和收益”的角度来作出自己的判断——即规定他们要以该计划的投资参与者而不是公司雇员的身份来做这件事情。这一要求意味着养老基金的受托管理者们在其经营管理中不能长期被动地行使投票权或在所有投票中都失误，而必须经过慎重的考虑之后才能作出决策，并且，他们必须为自己的投票决策提供可以被接受的解释。

养老基金协会（Pension Fund Association）在最新修改的投资方针中规定，基金经理必须以负责的态度，以完全维护受益人的利益为目标来行使投票权和股东权力，而且必须以文件形式记录其投资行动。这意味着不久以后，受托人就不能再只是签一下代表委托书了事，然后以“空白”形式返还，把所有的事情都留给管理层去做。

虽然这只对养老基金协会自己的各家基金有约束力，但事实上，这些方针对整个养老基金业起到了指导作用。例如，Campbell's Soup Co. 是在其所属的控制集团里由股东导向的一些治理改革所组成的公司，它已经责成它的养老基金管理者积极介入对其所投资公司的监控并行使投票决策权。1994 年，TIAA - CREF 在该年度的代理权申请期间共提出了 18 项股东提案，其中，14 项提案是在股东们行使投票权之前成功地与公司方达成了协议。

与投票权相关，机构投资者在代理权规则的活动中取得了明显的成功。1991 年，SEC 做出了一些新规定，规定使股东们在一定程度上更容易获得股东提案的通过，这些提案包括决定与经理人员报酬相关的一些问题；1992 年，SEC 对两个规则进行了新的修订，明确将部分权力从经理们手中转给了活跃的股东。其一是修订了代理权请求规则，股东们在代理权请求过程中可以更

① 参见劳工部副部长助理 Alan Lebowitz 于 1988 年 2 月 23 日致阿文产业公司退休管理委员会主席 Helmuth Fandl 的信。该信以劳工部官方的角度更权威和广泛地说明了养老基金得管理者在他们经营管理中行使股东投票权的信托责任。转引自 Magareter. M. Blair, Ownership and Control: Rethinking Corporate Governance For the 21st Century, The Brookings Institution, 1995, p142.

容易地进行彼此间的协商，而不需要向 SEC 提出申请。其二是扩大了公司呈报要求的范围，它要求公司董事会在公司代理权公告中必须解释和说明总经理报酬收入的数额。

3. 提高经营管理层的效率

John Pound 教授、CalPERS 的负责人和几个大型机构股东集团主张大型机构投资者应当发挥更多的正式与非正式的作用。他们的建议包括在董事与机构投资者之间举行常规会议（年会之外的），在董事会中设立专门委员会直接与股东集团建立联系和准许机构投资者提名董事候选人。实践证明，机构投资者在董事和经理人才的选任上起到了很大作用。

1990 年，以 CalPERS 总裁 Dale Hanson 为首的几个最大的基金组织领袖联合致信通用汽车公司董事会，要求该公司董事对其董事会主席 Roger Smith 的继任候选人评估的程序进行解释。通用公司的一些经理人员和董事们认为这封信十分荒唐和过分，致使还没有卸任的公司董事会主席不得不以报告书的形式致函美国加州州长，指责 CalPERS 的越权行为。1992 年，CalPERS 又发起了对通用汽车总经理 Robert C. Stempel 的攻击，这些攻击导致了 Stempel 的被解雇①。

1992 年 11 月到 1993 年 12 月的 13 个月间，机构投资者帮助 American Express、Borden、GM、IBM、Westinghouse 等公司成功地撤换了总经理。1993 年，Champion International 开始与它的机构投资者进行协商，这些机构投资者包括 CalPERS 和纽约市雇员退休基金，该公司向股东们汇报并请股东们对可能的董事候选人名单提出意见。该公司的这一措施的实际目的是为了在即将来到的春季年会上避免与股东谈论时可能会面临的窘境。1994 年 11 月到 1995 年初，Time Warner 公司董事长 Gerald Levin 与 5 位机构投资者进行了私下会谈，恳请他们支持他为公司制定的战略计划②。

---

① Joseph B. White and Paul Ingrassia: Attorney Ira. Millstein is Working for Institutional Investor Now, Wall Street Journal, April 20, 1992.

② Geraldine Fabrikant: Time Warner is Struggling For The Corporation’ s Soul, 《New York Times》, April 26, 1995. P B1.

美国投资者责任中心的凯西·鲁克斯顿前不久对美国标准普尔1500家大型公司的1141名公司总裁的报酬进行了研究，表明在机构投资者的压力下，美国公司总裁的报酬结构发生了明显变化，即报酬中的很大一部分是股票或股票期权，形成了与公司业绩挂钩的激励机制。迫于机构投资者的压力，在过去的十几年中，美国许多国际著名的大公司，包括美国运通公司（American Express）、康柏、通用汽车公司及IBM公司在内，曾不得不更换其主要管理人员。而在更换主要管理人员后，机构投资者所投资的这些公司的市场绩效均有大幅的提升。

4. 对业绩差的公司进行公开的批评

1985年，美国加州财政厅厅长Jesse Unruh和美国新泽西投资局主席Roland Machold曾经为强化机构投资者在公司治理中的作用，就立法和SEC的规则进行了院外活动。之后不久，ERISA的推行者和股东权利活动家Robert Monks与他的副手Nell Minow成立了“机构投资者服务组织”，这一组织旨在为机构投资者提供各个公司即将面临的公司治理方面的相关信息，并鼓励它们投票赞成改革以强化股东的“抱怨”（Voice）和批评。

通常情况下，对于那些在相当长的时间内经营不善、市场表现不佳而机构投资者又不得不投资的上市公司而言，机构投资者往往会通过公开批评该上市公司的形式，如通过批评该上市公司过分冒进的扩张计划、管理层过高的薪资报酬及批评管理层为保护其既得利益不惜牺牲股东利益而反对该公司进行的收购等方式，向该公司董事会及管理层施加压力，迫使该公司改善经营。但对上市公司的批评更多的是由机构投资者协会，如英国保险业协会（the Association of British Insurer）、英国养老基金协会（the National Association of Pension Funds in the United Kingdom）、英国机构股东委员会（the Institutional Shareholders Committee in the United Kingdom）及美国机构投资者理事会（the Council of Institutional Investors in the United States）等进行的，它们定期公布一些经营不善的公司的名单，向那些它们不满意的上市公司的经理施加压力。而由机构投资者协会出面批评某些经营不善的公司的最大好处是，可

以避免单个的机构投资者或基金经理出面批评该公司而招致该公司的报复。

除通过公开批评来对经营不善的上市公司施加影响外，机构投资者利用诸如“恐吓论坛”（bully pupits）一类的公开活动对那些业绩不佳的公司、给自己支付过高年薪的总经理以及那些没有将投资盈利足额转到养老基金账户上和对养老基金没有给予充分重视的公司进行惩罚。20 世纪 80 年代后期，CalPERS 开始每年出版一本业绩不佳公司的目录，旨在促使公司提出公司治理改革方案。1993 年，机构投资者委员会也出版了一本低业绩公司（underperforming companies）目录。

5. 系统化公司治理建议

“机构投资者协会”还公布、推荐一些具体措施来强化、完善上市公司的治理结构，提高董事会的工作效率。这些措施包括：董事长同首席执行官的职能应有所分离，建议在一定范围内任命非执行董事长（Nonexecutive Chairman）；引进外部独立董事，在董事会选举中采用累计投票权（Cumulative Voting）；公开代理过程（Proxy Process），以便股东之间能够进行更多的沟通；在董事会中进行信任投票（Confidential Voting）；加强独立于执行董事（Executive Directors）的董事会会议作用；披露经理人员的薪酬；反对为保护管理层的既得利益不惜牺牲股东利益而阻碍被收购的计划在董事会及管理层通过的行为，等等。在所有这些措施中，采用累计投票方式是机构股东在选择那些真正独立于公司经理的董事及保护股东利益方面最有用的工具。同时，累计投票方式在由非执行董事所召开的董事会议上还被广泛用来选择首席执行官、审查经理人员的薪资报酬（防止不同公司业绩挂钩的过高的薪资计划）、确定主要扩张计划的可行性及对善意或敌意的收购作出评估和反应。

TIAA－CREF 虽然不能总是帮助那些业绩不佳的公司摆脱困境，但是总是利用它的所有者地位来尝试着改善该公司的经营管理。在这一精神的指导下，TIAA－CREF 在 1993 年 9 月发布了它的“对公司治理的政策宣言”，这份宣言详细阐述了他们在股东权利、代理权选择事务、经理人员收入政策、对总经理业绩的评估方法、公司的战略计划、社会责任、董事会的组织结构

等方面的一系列意见，并鼓励公司与它们之间的对话。1996 年《商业周刊》的调查表明，TIAA - CREF 在至少 1500 家公司的治理结构中发挥了积极有效的监督作用①。

机构投资者通过上述活动促进了美国的公司治理向良性发展。在此过程中，美国的公司制度在所有权与经营权两权分离的基础上，也逐渐实现了从经理人掌权、不受监督制约的“经理资本主义”向由投资人控制、监督经理层的“股东资本主义”转变。

（四）机构投资者与公司治理结构的改善

完善的公司治理有助于激发公司价值创造的活力，获得长期的合作伙伴和商业机会。但这里遗漏了一个重要的环节，即只有当外部人知晓公司的治理结构安排有利于价值创造时，他们才愿意成为公司新的出资人或者商业伙伴。这就给公司治理带来了一个新问题：那些在公司之外的利益主体如何知道公司很关注他们的权益？在公司上市之后，这个问题更加复杂一些，因为不仅供应商、客户和债权人在公司之外，甚至一大部分股权持有人也在公司之外，他们怎样知道公司是否关心他们的权益？如果他们已经知晓公司具有完备的制度，确保他们的权益能够得到落实，那么，什么样的治理结构对于他们来说都是无所谓的。这使得很多上市公司在治理结构安排中，考虑主动用一些特定的手段去迎合外部人。

理论上的准备也比较充分。Kreps 在 1990 年建立的模型认为，融资方为了在资本市场持续获得投资，有足够的激励构建自己的声誉，Diamond 在 1991 年论证了一个企业如何通过清偿短期债务获得诚实信用的声誉，进而获得持续融资的机会。Gomes 在 1996 年的论文中则说明良好的股利支付记录，可以确保一个公司拥有良好的声誉，从而在未来更方便地获得权益融资。这些文献尽管只说明了公司在拓宽投资人基础方面构建声誉的热情，但它们的结论很容易推广到治理结构方面：上市公司可以通过对外塑造一个良好的治理结构形象，来赢得投资人的好感。

---

① Bryne, J. A. & Melcher, R. A., 1996, The Best and Worst Boards, Business Week, Nov, pp62 - 68

实践中的做法是富有创意的，欧美一些公众公司开始自觉地引入独立董事，在公司章程中不需要法律强制，自行给自己今后可能出现的关联交易规定了更严格的决策程序，更多的公司在董事会建立了法律监察部；亚洲一些国家（如韩国等）的上市公司，在上市公司章程中强制性地为自己规定了董事的专业水平，等等。简言之，一些原来由法律和行政法规强制的治理结构最低要求，现在逐渐变成了公司的自觉行为。

所有关心公司治理状况的外部人中，外部股权投资人关心的程度最高。Mckensy 公司在 2002 年做过一项全球调查，希望了解不同国家的投资人愿意为良好的公司治理支付的溢价幅度，结论是尽管不同国家的投资人愿意支付的溢价不同，但没有一个国家的投资人对治理结构无动于衷。

（五）通用的治理结构准则和国别差异

上面我们花费了一些精力给出了治理结构和公司价值的理论框架，理论上基本一致的结论给我们一个希望，就是不同国家和地区的治理结构应该存在一些相同的内核，如果这个内核的确存在，我们可以进一步希望对有关公司治理的法律移植会更加积极。事实上，人们已经发掘出了部分这样的内核。

近年来，全球经济自由化、一体化和政府对金融领域的放松管制，使得公司治理越来越成为一个国家的公司利用资本市场吸引外国资本投资的重要因素。因为基于对公司治理机理和发挥的作用等一些关键问题的一致理解，此国家良好的公司治理结构，可以获得彼国家投资人的信任和认同。尽管各国在政治制度、公司法理念、公司组织形态以及商业文化等方面存在较大的差异，并进而导致了具体治理模式的多样化特征，但普遍的原则仍能得到最大范围的认可。这一点从近年来一些国家和地区的立法和监管理念、监管重点的选择上可以得到证明，如 1992 年美国法律协会颁布的《公司治理结构原理：分析与建议》（Principles of Corporate Governance：Analysis and Recommendations）白皮书、1992 年英国公司治理之财务问题委员会（The Committee on the Financial Aspects of Corporate Governance）颁布 Cadbury 报告、欧盟 1991 年修改发布的关于统一欧盟成员国股份公司经营管理机构组成及职能设置的

《第五号公司法指令草案》、经合组织 1998 年公布的《公司治理结构原则》（The OECD Principles of Corporate Governance）等，都可以看作是对现代公司治理一般准则所做的总结，他们至少在一定地域范围内，发掘出了公司治理的部分普适性内核。

但不同的文化背景下，更令人瞩目的并不是治理结构的统一性，而是国别之间存在的巨大差别。这种差别首先是因为公司治理目标在不同国家有很大差异。在美国，职业经理管理“别人的资产和别人的公司”；在中国，职业经理市场尚未形成，经理层管理的是“别人的资产和自己的公司”。在美国，分权与制衡文化已具备了完备的可操作法律程序和案例解释程序，股东和职业经理按契约行使各自权利，股东面对众多的上市公司，似乎更有兴趣关注公司治理带来的投资回报而不是公司经营本身；而在中国，计划体制下国有企业的所有权远不如使用权重要，在体制转轨过程中，国有控股权价值被市场发掘，政府似乎比谁都更关心公司治理，而对于民营中小企业而言，公司治理是保证公司存续的重要动力。

公司治理在国别之间存在差异的另一个更加重要的原因，是交易习惯的差异，这种差异导致进入公司的利益主体对公司行为的期待会有所不同。一般来说，交易习惯越是稳固，人们的信用记录越是完备，信任感越强，关心治理结构的程度反倒会越低，因为在这样的市场中，人们认为治理结构的问题已经解决了，是一个基础性的问题。反过来，市场越是不成熟，外部人越是关心治理结构，一个良好的治理结构越能吸引外部人的注意。理解这一点的一个简单办法是，把良好的治理结构看作是一种商品，越是稀缺，价格越高。单从这一点，我们也能发现对国内上市公司强调优化治理结构的特殊重要性，并且，对公司治理在我国应该具有什么样的地位就已经有了一个大概的观念。

交易习惯会影响公司治理的形态，并影响公司治理对投资人的吸引力。这一点，国内已经有人做出了同样的发现。在北京大学金融法研究中心的一次研讨会上，吴志攀教授在自己的论文中提到了公司治理的“生态环境”概念，这个概念包含了合同履约程度、会计公信程度、市场公平竞争、商业信用记录和产权清晰程度等方面的信号和因素，我觉得生态环境的确比较好地刻画了公司治理、公司价值、创造与交易习惯之间的关系。

三、良好的公司治理可以为公司创造价值

公司治理结构在国别之间存在差异这一点，很容易被观察到。我们在下面综述几个代表性国家或地区的公司治理和公司价值创造之间的关系，主要是为了从反方向认识这种关系的实质。为了说明问题，我们选择的范例既包括发达国家，也包括转型国家，这个分析可以让我们看到在不同的公司法律和商业文化背景下，不同的公司治理模式是如何促进公司为股东创造价值的。

（一）美国的公司治理和价值创造

美国公司治理的法规体系较为完善。在联邦政府一级，有普适性的《反托拉斯法》、《证券法》、《证券交易法》，为了尽可能促进法律制度交流，联邦一级还特意制订了诸如《商事公司示范法》等建议性法规蓝本，在州一级，各个州都有自己的公司法规和实施细则，配合联邦法院的司法解释和判例，形成了一个比较周密的“蓝天法体系”。与这种法规体系相对应，美国的公司治理是典型的一元结构，董事会作为公司最高管理机构行使公司经营管理权。作为美国公司治理结构的另一个特色，首席执行官制度则突出了执行官个人在公司经营决策中的作用。在美国，3/4 的公司首席执行官兼任董事会主席，期限为 6 ~8 年，首席执行官的收入包括公司红利、转让权受限制的公司股票、长期性奖金、股票期权等等。针对首席执行官权力过大和薪酬较高的情形，近年来美国公司逐步强化了首席执行官个人决策、收入信息披露义务，完善了首席执行官业绩评价制度，建立了公司重要职务委派权力制衡机制，突出了独立董事的独立性。在董事会的董事安排中，外部董事比例也有逐渐增加的趋势，甚至在一些大型公众公司如摩托罗拉董事会，外部董事超过了内部股东董事；通用公司董事长也不由大股东派任。由于美国人多数认为股

东大会、董事会和管理层的权利关系更应该是自由契约解决的问题，因而不需要一个监察部门来监督某个主体，这使得美国公司治理的另一个特色是没有专门的监事会，只是在董事会下设监察委员会、薪酬委员会、提名委员会、执行委员会来解决公司经营决策中的权力制衡问题。

美国“董事会中心主义”导致股东权力萎缩，进而引申出股东保护问题，这种情形的产生与美国公司的持股结构有关。在美国，包括保险、银行和公众基金在内的机构投资者持有上市公司股份的50%以上。机构投资者只是公众投资者的代理人，而不是公司的最终所有者，他们行为的短期性和对红利的关心程度远远超过了对公司治理的关注。在股东权力萎缩情况下，美国公司采用三种方式促进公司效率化提高：第一，通过公司外部控制权市场兼并收购压力对治理结构方面的缺陷进行矫正；第二，通过股票期权、内部员工持股等制度对代理人进行激励，降低代理成本；第三，用董事会任意选择的累计投票制（cumulative voting）、代理投票制（proxy voting）、股东投票协议制度（voting agreement）、股东代表诉讼制度（shareholders' derivative suit）、内部员工持股制度（employees - shareholding）等来限制董事会或CEO的权力滥用。

综上所述，美国公司股权结构的过度分散和公众委托代理持股的投资机制，使得强化职业经理在公司治理中的地位和作用变得可行，尽管职业经理在公司治理中享有突出的权利，但并不会对投资人造成巨大的潜在危害。简言之，美国公司治理的专业化和分权制衡，以及外部控制权市场的压力迫使经理层为股东最大限度地创造价值，以巩固自己在公司决策中的地位，并获得较高的代理报酬。

（二）日本公司治理和价值创造

日本股份公司股权结构有两个明显特点：（1）法人持股比例较美国更高，在1989年，日本公众公司法人持股比例达到了公司发行在外的股份总额的72.8%，并且这一数字还在上升；（2）法人间采取相互持股（mutual shareholding）和交叉持股（cross shareholding）的形式比较普遍，尽管这种结构通过长期融资渠道的稳定，促进了日本公司内部的稳定，但外国资本对日本公司的收购也往往因为这种持股结构而受挫。

日本公司治理中一个值得关注的现象是银行在公司治理中的深度介入，人们一般把日本的做法总结为“主银行制度”（main bank system）。公司的主银行除了承担对公司的借贷任务外，还作为大股东参与公司运营的监督，并且在公司不能偿债或者发生财务危机时给予直接资金支持。由于一家主银行可以是多个公司的主银行，因而这样的银行很容易成为商业合作的资金连接点，导致以关联投资和公司信用为主体的日本金融体系的形成。

我们首先来看日本的公司董事会。20 世纪 80 年代以来，日本金融资产高度膨胀导致泡沫经济的崩溃，这暴露了金融体系和公司制度存在的问题，在日本公司文化中，“终身聘用制”和“年功制”形成的内部晋升制度对日本公司治理影响深远。通过晋升而获得的内部董事（inside director）占董事会中董事的多数，这样做的好处是，长期形成的团队精神降低了决策成本。日本公司董事会还设代表董事（representative director）和普通董事，代表董事除对外代表公司和负责执行股东大会决议外，还在实际上主管着公司经营。这一制度导致了董事会中形成权力“少数派”，董事会内部意志具有主从关系，代表董事具有代表公司对外缔约的权力，很容易形成权力滥用和董事会形骸化。为此，1981 年日本修改商法（日本公司法一直未能从商法中独立出来），强化了董事会对代表董事业务执行活动进行监督的规定，以避免董事长专权，做到公司重大决议由全体董事共同做出。

与董事会的强势地位对应，股东大会在日本基本上难以发挥作用，股东大会对董事会的监管一般只起象征性作用，这和前面提到的日本公司文化有关。日本学者对此的解释是他们将公司的所有者理解为公司员工而不是一般的公众股东，外部股东如公众股东和银行大股东在公司从事一般性经营业务时并不热心参与，只是在公司遭遇危机时才对公司经营给予关注。这样，对中小股东的保护，一方面依赖日本商业文化中包含的诚信观念，另一方面依靠法律，日本商法为维护股东权益，颁布了禁止向职业股东提供经济利益的

条款——在该制度建立前，多数公司花钱雇佣一些职业股东参加“一年一天”的股东大会，对决策的监督作用十分有限。日本商法中也有关于建立股东代表诉讼制度的规定，但与商业文化对股东的保护效果比较起来，效果很一般。

在20世纪60年代，数起虚假财务报表和公司重整案件中的丑闻暴露了日本公司监事会缺乏独立性的问题，为此日本商法再次进行了修改，将监事会职能分为会计监察和业务监察两类，并根据公司规模确定监事人数①和监察范围。在日本，公司的监事有权出席董事会，有权申请法院颁布禁止令，有权就违反公司章程或法律的行为召集董事会或向股东大会报告，有权提起撤销股东大会决议的诉讼，还有权调查公司财务情况等。

综上所述，主银行制度和公众持股比例较低使日本公司治理进一步向“少数派”集权，而通过内部晋升机制形成的公司决策少数派、主银行制度和公司间相互持股、交叉持股又使日本公司治理趋向稳定。日本员工持股的企业文化使经理层和员工把为企业创造价值作为自己的事情，从而促使公司发展。当然这个治理结构也会存在问题，因为公司价值创造高度依赖于已经成型的治理模式，而治理模式又缺乏足够的开放性，如果日本的国际经济环境发生变化，外部压力很可能导致公司价值创造过程的中断。

（三）欧洲国家的公司治理和价值创造

20世纪六七十年代以来，以欧洲为代表，西方国家机构投资者在股份公司中的比重呈现不断上升的趋势。机构投资者在公司中控股比例的不断扩大对公司的治理结构提出了更高的要求。他们不再仅仅处于事后的被动反应局面，也不再仅仅要求分享公司剩余，而是要求对公司进行全过程控制，尽可能减少经理人员的私人收益。使公司的发展更能维护他们的长远利益。投资结构的变化与“经理革命”以后，经理人员实际控制公司的格局大为不同，投资人的强硬姿态使得公司股东会对内部人的软约束发生了重大变化，人们

① 根据日本商法典，资本额在5亿日元或负债200亿日元以上的公司需设3名以上监事，其中至少一名为全职监事；资本额1~5亿日元的公司要设一名以上监事监察公司会计和业务；资本额在1亿日元以下的公司至少设一名监事做会计监察。

用各种办法制衡内部人的权力，不仅防范经理层，也防范在位的董事。最突出的例子是德国，德国公司治理结构最大的特色是双重委员会制度，即监察委员会和管理理事会并存。监事会成员不参与公司的实际管理，但对董事会和管理人员有实质性的影响力。随后，欧洲很多国家都建立了这种二元治理结构，并且为了确保监事会对内部人具有持续独立的权威，很多国家通过法律要求监事和董事同时选举，还强调职工的参与。

机构投资人的发展使得公司的价值创造更加倾向于股东本位，但也存在一个显著的问题，就是机构投资者获得公司控制权以后，可能会进行大规模的冲突利益交易，针对这一点，以德国为代表，在防范银行等大型机构投资人的利益冲突行为方面进行了大量的立法。以便确保机构投资者不会滥用优势地位。

很多人认为，欧洲的模式比较适合中国公司特点，建议我们学习，我觉得可以探讨。其中最大的问题还在于法律传统，德国行政法的成熟使他们可以运用行政系统完成对机构投资人的监督，英国等国家的衡平法传统也能确保法律的灵活性，从而使新出现的行为不至于落在监管视野之外，但中国不具备这两个特点，如何弥补，应该有所考虑。

（四）俄罗斯和东欧国家经济转型中的公司治理

20 世纪 90 年代，俄罗斯和东欧国家将企业资产经过量化后，采取了权证形式进行私有化。不同的是，俄罗斯采取了“休克疗法”，政府为换取公司管理层的支持，将股权廉价出售给经理，在市场化初始阶段就形成了“内部人控制”。在多数俄罗斯公司中，管理层和职工持股比例达到 60% ~ 65%，国家持股 15% ~20%，其余为外部私人或基金持股[①]。相反，在捷克，除少量公司股权保留给管理层和职工外，大量权证以拍卖形式流向投资基金。

俄罗斯公司治理存在的缺陷是：第一，公众股东少，难以形成外部约束，

① Black, Kraakman and Tarassova, Russian Privatization and Corporate Governance: What Went Wrong?

内部股东中政府、管理层和职工利益发生冲突，很难形成统一的公司目标；第二，产权不清晰严重妨碍公司治理结构中代理人——交易成本模式的形成，导致市场交易成本不断上升。其结果是掌握公司决策权的经理不是追求公司资本和价值的最大化，而是采取大量短期行为变现收益。典型的例子包括以转移资产或利润为目的的自肥交易、虚假信息、贪污、政府参与公司控制、对少数股东的不法侵害、管理层不诚信等等。在捷克，虽然没有出现俄罗斯公司“内部人控制”问题，因为国家已经通过采取基金持股的办法巩固了公司和银行的关系，但由于基金均由国家银行发起，公司实际上仍被“内部人控制”。结果正如我们已经看到的那样，俄罗斯和捷克股票市场中充斥着大量无价值股票，市场严重受挫并呈现萎缩。尽管 1999 年俄罗斯颁布了《投资者权益保护法》，并相继成立了一些投资者保护组织，但由于这些法规缺乏明确定义和可操作性，收效甚微。匈牙利和波兰对市场化改革采取了审慎态度，国家设立了过渡期，对股权结构进行了充分分散，对经理层在促进国有资产保值增值方面规定了明确义务，这种更市场化取向的改革有别于俄罗斯行政改革，特别是匈牙利引进了战略投资者和外国投资者改善公司治理，因而被认为是最接近国际证券协会标准的两个东欧国家。

可见，在转型市场中完善公司治理，有两个关键点，一个是要用规则清晰的法规推动治理结构的稳定发展，另一个是在深刻理解交易习惯的基础上，多促进公司内部人的相互监督。因为俄罗斯在这些方面存在差距，公司价值短期内被集中在少数人手中，长期里会导致大众投资人“用脚投票”，因而市场波动和公司价值下降会比较普遍。

四、投资者关系管理可以促进改善公司治理

从两个途径理解上市公司治理结构与上市公司价值提升之间的关系。一个途径是，良好的治理结构能够帮助公司提高价值创造能力；具有较高价值创造能力的公司更有机会获得优化的治理结构。第二个途径是，良好的治理

结构向公司外部人传递了一个很强的信号，就是公司十分尊重各个利害相关人的权益，这增强了人们的信心，公司在融资和获得更多的商业机会方面会更有优势。

讨论公司治理和公司价值的理论含义，我们一定要提到几个关键的学者，首先是Shleifer和Vishny，他们在1997年对公司治理结构的研究做了一个线索清晰的文献回顾，内容涉及公司治理和声誉机制安排、权益的法律保护、大型投资人的行为选择和人们常见的几种治理结构模式。另一个是Zingles，他在2000年的一篇论文（In search of new foundation）中，分析了已有的企业理论对解决公司治理问题的贡献和这些文献的遗漏，其中关于现有企业理论无法恰当地支持公司治理实践的讨论，十分引人瞩目。华人学者钱颖一在1996年的论文（Enterprise Reform in China：Agency Problems and Political Control）中讨论了政治成本和代理问题的叠加造成了国内公司的低效率，其中的机理也是治理结构的传导。在我看来，公司治理理论的发展与人们对公司价值的看法始终是联系在一起的：人们对公司价值有怎样的看法，一般的，就会对公司治理有怎样的期待。搞清楚这个问题的一个简单办法是用一张损益报表（见图4－8）来说明问题。

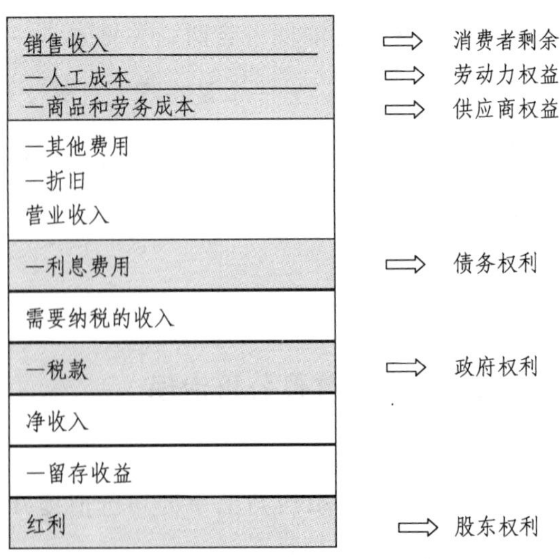

图4－8　简化上市公司损益表

损益报表总结了在一个特定时点上，公司的收入和支出情况。我们从这一张损益报表中，发现公司各方利益相关人可以从公司中获得的价值。自上往下阅读，公司首先为消费者（客户）创造了消费者价值，在微观经济学上，这些价值用消费者剩余来度量。为了得到利润，损益表需要逐个扣除一些成本项目，这些成本项目作为公司的一种支出，本身也是其他权益主体从公司中获得的价值，人工成本对应了劳动力价值，他们和雇员的权益是一回事。商品和劳务成本支付给了供应商，因而是公司为它的上游厂商提供的价值。在扣除了营业费用和折旧之后，公司需要在税前支付债务利息，这构成了债权人能够从公司获得的债权价值。进一步，公司在损益表上获得了税前利润，以它为基数，公司需要向政府缴纳所得税，这构成了政府能够从公司获得的价值。税后利润再次分解，公司留存一部分净收益，然后是股东可以分配的红利，这构成了股权出资人能够从公司中获得的价值。这样，我们就把公司分拆成可以给各种利害相关人提供或者创造价值的特定装置，在这个装置中，每一个主体都有自己特定的、事前商定好的权益，并且，如果我们从公司外部看过去，这些权益实际上就是公司为各个主体创造的价值，把这些价值加总起来，就得到了理论意义上的公司价值。

在资本市场实践中，公司价值的概念还依赖于利益相关人尤其是投资人的偏好，有些投资人喜欢冒险，因而他们更看重那些经营风格比较激进的公司，反过来道理也一样。公司价值是投资人眼中的价值，这说明，投资人看待公司价值的过程是很个性化的，有些投资人喜欢关注公司显性的价值，有些投资人不仅关注显性价值，还重视公司的潜在价值；一些投资人投资是为了获得公司短期价值，另一些投资人则还关注公司的长期价值。另一方面，公司价值还与公司的经营环境有关，在一个增长情况良好的市场中，公司价值更可能被高估，并且，如果一个公司经营环境中充满了诚信意识，投资人也会在发掘公司价值方面付出更大的努力。

继续上面的分析，公司中的每一个利益主体如何确保自己能够把这些权益（价值）拿回来？完成这个任务，需要两个层次的制度安排，第一个层次，

包括行政监管在内的法律规则通过赋予一些主体权利，使他们获得国家强制力的保护，比如消费者权益法保护消费者获得自己的合理剩余；劳动法保护劳动力供应者获得自己的合理报酬，其他还有税法、合同法对政府权益和供应商权益的保护等等。公司上市以后，一些股东和债权人一样变成公司事务的外部人（outsider），公司法和证券法以及其他相关规章这时负责为这些公司外部人设定权利，让他们在国家强制力的保护下，有机会参与公司决策。因为法律规则为每一个主体的权利设定了最基本的保障，因而它决定了公司治理的面貌和边界。在第二个层次，各个利益主体在公司内部预先就各自的权利进行谈判，谈判的结果是，我们获得了标准意义上的公司治理结构和激励约束机制的概念。

但是，这个概念是非常日本化的，从这个概念出发，公司治理必须日常性地关注股东、债权人、供应商、客户，甚至还有政府等所有主体的权益，这是广义上的公司治理概念，日本学者从公司利益相关主体的角度研究公司治理，自有他们的道理，这一点，我们后面还会讲到。问题的关键是，这个概念掩盖了一些重要环节。比如，在公司损益报表中，我们没有区分大股东和中小股东，他们在公司中的地位明显地不同。又比如，由于存在第二层次的权利约定，一些利益相关主体的地位实际上是会发生改变的：拥有核心技术的雇员极可能同时拥有股份，成为股权主体；供应商在一次重组之后，也可能变成公司内一个很有发言权的股东，等等。因此，狭义的公司治理概念只是指我们通过什么样的权利和责任匹配，平衡大股东和中小股东之间、股东和债权人之间、出资人与管理者之间的权利义务关系，等等，其中管理者对决策裁量权的需求和股东确保出资安全的需求之间的矛盾是主导型的。其他利益相关主体的权益也有涉及，不过是间接的。具体的办法可能是要求公司监事会中应该有雇员代表，或者在董事会中直接设立一个监察部，主动监察公司的行为是否可能违反权益保护的法律规则。

理解了公司的价值创造过程和公司治理的内涵之后，我们能够得到的一个初步结论是，站在监管人的立场，我们当然要求公司创造的所有价值之和

最大化，因为它代表了社会整体利益。但由于这个任务被很多部门分离开来执行，因而，进入资本市场的上市公司的治理结构一般是指它的狭义治理结构。

狭义的公司治理是要建立一整套制度安排，处理控制性的股东、中小股东、债权人、管理者等主体各自应该拥有什么样的权利。权利的分配格局一方面要保证公司经营的创造性和灵活性，以便确保公司能捕捉商业机会，另一方面要保证上述几个利益主体有能力收回自己的权益。

首先，权利要在股东和管理层之间合理分配。直观地看，股东似乎应该拥有全部权利，因为他们是出资人，而且从传统法学理论看来，出资人就是公司的所有者。但后来的学者提出了两个有力的证据证明这种看法是错误的。第一个证据来自经济学界对公司本质的认识，经典的文献是 Alchian 和 Demsetz 在 1972 年提供的理论，它比较完备地说明企业只是一组契约连接，各个主体进入企业，是因为他们能够和别人签订一个合意的中长期契约，这个理论被后来的很多学者发展以后，人们对公司本质的看法发生了实质性的变化，出资人现在只是一个普通的签约人，它和其他利益主体，比如雇员的地位没有理论上的差异。既然没有差异，出资人也就并不当然地拥有全部决策权。第二个证据来自公司金融理论，经典的一组文献由 Fama 和 Jensen 于 20 世纪 80 年代中后期在 Jensen 和 Meckling 1976 年文献的基础上提供，他们从决策权分配的效果来说明问题。一般而言，出资人关心投资收益，管理者除了关心收入外，还关心个人成就感。对于监管人来说，出资人的投资收益权是重要的，但企业家的成就感也不应该被忽视，因而管理者在一些情形下，的确应该拥有部分决策权力。

由于有这些理论的支持，公司治理的实践发生了很大的变化。美国在司法实践中引入了经营判断法则（business judgment rule），以便保护管理者的经营裁量权，同时对股东施加诚信义务，等等。这些制度，或者经由判例确定，或者经由成文法确立，但都说明在股东和管理层分权的问题上，人们的认识进一步理性化。

其次，是控制性股东和中小股东之间如何分配决策权。在强制性一股一权的规则下，控制性股东拥有的权力足以使他们恣意妄为，在决策中故意为自己谋求有利的分配地位和分配性收益格局，或者直接侵占中小股东的利益。对这个问题的处理，也有两个线索：一个是法学界的处理，法学界检查了一股一权制度下，股东拥有的表决权和交易权（用脚投票）产生的实质性不公平，建议在一些特定行为（如大宗关联交易）中限制控制性股东的表决权，这个建议很快被我国台湾地区和日本等一些地方采用；另一个线索是金融学领域里对控制权市场的研究，当人们把公司控制权看作一种商品的时候，它本身就暗含着对控制权的规范可以通过市场化的办法加以解决。1932 年 Berle 和 Means 关于公司控制权和经营权分离的著作（The Modern Corporation and Private Property）出版，对控制权市场研究起到了强劲的助推作用，由于控制权市场理论的独立发展，公司治理实践实际上产生了两个深刻的变化：一个是通过管理层收购（MBO）、引入战略合作伙伴持股等操作，缓解出资人之间和出资人与管理层、供应商之间的紧张关系；另一个是通过独立董事制度和更加复杂的董事会结构，比如在董事会中引入薪酬委员会、审计委员会等，来强化利益相关主体的权益主张。

最后，是外部治理观念的确立。传统上人们一直认为公司治理是公司内部的制度安排，在控制权市场理论发展起来以后，人们开始认识到资本市场可以从外部对公司内部的决策主体施加压力，连续的决策错误，有可能引来潜在的收购，导致管理人或者在位董事失去职位，这个压力对公司价值创造过程的贡献不可小视，也由于这个原因，对公司治理准则的制定，变得更加依赖市场力量。Coffee 等人在 2000 年以后，甚至关注过法律对投资人保护和市场机制对投资人保护之间的替代关系，如果这种替代的确存在，对公司治理的监管必将更加市场化。

而投资者关系管理正是通过引进机构投资者或战略投资者，改善公司治理结构，来提升公司的相对投资价值。机构投资者或战略投资者进入公司后，由于其专业化的投资本身具备了发现公司价值的能力，这一信号传递到市场，

使公司价格逐步上扬，从而为公司和股东创造了新的价值。

第三节 SONY 公司投资者关系管理①

SONY 公司投资者关系活动的动力可以追溯到公司创建初期。1946 年 SONY 由东京通讯工业株式会社更名而来，当时由于公司与大财团缺乏联系，因此融资十分困难。和第二次世界大战之前许多日本公司一样，SONY 早在日本国内建立了广泛的销售网络。当 SONY 发现只有国外市场特别是美国市场存在更多的商业机会时，为了让国外市场了解 SONY，公司不仅努力拓展业务，并且还在国外建立分公司，实现产品的本土化。从那时候起，SONY 提出了运营和融资都要实现本土化的战略，并将海外上市作为公司发展的目标。现在看来，这一观点非常新颖，被我国学术界称为国际本土化。

一、SONY 的投资者关系发展历史

SONY 的投资者关系活动开始于 1960 年，当时公司为发行美国存托凭证（ADR）做了积极的推介工作，并努力开展国际营销战略。为了增强融资能力，提高公司国际形象及形成公司全球化管理风格，1970 年 SONY 公司在纽约证券交易所（NYSE）上市。按照美国 SEC 规定，公司任命了外部董事，并将董事的任期缩减为半年一任，同时按季度披露业绩。这些活动成为 SONY 投资者关系管理的基础，许多外国的分析师和基金经理开始访问 SONY。

SONY 在过去 50 年从事投资者关系活动的主要事件有：

1. 1946 年公司成立；

---

① 节选自理查德·B·希金斯编著，张凯、卢锋译《全球投资者关系最佳案例》，机械工业出版社，2002 年版，第二部分第十章，作者进行了删节。

2. 1946 年公司首次公开发行；

3. 1958 年在东京证券交易所上市；

4. 1961 年发行美国存托凭证（ADR）；

5. 1970 年在纽约证券交易所上市；

6. 1970 年在纽约办公室设立投资者关系部门；

7. 1970 年在伦敦证券交易所上市；

8. 1975 年获得标准普尔 S&P 的 AA 级认证；

9. 1982 年发行私人可转换债券；

10. 1982 年伦敦办公室设立投资者关系管理部门；

11. 1983 年获得日本研究机构（JBRI）AA + 级认证；

12. 1985 年获得穆迪公司的 A1 级认证；

13. 1992 年开始为个人投资者召开信息发布会议；

14. 1995 年开始通过互联网进行信息披露。

二、SONY 公司投资者关系事件管理

SONY 公司在自纽约证券交易所挂牌交易以来的几十年里，并非所有的投资者关系活动都风平浪静，但公司通过与投资者的互动交流，取得了投资者的最终信任。

1. 1974～1979 年，SONY 公司股票遭到国外投资者的疯狂抛售，股价跌至 5 美元/股左右。这是由于石油危机爆发后，许多投资者对公司未来感到担忧，而当时 SONY 股权结构中，外国投资者持股比例相当高，SONY 公司必须想办法缓解投资者的担忧。然而只有一位基金经理愿意与公司投资者关系负责人 Sano 见面，其他人则对公司未来明显缺乏信心。Sano 很快列出了一张机构投资者名单，经常主动登门拜访，并请求这些机构的分析师发表分析报告，最终越来越多的投资开始关注 SONY，Sano 的努力获得了成功。

2. 20 世纪 70 年代，SONY 发行了一系列公司债券。从那时候起，与标准

普尔和穆迪等信用评级机构的定期接触成为公司投资者关系人员的一项重要任务。通过和评级机构的接触及讨论，SONY 很快意识到谁是公司股价的最终决定者——除了投资者，其他评级机构的评价同样可以影响公司股票价格。从此，公司开始向重要的评级机构客观地披露公司信息。公司总裁至少要以评级机构会议形式对公司年度情况做一次介绍。1975 年在为新建录像带厂进行债券发行的推介会上，总裁盛田昭夫坚持要在大会上演示公司录像带产品，并强调了 SONY 的根本价值是创新，而不是定期将一些财务数据公布了事。这种做法立即受到在场分析师的热烈欢迎，由 SONY 总裁亲自演示新产品也成为日后公司评级机构会议不可缺少的内容。

3. 在 1984 年股东大会上，SONY 公司再度面临严峻考验。当时，SONY 公司生产的 Betamax 型 VTR 产品因竞争对手 VHS 的强劲营销而失去很多市场，股东们要求管理层对这一状况负责。股东大会一直开了 13 个多小时，直到晚上 11 点半，股东们还在不停地提问，董事会主席 Ohga 在讲台上站了 13 个小时，回答各种问题，他承认“很累”，但是“会议非常有用，许多对公司的看法得到了改变”。媒体不久以《失去 VTR 市场份额后，SONY 面临信任危机》为题进行了深度报道，结果公司反而获得了投资者的理解和同情。

4. 1998 年，SONY 公司的美国子公司因违反美国会计披露规定而导致公司向纽约证券交易所支付了 100 万美元罚款。纽约证券交易所指责 SONY 已在美国开展了动画业务而财务报表却未披露相应子公司的业绩。SONY 公司接受纽约交易所要求，对“管理层讨论和分析”部分进行了独立审计，指定 CFO 负责财经信息披露并遵循第 131 号美国会计准则（FAS131），公司副总裁 Iba 出任 CFO，并负责资本市场及投资者关系部门的半年年报披露。

三、投资者关系中的独特管理风格

SONY 在多年投资者关系管理中逐渐形成了独特的管理风格，这些风格包括：

（一）投资者管理机构设置

该机构由财务总监和资本市场部经理共同负责，由15人组成，包括纽约和伦敦的外国人士。其他与投资者关系部门相关的还有财务部、国际会计部和公司控制部，表明投资者关系部门在SONY公司中极其重要，因为没有几家日本公司的投资者关系部门工作人员能超过10人，日本上市公司投资者关系部门的平均人数仅2.9人。SONY公司投资者关系人员还被安排在财务部、会计部、业务发展部和海外部培训，并成为相应的专家。

SONY投资者关系机构的另一个特点是指定执行董事来负责部门工作。在日本，执行董事通常只负责某一个部门，很少有像SONY那样有专门负责投资者关系的执行董事或像美国那样设立财务总监职位专司投资者关系事务。在SONY公司，投资者关系部门的重要性与Sano先生的不断说服和努力，使公司高层开始接受投资者关系理念有关。

（二）各部门负责人的积极参与

SONY公司认为，投资者关系管理最重要的一点是当公司处于困境时，最高领导是否愿意随时准备回答各种问题。比如当发生石油危机或Betamx失去市场份额时，公司领导都作出巨大努力来提高投资者信心。正是由于SONY公司领导对投资者关系的一贯支持，使公司各部门积极配合投资者关系管理部门开展工作。虽然1995年以后，SONY的新总裁出井申之与投资者见面的机会并不多，但他在1998年公司年报中，清楚地表达了公司未来发展的设想，他提出的“梦想制造者”概念受到了投资者的广泛认同。

（三）管理风格保持了日本特色

SONY公司在实现国际化的同时仍然保持自己的民族风格。新任总裁出井申之反复强调了公司核心业务是电子设备制造的重要性，尽管该项业务已被公认为达到了全球最高水平，但SONY公司仍不断地试图提高全日本电子制造系统的生产率。作为一家国际化的公司，SONY公司一直试图寻找一条能将美国和日本管理风格巧妙融合的途径。

投资者关系管理部门的角色是帮助投资者了解公司业务发展方向，公司

应当在提高效率和维持日本企业文化之间寻找一个平衡点。例如，当 SONY 公司实行负责人制度后，总裁曾给未能任命为董事的负责人的妻子写信，解释她们的丈夫并没有被“降级”。通过努力，SONY 公司不断完善了公司治理结构，提高了生产效率。

（四）内部交流与员工福利

为了增强投资者关系在公司中的作用，投资者关系部门还定期将股价信息传递给公司高管层。投资者关系人员的一项重要工作就是向公司内部反馈投资者对公司的看法，他们可以参加公司高层会议，并向报告分析师的意见。最近 SONY 公司投资者关系人员开始参加公司中期管理计划委员会，公司副总裁有时也会通过新闻录像与其他部门员工进行沟通。

然而，强调公司价值可能影响员工福利。作为一名投资者关系人员，在负责向投资者讲述保持日本传统管理风格优势的同时，也必须负责向员工传递投资者的观点，包括提高股东价值的重要性及原因。因此，投资者关系人员应当以一种可以理解的合理方式解释为什么提高股东价值会对其他利益相关者有利。

四、SONY 的投资者关系活动

SONY 公司的投资者关系活动主要围绕机构投资者和个人投资者进行。公司在一些日常会议上经常披露大量信息，已成为公司最重要的投资者关系活动。其形式有：

（一）为分析师和机构投资者举行的说明会

SONY 公司副总裁 Masayoshi Morimoto 经常代表公司在主要会议上发言。每年公司要为分析师和机构投资者举行 200 多次会议。每年的 2、5、8、11 月份 SONY 公司还要举行季度会议公布业绩[①]。除了这些会议，公司还为他们举行参观工厂和视察其他部门的活动。此外，公司每年还举办一次小型的分

① 日本的会计年度从每年 3 月 1 日开始。

析师讨论会，届时，公司 CEO 和投资者关系人员都要参加。

SONY 公司还是最早召开同步电话会议的公司之一。日本、欧洲和美国的分公司通过通讯系统可以同时参加会议，会议由 Morimoto 亲自主持，以表明公司对及时、公允的信息披露非常重视。此外，投资者关系人员还要拜访 50 多家国内机构投资者和 30 多家国外的机构投资者，向他们说明公司当前的业绩。

（二）年报和其他书面材料

1998 年 SONY 为投资者关系活动制作了 11.3 万份年报，其中包括 8.4 万份英文版和 2.9 万份日文版。除了向股东提供信息外，公司还将年报视为提升公司形象的一种方式。

财务合并报表也是公司向股东提供的重要信息之一。这些报表和年报的内容基本一致，但是为了及时提供信息，这些报表在业绩出来后三四个星期内就可以获得。28 - F 款是纽约证券交易所适用于非美国公司的一项法规，由于对美国投资者利益影响非常大，自 1996 年起，SONY 公司在 EDGRA 电子披露系统中也披露 20 - F 的信息。公司书面报告具有三个特点：同时使用两种语言、以合并报表形式充分披露以及业绩出来后最快时间对外界披露。这样做其实有相当大的难度，因为公司必须保证两种语言版本的报表完全相同并且清晰易懂。

SONY 公司的季度报告在业绩出来后一周公布。季度报告除了财务报表，还包括有关新产品、新技术、娱乐业务等方面的信息。公司也为分析师、投资者提供历史数据。

（三）其他投资者关系活动

SONY 公司在注重与机构投资者沟通的同时，也十分注重个人投资者关系。因为个人投资者不仅是公司的股东，而且很有可能是公司的客户。1992 ~ 1997 年期间，SONY 公司在当地证券公司营业部举办了一系列展示会，一般是介绍个人投资者感兴趣的商品，他们还通过发表演讲和举办俱乐部等形式，吸引更多的个人投资者对公司投资。

在媒体关系处理上，公司每季度都邀请媒体记者参观工厂。这项工作由

公众关系部和投资者关系部门共同负责。公司认为个人投资者对公司的印象受媒体影响较大，而且媒体本身也是公司产品的使用者。由于电子媒体可以更快地发布信息，公司从1995年开始在互联网上公布年报和季报。

SONY公司被日本分析师协会评选为信息披露最优秀的公司，并获得了1995年、1996年电子行业的投资者关系最优奖，公司也是美国1996~1999年亚洲最佳投资者关系公司。投资界认为，SONY公司在投资者关系方面的突出特点是：（1）遵守长期承诺；（2）按季度及时披露信息；（3）全球范围的投资者关系管理部门能及时作出迅速反应。

第四节 AT&T公司的投资者关系管理

一、在变革中成长

通信行业是全球增长最快的行业，其增长速度是世界国民生产总值的3~4倍，可以肯定其未来将继续保持这个增长速度。作为全球最先进、竞争最激烈的通信市场，美国通信行业正发生着一场技术革命。新兴技术正迅速消除本地通信、长途通信、互联网、娱乐网络和无线服务之间的界限，AT&T作为行业领导者正带领行业朝着“任意距离”的市场方向前进。AT&T过去以国内长话业务为主，但现在正迅速成为可在世界任何地方通过一次接入提供全部服务的宽带通信公司。

为了进入这个新领域，AT&T收购了许多资产，并与实力雄厚的合作伙伴建立了合资企业。其收归国有的TCG——提供本地通信服务的一流公司、TCI——美国第二大有线电视公司、IBM的全球网络业务以及先锋公司（Vanguard）的移动电话业务。AT&T还与BT和时代华纳等业内巨头共同投资十几亿美元建立合资公司，此外，与TCI建立合资公司。具体情况见表4-1。

表 4 - 1　　AT&T 近年来的资本市场收购

时间	被收购或合资公司	目标公司价值（亿美元）
1998 年 1 月	TCG——本地业务	110
1998 年 6 月	TCI——有线、视频、数据和电话业务	480
1998 年 12 月	IBM 全球网络——全球数据业务	50
1998 年 10 月	先锋公司——无线通信业务	15
1998 年 7 月	BT（合资）——全球通信业务	——
1998 年 4 月	MediaOne——有线、数据、视频和电话业务	620
待定	时代华纳（合资）——有线电话业务	——

二、在变革中的沟通

（一）细分投资者

在美国，AT&T 是被最广泛持有的股票之一，其 3300 万个人股东持有公司 45% 的股份，其余的 55% 为机构投资者所持有。如何为不同胃口的投资者提供信息或接受他们的咨询显得比较棘手，AT&T 的做法是对投资者进行细分，见表 4 - 2。

表 4 - 2　　AT&T 的股东细分方式

股东或有影响力的人	分析和透视
个人投资者	3300 万个人股东 58% 持股在 100 股以下 33% 将红利再投资 每季度会有 1 亿美元的投资
机构：买方	向买方提供投资建议和分析，发布研究报告，卖方包括： 研究人员 机构销售人员 零售经纪商 交易员
机构：卖方	保守操作：根据公式而不是根据经理人员的判断作出投资决策 积极操作：根据公司特定的决策程序改变投资金额，基金经理和投资决策委员会参考了研究分析报告和卖方研究分析
其他：国际投资者	由于外国公司无须遵守美国公司的文件披露规则，因而外国投资者掌握的数据并不准确。这些投资者占公司股份的 6%，他们分布在英国 30%、瑞士 27%、德国 18%

在完成对投资的细分后，AT&T 公司投资者关系部门很快知道了针对不同的投资者，需要通过何种方式有效地传达公司财务信息。

（二）战略沟通的手段

AT&T 通过以下几种方式与投资者进行沟通：新闻发布会、业绩说明会、季报和产品发布会。显然，网络因其快捷和方便正迅速成为重要的沟通手段。与新闻稿提供的信息不同，AT&T 不需要第三者的介入，就可以毫不间断地向投资者传递信息。而对于投资者来说，网络也是低成本获得信息的方式。通过互联网，投资者可以进入其个人账户查询“有用”的信息。这一优势在公司股份拆细和分红查询中得到了发挥，过去很多投资者经常来电咨询股票的历史价格和分红记录，而采取互联网查询后，公司发现“投诉电话”明显减少。另一个例子是公司每当公布业绩时，都会有“愤怒”的分析师或投资者投诉未收到业绩报告，互联网可以很好地解决这一问题。

AT&T 公司投资者关系互联网和公司网站分开设计开发，互联网的开发和维护任务交给了投资者关系管理部门，以体现投资者的不同信息需求和偏好。AT&T 互联网还有效地区别了分析师和投资者的信息需求，公司认为，分析师希望能直接、快捷地获得如证监会文件、新闻稿、季度收益、公司和行业简报，以及说明会的有关信息；而个人投资者更关注的是有关新产品、新服务的信息，以及公司如何应对竞争、公司股票的信息。

1998 年，AT&T 重新调整了自己的网站，以希望用户在登陆网站后能得到更多的额外信息。改进后的公司网站使分析师能迅速得到对其有用的信息，网站的理念是“我们知道你是谁，我们知道你需要得到什么样的信息，我们能提供你需要的各种信息”。

三、沟通提升公司战略可信度

在公司业务向任意距离通信领域迅速转化的过程中，AT&T 必须保证投资界能够跟上公司的发展、理解公司的变化并最终支持公司战略。在巨大的公

司变革面前，公司通过网站随时让投资者知道采取变革的必要性，以获得投资者的支持。

同时，公司投资者关系的作用也不是仅仅面向华尔街进行单项的沟通，好的投资者关系应当成为双向的渠道：它既向市场提供公司信息，也向公司的高管层反馈市场信息，使管理层了解市场对公司的看法，其目的是使外界对公司的看法与公司的实际情况相符合。

在业务转型的过程中，公开、真诚地进行双向沟通给公司带来了许多收益。例如，1999 年初股东对收购 TCI 进行表决时，有投票权的股东 75% 都参加了投票，这是美国有史以来股东参与投票的最高纪录，同时，参加股东大会的 99% 投了赞成票。假如没有强大的有效沟通，是无法想象一家拥有 3300 万股东的公司能达到如此高的赞成率的。另一个测量公司收益的指标是股票价格：AT&T 在 1997 ~ 1999 年股票价格由 32 美元涨到拆细前的 80 多美元。

AT&T 投资者关系管理的成功之道可以概括为，无论业绩好坏都保持公开和坦诚的沟通，并以此取得投资者的长期信任。2002 年，大规模买进 AT&T 股份的是 Dodge & Cox、Alliance Capital Management、State Street Corp. 和 Capital Research and Management Co. 等数家共同基金。当时 AT&T 的股票价格一路狂跌，在一个季度里下跌了 32%，并降到 14 年以来的最低点 9.09 美元。Dodge & Cox 公司目前拥有 656 亿美元的管理基金，是 AT&T 公司的第五大股东。公司投资政策委员会的成员温德尔·伯克霍夫称：“看一看 AT&T 的股价，我们认为非常便宜”。AT&T 公司可谓是过去十年间道琼斯工业平均指数中表现最差的一只股票，已经从 1999 年 49.77 美元的最高值下跌到了最近一个交易日的 12.22 美元，跌幅为 16%。尽管如此，许多投资者还是看好 AT&T，Capital Research and Management Co. 目前拥有 2 亿 3680 万美元的 AT&T 股份，是该公司最大的股东，他们于第二季度购得了 6910 万美元的 AT&T 股份。在一些投资者看来，AT&T 是完全可以放心的，因为诸如世通和 Global Crossing Ltd. 等重要对手已经退出了竞争舞台，State Street Global Advisors 公司的分析家迪恩·盖克斯称，“电信产业已经伤痕累累，AT&T 成了唯

一安全的避风港。除了有线业务之外，AT&T 的业绩还是不错的”。

第五节 巴斯夫公司的投资者关系管理

一、一家历史悠久的化工企业

巴斯夫公司创建于 1865 年，是世界上第一家用煤焦油生产染料的公司，以后该公司将利润逐步投向有机化学品生产设备的生产。第二次世界大战后，公司开始起步，实施了垂直一体化、全球扩张和不断加强非循环产品的生产战略。

（一）危机意识

到了 20 世纪 80 年代，巴斯夫公司管理层开始认识到加强公司与财经、投资界合作的重要性。这是因为尽管公司当时业绩优秀，并且未来前景乐观，但投资者对公司和公司经营活动的认识是片面和不准确的，投资银行家和财经出版物对公司这样评价，“几乎没有人对巴斯夫集团及其广泛的多元化投资活动有清楚的概念”，公司的市场调查也证明了这一点，这使公司高层感到非常不安：人们误以为巴斯夫是业内最主要的基础化学品生产企业，而事实上，在巴斯夫垂直一体化组织内，这些产品只是作为公司的内部原料，主要用于公司内部生产。

在本土市场之外，公司管理层还要面对国外的消费者如何认识巴斯夫的问题，因为在国外，消费者并没有听说过巴斯夫，他们也许会说，“巴斯夫，哦，生产磁带的”，因为巴斯夫在国外确实提供了磁带产品，而该产品销售不过占集团收入的 2%，并且在 1996 年的时候，该业务已经被完全剥离出集团。

管理层开始怀疑人们对公司主要经营活动的错误认识缘于公司股票价值在证券交易所被低估。国际一流分析师的报告也提示公司股价没有反映实际价值。为了将拥有广泛而专业的产品、产品销往 170 多个国家、产地遍布 39 个国家的世界一流化工公司展示给投资者，公司决定开始进行投资者关系管理。

（二）确定投资者关系主题

公司很快确定了投资者关系的主题：（1）巴斯夫的股票被低估；（2）巴斯夫积极使自己的股东国际化；（3）巴斯夫寻求股东行为的长期性。

根据这一主题，公司很快将目标聚焦于欧洲、北美和亚洲的主要金融市场。

二、投资者关系的前期工作

（一）建立投资者关系组织机构

巴斯夫计划单独设立一个投资者关系部门实施公司计划。如何最恰当地设置投资者关系部门应根据各自的组织结构来定。由于在资本市场，资金成本既包括权益成本，还包括债务成本，巴斯夫的投资者关系除了披露信息外，还要负责处理与国际主要评级机构的关系。这样，投资者关系部门的目标团体被定义为：（1）机构投资者；（2）个人投资者；（3）分析师；（4）银行的股权咨询专家；（5）债券持有人和新闻媒体；（6）学术界。

巴斯夫公司没有将财经记者纳入投资者关系管理的范畴，原因是他们将媒体的处理交给了公共关系部门。但即便如此，投资者关系部门也经常介入媒体业务。通过计划部门、财务部门和 17 个分部负责人之间的合作，公司完成了对投资者关系的整合工作。业务分部坚持向投资者关系部门定期提供财经沟通的核心信息——财务资料和战略性意见。当每个地区举办宣传活动时，集团各分部财务经理或公共关系负责人都会参与并提供组织和技术上的支持。

（二）市场调研

在董事会决定积极实施投资者关系计划时，公司同时发起了一项国际性沟通活动。巴斯夫没有一开始就聘请一流的投资者关系顾问公司，而是决定先请教实施过一流的投资者关系管理的同行。公司投资者关系部门安排了包括杜邦、先灵—葆雅等知名公司在内的同行交流，学习它们在财务沟通方面

的先进技术。

公司还设计了一份详细而全面的调查表，内容覆盖了投资者关系的各个主题。随后巴斯夫发表了自己的投资者关系报告，阐述了巴斯夫公司投资者关系的基本战略，主要结论是：（1）通过在欧洲、北美和亚洲主要金融市场的宣传展示，达到在全球开展投资者关系活动的目标；（2）为了使代表公司形象的各个分部的负责人在对外宣传中能达到高标准，巴斯夫决定以分部披露形式提供公司财经信息；（3）贯彻投资者关系管理的基本原则，如确保行动的一贯性和可靠性。

（三）内部沟通

公司在制定了积极的财经沟计划并成立了投资者关系部门后，重要的工作是取得公司内部员工的信任，集团令 17 个业务分部的执行董事都确信积极的投资者关系计划能给他们带来好处。业务分部不仅要提供各自的财务数据，而且各执行董事还要受首席执行官和财务总监的委托，经常在各种场合代表公司发言，并且还要与机构投资者、个人投资者、金融分析师以及来自银行的股权咨询师进行沟通。

三、投资者关系活动

（一）公司展示会

公司展示会奠定了巴斯夫公司投资者关系行动的基本标准，那就是选择上市地和部分国际性的金融中心，如伦敦、纽约、阿姆斯特丹、布鲁塞尔、巴黎、米兰、柏林、多伦多、东京、香港和新加坡等。公司还经常收到邀请，到世界各地去做展示活动。公司在同一地点进行展示时，非常注意内容安排上不要出现频率过于集中的“过度宣传（overkill）”的嫌疑。公司每三个月只接受一次邀请，因为当新季度的数据已经在报告中公布，并在新闻发布会和分析师会议上进行了相关讨论后，再进行第二次展示就显得多余了。多年以后，巴斯夫国际化计划激发了基金经理的浓厚兴趣。

（二）选择适当的主办人

每一次在主要的金融中心举办投资者关系展示，巴斯夫都会挑选一家著名的国际银行、投资银行或者证券经纪商作为本次活动的主办人。主办人的主要职责是邀请目标团体，通过电话和邮件宣传本次活动，组织记者招待会或圆桌会议，以及收集与会者对会议内容、质量的反馈意见。他们在挑选主办人方面遵循“不要轻易换人”的原则，因为通常除了投资者关系活动外，公司与主办人之间还可能存在其他商业机会，这样做有利于调动主办人的积极性。

（三）危机处理

无论公司经营业绩好坏，巴斯夫公司的投资者关系展示活动每年都要在金融中心举办至少一次。即使是在 1990 ~ 1993 年公司业绩最差的时候，巴斯夫公司仍坚持公开讨论公司业绩，受到投资界的欢迎。公司发言人对投资收益的下降进行了解释，并且告诉分析师，管理层已采取了措施遏制利润的进一步下降。通过上述事件，公司体会到，分析师对过去的业绩并不感兴趣，他们主要注重当前的业绩，因为这能体现公司未来收益。分析师也不太关注具体的财务数据，而是更加关注于公司的战略，包括分部战略、投资战略、产品战略和研究战略。分析师想知道在不同的经营状态下，公司会采取什么样的措施，因为他们已经从公司的竞争对手、行业平均值等方面对财务成果形成了一定的概念，当然，分析师会将公司意图与未来一定时间的实际经营进行对比，考察管理层是否有能力实现对投资者的承诺。如果公司的战略意图日后被证明为可行的，那么公司战略的可信度将会很高。

（四）投资者关系活动的创新

巴斯夫公司首先采用了令财经界感兴趣的“情景讨论”（shadow - boxing）活动——分析师和投资者关系负责人的双向沟通体现了投资者关系的双重角色，它既是一个企业的对外发言人，也是企业高层获取市场信息的重要渠道。巴斯夫从一开始就视沟通为信息的双向流动，而不是信息仅从公司内部到外部的单向流动。执行董事经常与一流金融分析师讨论战略规划。这些分析师拜访世界上其他竞争者，有着丰富的经验，有时外部分析师有助于管理层确

定一些悬而未决的重大问题。

为了表彰巴斯夫公司在财经沟通上的进步和作出的贡献，德国经济杂志《经济周刊》1990 年将首届投资者关系奖授予该公司。他们还总结了该公司多年来在投资者关系领域的成功经验，包括（1）对公司整体形象的认知度准确；（2）对公司组织结构了解把握得当；（3）注重投资者见面会的质量；（4）促进研究报告的质量和频率；（5）经常性的书面报告和评估。

第六节　国外上市公司事件管理案例分析①

案例 4－1：American Coin 公司抓住媒体，股价上涨 253%

位于科罗拉多州的 American Coin（NASDAQ：AMCN）公司是美国最大的“玩具机器手”生产企业。尽管公司处于市场的领导地位，拥有一支高水平的管理队伍，销售收入和利润也呈上升趋势，但其股票表现却仍然不活跃。这主要是因为在投资者眼里，玩具行业不过是一个反复无常的、无成长性的并具有高度分散性的行业。在这样一个背景下，当公司为实施战略购买计划进行增发融资时，不得不聘请公关公司为其度身订制全国范围内的投资者关系管理计划。

公关公司在调查后认为，最大的挑战是重树企业及其所在行业在投资者心目中的地位。他们决定为企业施行目标投资者关系计划，计划所要达到的目标包括：（1）创造性的包装企业，以吸引大众对股票的注意力；（2）在目标受众心目中建立起该企业是一个成长型企业的形象；（3）提

① 参考张凯，《国外上市公司实施 IRM 成功案例》（上、中、下），《证券时报》2002 年 5 月 20 日、27 日和 6 月 3 日。

高股票的市盈率；(4) 增加股票日成交量；(5) 在国内财经媒体提高受关注的程度；(6) 激发投资人对增发计划的兴趣；(7) 吸引机构投资人(在本案中并非主要目标)。他们锁定与该行业相关的分析师、经纪人和投资银行，以及国家级财经媒体（注意：在这个案例中由于相关产品更接近消费者，属于消费者导向型产品，所以公关公司把重点放在经纪人而不是机构投资人身上)，展开了一系列以重树企业形象、吸引广大投资人关注为核心的公关活动。

这些活动包括：(1) 目标受众列入“邮件目录”和“传真目录”，每一至两个月，向其发送公司常规信息；(2) 设计制作“投资者资料单”，包括产品照片、地理位置、关键客户和财经亮点（比如“高速发展”、“强化管理”、“经营业绩”)；(3) 改进年报的设计；(4) 网站的建设和更新，使之成为网上投资者关系管理手段，投资者能够通过它从网上获得最新信息、年报等资料；(5) 在重点地区，重点项目上，组织重点投资人的财经之旅；(6) 安排与财经记者的见面会；(7) 赠送纪念品和宣传品，以使人们能常常想起公司；(8) 进行电话调查，以了解主要受众的感想和反馈；(9) 给大约 2500 个主要投资人邮寄资料，内容包括：年报、研究报告、新闻等；(10) 制作幻灯演示并放到网上，重点展示公司的发展战略、经营情况、主要客户、投资建议等。

通过当年成功的投资者关系活动，取得了喜人成果：股价上涨 253%；平均日成交量从 1996 年的 11721 股上涨到 1997 年的 25707 股；市盈率从 10.4 倍提高到 24.8 倍；市值从 2550 万美元增长到 11460 万美元，增幅达 349%；做市商从 1996 年末的 3 个增加到 1997 年末的 11 个；跟踪该公司的分析师从 1 人增加到 4 人；机构投资者从 5 个增加到 10 个，持股量从 120 万股增加到 163 万股；得到公众的广泛关注，多家国家级财经刊物给予报道；在 1997 年秋天成功增发 3570 万股股票。

案例4－2：Adolph Coors公司通过实施RIM，成功实施重组

Adolph Coors是一家资产超过20亿美元的集团公司，其业务范围包括陶瓷、铝制品、包装和啤酒，非啤酒业务占公司销售收入的27%。但是股票价格并没有反映出这些非啤酒业务的价值，原因是那些跟踪该公司的分析师们只对啤酒业务感兴趣，而对铝、陶瓷、包装等业务既不熟悉又不愿意去学习和了解，因而导致该股表现不佳。专业公关公司将这种因分析师不了解公司造成的股价低估称为“沮丧折价”（Frustration Discount）。

为了改善投资者关系管理，这个具有120年历史的财富500强企业聘请了专业公关公司，这在公司百年历史上还是第一次。

公关公司为它提出的第一个建议是将非啤酒业务剥离出来形成一个新的公司，从而使公司不同业务的价值获得更公正的评价。公司董事会在1992年5月在税务和其他组织结构问题得到满意答复的基础上同意了此建议，并于当年12月7日完成重组。

由于分立出来的新公司以前在投资圈中不为人所知，因此如何使新公司被投资者接受成为投资者关系管理重点，公关公司为此设计了积极的投资者关系促进计划。计划的目标包括：(1) 将新公司命名为科技公司以期获得一个较高的市盈率；(2) 创造新公司独立的企业形象，脱离老东家的影子；(3) 以那些有可能对公司感兴趣的分析师为目标受众；(4) 通过媒体报道和来自咨询公司的独立分析报告迅速建立起公众信任度；(5) 最终的目标是新公司的股票在开始交易后能有上佳表现。

为了给新公司在市场上找到一个最佳切入点，公关公司选择了在1992年5月，分立公告发布后组织了年度投资者会议，深入分析新公司的行业情况。1992年7月，在客户备忘录中指出，新公司可以被看作一个多样化的，包括铝、容器、包装在内的产业化科技企业，并且有机会被权威报刊《华尔街》创造性地确定市场地位。公关公司还对5个不同行业的35个不同企业进行了比较分析，研究结果表明：基于新公司先进的铝制造工艺，

高水平制图产品和陶瓷材料业务，新公司会很好的定位成一个多样化的科技企业，并可得到仅次于铝业的最高市盈率。1992 年夏天，事情进展不大。一方面由于目标受众还没有开始对公司分立感兴趣，另一方面，该公司也还在考虑分立带给股东税务方面的影响。即使如此，公关公司还一如既往地做着努力，向投资界邮寄有关新闻，以保证让每个人了解到事情的进展情况。

到 1992 年初秋，税务方面得到了好消息。公关公司抓住时机，及时与公司管理层接触，开始为其登陆市场策划公关方案。公关公司建议发展多种投资者关系交流方式。比如：传单、几分钟的企业介绍录像带、用于大型投资者会议的幻灯片、公司标志、新闻发布的各种文件、纪念品（水杯、笔、本、钥匙链等），当然所有这些都印有公司标志。另外，还为媒体准备了新闻发布用的文件夹（装有公司标志、高管层介绍和相关新闻）。

公关公司还为企业提供公关培训，组织有媒体参加的分析师会议。公关公司建议新公司在繁杂的注册工作完成（之前即 11 月中）后，在纽约和芝加哥开展主要管理人员和目标分析师的一对一的非正式见面会（出席会议的有美林证券、所罗门兄弟公司、第一波士顿和摩根斯坦利等知名银行的分析师），介绍新公司的组织结构并提前了解分析师感兴趣的东西。

新公司正式成立的公告于 1992 年 12 月 7 日发布，由于媒体的介入，《丹佛邮报》第二天就发表了头版报道，之后是为期两周的路演。路演一周之前，公关公司已经寄送了大量请柬并得到回执，到会的有 70 多人。最后，路演以为期几天的一对一见面会结束。投资者关系管理的结果是：1992 年 12 月 10 日公司股票的开盘价为每股 10.75 美元，月底放量上涨到每股 21.75 美元；权威媒体《华尔街》给予大量正面报道，公众信任度迅速提升；另外，通过两周的路演，分析师对企业的态度非常积极，并拟撰写 5 篇分析报告；新公司不但确定了自己的目标受众，也确立了自己的企业形象，并得到了投资者的关注和接受。

案例 4 -3：AirSensors 公司重树企业形象，增发获得成功

Airsensors Inc. 是世界上最大的多种燃料系统提供商，但在聘请专业公司为其提供专业公关服务以前，它并不为华尔街所关注。1993 年春，企业申请增发股票融资用于偿还贷款，由于投资者认为该公司不过是一家死板的汽车企业，因此最初对其增发计划毫无兴趣。面对这种情况，公关公司决定从改变企业形象入手，把一个“汽车制造商”重塑为一个“环保卫士”，从而培养投资者兴趣。

公关公司首先进行了调查，确认华尔街对该企业存在的误解。再同企业高层管理人员进行了面谈，将他们自己对企业的认识与外界的误解进行了对比。在调查基础上，公关公司为企业制定了一个为期一年的投资者关系管理计划，目标受众为原公司股东和相关的机构投资者，目标是创造性地包装企业以吸引公众，帮助承销团完成公开发售。

在实施阶段，公关公司运用了一系列有效方法，如通过与企业高层的会谈，更好地了解企业的现状与需求；向 2500 个投资界的重要成员安排了演讲和个别见面会，向重要的分析师做宣传；联络国内财经媒体，引起他们的注意力；精心设计符合企业形象的年报，通过蓝天白云背景强化企业理念，树立企业形象；每隔 4 ~6 周向重要的分析师、经纪人和基金经理寄送相关的报道和文章，提高他们的注意力；制作一页的彩色传单，作为股票经纪人向投资者推介公司股票的材料。

实施的结果表明投资者关系管理工作为企业带来了巨大收益：(1) 股票价格当年就从每股 4.5 美元上涨到 12.75 美元，第二年 1 月更是达到了 14 美元 1 股；(2) 认股权证价格由原来每股 0.5 美元涨到 3.5 美元；(3) 10 家机构投资者持有公司股份而以前从来没有；(4) 有 3 份来自不同研究机构的关于公司的研究报告；(5) 市盈率提高到 63 倍；(6) 市值从 1800 万美元上升到 5100 万美元并一直保持到年底；(7) 成交量从 1992 年 210 万股增加到 1993 年的 790 万股，认股权证交易量达到了 670 万份；(8) 国内主要媒体进行了相关的报道；(9) 股票增发成功，公司还清了贷款，并且盈利能力也强劲回升。

案例4-4：Mail-well公司实施投资者关系管理，顺利实施融资购置资产，股价上涨271%

尽管Mail-well Inc（NYSE：MWL）已经发展成为美国最大的为客户定制信封的企业，并且在美国高清晰彩色印刷行业处于领先地位，但起初公司并不为华尔街所知。由于公司计划通过股市融资并完成一项资产购置业务，因此决定聘请专业的公关公司帮助其策划实施一个全国范围的投资者公关活动。

公关公司为了达到企业融资扩张目的，必须先矫正金融界对该企业的错误认识，说服华尔街的投资商相信企业的管理者有能力成功实施其发展战略。

通过调查分析，公关公司确定目标受众为机构投资者和分析师，因为一般的投资者不容易理解印刷行业。根据受众特点，公关公司制定的实施方案为高层的一对一见面会，以便于高层与分析师和基金经理的沟通和交流。当然，他们也没有放弃散户和经纪人，只是用一种相对便宜的方式，通过媒体和直接投递年报来维护与他们的关系。

在投资者关系管理中，媒体的作用是不可忽视的，原因是媒体有助于树立公司的公信度，很容易为公众认知，而公众对公司的关注反过来会促使经纪人关注公司的表现，从而进一步影响分析师对公司的关注。

目标受众确定后，就要确定投资者关系的目标：（1）向华尔街传递一种理念，即当想到Mail-well时，就会联想到印刷业的购并和扩张；（2）提高市盈率，使之接近印刷行业的平均值；（3）增加日成交量；（4）通过财经媒体提高公司在国内的知名度；（5）吸引机构投资者持股。

从1997年开始，公关公司在不同的城市组织了一系列的一对一见面会。每次会议之后，还要向与会者征询反馈的信息，包括面谈和电话问询。为了让投资者时刻记住公司名字，每隔3~4周，要向投资人寄送公司资讯。高管人员在媒体上的良好表现成为公司争取公信度的途径之一。

最后，公司还建立了专门的网站，使之成为投资者的网上家园。

结果是相当可喜的：公司股票价格由年初的每股10美元上涨到年底的40美元，升幅为271%。1997年是美国的牛市，而道琼斯指数平均涨幅仅为20%，该公司股票在纽约证券交易所表现排名第三；（2）机构投资者持股比例由年初的29%提高到年底的45%，这是与目标受众进行良好沟通的结果；（3）持股机构从26个增加到56个；（4）跟踪分析师由2个增加到7个，分析报告有5篇；（5）市盈率提高，市值随之提高280%；（6）日成交量较原来提高了129%；（7）引起财经界前所未有的关注，多家主要的媒体给予了报道，使公司一夜之间成为华尔街耀眼的明星。

第五章　我国上市公司的投资者关系管理

本章提要

我国上市公司投资者保护和投资者关系整体管理水平在不断提高，但这些投资者关系管理工作常常是被动的、单向的。投资者关系管理不仅有助于提升公司长期投资价值，从宏观来看，投资者关系管理还是提高市场公信力的必由之路。因此加强投资者关系管理，除了上市公司自身以外，还需要政府、投资者关系顾问等第三方机构相互促进，共同提升投资者关系管理的水平。

纵观我国证券市场过去20多年的历史，市场吸引力表现出较大的波动，比如在1996~1997年、2001年、2007年市场吸引力很强，投资人基础扩张很快，在另一些年份，投资人对市场会局部地失去信心，由于中外金融学理论都认可的“羊群效应”的存在，投资人选择离开或者同时聚集在同一个市场，有时候显得很没有秩序。市场吸引力的剧烈波动，导致市场系统风险的变化不连续、不平滑，进而使得投资人决策所赖以形成的风险预期产生紊乱，资金的跨市场流动与宏观经济增长的需求出现结构性背离。这种情形的出现，有很多本质性的原因，但其中比较重要的一条原因是忽视了投资人关系管理，导致投资人用怀疑的眼光看待市场主体的行为，甚至变得很脆弱，经不起市场的风吹草动。

投资人对市场风险分布结构和风险状态具有明朗的预期，是市场繁荣的

基础，这个基础的获得，很大程度上依赖于市场各方主体的信任程度和信息沟通程度，特别是，投资人和上市公司在多大程度上能够达成共识，就深刻地影响着市场运行的方向和质量。比如：经过2003年的结构调整，市场在刚刚过去的几个月时间里出现了转暖迹象，蓝筹股受到市场欢迎，表明市场结构调整的效果已经初步显现，一些绩优大盘股票对市场的支撑作用明显增强；2003年以来一直被坚持的行业相对投资价值理念，得到了进一步贯彻，那些在国民经济中举足轻重的行业和公司很受市场重视，说明股市和宏观经济的相关性正在逐步提高；投资者的行为逐渐变得理性，说明市场理性在增强。这些特征更进一步说明，投资人的确看重那些信息比较充分的公司，看重那些行业地位和市场地位比较确定的公司，看重那些能够把真实情况如实告诉他们的公司。市场运行状态的变化，进一步说明，投资者关系管理的确能够影响公司的市场价值，进而影响市场的长期走势。2006年底，我国资本市场股权分置改革基本完成。随着我国资本市场进入后股权分置时代，上市公司投资者关系管理将在一个新的制度基础上形成、运行，呈现出新的特征和发展趋势。2005年启动的股权分置改革在中国资本市场上掀起的风暴前所未有。这场划时代的变革不仅使上市公司彻底暴露在阳光之下，成为真正意义上的公众公司，而且正促使“股东和管理层”、“大股东和小股东”这两组“二元利益”逐渐走向统一。股权分置改革的完成所形成的全体股东共同利益基础使投资者关系管理真正定位于“实现公司价值最大化”的战略目标。在成熟资本市场中，投资者关系管理原本就是通过充分的信息披露，并运用金融和市场营销的原理加强与投资者和潜在投资者之间的沟通，促进投资者对公司的了解和认同，实现公司价值最大化的战略管理行为，其本质就是通过有效的沟通，实现公司价值的最大化。在后股权分置时代，资本市场可以加速向市场化发展模式转变，规范化、制度化的特点将更加鲜明，上市公司进行盈余管理的动机和空间进一步缩小，理性投资、价值投资的观念将逐步形成，投资者更多的关注上市公司的基本面，上市公司必须增加信息披露的深度和广度，公司治理结构、品牌、商誉以及环保问题、道德问题、社会公益事业

等内容将逐步纳入投资者的披露视野。

股权分置改革开启一个股票全流通的新时代，在新的游戏规则下，上市公司在投资者关系管理方面需要应对许多新的问题。

1. 股改后上市公司将实现真正意义上的资产证券化，可动态计量的股权价值将成为资产管理的重要指标，这与非流通股以净资产值作为衡量指标存在很大的区别。

2. 面对市场上不断细分的投资群体，公司是否有合适的渠道和方式进行有效的沟通。除了进一步加强针对广大散户投资者的专业服务之外，未来的市场沟通还将更多面对保险公司、资产管理公司、产业性投资组织，以及接受市场委托进行专业投资的基金管理公司、证券公司等，这些机构投资者可能都有各自鲜明的特点，但其共同之处就是有规模、具有专业能力，而且都有很大的市场影响力。

3. 在企业并购重组经常发生的时代，公司是否能够有效利用这其中潜在的商业机会，是否有相应的反收购预案可使公司沉着应对可能的敌意收购？

4. 公司管理层和股东、外部投资者之间在企业发展战略、业务计划、内部治理等方面存在分歧是很自然也是难以避免的事情，全流通时代投资者影响力的加强意味着管理层沟通和说服能力提高的必要性。再好的战略规划、再强的经营管理能力，如果得不到投资者的认同和理解，恐怕也难以有所作为。

5. 投资者已不仅仅满足于上市公司例行公事式的信息发布，各类研究机构和媒体随时将会对上市公司进行全方位的透视，不同角度的分析及各种各样的评论也会通过不同的渠道迅速传达至整个市场，其对公司股价的影响也是不容置疑的。

因此在新的市场环境下，研究我国上市公司的投资者关系管理具有更为现实的意义。

第一节 我国投资者关系管理的现状

投资人和发行人是证券市场中最重要的主体，因此，投资人与发行人之间建立良好的沟通和信任关系，是证券市场健康发展的基础，是证券市场建设的重要工作。发达国家对投资者关系管理的研究和实践已有五十余年的历史，投资者关系管理已成为大多数上市公司贯穿在日常工作中的战略管理行为。在我国，1999 年开始有一些公司在首次公开发行和增发时开展了路演等投资者关系管理工作，主动将公司的发展战略、发展前景、经营状况等信息与投资者进行沟通和交流，这是我国上市公司投资者关系管理的开端。2002 年以来，以东风汽车等公司为代表的上市公司开始重视投资者关系管理，一些上市公司还系统地开展了投资者关系管理；中国证监会和两个证券交易所的领导也多次强调要推动上市公司改善投资者关系；上海证券交易所还主办了“首届中国上市公司投资者关系管理论坛”；浙江、山东等地的证管办（或特派办）也要求辖区上市公司积极开展投资者关系管理工作。2003 年 1 月，尚福林主席在“全国证券期货监管工作会议”中指出，要“坚持把保护投资者的合法权益作为我们工作的重中之重”，在 2003 年要“大力推动诚信建设”。由此，改善投资者关系逐渐成为我国证券市场建设的重要组成部分。2005 年，中国投资者关系年会首次召开，一年一度的中国投资者关系年会目前已成为当前国内最具权威性的上市公司投资者关系专项评选活动。

伴随着投资者关系管理的开展，我国投资者保护水平不断提高。根据中国证券投资者保护基金有限责任公司的研究①，2003 ~ 2009 年，上市公司投资者保护状况客观评价指数逐年增长，并于 2009 年获得 70.21 的历史高分，

① 《中国上市公司投资者保护状况评价总报告》，中国证券投资者保护基金有限责任公司，2010 年 8 月 30 日。

较2003年的58.26分增长20.31%。从公司评级结果看，2003~2009年A级上市公司从无到有，而B级上市公司数量比例逐年增长（如图5-1）。投资者中超过4成的受访者对2009年度上市公司投资者保护状况给予了正面评价。

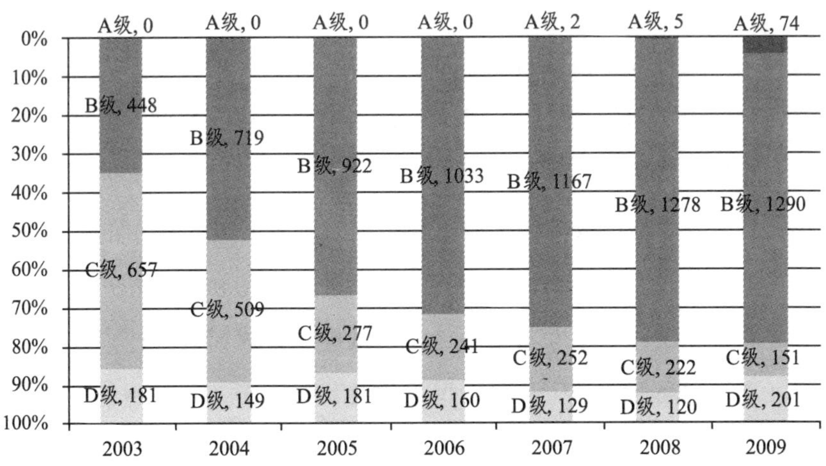

图5-1　2003~2009年中国上市公司投资者保护评级情况

尽管我国上市公司投资者保护和投资者关系整体管理水平在不断提高，但这些投资者关系管理工作常常是被动的、单向的，是上市公司迫于法律法规的压力，被强制性地进行信息披露的活动，与西方成熟资本市场中真正意义上的投资者关系管理相比，我国还存在着较大的差距。

我国投资者关系管理滞后，主要有两大原因。第一，投资者关系管理是随着资本市场的成熟和股权文化的兴起而产生和发展的，而中国资本市场作为发展中的市场，投资品种数量过少、市场体系深化程度不高并缺乏弹性，股票在某种程度上还是一种稀缺资源，人们还没有认识到要像产品市场中的营销那样去争取投资者的资金。因而投资者关系的产生、发展尚缺乏市场结构基础；第二，就目前来看，中国资本市场还是一个以股权分割为主要特征的市场，上市公司外部约束弱化，普遍没有建立起符合“股东至上主义”的公司治理机制，投资者关系管理缺乏产生、发展的制度基础。

和发达国家相比，我国上市公司在投资者关系管理方面的差距，主要表现在以下几个方面：首先是我国上市公司还没有形成完整的投资者关系管理的概念，尊重投资者尤其是中小投资者的意识不强。目前，大多数上市公司投资者关系管理是被动的，往往迫于法律法规的压力而进行，还没有主动做好投资者关系管理的内在动力。投资者关系管理是战略管理的基本内容，对提高公司的核心竞争力有着非常重要的作用，但大部分上市公司尚没有意识到这一点。很多公司考虑更多的是如何推销自己的产品，提高市场占有率，但在如何宣传企业文化，完善公司形象，学会并运用现代营销手段推介企业自身方面投入的精力非常少。在取得购货人认同的同时，忽视了投资者的评价。其次，我国上市公司的投资者关系管理是单向的，而国外上市公司投资者管理关系是双向的，是一种可以使投资者与上市公司随时保持沟通的机制。再次，我国上市公司投资者关系管理的内容很少，而且形式单一，主要是年报和中报、董事会公告、发行时的路演等法定的强制性信息。

根据中国证券投资者保护基金有限责任公司的研究，2009 年度中国上市公司网站投资者栏目建设情况，发现仅有 65.6% 的上市公司建有网站投资者关系栏目，投资者关系栏目中披露的信息能基本满足投资者需求的上市公司仅占 11.4%，能够让投资者通过网站栏目获得公司深度信息的占比仅有 16.4%。以上说明目前投资者能够公平、及时、便利获取上市公司信息的渠道依然较为有限。此外，从上市公司举办投资者活动的积极程度来看，2009 年度举办网上业绩说明会和投资者接待日的上市公司数量比例只占 29.55%。可见上市公司投资者关系管理意识还有待继续提高。

我国系统实施投资者关系管理的先行者是我国海外上市公司，如中石化、中国移动、联想等企业，由于海外资本市场的环境要求，上市公司必然重视投资者关系，否则股票将无人问津。2001 年 8 月在海外上市的中石化 A 股发行上市，将投资者关系管理引入国内市场，公司设立专门的投资者关系部门和网上专栏，通过网络、电话为投资者提供公司财务报告、公告、路演推介、热点问题和联系信箱等信息服务，全天候与全球投资者热线联系，随时解答

投资者提出的各种问题，接受投资者监督。2002年东风汽车通过在证券时报上开设专栏进行投资者关系管理理论和实践操作的探讨，为投资者关系管理在国内的传播和普及起到了很好的作用，成为国内纯A股上市公司中首家系统实施投资者关系管理的公司。由此，我国掀起了国内上市公司与投资者加强沟通的热潮，如上海宝钢早已着手建立自己的体系；中集集团设立了较为全面的网上服务栏目；华侨城邀请股东实地考察两大投资项目；北大荒请投资者“回家看看”，带领普通股东对公司投资项目和生产一线进行面对面接触；雅戈尔公司董事长李如成与来自北京、上海、深圳等地的基金经理、券商研究人员等近百位投资者或潜在投资者共同参观了各投资项目等。这些情况表明，投资者关系管理正逐渐为我国大型上市公司所重视，部分上市公司运用各种方式加强与投资者的沟通，促进与投资者彼此间的相互信任。

第二节　投资者关系管理在证券市场发展中的作用

投资者关系管理是现阶段的一项重要战略任务。从微观层面看，投资者关系管理有助于提升公司长期投资价值；从宏观层面看，投资者关系管理是提高市场公信力的必由之路。

一、微观层面

从上市公司个体来看，投资者关系管理是上市公司的一项形象工程，有利于提高公司对外部利益相关人的凝聚力。首先，投资者关系管理通过让公司变得更加透明，实现了取信于投资人，取信于市场的目标。这个目标的实现，对吸引短期投资和长期投资都有好处，短期投资不会因为公司经营环境

的突然变化而轻易丧失信心，长期投资人在不断的磨合中，对公司管理层更加了解，更加信赖，因而更容易与公司肝胆相照，结成战略伙伴关系。由于市场吸引力增加，与投资者拥有互相信任的关系，这十分有利于公司建立良好的市场形象，有效地稳定和扩大融资群体。

其次，投资者关系管理是完善公司治理的重要环节。当前，我国上市公司治理中最大的问题是控制性股东行为不够规范。通过投资者关系管理，可以促进股东行为规范，造就出一批行为“内敛”的控制性股东，这好比做人，越是成熟，越知道内敛，越知道照顾别人的兴趣爱好。股东行为规范只是做到合规，并不完备，还要学会和投资人尤其是弱势投资人打交道，照顾他们的利益，甚至暂时牺牲一点自己的利益，换来长远的合作。

如上所述，投资者关系管理是公司治理的一项重要内容，从法律规则的观点看，投资者是公司的所有者，获得有关公司发展的信息是投资者的合法权利，公司也有义务将有关信息及时告知投资者，应当采取各种方式保障投资者充分行使其知情权；从效率的角度看，注重投资者关系管理是公司内部人自我约束的一种很见效的手段。因为以诚待人，坦诚相见，既需要勇气，更需要良好的行为作基础，讲求投资者关系管理，正是公司内部人自我约束的激励机制之一。有了自我约束，行为规范，公司经营必然能经得起市场环境变化的考验。

投资者关系得到改善以后，以心换心，投资者更关心公司经营成败，一些好的建设性建议才能进入上市公司内部人的视野，不同意见的互动，非常有利于改善公司的经营管理和治理结构，提高上市公司的核心竞争力，实现股东利益最大化和公司持续快速地发展。投资者沟通渠道不畅、投资者利益难以得到保障的公司很难成为一个治理结构完善的公司。

最后，完善的公司治理对投资者关系管理工作意义重大。上市公司只有完善治理结构，理顺委托代理关系，健全激励约束机制，才能真正以股东利益为行为准绳，充分认识到投资者关系管理工作的重要性，做到对股东、对投资者负责。公司治理环境的逐步改善，尤其是机构投资者数量和

地位的上升，投资者权利意识的加强，将会进一步推动投资者关系管理的发展。

二、宏观层面

投资者关系管理是保护投资者合法权益的必然要求。投资者保护有好几个层次，其中最重要的有两个，其一是投资者的权利体系构建，这一点需要包括上市公司在内的社会各界共同努力；其二是投资者拥有信息的充分程度，这一点从目前的情形来看更加重要，因为没有信息的权利只能是一个空壳，投资者必须知道自己的权利处在一个什么样的状况下，是否受到了必要的保护等等，他们必须知道自己在什么情形下，可以运用什么样的手段伸张权益。信息的获得，有很多途径，强制性信息披露是一条途径，但远远不够，因为它不如公司自己自觉自愿地告诉投资人来得更有亲和力。我们常说好朋友无话不谈，实际上，也只有无话不谈，才能成为真正的好朋友，遮遮掩掩的合作不能长久。

从宏观上看，上市公司讲求投资者关系管理，有利于市场的整体繁荣。这一点比较清楚，单独一家上市公司的努力，不足以让大规模的投资者留在市场，只有更多的上市公司一起抓投资者关系管理，改善和投资者之间的信任，才能促使市场文化的稳定发展。更为重要的是，市场主体的很多行为具有所谓的“溢出效应”，一家公司造假或者实施欺诈，往往连带地影响整个市场的公信力。所以，为了保持市场交易的连续性和安全性，投资者关系管理被很多国家纳入公共管理范畴，这更说明投资者关系管理的宏观意义。另外，从社会文化营造的角度看，通过良好的投资者关系管理，建设和谐的股市氛围，有利于化解上市公司所涉及的各主体之间的矛盾（包括股东、债权人、员工、客户等），通过信息的及时沟通，能够起到提前释放风险的作用，促进各利益主体的良好互动。

第三节　政府与上市公司投资者关系管理

上市公司与投资者的关系有两个层次，第一个层次是建立在市场交易基础上的交换关系。从这个基础出发，投资者关系管理属于市场行为，监管人的态度首先应该是中立的，其次才可以考虑防止交易信息的不对称和欺诈；换言之，这个层次的关系，把监管权利限定在一个相对狭小的范围内。第二个层次，由于投资者对上市公司在失去了信任感之后，很容易采取比较激烈的行为，破坏市场交易的连续性和安全性，比如，多数投资者选择离场，导致市场投资者基础收窄，影响市场交易的安全，同时放大了系统风险。这一点，已经为行为金融理论所证明。由于投资人的非理性行为引致的风险积累到一定程度，必然要引发金融市场动荡，甚至危机，其结果当然地会危及经济运行的安全，并从一个国家向其他关联市场渗透，因而对上市公司投资者关系管理进行必要的监管，在这个层次上显得特别重要和迫切。

政府提供公共产品，或者是基于宪法的授权，或者是基于宪法精神的合理推论。十八世纪德国《魏玛宪法》以后，各国宪法都授权政府可以就维护本国经济运行的稳定和发展采取必要的行动，这和以前的政府只负责国家内外安全的“守夜人”角色有很大的不同。既然对上市公司投资者关系管理加以合理有效监管，有助于维护国家经济运行的稳定，则这样的监管，就是国家以公共产品的形式提供给市场的一种合法服务。和政府提供的其他公共产品一样，政府提供这样一种产品，既是它的责任，又是基于宪法而获得的一种权利。

如果监管投资者关系管理仅仅只是政府提供了一种公共产品，那它就只能是非营利的，这是投资者教育的重要性质之一；但在另一方面，投资者关系管理的收益又不仅仅只是公共利益，还包括了更多的私人收益。作为一种

产品，它的消费在很多情况下是竞争性的，因此又具有私人产品的性质。这就构成了投资者关系管理的双重性质。

上市公司投资者关系监管工作是推动建立中国特色股权文化的重要内容，政府在这项工作中发挥着积极作用。

作用一：采取有效措施，把投资者关系管理纳入监管部门的日常工作，积极推动投资者关系管理在市场化、规范化、制度化轨道上上台阶。

在投资者关系管理方面，中国证监会主要从两方面开展工作，一方面是法规建设，另一方面是宣传教育。

第一，在法规建设方面，监管部门按照证券市场监管法制建设的统一部署，在充分论证的基础上，结合上市公司的已有实践，出台了《关于推动上市公司加强投资者关系管理工作的通知》，将投资者关系管理作为上市公司监管和改善公司治理的一项重要措施来抓。此后，中国证监会各派出机构纷纷加大力度，采取多种措施，促进投资者关系管理工作在上市公司的开展和深化。针对各个公司投资者结构的差异性，一些地方的监管机构要求上市公司根据实际情况，有针对性地制订投资者关系管理的工作规范及相关细则，明确投资者关系管理的工作内容和范围，确定规范的工作程序，推动投资者关系管理工作进一步向规范化、制度化的方向发展。适应信息披露规则的变化趋势，一些地方要求上市公司在逐步推进主动性信息披露的同时，改进信息披露的手段和方式，不断扩大信息披露范围，增加信息量，提高透明度。同时鼓励上市公司积极创造条件，构建多种形式的信息沟通渠道及平台，实现与投资者之间及时便捷的双向沟通与联系，形成良性互动。针对投资者关系管理难以日常化的现状，监管部门还鼓励上市公司建立专门的投资者关系管理机构，并落实专人负责。上市公司应对投资者关系管理的工作人员进行培训，使其了解投资者关系管理内容及程序，熟悉证券市场及本公司情况，提高信息披露工作的水准。

第二，在宣传教育方面，监管部门把投资者关系管理理念的塑造作为上市公司监管理念重新构造的重要环节来抓，上海证券交易所、中国证监会派

出机构共同举办了多次投资者关系巡讲活动，向上市公司宣传投资者关系管理理念，明确投资者关系管理的涵义及内容，介绍部分治理结构较完善的公司开展此项工作的实践经验，在证券市场形成推动投资者关系管理、关注投资者利益的氛围。通过宣传教育，上市公司对投资者关系管理的认识水平明显提高，投资者的参与热情也有了一定程度的改善。

作用二：在法规建设方面，研究制订《上市公司与投资者关系工作指引》，充分吸收国外先进经验，把投资者关系管理工作引向深入。

《上市公司与投资者关系工作指引》是公司投资者关系工作的基本行为指南，鼓励公司按照《上市公司与投资者关系工作指引》的精神和要求，积极、主动地开展投资者关系工作。公司特别是管理层应当高度重视投资者关系工作，《上市公司与投资者关系工作指引》没有法律责任，属于行政指导的范畴，但带有很多强制性、禁止性的规范。

作用三：发挥各派出机构和证券交易所在投资者关系管理工作中的一线指导作用，重视调查研究，重视督促督导，共同完成投资者关系改善的任务。

监管部门和派出机构将把上市公司投资者关系管理工作作为上市公司巡回检查的重点检查内容之一，通过巡检及其他日常监管手段，对上市公司投资者关系管理工作进行跟踪监督及指导，保障投资者关系管理工作取得实效，使上市公司治理再上新台阶。

证券交易所作为自律组织和一线监管的承担者，是连接上市公司与投资者的重要纽带，在完善公司内部治理结构，监督高级管理人员履行诚信义务，保证投资者利益免受侵害方面具有重要职能。因此，今后要进一步发挥证券交易所的作用，推动上市公司投资者关系管理工作向纵深发展。我们感到，交易所在制订和完善上市公司信息披露的相关制度，改善上市公司的信息披露质量，通过制度和舆论引导、推动上市公司重视投资者关系管理，制订上市公司开展投资者关系管理的工作指南，指导上市公司开展投资者关系管理工作，对上市公司投资者关系从业人员进行业务培训，提高业务水平等方面，一定要发挥更加积极主动的作用，这一块任务，谁也无法替代，做好了，对

证券市场的繁荣和稳定将会有十分重要的贡献。

作用四：引导上市公司拓宽沟通渠道，加强与投资者的信息交流，促使上市公司成为证券市场投资人基础拓宽的“磁石”。

建立与投资者通畅的沟通渠道，多方面听取投资者意见是投资者关系管理中的重要内容，也是目前我国上市公司中较为薄弱的环节。今后，我们要主动引导上市公司拓宽与投资者沟通的渠道，除了完善和改进公告制度、股东大会制度外，还要充分利用网站、一对一沟通、广告、媒体报道、邮寄资料、电话咨询、现场参观等多种形式，扩大投资者对公司的知情权，增强其认同感。

按照国外的成熟做法，上市公司与监管部门和交易所的沟通，也是投资者关系管理的重要内容，这方面需要监管部门和上市公司相互努力和促进。沟通渠道畅通了，误会少了，上市公司的经营管理工作就更容易上台阶。监管部门与上市公司沟通，不仅要注意和公司管理层交流，还要注意和公司外部的投资人沟通，多听各方意见，增强工作的主动性和把握局面的能力。

从过去一段时间的实践看，投资者基础拓宽是保障市场交易持续性和安全性的前提，投资者基础拓宽，涉及方方面面的努力，但其中最重要的一条，就是要提高上市公司个体吸引投资者的能力和魅力，个体形象良好，市场基础肯定牢靠，换句话说，上市公司成为资本市场的“磁石”，是投资者基础拓宽的基本前提，这一点也应该逐步落实到日常工作中去。

作用五：培养投资者关系管理专业机构和人才队伍，用市场化的办法推动投资者关系管理向纵深发展，同时保持市场发展与市场化监管理念的始终一致。

参照国外的先进经验，投资者关系管理对专业化的机构和人才依赖性很高，专业化的机构和人才，具有信息广泛、专业化技能和丰富经验、眼光独到等特征，更重要的，他们更了解投资者的投资偏好和市场系统风险源头，更容易具备公正的立场，因而更容易受到投资者的欢迎。这一点，也应该引起我们的高度重视。发展市场力量推动投资者关系管理，即使国外的经验，也应该成为我们下一步努力的方向，我们考虑，监管部门应该和交易所及派

出机构一道，选择一些市场分析能力强，信息发掘技术成熟，诚信公正的中介机构来做试点，把投资者关系管理这样一项长期而系统的工作做好。这条思路本身的市场化特色，也能保证对投资者关系管理的监管，建立在科学性的基础之上，是一个较高的起点。

投资者关系管理是一件于平淡处见神奇的任务，任何等闲视之的看法和做法，都会使它流于形式，发挥不出应有的作用。让我们共同努力，通过科学严格的投资者关系管理，把握市场调整的时机，迎接资本市场的持续、稳定发展和繁荣。

第四节 投资者关系顾问的作用

上市公司除了独立开展投资者关系管理工作外，也可以将投资者关系管理的全部或一部分委托给专业的财经公关公司或投资顾问公司。在海外，投资者关系顾问或代理公司已成为规模不小的一个行业。

一、投资者关系顾问的作用

投资者关系顾问在上市公司与投资者之间发挥着重要作用。概括起来主要包括以下方面：

第一，从成本角度来看，各公司专门雇佣一批投资者关系员工、配备一套投资者关系管理设施，并进行投资者关系的常规性管理并不合算，而且效果也不一定好。上市公司可以逐渐将部分或全部工作“外包”给专业公司，随着专业管理公司队伍的扩大，各项收费也趋于合理和统一。

第二，从专业角度来看，投资者关系管理已经发展成为一项专门的业务领域。投资者关系顾问在业务发展中，不断积累专业知识和经验，使业务更

加系统化和程序化。并且在实施过程中，专业顾问实时、动态监测企业形象，对上市公司进行有针对性地策划与传播，同时借鉴专业经验，为企业制订切合整体发展战略的全面营销方案，协助企业进行金融营销策划与实施，并提出切实的培训与支持服务。

投资者关系顾问的另一个作用是当公司出现危机时，投资者顾问可以借助其专业优势，针对不同的公司特点和不同的外部环境，采用不同的实施策略和方案，迅速解决危机。

第三，从独立客观角度来看，由于投资者关系对上市公司利益的重大影响，为提高投资者关系管理工作的客观性和标准性，应把上市公司各自为政的、透明度较低的投资者管理活动，部分转变为专业公司系统化、程序化和公开化的业务，从而有利于加快我国投资者关系管理工作的规范和健康发展。

第四，在实施投资者关系管理中，专业顾问有效地起到连接上市公司与媒体、广大投资者及政府主管部门等的桥梁作用。专业顾问通过及时有效地市场与媒体监测分析、媒体游说，以广告和新闻报道方式塑造优秀企业品牌形象，增加企业无形资产。

二、专业顾问公司的主要工作

专业顾问公司协助上市公司开展以下工作：

1. 设计公司投资者关系管理战略；

2. 通过研究，设计公司的形象定位；

3. 协助公司制订投资者关系管理的相关制度，建立适合公司的组织机构；

4. 通过研究，有计划地管理资本市场对公司的预期，制订具体的投资者关系促进活动；

5. 组织分析师会议，访问机构投资者或组织其他活动，协助公司与分析师、投资机构的沟通；

6. 对公司日常的投资者关系管理工作提供咨询建议；

7. 跟踪和分析公司的投资者关系状况，并提出相关建议；

8. 处理与媒体的关系；

9. 对公司的投资者关系管理人员进行培训；

10. 协助公司建设和维护公司的投资者关系网站；

11. 危机处理；

12. 为公司设计、制作包括印刷品、音像制品在内的各种管理工具。

三、优秀的投资者关系顾问公司的特点与识别

为有效地发挥专业顾问公司在投资者关系管理实施中的作用，优秀的投资者关系管理专业顾问应具备以下特点：

1. 有实力强大的证券研究队伍，对上市公司行业特点的准确把握和对宏观政策、证券市场、财经产品的透彻理解；

2. 与政府部门、机构投资者、媒体有良好合作关系，并具有良好的社会公众形象；

3. 有国际标准的公关、营销专业人员和业务流程；

4. 为客户提供综合的、全面的金融营销服务，提高服务品质，降低客户成本。

四、摩根士丹利公司的投资者关系管理

摩根士丹利公司是全球著名的投资银行，其业务不仅在股票发行销售方面取得引人瞩目的成绩，而且它借助其熟悉资本市场的优势，开展了投资者关系顾问这一专业化业务。

该公司认为投资者关系管理的目的主要是：（1）提高上市公司投资者的“忠诚度”；（2）引进“战略投资者”和潜在投资者；（3）展示管理层对业务的专注和勤勉；（4）引导投资者发现公司价值和创造公司价值；

（5）形成公司危机处理的机制。他们认为，许多公司由于沟通不足造成的负面影响特别大，而成功的投资者关系管理却能为股价攀升带来有力的支持。

摩根士丹利公司提出的投资者关系管理的主要原则包括：（1）自愿信息披露和定期沟通；（2）投资者关系管理要展示日新月异的公司与行业状况，并针对不同的投资者采取不同的沟通策略，以体现出充满活力；（3）管理层与投资者的沟通要注重亲和力并注意聆听；（4）必须预先界定与管理层接触的频率和程度。摩根士丹利公司对全球前 100 家最大的机构投资者进行了调研，结果发现，最大的投资者对上市公司提出了若干希望，其中很多都是需要通过投资者关系管理来解决的。比如，他们希望每年会晤首席执行官一次，每年会晤首席财务官及投资者关系经理两次；接触营运管理层；通过良好的常规信息沟通，及时获得盈利指引；及时获得对行业监管的法规和行业发展的评论和信息；积极安排与“卖方”的接触活动，等等。这些都对上市公司信息披露提出了较高的要求。

对此，摩根士丹利公司的建议是，第一，制定清晰的会计和信息披露原则。例如，不能接受含糊不清的信息披露、合理的盈利预期、清晰的会计原则、严禁的负债管理和重视股息收益等。第二，建立外部信息发布流程。例如，他们建议公司形成指定信息发布人和信息发布类别制度、建立公布未来盈利及其他预测的制度、仅向经过谨慎界定的人士提供信息、及时回应分析师和投资者的信息要求、及时收集和查阅各种与公司相关的信息，以确保信息是否符合事实及准确性等。第三，建立内部信息发布流程。建议投资者关系负责人向最终的公司决策人直接汇报投资者关系活动并了解公司管理层会议和主要投资者会议的内容，还要让投资者感觉到，相关的工作人员不仅能清楚地理解他们的需求，还能够回答投资者所关注的所有问题。根据上述内容，摩根士丹利公司提出了理想中的投资者关系管理的信息流程（见图 5－2）。

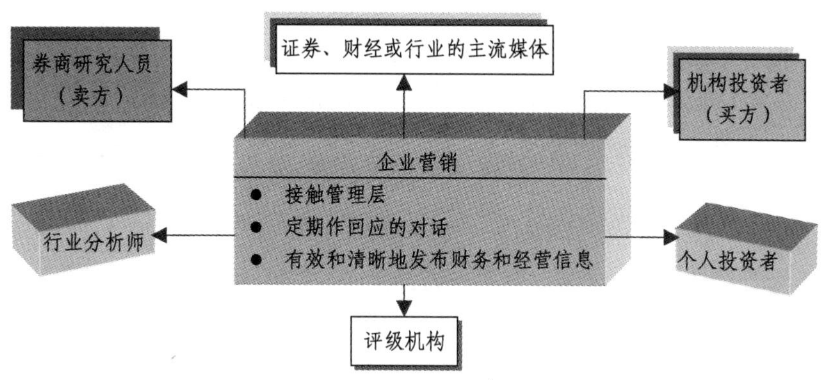

图 5 –2　摩根士丹利公司建议在投资者关系管理中采取的信息流程

第五节　上市公司投资者关系案例分析

上市公司的规模、战略目标、行业特征和发展阶段具有不可比性，这决定了上市公司投资者关系管理工作不可能具有统一的模式。以下选择若干上市公司投资者关系管理的相关案例，进一步说明两方面内容：第一，投资者关系管理的基本经验和方法；第二，投资者关系管理对上市公司价值提升的作用。

案例 5 –1：中石化投资者关系管理——经验与危机处理

中石化 2000 年在香港、纽约、伦敦三地上市后，公司成立董事会秘书局，正式启动了投资者关系管理工作。2001 年中石化在上海证券交易所挂牌，成为国内第一家四地上市公司。

中石化对投资者关系的理解是：（1）上市并不是公司融资活动的终结，而是为公司开拓了崭新的、充满机遇的融资渠道。为此，公司有必要通过管理投资者关系促进股价公平和良好的表现，以吸引投资者的参与。（2）投资者关系管理并不是以报喜不报忧的方式促成股价上升，因为这样

的操作导致股价缺乏基础，而是通过与投资者的坦诚相待，树立投资者持股信心，保持上市公司的股票流动性。(3) 投资者关系和财经公关结合起来可以形成高效和完整的投资者关系管理体系。公司非常重视和财经媒体的关系，并在秘书局下设了专门的财经信息处，负责与媒体的沟通。

该公司投资者关系管理的经验是：第一，明确了投资者关系管理的工作范围，公司将投资者分为三类：投资者、分析师和财经媒体，并围绕这一分类进行沟通，使公司信息能够顺利地传递到资本市场。第二，制定投资者关系计划时注重年度工作的总体目标和规划，并围绕信息披露工作进行展开。在制定年度计划时，公司充分考虑如何将公司定位和资本市场战略的信息传递给投资者，了解投资者最关心的问题，研究投资者结构。公司在信息披露方面成立了专门的信息披露委员会，并结合公司四地上市的特点，对信息披露实行"从多不从少，从严不从松"的原则，增加自愿信息披露内容。第三，形成了投资者关系计划的实施及管理模式，其中包括，建立了金字塔型的管理模式①、自下而上的内部信息反馈机制、公司还聘请了国外专业的投资顾问公司策划投资者关系管理工作。第四，建立了投资者关系实施结果的阶段性评估体系。根据这一体系，中石化将投资者关系的实施划分为计划制定与资源获取阶段、实施与完善阶段、效果检验与目标调整阶段，形成了相对完备的投资者关系管理体系。

中石化投资者关系管理的绩效通过两个方面体现出来：

一是通过投资者关系管理，使中石化的投资者结构实现了根本性转变。中石化上市初期，由于实施了战略配售，形成了包括社保基金在内的收益型战略投资机构，这批机构风险——收益结构中对风险十分厌恶，选择中石化的目的是看中中石化稳定的现金流和收益权。在中石化上市后很长一段时间内，中石化的机构投资者对公司经营的关注程度并不高，并且该公司股票的市场换手率也较低。中石化很快意识到这一问题，并且采取

① 这是一种自上而下的管理，包括公司高价管理人员每年定期接见化工行业排名前 5 的证券分析师及重要基金，参与影响广泛的投资界研讨会和适时安排公司管理者的电话会议。

措施吸引进取型投资者的介入。2003年社保基金开始实施委托资产管理业务，将所持有的中石化股权交给基金管理公司处理。结果是投资基金逐步卖出中石化股份，另一批成长型基金开始买进。2004年上半年，中石化股价一路上涨，并突破机构配售价格，创造了新高。从中石化市场走势上可以清楚地看到这一点。见图5-3。

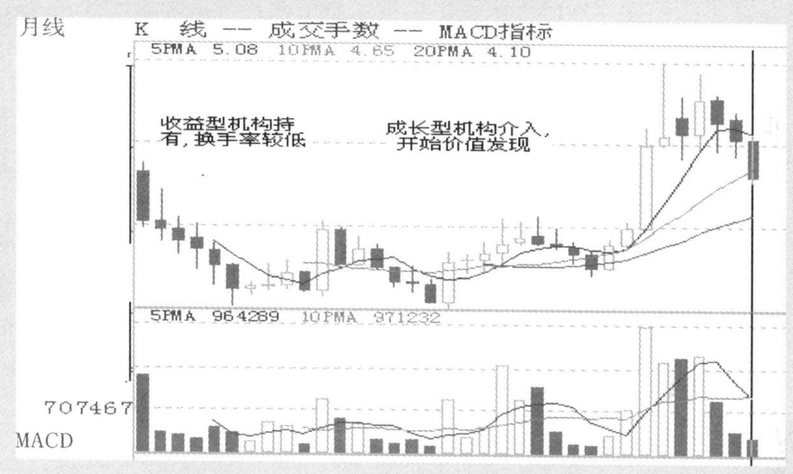

图5-3 中石化上市以来月K线走势

二是中石化成功进行了茂炼转债的危机管理。2004年4月17日，中石化控股的茂炼转债发布公告说，"因控股股东中国石油化工股份有限公司在海外上市时，承诺对下属公司进行整合，近期，又重申以此为战略目标。因此，公司判断，存在控股股东届时不同意本公司在境内交易所上市的可能性。"公布消息的当天，茂炼转债交易价格出现了少有的下跌情况，并且由此引发了大量转债持有人的口诛笔伐。投资者认为，购买可转换债券，最主要的原因就是想它能够转股，从而获得一个一、二级市场巨大差价的巨额回报。从茂炼公司的股本来看，中石化持股99.812%，其余四家分别持有50万股的公司，都是同中石化脱不了干系的关联企业。由此可见，"一股独大"的中石化，要在股东大会上通过茂炼公司不上市转股的决议，可以说是不费吹灰之力，而且就此而言，是合法合规的。但是，如果中石化投票表决茂炼转债不上市转股的话，究竟是否合法合规呢？从目前中石化整个战略整合的决心来看，它不同意茂炼转债上市转股，已经是图穷匕现了。当然，依照股东大会的合法议程，中石化可以按股权说话，顺利实现它的意图。但问题是茂炼转债的持有人却认为，很明显就是违背了诚信原则。另外，他们还认为，中石化为了兑现对海外投资者的承诺①，而放弃在这之前向国内投资者许下的上市转股承诺，厚此薄彼，严重违背了公开、公平、公正的三公原则。根据茂炼转债 1999 年的《可转债券募集说明书》，其中第 4 条第 13 项回售条款 a 中规定："若本公司股票未能在距可转债到期之日 12 个月以前（2003 年 7 月 27 日之前）上市，可转债持有人可将持有的可转债全部或部分回售予本公司"。如果这个可能转债的话，当时它在募集的时候，就公布了相应的一个条件，等于是一个附期限和附条件的民事行为，那么作为公司来讲就是，要按照条件来兑现它的行动，如果是由于客观的原因未能够上市，那么作为持有人的话，可以选择让公司全部或者部分购回，如果由于公司内部的原因，也就是主观的原因，公司个别股东如果决定不上市是一个主观的单方面的意思表示，那么就是违背了当时的一个承诺，那么实际上公司行为就构成了违约。

从茂炼转债 2004 年 4 月 17 日发布的公告来看，显然是由于公司内部主观的原因。因为中石化说得很清楚，它是为了自身的利益需求，而不想让债券转换成股票。由此可见，投资者指责茂炼转债违背诚信原则，并非空穴来风或者说是无理取闹。正是在这个沸沸扬扬的复杂背景下，2004 年 5 月 21 日，中国证监会火速召集中石化，茂炼转债及相关主承销商国泰君安紧急磋商，并且对此事作出了几点批示：证监会不会允许茂炼转债在存留期内强行摘牌，也就是说要保证其流通性。中石化做为茂炼的控股股东，可以依照现行法律法规，作出茂炼是否转股的决定，

① 中石化海外上市时宣称，公司将尽快消除与子公司的同业竞争关系。

但中石化和茂炼要承担因此而产生的风险和责任，另外还要求茂炼及时披露信息，对投资者负责，防止一切可能产生的风险。如果中石化和茂炼转债既要达到不转股的目的，又想免除违约赔偿责任，在主观上找原因是行不通的，唯一的办法就是给出客观原因。此后，中石化相关人员出面说明茂炼转债不符合转股上市的条件，规避了违约责任。

中国石油化工股份有限公司董事会秘书陈革一再向《财经时报》强调，一是中石化支持茂名炼化上市，二是能否上市要视其是否符合上市条件。这一表态平息了投资者对中石化以控股股东（中石化持有茂名炼化99.8%股权）身份阻挠茂名炼化上市的指责。可见，中石化对危机处理已有相当的经验，将茂炼转债上市承诺转换到市场环境和公司经营的不确定性上，避免了中石化与债券持有人发生直接冲突。

案例5－2：宝钢股份投资者关系管理——促进投资者参与

宝钢股份2000年12月在上海证券交易所上市。该公司由H股转而发行A股时，沿用了国际通行的市场定价法，在上海、深圳、北京三地召开了大型推介会，和主要的投资机构进行了20多场一对一会谈，同时还连续五天在全景网络、宝钢网站进行了主要面向中小投资者的网上路演，认真负责地回答了投资者提出的近500个问题，创造了网上路演时间最长、回答问题最多的两个上市公司之最，刷新了A股的IPO记录。

宝钢股份对投资者关系的理解是良性互动和有效、充分、公正、公平的信息披露。其具体做法是：

第一，管理层的重视和参与。宝钢股份的管理层认为，向投资者准确、及时、全面合法地提供公司相关信息是上市公司应尽的义务，同时也有助于促进公司进一步完善治理结构，增强核心竞争力。在宝钢，投资者关系管理不仅是董事长秘书办公室一个部门的事情，董事长、总经理、财务总监，战略、销售、财务部门的主要负责人都是投资者关系

管理的积极分子，出席公司定期业绩发布，并参加网上路演。董事会秘书办公室作为信息披露的责任部门，投资者关系管理更是各项工作的重中之重。该公司董事会秘书办公室地位很高，可以列席公司战略研讨会、经营例会、预算编制会、生产技术分析会等重要会议；有权向公司有关部门询问或要求获得书面情况说明；安排管理层与投资者进行一对一会谈或圆桌会议，组织法定信息披露，可以直接向公司高管层了解情况，宝钢董事会秘书办公室不受定员约束，董事会秘书作为公司授权发言人，是公司高管一员。

第二，完善的信息披露机制。宝钢股份在改制辅导期就聘请了“五大”在华合资企业之一的安永华明会计师事务所对公司进行审计，公司内部审计委员会则由独立董事担任，公司还建立了一套完整、集成、实时的成本会计管理系统，不但实现了会计信息自动化，而且也大大降低了会计账目的人为因素。在信息披露方面，宝钢有两个“法宝”，一是重视“报喜报忧”，二是重视内部交流。该公司针对钢铁行业周期性很强的特点，对公司业绩存在周期性的业绩波动风险进行充分提示，以取得投资者的信任。如 2001 年年报和中报中，公司及时将行业风险告知投资者，在 2002 年一季度报告和半年报中，宝钢股份两次调高了主营业务收入预测，使投资者对公司业绩有了更准确的预测。在北部交流方面，公司参照美国公平披露准则，制定了宝钢股份信息披露管理办法，确定了谁有权了解内部关键信息，谁被授权在公开场合代表公司讲话，并确定了突发事件披露的一般程序和持续披露的指导原则，保证信息披露的公正和公平。

第三，保证投资者关系人员的专业性。由于公司管理层无暇接待每一位投资者，大量的事务被交给投资者关系管理的工作人员处理。这些工作人员具有良好的经济、财务、法律背景和高涨的工作热情，公司还保证其他部门的投资者关系管理工作人员熟悉投资者关系工作的基本准则和一般方法。他们了解公司财务数据和经营思路，具有较强的语言表达能力，有热情、有责任心，这些使宝钢股份投资者关系工作获得了市场认可。该公司近年来的走势（图 5－4）说明，公司通过投资者关系工作为投资者创造了价值。

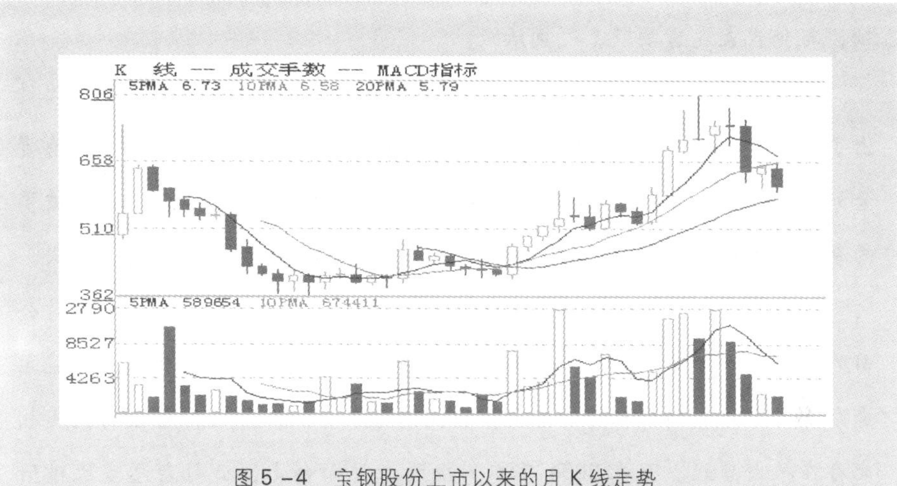

图 5-4 宝钢股份上市以来的月 K 线走势

案例 5-3：中远航运投资者关系管理——如何创造公司价值

2004 年 6 月 28 日，中远航运（600248. SH）收归国有母公司广远 40 艘船舶的议案获得股东大会通过，尽管这对于公司来说是件喜事，但公司董秘林敬伟表情却不轻松，“要是去年发债购船的议案能够顺利通过，在上半年迅速好转的国际航运市场中，公司应当可以实现相当可观的经营业绩”。

2003 年 10 月，中远航运在审议发债购船的股东大会上，尽管公司高管层极力说服，易方达基金、国联证券等流通股东积极赞成，但因控股股东回避而具有一票否决权的流通股东国元证券反对，导致该方案流产。国元证券给出的理由是公司只图圈钱而不顾流通股东的股价损失。事后分析原因，林敬伟认为，主要在于双方沟通不够，没有使流通股东真正了解这个方案的意义，没有找到实现共赢的支点。

因此，为构建良好的投资者关系，近年来，中远航运利用多种场合与投资者开展积极对话。2003 年 11 月，公司组织了 40 多位基金经理、研究员、媒体记者，冒着零下 10 多度的寒风考察了渤海湾半潜船装卸海上石油钻台。2004 年公司在广州组织投资者见面会，由于有了前次合作的基

础，与会代表发言踊跃，气氛活跃。

尽管该公司购船方案从否决到再度通过经历了8个月时间，但也因此付出了高成本的代价：资金筹集方式由原来的发行可转换债券变为动用自有资金加上巨额银行贷款，过去8个月国际远洋运输业“井喷”式的行情，波罗的海航运指数暴涨了三倍。由此而来可见，良好的投资者关系真是千金难买。

另一方面，上市公司通过推动建立良好的投资者关系，使投资者对公司的了解程度加深。2003年公司在大连举办的投资者交流会上，一位航运专家直言不讳地指出在场的基金经理提问并不专业，和国外基金的提问相比存在很大差距。而在2004年广州投资者见面会上，公司老总多次对研究员提出的问题发出感叹，甚至多次赞叹研究员提问“很专业”，可见公司通过进行投资者关系管理，有利于机构投资者全面了解公司，对公司作出理性的投资判断，对于发掘公司内在价值，无疑具有决定性的意义。

事实上，上市公司与投资者既是一对矛盾，更是深层次上的利益共同体，追求“双赢”是题中之意。这既是一门“基础科学”，也是一门高深艺术，值得上市公司去认真学习研究。见图5－5。

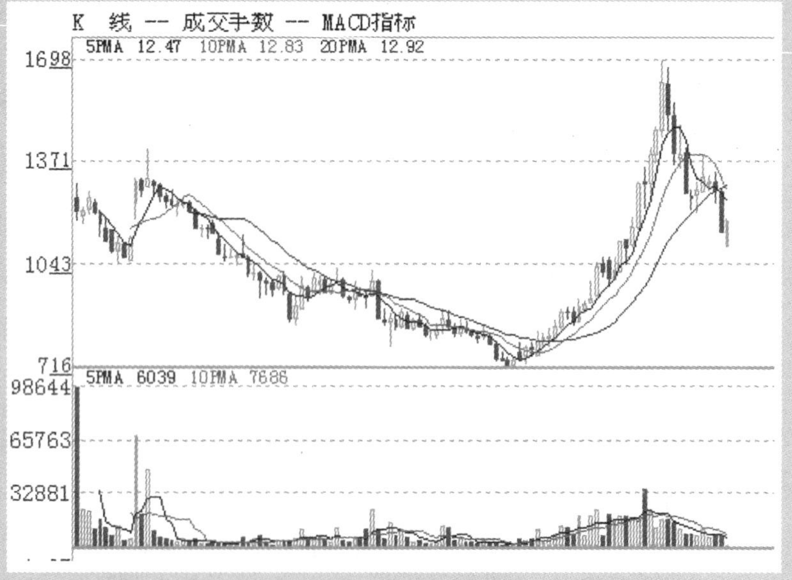

图5－5　中远航运周K线走势

案例 5－4：万科的投资者关系管理——对公司治理的诠释

万科企业股份有限公司（简称“万科”）成立于 1984 年 5 月，1988 年进入房地产行业，1993 年将大众住宅开发确定为公司核心业务，是目前中国最大的专业住宅开发企业。万科于 1991 年成为深圳证券交易所第二家上市公司，持续增长的业绩以及规范透明的公司治理结构，使其赢得了投资者的广泛认可。万科在发展过程中十分重视投资者关系管理工作，借助投资者关系管理，加强公司与投资者之间的互信，维护万科在资本市场上的良好声誉，构建完善的公司治理结构，借助资本市场使万科得以实现长期稳健增长，不断为投资者创造价值，实现了公司与投资者的双赢。

万科于 1993 年发行 B 股，投资者范围扩大至境外投资者。相比国内的投资者，国外的投资者更关注公司长期发展和基本价值，更侧重于公司的基本面。另一方面，由于一些境外投资者对国内的环境缺乏了解，在与这些投资者沟通时需要增加国内基本情况的介绍。面对新的投资者关系工作，万科做了很多努力。例如，投资者沟通材料都会有境内、境外不同的版本；每次业绩公布除了在境内举行投资者见面会，也都会在香港举行专门针对境外投资者的见面会活动；每年都会安排一次公司管理层参与的全球路演活动。对于更倾向于一对一沟通的境外投资者，万科除了单独接待投资者来访外，还积极参加境外机构组织的一对一和小组的见面活动。

万科自成立以来，在资本市场上进行了大大小小将近十次的股权融资。在此过程中，投资者关系工作显得尤其重要。在融资、股权激励、年报推介等大型活动中，万科除了日常的投资者关系管理之外，还会增加专门的投资者沟通活动，包括专项的投资者见面会、网络路演、针对特定投资者的走访等等。在这些沟通活动中，重点是坦诚、充分的态度，以及对投资者意见的重视。

其中一个典型的例子是在 2000 年万科引进华润时，华润只收购了万科一部分股份。当时，万科希望以一定的价格向华润增发 4.5 亿元 B 股，

从而实现华润的控股。需要说明的是：(1) 万科是从一个比较小的地方企业发展起来的，引进华润是一个很重要的战略。在那个时候对万科的股东进行改造，本身就是一个公司的投资者关系管理行为。(2) 要获得华润的支持，华润就必须持有一定比例的股份。因为当时华润持有15%左右的股权，其控制力非常弱，而华润希望万科成为其旗下的地产旗舰公司。因此，华润希望通过认购定向增发方式扩大持股比例。当时万科A股的股价大概是在12元/股左右，而万科B股大约是4元/股左右。华润若通过认购B股的方式来增加持股对于万科的长远发展有益。但是，因为股本扩大股东的权益出现摊薄，而A股的价格与B股有明显差距，因此A股的股东可能会有异议。最终万科和华润考虑到难以平衡各类股东利益，放弃了这个方案。总结此次放弃发行的原因，最重要的一点就是需要与投资者保持良好的沟通，重视各类投资者尤其是对中小投资者利益的保护。当出现问题时，一般来说应当要与重要投资者很好沟通，争取事先得到他们的认可。但这个过程当然要注意信息披露的问题，不能造成股价出现大的波动。

总结过往经验，在2005年股权分置改革过程中，万科针对能联系到的持股10万以上的股东都进行了沟通，直接沟通的股东人数达几万人。通过持续细致地与各类股东沟通，股东对公司的股权结构、非流通股东的送出率、股改方案对流通股东权益的保障等方面达成了共识，为公司成为首批完成股改的含B股公司起到了重要的保障作用。

总结万科在投资者关系管理工作中的成功经验，可以得出以下结论：

1. 完善的公司治理。完善的公司治理结构是保障股东利益和保证投资者关系管理工作的最大基础。万科提出，在公司内部，投资者关系管理部门就是代表投资者利益的部门，需要为保护投资者的利益争取更多的权利和空间，通过内部有效的沟通和牵制，才能发挥出各个部门应有的作用。

2. 大量的沟通。万科每年接待各类投资者来访超过600次，每天超过一次；参加机构组织的见面会六、七十次，平均每次面对的机构和个人投

资者上百人。多沟通就会增加了解和信任，透明度增加也减少沟通的压力。

3. 充分利用各种渠道。万科积极尝试见面会、电话会议、视频、走访、网络路演、电子邮件等等渠道，提高了效率和方便了投资者。

4. 积极争取各项资源，充分利用合作伙伴。因为有长期充分的沟通和良好的合作，在及时满足各类机构交流需求的同时，万科可以方便地借助券商和其他机构安排走访、电话会议和见面会，成为其进行投资者关系管理的重要渠道。

5. 认真准备。每次投资者沟通的材料管理层都会及时审阅、不断修改，以更准确恰当的反映万科的情况。除了沟通的材料，每次见面活动万科都会针对投资者可能问到的问题，准备模拟应答，更专业的提供投资者需要的信息。

6. 重视反馈。投资者沟通不是单向的传递公司的信息，投资者的意见、建议和要求也需要及时地反馈给万科。除了投资者工作人员定期和不定期的报告外，万科也会安排相关管理层和投资者直接对话，使其更充分了解投资者的声音。

案例 5－5：长江电力——提升公司相对投资价值

长江电力作为国内最大的水电上市公司，以规范的治理、透明的信息、优良的业绩、优异的成长性，得到了广大投资者和市场对公司价值的高度认同。2003 年 11 月 18 日长江电力成功上市，伴随着长江电力的改制和上市，其投资者关系管理体制逐渐成熟，并在这个过程中发挥了重要的作用。

长江电力从传统国企改造而来，公司股份制改造过程中一个显著的改变就是实现了股权多元化和股东公众化。股东大会是公司的最高权力机

构，资本市场投资者具有选择买卖公司股票和监督公司经营的权力。为适应这一变化，建立现代企业制度、完善公司治理，公司成立之初便确定了“为社会生产清洁能源，为股东创造满意回报，为员工提供发展空间”的经营宗旨，确定了“诚信经营、规范治理、信息透明、业绩优良”的经营原则，将为股东和投资者服务、维护股东和公众投资者利益的观念根植于公司经营宗旨与经营原则中。

正因为深刻认识到投资者关系管理是公司参与资本市场竞争的核心能力之一，长江电力在成立后的筹备上市阶段，便广泛组织开展投资者关系管理工作的调研，通过已上市公司、专业财经公关公司、证券监管机构等各种渠道学习了解投资者关系管理工作，制定公司自身的投资者关系管理策略，为公司上市后全面开展投资者关系管理工作做了较为充分的思想准备和理论准备。

上市运作过程和初步的投资者关系管理实践，帮助公司董事会和管理层在以下几个方面达成了共识：

1. 以价值创造为基础，开展各种投资者关系管理实践，以利于上市公司树立公司整体运营和价值创造的理念，改变过去只注重资产运营和项目运营，偏离公司运营的理念。要树立良好的市场形象，准确地传递投资价值，从而方便公司融资与公司价值管理。与投资者建立互相信任的关系以利于上市公司树立良好的市场形象，更加有效地稳定和扩大投资者群体，坚定投资者对本企业的信心，谋求投资者对企业的长期支持。从融资的角度，良好的投资者关系可以使公司股价较为稳定地维持在合理水平，比较真实地反映公司价值，方便公司以较低成本持续融资；从管理公司价值的角度，良好的投资者关系将提高公司的相关估价水平，获得投资者对兼并收购或反兼并收购等重大战略行为的支持。

2. 以诚信为基础，开展形式多样的投资者关系管理实践，以利于更有效地保障投资者的知情权及其合法权益。保障投资者的知情权是投资者保护的关键所在。相对于控股股东和机构投资者，中小投资者由于缺乏分

析手段、调研成本较高等原因，难以及时掌握上市公司生产经营及财务状况，对公司信息的了解存在一定时滞，导致其投资决策受到影响。投资者关系管理可以在相当程度上缩短这一时滞，保障投资者的知情权及其合法权益。

3. 以合法稳健经营为基础，开展各种投资者关系管理实践，以利于公司增强自我约束能力，改善治理结构，充分听取投资者意见和建议，吸纳投资者参与公司决策管理。让广大投资者尤其是中小投资者在充分知情的情况下，对公司决策拥有更大发言权，从而改善公司治理结构、促进公司规范运作。

具体来说，长江电力投资者关系管理经历了以下四个阶段。

1. 在公司创立之初，投资者关系管理的重点是着眼于为发起人股东服务

在上市阶段，长江电力致力于选择合适的公司发起人，保持相对稳定的股权结构，这将有利于股份公司的持续健康发展。2002 年 2 月，三峡总公司会同各中介机构制作了共同发起设立股份有限公司之邀约说明书，确定了产业关联度大、投资实力强、具有电力投资战略意图、符合国家法律法规的规定等发起人选择标准。经过多方比较，三峡总公司选择了华能国际、中核集团、中石油、葛洲坝集团、长江委设计院等作为股份公司的共同发起人。这些发起人均为各自领域中的龙头企业之一，可以说是强强联合、优势互补，为长江电力建立规范的法人治理结构、提高运营管理水平、实现国际一流清洁电力公司的目标奠定了坚实基础。在发起人协议和公司章程中，长江电力明确表示将坚持以现金分红为主的股利政策，分红比例原则上不低于50%，充分体现了回报股东的原则。长江电力严格按照《公司法》《证券法》和《上市公司治理准则》等法律法规构建法人治理结构，建立健全了规范有效的股东大会、董事会、监事会制度。股份公司设立时董事会共 11 人；外部董事占 10 人，其中，独立董事 2 人，控股股东董事约占 50%。股份公司与三峡总公司实行资产、业务、人员、财务和

机构五分开，各自独立核算、独立承担责任和风险，切实维护全体发起人股东的利益。因此，公司规范的改制创立，奠定了所有股东一律平等、服务股东、回报股东的理念基础，通过发起人协议、公司章程等一系列规章制度，将长江电力投资者关系管理的根本性原则与理念固化下来了。

2. 借助IPO，构筑与资本市场对接的投资者关系管理

2003年11月18日，长江电力成功募集资金100亿元，发行A股挂牌上市。长江电力在上市总体方案设计、发行定价、发行方式设计以及发行组织时，始终把投资者利益放在第一位，力求保障投资者经济利益和其他正当权益。可以说，长江电力A股发行上市的历程就是一个不断深化市场理念和为投资者服务理念，建立高效、透明、规范的管理体系和逐步建立投资者关系基础的过程。上市总体方案设计科学，股票定价合理，发行组织规范，确保了投资者利益。根据中国证监会意见，长江电力上市总体方案设计时，充分考虑投资者利益，仅收购三峡发电资产，三峡公益性资产运行费用并不在发电成本中解决，而是由所得税返还承担。发行定价充分考虑到股票市场处于低潮，最终确定为4~3元/股，以2003年盈利预测采用加权平均股本方式计算，发行市盈率为17~99倍（按2003年预测），上市当日收盘涨幅达43.7%，为二级市场留下了足够的获利空间。

从投资者反映看，这一方案和定价准确把握了市场要求，为长江电力良好市场形象的树立奠定了基础。长江电力自公司上市开始，即严格按照《公司法》、《证券法》等法律、法规认真严肃地做好每一项工作。发行开始后，中国证监会发行监管部对发行工作的重大环节及时给予了指导，长江电力严格按照监管机构有关规定披露法定信息，与主承销商一道在发行期内及时准确完成了预约、审核、申购、资金交收、配售、通知等各项工作；严格按照发行监管部审定的发行方案规范运作，准确处理了十八大类、十几万组数据，未发生一起差错，无一投资者与承销商和发行体产生争议。在中国民生银行的配合下，申购资金解冻期满后两个小时内完成了全部余款退还工作，充分保障了投资者权益。

路演推介到位，宣传引导得力，创造有利市场氛围，激发了投资热情。长江电力发行上市宣传工作作了精心策划。发行前比较低调，仅作公司基本面的简单宣传。发行期间的整体舆论导向绝大多数为正面报道，普遍认同长江电力为“电力行业龙头股”，“对股市起到重要稳定作用”，是“优质蓝筹股”。随着发行工作进展，路演推介、媒体投放宣传有序进行，长江电力竞争优势以及投资价值逐步被市场认知，为成功发行创造了有利的市场氛围。发行上市路演采用现场路演和网上路演相结合的方式进行。现场路演采取早餐会和现场路演大型推介会的形式。早餐会向证券投资基金进行推介，20余家基金管理公司近40位基金经理参加了早餐会；北京、上海现场推介会到会机构投资者合计超过620人。2003年11月4日，公司首次公开发行A股网上路演在全景网举行，投资者积极踊跃参加，4个小时内提问总数高达818条。通过路演推介，公司向投资者充分展示了投资价值，促进了股票销售，树立公司良好形象，与投资者建立了有效沟通的渠道，同时使投资者关系管理的理念深入到公司领导和员工中。长江电力上市实现了市场平稳承接，首日即产生超过既往超级大盘股平均29.96%的涨幅。长江电力开盘首日的强劲上涨，对整体市场起到了一定的稳定作用。长江电力的成功上市，对市场信心的恢复、价值投资理念的深化，都起到了重要作用。应该说，发行上市的过程是公司与资本市场对接的过程，也是公司首次面对广大流通股东的过程，公司投资者关系管理工作水平也得到了较大的提高。

3. 股票上市后，投资者关系管理的重点转为投资者关系的制度建设和组织结构完善

公司上市以来，各级管理人员都高度重视和支持投资者关系管理工作，并按照中国证监会、北京证管办的监管要求，及时建立了负责投资者关系管理的专门机构，落实专人负责，制定了相关规章制度，并在2003年12月专门就信息披露和投资者关系管理进行了培训。公司确定了投资者关系管理工作的第一责任人和日常业务负责人，配备了包括投资者热线

咨询专用电话、传真和董事会秘书信箱在内的各种沟通渠道。近年来，投资者关系管理制度逐步建立和健全。在《证券法》、《公司法》、《公司章程》的框架下，上市公司结合实际情况和北京、宜昌两地办公的特殊性，并参阅了大量上市公司的相关规定，起草了《中国长江电力股份有限公司投资者关系管理制度》、《中国长江电力股份有限公司投资者接待细则》，并设计了推介活动、投资者接待、媒体接待、参加大型推介会议、投资者热线和董事会秘书信箱管理流程等多个工作流程，力求以规章制度规范投资者关系管理工作的每一个细节，使管理工作制度化、流程化、规范化，有章可循，提高效率。

4. 构建和完善具有长江电力特色的投资者关系管理体系

首先，长江电力着手建立了“投资者关系管理目标和评价体系”，保证信息完整准确及时全面地传递给投资者，树立诚信规范的大盘蓝筹股形象；能跟踪服务股东，提升公司治理水平，能反映资本市场的压力和要求，服务于公司的经营发展战略；能着眼于重大投资并购，营造良好的资本市场环境。

为了达到上述目标，公司建立了两个支撑板块：一是投资者关系管理基础保障体系。包括建立投资者关系管理的规章制度，配备专门机构和人员负责，常年聘请财经公关公司做顾问；建立公司的生产经营信息采集系统，每个部门和单位明确专门的信息披露责任人，建立了信息及时汇总分析的保障体系。

二是建立了投资者关系管理技术支持体系。为了做好投资者关系管理工作，公司每周、每月都要动态地进行股东构成分析，建立较为完整的投资者数据库，同时开设媒体监测，掌握外界对长江电力的评论和反映。在这两个支撑系统的基础上，长江电力的投资者关系管理活动主要分为三类：一是日常的电话、邮件、传真，接待投资者来访调研；二是结合公司业绩报告进行推介活动，或者主动走访投资者；三是系统的危机处理预案。如2004年5月18日，长江电力6.47亿元一般法人股上市流通可能给

二级市场股价以及股市带来重大影响。长江电力各部门紧密配合，认真研究了系列对策，确立了一系列的投资者关系活动方案，就公司此次重大事项前往投资机构事先与之沟通并听取意见和建议。正是基于此，在上市流通的法人股数量巨大和市场连续走弱的双重压力下，5 月 18 日公司法人股上市流通平稳，股价没有出现大量抛盘。相反，众多机构投资者积极入场抢筹，当日成交 18 亿元，换手率达到 9%。这表明机构投资者基于对水电行业发展前景的长期看好以及对公司业绩稳定增长的良好预期，大量机构对公司股票做战略性建仓操作，长江电力长期投资价值得到市场广泛认可。从公司股价的市场表现来看，投资者关系管理工作起到了积极的作用。此外，长江电力在 2009 年 5 月公布了整体上市方案，长江电力计划以承接债务、向三峡总公司非公开发行股份和支付现金的方式，收购三峡总公司持有的 18 台单机 70 万千瓦的发电机组及相关发电设施以及其他辅助生产专业化公司。为了解机构投资者对发起设立建行股份和收购三峡机组的看法，顺利召开临时股东大会，长江电力分别走访了主要机构投资者，重点听取机构投资者的建议。通过走访机构投资者并深入交流，展现了长江电力对投资机构的诚意，建立了更加畅通的沟通渠道，公司诚信的态度、务实的作风、切实维护流通股股东权益的做法受到了投资者积极的回应，重组方案得以在股东大会上高票通过。

案例 5－6：民生银行投资者关系管理——联手媒体，拓展沟通渠道

民生银行投资者关系管理，强调投资者关系专业性，搭建全方位和高效率的投资者沟通平台。

民生银行于 2000 年在 A 股上市以来，一贯严格遵守中国证监会和上交所的规章制度，重视投资者关系管理，不断创新和提升工作水平。2009 年 H 股上市以来，公司在投资者关系工作面临新挑战的情况下，注重投资

者需求，融汇两地监管规则，创造性地开展工作。

对于投资者关系管理的定位和理解，民生银行董事会认为投资者关系管理是公司通过充分的信息披露以及各种方式的投资者关系活动，运用财经传播和营销的方法，加强与相关各方的沟通，增进投资者对本公司了解和认同的管理行为。民生银行董事会希望通过有效的投资者关系管理工作，推动形成尊重投资者的企业文化，提高公司透明度，改善本公司治理结构，最终实现公司价值和投资者利益最大化。

（一）民生银行投资者关系管理工作的特点

1. 实施“走出去”策略，积极参加大型投资机构会议。大型投资机构的年会和策略会是公司与投资者沟通的重要平台，是上市公司和投资者进行集中高效交流的绝佳机会，民生银行充分利用这类活动宣传公司，巩固和投资者的良性互动。2010 年，先后参加国金证券、国信证券、摩根大通等大型机构投资策略会 17 场，主动宣讲民生银行的优势和成果，突出强调民生银行作为民营企业的银行、小微企业银行和高端客户银行的市场定位。

2. 编制《投资者》专刊，定期主动披露公司信息。民生银行是国内较早推出投资者关系专刊的上市公司，编制出版的投资者关系专刊《投资者》，涵盖了民生银行经营动态和媒体报道等最新信息，通过多种渠道定期向投资者发送，已经累积编辑刊出 100 多期，为建立一个高效的沟通平台起到了重要的作用。

3. 结合市场需要开展研究工作。为满足董事及高管人员对资本市场信息的需要，民生银行的投资者关系管理部门定期编制《投资者关系周报》，分别从政策点评、行业动态、分析师报告精选、盈利预期等方面，为董事及高管人员提供参考。2010 年，更加注重投资者关系方面的研究工作，先后结合定期报告，撰写上市银行经营业绩比较分析报告。同时，组织撰写民生银行股价影响因素分析及提升建议、邀请惠誉评级机构调研，均对提高民生银行投资者关系管理起到了积极的作用。

4. 发挥多种渠道作用，不断提升工作效率。在调研国内同业优秀投资者关系网站的基础上，民生银行不断创新优化，完成了投资者关系网站的设计和上线工作，充分发挥投资者关系网站的推介功能。公司还设专人负责接听投资者电话和回复投资者邮件。2009 年，公司还正式上线投资者电话答复系统，投资者电话的接听率和反响很好。针对网络媒体影响日益增强的趋势，民生银行针对网络媒体反映的问题专门安排相关新闻媒体采访公司，对网络提出的质疑进行反馈。同时通过设立新闻发言人制度，统一对信息的反馈并及时对各种疑问做出解释。

5. 加强与财经媒体的合作关系。在新闻稿发布、高级管理人员和其他重要人员的采访和报导，以及路演等方面保持和财经媒体的密切配合和友善互动，引导媒体的正面宣传。

（二）民生银行在投资者关系管理方面工作值得借鉴的优点

1. 从战略高度认识投资者关系管理工作。民生银行把投资者关系管理工作看作提升公司治理水平和公司价值的重要环节，注重建立良好的声誉和形象。这样的直接效果就是银行管理层高度重视并支持投资者关系管理工作，有利于各项投资者关系管理活动的顺利开展。

2. 制定清晰的公司发展战略，并有效的向市场进行传递。民生银行于 2009 年提出“二次腾飞”的战略目标，定位“民营企业、小微企业和高端客户”，力争成为“效益银行和特色银行”。在业务方面进行战略调整的同时，民生银行一方面通过拜访、发布会、接待来访和定期公告等多种形式主动向投资者介绍战略转型的意义和具体情况，让投资者充分了解战略目标的重要性和取得的阶段性成果，增强投资的信心。另一方面也利用信息披露的沟通渠道，广泛听取市场和投资者对战略转型的反馈，取得了很好的互动效果。比如，2010 年民生银行结合投资者关心的问题，组织实施商贷通主题分析师会议，来自于国内外的 30 家机构分析师参加了会议。

3. 切实履行信息披露义务，从财务信息编报上给投资者一个透明的

上市公司。民生银行全力保障信息披露合规、效率和质量，编制年报、半年报和季报以及其他临时性公告并及时披露，夯实投资者关系管理工作的基础。

4. 制定工作规划，明确投资者关系活动的目标。根据投资者关系活动的现状，结合公司经营发展计划，确定投资者关系活动的目标，并制定有关投资者关系活动计划，包括投资者关系分析与研究、信息披露与沟通、会议筹备、公司推介、媒体合作等活动计划的制定等，做到工作有规划、可评估、能进一步提升。

5. 注重分析研究，实现工作效率最大化。民生银行积极对机构投资者分类研究，在统计分析机构投资者投资上市银行数据的基础上，根据公司投资者的迁徙情况和投资偏好对其进行分类，针对不同类别采取相应的沟通策略，从而实现投资者关系工作的效率最大化。比如，为了全面掌握H股最新的机构投资者情况，民生银行开展了对H股机构投资者基础的认证和分析工作。对H股股东的构成、分布、特点等进行了细致的分析，有助于决策层制定今后的投资者关系工作战略以及资本规划战略。

案例5-7：金隅股份的投资者关系管理——做好股价预期管理，培养长期投资者

北京金隅股份有限公司（简称“金隅股份”），是经北京市发改委和商务部批准，于2005年12月成立的股份有限公司，并分别在2009年7月、2011年3月在香港和上海证券交易所上市，成为A+H股上市公司。金隅股份是全国最大的建筑材料生产企业之一，生产产品包括高标号水泥、家具、矿棉吸声板、加气混凝土和耐火材料等关系千家万户的建筑材料，并向下延伸至房地产开发和不动产经营产业。在多年的生产经营过程中，金隅股份形成了良好的社会声誉，较好的履行了企业的社会责任。同时，金隅股份作为一家在香港和上海两地上市的企业，投资者结构差别较

大，投资者参与公司重大决策的主动性也不同，投资者关系管理的要求更高。

（一）金隅股份的投资者关系管理工作

金隅股份严格履行信息披露义务，为投资者及时掌握公司情况提供依据。公司制订了《信息披露管理办法》、《投资者关系管理制度》，严格履行信息披露义务，及时、准确披露公司信息，不断提高公司透明度，使广大投资者均享有公平、公正的知情权、参与权等合法权益。2010 年发布公告通函总计 110 次，满足了投资者对上市公司信息披露的要求，为投资者及时掌握公司情况提供依据，确保公司运作合法合规。

在投资者关系管理方面，金隅股份建立了较为完善的投资者管理工作机制，主要包括：

1. 高层领导牵头。董事长、总裁、财务总监以及相关的业务主管亲自出席投资者会见。董事长、总裁、财务总监等高管人员一年接待投资者的时间达 30 天左右。

2. 主动出击。公司主动与分析师、媒体、普通投资者保持沟通，通过邮件群发、全球电话会、业绩推介会、分析师大会、业绩路演等方式加强与投资者的沟通，建立良好关系。2010 年总计会见投资者、分析师 1000 人次，组织召开全球电话会议 4 次，约有各国 240 人次重要机构投资者在线参加会议；并有多家国际大型投资银行对金隅股份作出分析研究报告。

3. 设立专门的机构和人员。董事会工作部下设投资者关系管理部门，董秘牵头，董事会工作部专门负责投资者管理工作，下面还有专业人员负责投资者日常联络、会见记录、投资者和分析师通讯录，以及更新公司资料和行业数据等。

4. 建立完善的工作机制。除了保持及时的定期信息披露外（包括年报、中报，还计划加上季报、电话会 + 路演等方式），还包括不定期的信息披露（包括重大收购或其他重大事项之后的全球电话会，接待投资者来

访，参加券商组织的投资者大会，与分析师和机构投资者沟通，与普通投资者沟通等）。

5. 公司内部的定期报告制度。公司建立并实时更新机构投资者、分析师数据库，并定期撰写投资者关系管理季报、媒体管理季报、每周资本市场周报、每日股市信息等。及时将这些材料提供给公司决策层，为公司决策和应对投资者提问提供基础材料。

（二）针对两地上市的特点公司采取不同的投资者关系管理措施

首先，市场环境不同。H 股以机构为主，以价值投资为主；A 股交易活跃，散户比例较大，某种程度一些 A 股机构投资者的操作风格就像个大散户。其次，监管环境不同。H 股监管要求相对灵活，A 股则主要以合规要求为考虑重点。最后，公司的理解和措施不同。在 H 股上市已逾 1 年半，公司经常主动与投资者沟通；公司在发行 A 股时期尚处于学习阶段，首要的是满足监管规则的要求，同时也希望在合规前提下，积极探索主动披露并与境内 A 股投资者保持定期沟通的投资者关系管理机制。

（三）主动做好股价的预期管理

金隅股份经过长期与投资者接触的经验表现，要做好公司的投资者关系管理，其中一项重要工作是要做好投资者对公司的股价预期管理。为了让投资者对公司股价有合理而科学的认识，核心是要将公司的战略和经营模式与投资者进行充分沟通。

金隅股份采取的方式，首先是在公司内部根据公司战略形成一定的投资方法、思路，对公司的投资价值进行挖掘。其次是要利用分析师通常采用的方法对公司情况进行深入分析，并与分析师充分沟通（除瑞银、摩根大通和麦格理三家外，研究范围覆盖公司的投行还包括花旗、摩根士丹利、高盛、瑞信、RBS 等世界知名投行），在合规前提下借助分析师的作用有的放矢地开展投资者关系管理工作，起到了事半功倍的效果。比如，2010 年金隅股份分别在 4 月和 9 月进行了两次资产注入，第一批资产既有房地产也有水泥，金隅股份就分别采用重置成本法、市盈率法、现金流折

现法等测算出这些资产可能会给公司带来的收益，然后在正式对外公告后第一时间组织全球分析师电话会，充分与投资者进行沟通。公司价值自然很快就从公司股价上得到体现了。另外，在2010年11月份公司还在公布第三季度财务报表之后主动组织了一次全球电话会，就公司房地产板块的基本情况与投资者进行了沟通。尽管实际情况低于投资者的预期，但是通过这种主动沟通，投资者更加认可公司了，股价也就马上回稳。

金隅股份回归A股的工作于2010年4月份启动，当时公司H股每股的价格还徘徊在7港元左右，特别是5月份一度跌破7港元，折合成人民币为6元左右。但是公司高管和保荐人为了维护太行水泥A股投资者的利益，把金隅股份公开发行A股的价格定为9元人民币。这确实是公司给投资者关系管理的一个巨大挑战。公司在这一阶段的具体工作包括：充足的准备与大量投资者接待，特别是与分析师的良性沟通，帮助投资者不断挖掘公司潜在价值，克服了公司估值难度大的困难，因为公司业务多且跨度大（业务涉及房地产、水泥、新型建材、物业投资和管理四个板块，且每个板块虽不太大又各有特点）。最终在2011年2月1日和3月1日两个关键时间点使公司H股价格稳稳地站在10.98港元，超过了9元的发行价，消除了投资者的担心，也避免投资者行使现金选择权，为吸收合并方案的顺利实施起到了保驾护航的作用。

案例5-8：中国人寿投资者关系管理——引入外力，全面发展投资者关系管理

（一）中国人寿投资者关系管理制度体系

中国人寿自上市以来，一直进行积极的投资者关系工作。中国人寿于2004年成立了投资者关系部。2006年，投资者关系部更名为董事会秘书局，下设投资者关系处，其职责为保持与境内外投资者的良好沟通，及时反映资本市场的信息，并确保公司相应信息向资本市场准确无误地传递。

投资者关系处目前人员数量为5人。在过去的七年中，公司的投资者关系工作积累了一些经验，也获得了一些荣誉：如中国投资者关系协会和南京大学联合颁发的国内投资者关系百强奖、投资者关系杂志颁发的投资者关系优异奖、《证券时报》颁发的“最佳信息披露上市公司网站”奖。

（二）中国人寿投资者关系管理的经验

1. 中国人寿在投资者关系管理工作上，一个显著的特点是借助外力提升IRM服务品质。公司自2003年上市以来，一直聘请国际知名的哲基杰讯作为公司的IRM顾问，为公司投资者关系工作献计献策，引入国际经验和最佳国际惯例，促使公司IRM工作的不断改进。在IRM顾问公司的协助以及公司的努力下，公司的投资者关系工作逐年获得好评，在历年投资者、分析师问卷调查中，有90%左右的反馈者给予公司的投资者关系工作的评价是“很好”和“好”。

2. 公司管理层的重视是做好IRM工作的基本保证。公司管理层除了参与每年的年报、半年报业绩发布之外，还要参与各大投行组织的全球非交易路演，会见各地机构投资者。此外，公司管理层积极会见公司的机构投资者，解答来访人员的提问，以参与投资者大会、组织全球开放日等形式接触机构投资者。管理层的参与往往会起到事半功倍的效果。根据中国人寿内部问卷调查显示：与管理层的直接沟通被投资者和分析师看作是继业绩发布和公告之后的第二重要的信息来源。另一方面，为了解决管理层时间少日程紧的矛盾，IRM团队也需要对来访的机构或IRM活动进行筛选，确保管理层与投资者的交流获得价值最大化。

3. 积极主动的沟通是做好IRM工作的必由之路。不能报喜不报忧，不要因为业绩波动或其他负面因素躲避市场，定期且持续的与资本市场的沟通非常必要，在公司出现负面消息时更应该与市场进行坦诚沟通，避免因市场猜测和流言导致恐慌情绪。中国人寿2004年的美国集团诉讼，引起资本市场强烈反响。为此，一方面，公司积极进行抗辩，另一方面，公司积极开展投资者交流，得到投资者的理解，有效地消除了负面影响。

4. 建立多维沟通渠道，是扩大IRM覆盖面的重要方法。信息技术的发展，使不断提高信息发布时效性成为可能。考虑到中国人寿是在沪港美三地上市的公司，投资者分布全球各地，中国人寿在业绩发布时，举行两地同步视频业绩发布，并电话连线全球的投资者，保证全球投资者能够公平获得信息。公司上市后建立了IRM网站，作为对资本市场受众进行信息披露和共享的平台。此外，公司还设立投资者关系邮箱，IRM专线电话，证券事务代表专线等，便于投资者联络公司。电话会议、网上直播等通讯网络新技术及多媒体技术的运用，可以拉近与投资者的距离，便于其及时获取相关信息。

5. 主动创新是推动IRM工作不断提升的需要。自2007年开始，中国人寿每年都会举行公司开放日，选择投资者感兴趣的题目（如公司发展战略、销售策略、新会计准则解读、公司产品策略等），在公司定期业绩发布的空档期安排分析师、投资者和管理层进行深入沟通，同时结合交流内容安排与会代表参观公司当地经营场所。这一举措，开创了国内投资者关系实践的先河。此外，在利用IRM网站发布公司信息方面也引入新的技术手段，为投资者提供更加丰富、便捷的讯息。

6. 及时反馈资本市场的评价是发挥IRM工作决策辅助作用的重要途径。公司投资者关系部门每周都制作《投资者关系周报》采集资本市场信息以及公司股价表现信息提供给公司管理层以及中层管理人员参考。除了通过年度问卷调查了解投资者和分析师对公司IRM工作的评价和建议之外，2010年，中国人寿通过问卷调查，将范围扩大到了解资本市场对公司运营及战略的看法，获得宝贵的一手资料，对决策提供了有价值的参考信息。

7. 加强主动信息披露符合监管机构要求。中国人寿除满足证监会、交易所的披露要求以外，针对中国保监会关于信息披露的要求，通过公司网站设立了专门板块，包括“信息披露专栏”、“投资者关系管理”专栏等，对公司每月的保费收入、董事会重大事项决策、关联交易等情况作出

披露，保证了及时充分披露公司经营的重大信息。

（三）中国人寿在保护保险客户利益和保险资金使用安全等方面的经验

中国人寿认为，对于上市公司来说，主要存在三个方面的利益需要平衡：股东利益、客户利益和员工利益。简单来说，股东希望回报最大，客户希望在得到保障的基础上资金得到保值增值，员工希望获得良好的职业生涯及薪资福利。作为国内最大的寿险公司以及三地上市企业，中国人寿一直非常重视平衡各个相关方的利益。

作为国内最大的寿险公司，中国人寿非常注重诚信经营，尽力保护客户利益。承保时中国人寿充分履行保险公司告知义务，尤其是免责条款相应内容，确保保险消费者知情权；合同存续期间，对客户资料严格保密，维护客户合法利益；严格按照条款和保险合同约定履行保险公司相关义务，并提供规范、专业、快捷的保险服务渠道，方便客户便捷办理各项业务。

保险市场信息的高度不对称性，使消费者处于相对弱势地位，2009 年 10 月 1 日开始实施的新《保险法》在切实保护投保人、被保险人的利益，敦促保险业改进保险服务，促进保险业又好又快发展等方面对保险机构提出了更高要求。中国人寿积极履行各项职责，完善体制机制，适应新《保险法》，把维护保险消费者合法权益的工作不断推向深入。一是不断增强公司整体实力，特别是可持续发展能力，保持充足的偿付能力，这是对保险客户利益最根本的保护；二是进一步完善保险产品开发流程与产品条款，严格遵守保险产品报批程序，突出保险条款内容的公平性和合理性；三是坚持依法合规经营，防范化解经营风险，保护被保险人依法享有的各项保障；四是加强信息披露，完善相应的销售流程、业务处理及售后服务流程，妥善处理投诉问题，不断提升服务质量，为保险消费者提供更加全面、周到、细致的保险服务。

保险资金运用面临的主要风险包括：资金安全、操作风险、投资风险

等。中国人寿高度重视保险资金运用，在依法合规的前提下，持续提升投资管理水平。

在资金安全方面，稳步推进托管进程，投资资产托管率行业领先（托管资产比例超过90%）。

在操作风险方面，加强内部控制，建立严密的投资决策流程和交易流程以及覆盖全员的风险管理体系。

在投资风险方面，始终坚持长期稳健的投资理念，将安全性、收益性、流动性有机结合，持续提升资产配置水平，有效把握经济周期和市场趋势，做好流动性风险、利率风险、信用风险和市场风险的管理。具体而言，积极研究负债结构，系统分析现金流特点，从负债维度形成对投资管理的有效把握，以管理流动性风险和利率风险；建立内部信用评级和授信管理体系，以管理信用风险；跟踪分析在险价值（VAR）等市场风险指标，根据市场走势及时调整投资组合。在另类投资等新品种上始终保持稳健，规避了决策风险。

近年来，中国人寿克服了市场波动带来的不利影响，投资收益水平保持稳定，无任何不良资产，最大限度地维护了资金安全和客户利益。

案例5-9：金融街控股投资者关系管理——子公司董秘制度是畅顺的投资者管理体系的关键

金融街控股股份有限公司在投资者关系管理上取得了优异的成绩，先后获得2008年、2009年度上市公司金牛奖，2008年度金牛公司最佳董秘奖，2009年度金治理持续回报公司董秘奖，2010年度投资者关系管理百强奖、投资者关系十佳公司奖、最佳执行人奖（董秘）等荣誉，受到了市场的好评。

（一）金融街控股的投资者关系工作

金融街控股将投资者关系管理工作看作是上市公司义务和企业社会责

任，是投资者了解上市公司的窗口，是作出合理投资判断的信息来源，是上市公司了解资本市场的窗口，是吸取改善经营管理意见的重要途径。在这种态度的指导下，金融街控股把投资者关系管理工作的目标定为：有效管理投资者预期，使公司获得公平的市场定价；优化公司股权结构，使公司股票具有合理的流动性；促进投资者认同，推动公司内在价值与市场价值的动态统一；积极倾听广大股东的合理化建议，持续改善公司治理结构和经营管理水平。

在日常的投资者关系管理工作中，金融街控股重视投资者关系基础研究工作和投资者交流工作。在投资者关系基础研究工作方面，重点做好三方面的研究工作。首先是公司研究，包括内部信息渠道优化、推介资料动态更新和问答模板不定期完善等工作，发现和解决自身的投资者关系管理工作的问题。其次，做好投资者研究工作，对投资者进行动态管理，并且跟踪投资者持股行为等等，及时获得市场反馈信息。第三，做好市场研究工作，主要包括行业动态研究和券商意见收集等等。做好投资者关系基础研究工作，可以为实际工作提供良好的理论指导，提高工作效率，完善工作的效果。例如，针对公司项目较多的情况，公司定期梳理项目清单，更新项目进展动态；针对产品线长，自持物业业态丰富的情况，公司的研究对策是分业态竞争组别定期跟踪，以指标对比说明物业经营状况等；针对公允价值计量投资性房地产问题，投资者关系管理部门与财务部门密切沟通，加大专业解释力度，促进理解和认同；针对社会关注的房地产行业焦点问题，公司定期召开子公司董秘会议以了解一线各环节情况，要求子公司董秘重大事项及时上报，公司 1 个工作日内出具 IR 应急预案。

公司投资者关系管理的另一项日常工作，是与投资者的交流工作。投资者可分为机构投资者和个人投资者。与机构投资者交流工作的原则是形式多样、积极主动、促进沟通，其日常工作主要包括：接待机构上门调研、参加券商投资策略会、主动拜访机构投资者。在此基础上的深化工作包括：一对一主动拜访，举办小型座谈，举办现场交流会，组织项目调

研，举办业绩说明电话会议，邀请知名分析师作报告等等。与个人投资者交流工作的原则是充分重视、渠道通达、应答及时，其日常工作主要包括：耐心应答投资者专线及时回复深交所 IR 平台提问，及时回复投资者邮箱。进一步的深化工作包括：举办网络交流会、加强公司网站建设、证券媒体发布新闻介绍，等等。

除了日常的基本工作之外，金融街控股还特别重视调控时期的投资者关系工作。2009 年楼市的大幅反弹之后，迎来了 2011 年史上最强调控的密集出台。调控时期投资者特点是：（1）对行业整体看淡，但对住宅和商务地产态度分化；（2）对政策极为敏感，关注公司对政策及市场的看法、公司受政策影响的程度、公司对政策的应对措施、政策给商务地产行业及公司带来的机遇。这一时期的工作具体措施包括：（1）组织参加公司销售、工程、资金等各专项工作会和政策研讨会，并加强自身政策研究、竞争企业研究，在定期报告中充分说明公司对政策的看法和应对措施，引导投资者统一观点；（2）针对投资者集中问题组织经营管理层研讨；（3）总结公司发展路径，提炼发展思路；（4）制作全新的推介材料（例如：强化公司商务地产与自持物业的经营模式特色、强化公司战略发展方向和落地途径、给市场以明确发展预期）。

金融街控股在投资者关系管理方面积累了许多经验，可以总结为：董事会、经营管理层充分重视，高度参与；工作规范化、系统化，主动积极；明确组织保障，专门队伍建设；学习型组织，紧密把握公司发展节奏和市场动态。

（二）金融街控股对投资者关系管理的特点

1. 主动信息披露

金融街控股采用主动性信息披露，即在相关法律法规要求的基础上，自愿增加信息披露的内容，例如，公司主动单独披露内部控制鉴证报告及内部控制自我评估报告、社会责任报告（含致股东信）、自持物业市场价值估测之调研报告等。公司对于取得土地使用权、子公司签订重要合约等

事项也都进行自愿性披露。公司进行主动性信息披露，增加了公司经营的管理透明性，提升了公司的投资者关系管理水平。

2. 子公司董秘制度

金融街控股根据自身情况，设计和实践了较为特别的子公司董秘管理制度。子公司董秘制度具体内容是：公司要求子公司必须聘任子公司董事会秘书，公司董事会秘书经公司董事会授权分管公司董事会办公室和子公司董事会秘书相关工作。董事会办公室和子公司董事会共同负责子公司董秘的管理、考核、培训等具体工作。子公司董秘对子公司董事会和董事会办公室负责。子公司董秘每月按时向董事会办公室递交工作总结和计划，董事会办公室每月召开与子公司董秘的信息沟通会议。

子公司董秘应为子公司高级管理人员，其权利包括：(1) 子公司董秘为履行职责有权了解子公司的财务和经营情况，参加涉及信息披露的有关会议，查阅涉及信息披露的所有文件，并要求子公司有关部门和人员及时提供相关资料和信息。(2) 子公司所有涉及对外担保、关联交易、募集资金使用、重大投资项目、重大资产销售、媒体宣传以及其他董事会办公室要求的事项，均须由子公司董秘会签。(3) 按公司制度规定的重大信息和应上报事件，子公司应第一时间告知子公司董秘，并上报董事会办公室。

子公司董事会秘书的主要职责（涉及投资者关系管理方面）包括：负责子公司与董事会办公室之间的及时沟通和联络；负责处理子公司信息上报事务；列席子公司股东会、董事会、监事会（如有），制作会议记录并上报董事会办公室和其他相关部门；参加子公司经理办公会，制作会议记录（模板见附件）并上报董事会办公室和其他相关部门；负责与公司信息披露有关的保密工作等。

子公司董秘制度的设立，确立了一支专门的投资者关系管理团队，增强了公司整体的投资者关系管理能力，使得相关的工作更加规范化和系统化。

（三）投资者关系工作与公司价值

金融街控股的经验表明，成功的投资者关系管理，能够有利于提高企业绩效水平。这些优势包括：第一，公司获取了股东对重大事项的支持，确保了股东大会议案高通过率（历次均在99%以上），顺利推进公司经营；第二，在投资者支持下成功进行多次融资，股权融资105亿元，债券融资74亿元，获取业务发展关键资金，实现公司快速发展。公司也通过分红等形式积极回报股东，形成良性互动；第三，通过广泛接触资本市场，从投资者角度，了解公司与其他上市公司的比较信息，有针对性地强化公司竞争优势。

成功的投资者关系管理，能够有利于促进公司价值提升。通过投资者关系月报、投资者关系工作半年度、年度总结与计划、券商观点汇总、知名分析师讲座、开展投资者交流焦点问题研讨等方式和渠道，公司董事会和经营层可以广泛地吸取有益的意见，从而改善公司的经营管理，进而提升公司的价值。

成功的投资者关系管理，能够促进公司内外价值统一。首先，在全面、持续、动态更新的研究工作基础上，主动积极开展交流，清晰传递公司经营动态与发展思路，有利于增进市场对公司价值的了解。其次，丰富了估值体系，采用NAV方法对公司进行内部估值，会影响投资者对公司的价值认知。

案例5-10：伊利的投资者关系管理——危机管理以塑造健康品牌为核心

伊利股份是目前中国规模最大、产品线最全的乳业领军者，由于食品行业的特点，公司产品质量与普通消费者生命安全紧密相关，这也决定了公司产品质量与公司价值休戚与共的紧密关系。在2008年出现的全行业危机中，伊利股份通过有效的投资者关系管理，利用及时的危机管理手段及后续持续的质量管理和品牌恢复措施，重建了消费者的信心，同时也赢

得了投资者的信赖。

（一）2008年行业危机应对措施和投资者关系

乳品行业从2008年以来波折不断，特别是三聚氰胺事件发生以后，消费者对于乳品的质量安全产生了怀疑。伊利股份认为只有从生产经营上恢复企业的声誉，才能在资本市场上赢得投资者的认同。因此，伊利公司制定了一系列的危机管理措施，首先是要保证产品质量，应对消费者对于乳业的质疑之声。

1. 第一时间自查自纠。伊利始终认为食品安全“没有理由，只有原因”，在行业危机面前，伊利公司并没有为自己进行辩解，而是第一时间开始自查，并配合国家和消费者的需求实施了快速、认真、坚决的处理。

2. 建立应急体制，确保销售产品品质。伊利公司第一时间制定了“三清理、三确保、抓两头”三大措施，确保市场上销售产品的百分百安全。

“三清理”工作主要围绕原料供应、库存产品、市场产品等三个方面。严格清理所有的原料供应环节可能出现的问题；执行最高的检测标准，严格清理库存产品，有问题的库存产品一律销毁，决不允许进入市场；严格清理市场：在第一时间检测不合格的产品从市场上全面收回，不让一件有问题的产品出现在市场上。在生产环节，伊利公司通过“三确保”来保证产品质量。一是确保所有的产品都必须经过企业自身和国家质检部门的严格检测后再出厂；二是确保更加严格对原奶收购环节进行检测，从源头杜绝问题的产生，三是要确保奶农利益。抓两头主要是指原奶和出厂。在原奶收购方面，伊利公司已经将所有的检测设备前置到收奶环节，采购了价值1000多万元的检测设备，增加专业质量检测人员的数量，加强和提升自身的检验水平。在出厂环节，现在专项检测设备已经到位，各工厂都配备了检测仪器进行检测控制。在对所有原料和产品进行严格检测的基础上，再请当地质检部门进行复检，合格一批，出厂一批。

3. 全面开放工厂，接受消费者和社会各界监督。在全国范围内发起

以“放心奶大行动”为核心的大型参与活动。积极邀请广大消费者、专家、学者和社会各界人士深入伊利生产第一线，亲身参与到伊利产品监督工作之中，用消费者的双眼见证伊利安全乳品生产的每一道流程。与消费者、社会各界进行充分的沟通和互动。

4. 以透明化的原则进行消费者沟通。充分利用数字化的手段，在网上开通24小时的直播间，让消费者全天候、全角度地了解企业，重建消费者信心。

5. 前置食品安全关。加强奶源基地建设和奶站管理，前置安全关，确保产品百分百品质。

通过以上措施，伊利率先扭转了乳业的被动局面，稳定了消费者对于乳业的信心，数据显示：2009年第一季度，伊利产品销售额已经超越2008年同期水平，伊利也成为恢复最快最好的乳业巨头，并带领着行业走出乳业困境。随着经营的恢复，公司在资本市场上的声誉也得到了恢复。

（二）通过重大事件营销持续提高对公司产品品质和品牌的信任和提升

在经历过行业危机和整顿后，伊利股份抓住了奥运会和世博会两个难得的机遇，先后成为全球唯一一家符合奥运会、世博会双重标准，为北京2008年奥运会以及2010年世博会提供产品和服务的企业，通过重大事件的营销提高了消费者对企业产品品质的信赖，品牌价值也因此在近年内得到了迅速的提升，并且连续7年蝉联行业第一。据国际专业评估机构数据显示，随着科技创新等方面的持续投入以及世博效应的逐步释放，伊利股份的品牌价值在近年空前大涨，自五年前的136.12亿元，目前已逼近300亿元，涨幅近两倍，全面体现了伊利在经济影响力、技术影响力、文化影响力、社会影响力等方面的行业领导者的品牌领先优势。

（二）重视社会责任，发布《企业公民报告》，拓宽投资者关系管理渠道

在近50年的发展中，伊利始终将承担社会责任作为立身之本，在长

期履行社会责任过程中，伊利构建了伊利的“健康中国责任体系”。这一体系是伊利股份践行社会责任的完善体系。在该体系中，伊利股份将企业的社会责任与自身的品牌规划融为一体，将健康的理念不断深化，持续关注青少年健康、社会健康、环境健康，并围绕这三个方向开展了一系列的社会公益行动。

另外，伊利不断构建和完善企业公民的责任体系。2007 年，伊利股份率先发布了中国食品业的首份企业公民报告，报告系统全面地收集了伊利股份履行经济责任、社会责任和环境责任等方面的实践内容。此后，伊利股份定期发布的《企业公民报告》都成为了中国食品行业可供参照的责任标准，为食品行业的规范健康发展起到了表率作用。

伊利在 2003 年首次提出的“社会责任应急预案”。当时，伊利针对“非典”救援而提出了“社会责任应急预案”。该预案本着扁平化的原则，主要分为对内和对外两个系统，由应急沟通反应预案、赈灾物资调配预案、抢险救援队人员调配预案、媒体联动机制和集团内部动员机制等 5 部分组成。该机制在必要时可完成从企业外部的救援机构、媒体、一线销售渠道和经销商，到企业自身的四方联动。

此外，多年来，伊利股份一直积极履行一个优秀企业公民的义务。2007 年，伊利就已经向国家上缴了相当于一个“伊利”的税金，为国家和社会创造了巨大的财富。截至 2009 年，伊利股份已累计纳税近 80 亿元，为中国商界树立了新的责任标杆，成为推进和谐社会建设的楷模。从 1998 年“洪灾”，到 2003 年“非典”；从 2005 年“东南亚海啸”，到 2008 年“南方雪灾”；从“汶川特大地震”，再到 2010 年“西南旱灾”和“玉树地震”，伊利每一次都在第一时间向有需要的同胞伸出了援助之手。

（三）提出绿色产业链概念，将股东价值与社会价值实现有机地融合

绿色产业链是一种新的发展模式。2009 年起，伊利股份在业内首先倡导“绿色产业链”，核心内容是由领军企业向整个行业全面延伸绿色理念，确立绿色标准，生产绿色产品，推动产业链上的所有环节实现共同的可持

续绿色发展。

从一般意义上说，企业的经营目标是实现股东的利益最大化，但是伊利在生产经营中发现，乳业纵贯农业、工业与商业，涉及数百万个养殖户家庭、数万家国内外企业、数亿中国消费者。在这个链条上，原奶来自于草原，包装材料来自于森林，产品服务贯穿人类的成长历程，最终产品包装又重返大自然，乳业不仅关系到民族体质，更关系到全人类的美好未来。因此，企业的价值不仅仅局限在为股东创造财富，更重要的是要为社会创造财富，实现股东价值和社会价值的有机融合。于是，伊利股份提出了“绿色产业链”的发展理念，倡导通过绿色规则重新树立，推动全行业达成绿色、规范、可持续的行业发展共识，最终达成产品品质的高度可控和行业的可持续发展。

具体来说，绿色产业链的内容包括：

第一，绿色产业链是一种新的发展模式。核心内容是由领军企业向整个行业全面延伸绿色理念，确立绿色标准，生产绿色产品，推动产业链上的所有环节实现共同的可持续绿色发展。

第二，绿色产业链是一个新的行业标准。低碳意味着新的市场标准，而绿色是企业立足未来的核心竞争力。伊利股份认为有必要联合各方力量，共同打造中国乳业的绿色产业链，制定和完善产业的绿色规则，进而带动整个产业链迈向绿色之路，实现自然环境和产业链各方共赢。

第三，绿色产业链体现了伊利股份全新的企业价值观。一个卓越的企业应当追求经济价值、社会价值、生态价值的共赢，才能实现可持续发展和基业长青，由此开启的不仅是伊利股份，也是整个行业的绿色发展时代。

案例5－11：中国建筑投资者关系管理——信息双向交流，积极探讨市值管理

2007年，中国建筑工程总公司联合中国石油天然气集团公司、宝钢集团有限公司、中国中化集团公司等4家世界500强企业共同发起成立了中国建筑股份有限公司（简称“中国建筑”），并于2009年7月29日在上海证券交易所成功上市，募集资金超过500亿元人民币，成为2009年全球最大规模首次公开市场发行（IPO），也是全球建筑地产行业最大规模IPO。中国建筑在投资者关系管理上受到了市场的好评，获得了董事会建设特别贡献奖、上市公司金鼎奖、最佳投资者关系奖、信息披露提名奖和最具创新力董秘奖等五项资本市场大奖，提升了公司在投资者心目中的形象。

投资者关系是公司和投资者进行沟通与交流的基本渠道。公司上市后，一直保持着主动、开放的工作态度，与各类投资者进行点对点和点对面的沟通，已初步建立起全方位的投资者关系管理体系。对于机构投资者，公司以两种方式进行沟通：一是把机构投资者“请进来”。公司的基本原则是“来者不拒”，希望与更多投资者当面交流。在交流的时间方面，公司尽量满足来访机构的需求，在不违背信息披露制度的前提下尽可能详细地解答调研机构提出的问题。截至2009年年末，公司先后接待易方达基金、中信证券、香港上海汇丰银行等50多个机构几百人次的分析师，均由公司领导负责接待，相互就机构投资者关注的几百个问题进行了分析探讨。二是公司主动“走出去”。首先是中期业绩路演。公司上市交易仅一个月时间，即于2009年9月5日至8日在北京、上海、深圳三地进行了中期业绩推介路演。本次路演对泰康资产、太平洋资产、博时基金、南方基金、嘉实基金、上投摩根等6大股东进行了登门拜访；举行了三场团体推介会，近100家机构投资者参与。其次是主动拜访公司大股东。2009年第四季度，公司对部分前50名流通股股东进行了拜访，取得了良好效果。

对于中小投资者，投资者热线是公司与中小投资者沟通的主要方式。仅上市半年，公司共接到投资者热线电话500余个，回答问题超过1500个。此外，公司还每日及时处理投资者关系信箱邮件，认真回答投资者提问。这些方式有效增进了中小投资者对公司情况的了解。

公司强力推进市值管理，公司将以能否提升中国建筑的市值为标准，调整经营结构，配置竞争资源，实施业绩考核。价值创造与价值实现同时并举。中国建筑撰写了报告《站在战略的角度认识市值管理》，将市值管理当作一道必答题而非选择题来看待。

案例5-12：苏宁电器投资者关系管理——业绩增长是投资者关系管理的最好注释

苏宁电器在投资者关系管理上的最大特点是始终坚持优先保障外部投资者利益的导向，认为只有良好的业绩以及合理的回报才是投资者关系管理工作的有力支撑。在此指导思想下，苏宁电器实现了业绩增长和持续融资的良性循环，为投资者创造了更大的价值。

（一）投资者关系管理工作内容

苏宁电器认为，要实现良好的投资者关系管理必须具备完善的内部治理，因此苏宁电器内部明确了规范治理的目标，一定程度上以超过监管要求的标准来严格要求自身，始终致力于公司治理结构、内部控制制度的完善。公司上市后，苏宁电器由一家民营企业成长为一家社会公众公司，通过外部监管与内部管控的结合，公司运营和管理进一步规范，决策和执行的科学性、严谨性不断提高。同时，公司透明度和信息披露的质量逐年提高，向外界更好地展现企业内涵，让更多的投资者和消费者了解公司的发展和经营理念。目前，苏宁电器设立了董事会秘书办公室作为投资者关系管理的职能部门，具体负责投资者关系管理的各项具体事务，董事会秘书作为投资者关系管理负责人。公司董事长、副董事长、总裁以及其他高级

管理人员均参与投资者关系管理工作。

苏宁电器提出投资者关系管理需要以尊重投资者为本，以规范运作为纲，有礼有节地开展投资者关系管理工作。具体来说，包括以下几方面的工作内容：

1. 不断提高信息披露质量，增强企业透明度。苏宁电器从最初按照上市公司格式指引编写年报，到现在逐步了解投资者的需求，从财务数据、经营管理、发展战略等全方位地向投资者阐述公司发展情况，将数据背后的业务理念和公司经营的想法与投资者做沟通，信息披露越来越主动和完善。定期报告出具以后，投资者通过阅读研究报告就可以充分地了解公司的经营状况和发展理念。另外，公司还加强主动的信息披露，让投资者能够清晰地了解企业发展过程，增强公司透明度。

2. 固化投资者交流方式，增强互动性。公司与投资者保持了畅通的沟通，通过各种途径，积极听取投资者的各项建议意见，及时反馈各类疑问，增强与投资者的互动。

3. 加强研究，把握市场动态，提高工作效率。苏宁电器注重对投资者关注内容变化的研究，及时了解投资者的诉求，同时加强内部信息的沟通、传递、审核，提高投资者关系管理工作的质量。

（二）苏宁电器投资者关系管理经验

1. 维护投资者利益，专注公司经营。作为零售行业公司，苏宁电器将零售行业中独有的细致、执著的态度也融入到日常的投资者关系管理工作中，从细微处着手，不断提高公司透明度，让投资者能够更加简单、明了地了解企业经营战略、发展方向。

2. 建立学习型的交流沟通，增强投资者研究深度。与投资者进行互动交流不是简单、机械的回答问题，更注重与其进行互动和相互学习。苏宁电器通过不断的后台积累，已经逐步成长为一个科技型的智慧苏宁电器。通过与投资者建立充分、常态的沟通机制，与投资者分享企业的经营理念、管理经验，帮助投资者提高对行业认识的深度，对行业事件的专业

化理解和研究能力，从而能够有效地把握公司发展特点、能力和方向。同时，苏宁电器也非常乐于倾听投资者的建议和意见，共同探讨行业热点问题等事项，公司与投资者之间已经建立了互动、学习型的关系。

（三）在公司融资活动中的投资者关系管理工作

1. 募集资金投资项目专注主业，合理回报得到投资者认可。苏宁电器历次募集资金的投向均是紧紧围绕前台连锁店、后台物流基地、信息平台进行选择的，具体项目选择中，根据每个发展阶段的特点以及需求展开。专注主业的募集资金投向能够得到投资者的充分理解与认可，且对业绩的实现也有充分的保障。

2. 注重股东的回报。自苏宁电器上市以来，通过不断完善的经营管理和企业员工的不懈努力，市值和净利都保持着快速的增长，众多投资者在企业发展过程中获得了丰厚的资本回报。同时，公司也在投资者利益与公司战略发展需求中不断进行平衡，选择多样的分配方案，如资本公积金转增股本、送红股、派送红利等方式回报股东，企业价值的实现与投资者利益的实现保持一致。正是由于苏宁电器一直坚持投资者与公司价值一致、实现共赢的理念，因此公司的历次融资项目也得到了投资者的充分认可，实现了市场融资与业绩增长相互促进的良性循环，为苏宁电器的投资者关系管理奠定了良好的基础。

案例 5-13：福田汽车投资者关系管理——制度规范与制度建设

北汽福田汽车股份有限公司（简称“福田汽车”）作为全国重点企业之一，于 1996 年由百家法人发起设立，1998 年实现成功上市，2000 年实现了向汽车产业的升级，形成了汽车、农业装备、建材建筑三大产业多元化经营的格局，产品包括重型卡车、轻型卡车、商用车等。在此发展过程中，福田汽车较好地实现了投资者关系管理系统的建设和良性运作，树立了良好的证券市场形象。

（一）福田汽车投资者关系管理制度体系

福田汽车将投资者关系管理作为公司的一项战略职能，是公司治理的一项重要内容，同时也是公司股权管理的延伸。同时，福田汽车认为与投资者拥有互相信任的关系有利于公司建立良好的市场形象，有助于树立投资者对本企业的信心，从而易于公司得到投资者对企业的长期资本支持。

福田汽车之所以能在投资者关系管理上先行一步，与其合理的公司治理结构密不可分。福田公司是由百家法人发起成立并实现了整体上市。正是由于这种特殊性，使福田汽车从上市一开始就比较注重公司与投资者的关系，致力于与公司股东、潜在投资者及中介机构等建立起良好的关系。公司始终认为，把投资者关系搞好，不仅仅是把公司信息告诉投资者，重要的是把资本市场的意见反馈给公司。而福田汽车真正引入 IRM 这一概念，是在 2002 年 1 月上海召开"中国投资者关系"会议前后。为积极响应中国证监会提出的"2002 年是上市公司治理年"的号召，金融事业部把"投资者关系管理"概念明确化，并将此作为公司的一项重要工作。

具体来说，福田汽车认为投资者关系管理的意义主要体现在以下几个方面：（1）建立公司与投资者之间的良性关系，增进投资者对公司的进一步了解和熟悉；（2）建立稳定和优质的投资者基础，获得长期的市场支持；（3）形成服务投资者、尊重投资者的企业文化；（4）促进公司整体利益最大化和股东财务增长并举的投资理念；（5）增加公司信息披露透明度，改善公司治理。

福田汽车投资者关系管理制度在过去几年不断完善，通过制定包括《北汽福田汽车股份有限公司投资者关系管理办法》、《北汽福田汽车股份有限公司重大信息内部报告制度》、《北汽福田汽车股份有限公司股东邀请制度》、《北汽福田汽车股份有限公司重大（敏感）信息提报人管理细则》等内部规定，已经形成了相对完整的投资者关系管理制度体系。

目前，福田汽车建立了专门的投资者关系管理机构，具体设置见表 5－1：

表 5－1　　福田汽车投资者关系管理机构

领导小组	组长：董事长（投资者关系管理工作的第一负责人） 成员：总经理、副总经理、董事会秘书、公共关系总监、并购与投行部总经理 职能：负责公司投资者关系管理重大事项的决策
工作小组	组长：董事会秘书（投资者关系管理事务的具体负责人） 成员：董事会办公室、并购与投行部、财务计划部、综合管理部、公关传播部、法律事务部有关负责人员 职能：全面负责公司投资者关系管理工作
投资者关系管理办公室	该办公室设在董事会办公室并设专人负责日常业务 职能： 1. 制度建设：制订和实施公司投资者关系管理办法。 2. 分析研究：统计分析投资者和潜在投资者的数量、构成及变动情况，持续关注投资者及媒体的意见、建议并及时反馈给公司管理层。 3. 培训：对全体员工特别是公司董事、监事及公司高级管理人员进行投资者关系管理的相关培训。 4. 沟通与联络：整合投资者所需信息并予以发布，举办说明会及路演活动，接受分析师、投资者和媒体的咨询，接待投资者来访，与机构投资者和中小投资者保持经常联络，提高投资者对公司的参与度。 5. 公共关系：建立并维护与上交所、行业协会、媒体及其他上市公司和相关机构之间良好的公共关系。

通过构建由三个层次构成的投资者关系管理机构，为企业与投资者之间架起了一个直接沟通的桥梁。

（二）投资者关系管理的主要内容

第一，做好与服务对象的沟通互访，在信息披露方面实施贴身服务。福田汽车自上市以来，一直非常注重信息披露的高质量与第一时间性，专门设立投资者咨询专线电话，设专人接听回答投资者的问讯。同时，公司网站设投资者关系管理专栏，涵盖公开披露信息、法人治理信息、公司经营信息等；并与机构投资者、证券分析师保持经常联系，提高其对公司的关注度；另外还持续与管理部门、行业协会、交易所等保持联系，沟通关系、了解相关政策。

第二，以营销手段推介公司。每年至少召开一次公司推介会，通过邀请投资者、监管部门、新闻媒体等参加，多角度、全方位地推介福田汽车

在经营理念、技术创新、管理方式、营销网络上的闪光点。另外，每年还至少召开一次汽车行业研讨会，邀请同行业精英、专家等参加，探讨行业焦点问题，与同行和投资者共同研究沟通企业发展战略，向投资机构和投资者准确展现福田汽车的投资价值，吸引和维持资本市场上的长期投资者，为福田汽车市场融资等活动奠定基础。

第三，深入进行投资者关系研究。由专人跟踪反映公司投资者关系的关键指标，分析公司的投资者关系状况；并跟踪行业最新发展情况，深入研究与汽车行业相关的各项政策。在此基础上，福田汽车还定期制作证券市场专项分析报告，帮助投资者正确认识公司投资价值。

（三）福田汽车投资者关系管理的特点

1. 借鉴“马斯洛思想”指导投资者关系管理。参考马斯洛需求理论关于五个层次需求的描述，投资者需求也可分成五个层次：基本需求——对上市公司的充分信息需求；安全需求——对上市公司保护投资者利益的需求；社交需求——对上市公司加强与投资者双向沟通的需求；尊重需求——与上市公司相互认同的需求；自我实现需求——共同提升素质、实现自我价值的需求。基于上述五个层次的需求，投资者关系管理工作分为五个层次来满足“投资者需求”，具体包括：

（1）信息披露：围绕建立快速、全面、真实反映公司情况的信息平台展开，具体包括公司公告、证券媒体、网站公开公司信息等各种途径。

（2）制度完善：围绕建立公司治理、投资者关系和危机处理的制度体系展开，具体包括公司治理结构完善、投资者关系管理制度建设、危机处理相关制度建设。

（3）感情沟通：围绕建立与投资者的高效沟通平台展开，包括通过个人和机构投资者的接待、行业推介会、投资者关系交流大会等方式加强与投资者的沟通。

（4）理念认同：围绕建立投资者分析、回馈体系展开，通过分析投资者结构、对投资者意见进行调查和反馈、满意度分析等方式提升投资者对

企业的理解水平。

（5）素质提升：围绕建立与投资者共同提高的体系展开，着眼于提高公司高管和具体负责人员对投资者关系管理的素质，更重视提升公司价值，回报投资者，并使公司获得投资者的全面支持。

2. 建立并实施股东邀请制度。每次股东大会审议程序之前，设立专门股东大会答疑会，并将答疑会作为股东大会的正式组成部分，使参会股东能与公司战略投行部、战略联盟管理部、综合管理部、营销公司、采购管理部、财务计划部等各相关职能部门、各事业部一把手及重大项目负责人现场交流。围绕股东大会上的议案，在法律法规允许的范围内，提供了公司管理人员与股东面对面、一对一或多对一的沟通交流及参观生产一线的机会。股东答疑会并不限制参会股东的性质、人数和股东持有的股数，都一视同仁、认真对待。

福田汽车自2008年经股东大会批准实施《股东大会邀请制度》以来，至2010年年底，通过举行股东大会答疑会和公司重大活动邀请两种方式，共实施了14次，在福田汽车投资者关系维护方面发挥了重大作用，搭建了福田汽车与证券市场各方沟通交流的平台。

3. 建立重大（敏感）信息提报体系，提高公司信息披露的及时性。福田汽车在各事业部、职能部门、子公司设立信息提报人，除定期将月度信息汇报给董事会办公室外，还负责将其所在工作部门的生产经营或者行业内发生的各种重大事项及时提报给董事会办公室，建立了广泛而反应迅速的信息汇报网络。其中，重大（敏感）信息提报人一般由公司各职能部门、各事业部及各控股子公司一把手担任，或指派职能部门科长、事业部综合管理部部长、子公司董事会办公室主任担任。并根据信息通报的及时性和有效性设立了完善的奖惩措施。

4. 利用中汽协上市委的平台，开展投资者关系管理工作。为引导汽车行业上市公司改进公司治理，定期组织中国汽车行业上市公司召开研讨会，通过互相交流学习加强上市公司投资者关系管理，并搭建与投资者、

媒体信息交流的平台，中国汽车工业协会批准成立了中国汽车工业协会上市公司委员会。中汽协会员单位中的上市公司且年销售额在30亿元以上的，可以自愿参加该委员会，目前已有17个汽车行业上市公司成为会员单位。福田汽车以此为平台，通过行业内的相互沟通，同时也邀请投资者及行业专家参与沟通，在投资者和企业之间搭建了双向互动的桥梁。

5. 加强与媒体沟通互动，搭建与投资者沟通的平台。福田汽车将公司内部信息分类处理，以不同形式利用不同的媒介，全方位、多层次地向投资者进行传播。具体包括以下几种形式：

(1) 公告：在上海证券交易所网站、中国证券报、上海证券报发布重大敏感信息公告。

(2) 稿件：利用汽车类媒体、协会刊物和福田汽车外网“投资者关系”模块进行企业形象的宣传，丰富信息披露的内容，更好地维护公司投资者关系。

(3)《董办简报》：月度将监管新规、公司公告、决议、重大事项、产销情况、股价等汇编后，以邮件、邮寄、官网发布等方式向董事和监事、高管和投资者进行传播，使其及时、全面地了解公司运营情况。

6. 加强市值管理研究，满足投资者权益最大化要求。由于市值反映了上市公司的综合实力和经营业绩，成熟的投资者在进行投资决策时，会倾向于行业内市值较大的企业。福田汽车目前的V/R、V/E比较低，市值的绝对值较上海汽车、潍柴动力也相差较远，在福田汽车贯彻落实2020年战略和“十二五”计划之际，福田汽车考虑加强市值管理，使公司的市值与业务规模、市场地位、行业影响等相匹配，全面进入世界一流汽车企业。为保证公司上述目标的实现，并确保广大投资者在市值提升的过程中获取最大利益，福田汽车认为逐步提升的方式有利于避免股价的大幅波动，实现市值的长期平稳增长，保障公司融资项目和其他资本运作的成功推进。

第六章 我国投资者关系管理工作的监管

本章提要

投资者关系管理不仅是上市公司自己的责任，同时也需要监管机关在相关监管上进行配合和促进。一方面，监管部门出台了包括《上市公司股东大会规则》、《上市公司信息披露管理办法》等规定，从法规和制度层面保护中小股东利益；另一方面，监管部门还推出了《上市公司与投资者关系工作指引》，通过宣传教育的方式积极倡导和引导上市公司积极开展投资者关系管理。

投资者关系管理是上市公司与投资者之间的事情，近年来证券市场规范和股权文化的兴起使上市公司投资者关系管理日益纳入监管工作的范围，并成为监管部门工作重点之一。但由于投资者关系管理是一件个性很强的工作，在监管方面不能搞一刀切，其监管需要结合市场的发展创新逐步加以完善。

1. 投资人关系管理的监管需要与“买者自负”原则的协调。“买者自负”原则是英美法系国家所奉行的法律传统，根据这个法律传统，在商业活动中，如果没有卖方的保证承诺，买方自行承担所购商品或服务的风险。这个原则使得政府在处理因为购买商品和劳务引起的风险方面，处于一种超脱的地位，它只负责通过提供法律环境，合理分配违约风险责任，自己并不承受这种风险。运用在证券市场上，即是说，投资人由于购买证券而发生的风险，概由投资人自己承受。但是根据前述规则，既然投资者关系管理具有公共产品性

质，则在“买者自负”的原则之下，政府仍然拥有监管投资者关系管理的义务和权利。

由此，政府监管投资者关系管理，应该有一个合理的边界。这个边界是，凡是事关公共利益、事关金融市场稳定、事关宏观经济运行稳定的投资者关系管理内容，均应由政府监管。相反，凡是属于投资者个人偏好、属于个人之间的意志耦合，均应由私人产品提供者提供。

2. 投资者关系管理的供给具有双重目标。

根据投资者关系管理的双重性质，政府应该是投资者关系管理监控的产品提供者之一，它的任务包括：（1）通过法律法规的普及，促使上市公司尽快在诚信基础上强化投资者关系管理，并把这种管理贯彻到公司文化中；（2）强制性促使上市公司在投资者管理方面防范系统风险，促使信息的对称分布。上述内容属于公共产品性质，是非盈利的。当然，由政府提供的这些产品并非全部都要有政府亲自供给。政府还可以通过激励约束机制，引导市场主体提供。比如，通过改变证券市场的准入规则，使得那些乐于进行投资者关系管理的主体获得较为宽松的经营环境等等。

由私人部门提供的产品属于盈利性质，原则上应该尊重投资者与上市公司之间的契约。这类契约的内容包括：（1）与专业技术有关的投资者关系管理内容，允许私人部门通过提供投资者关系管理获得收入；（2）接受政府部门委托，对投资者关系管理进行的普法教育，私人部门通过提供这类服务，获得国家支付的费用，等等。

私人产品质量的关键是要有一个完全竞争的市场环境，政府在管理这样一个市场方面，与管理其他实物产品市场方面没有区别。需要特别指出的是，私人产品通过完全竞争，其供给可以达到社会最优状态，但公共产品的供给，则往往小于社会最优数量，要特别防止私人产品挤占公共产品领域，那将是政府对自身职责的放弃。

第一节　我国投资者关系工作中的共性问题

投资者关系管理可以使公众公司通过充分的信息沟通，运用金融和市场营销的原理，加强与投资者和潜在投资者之间的沟通，促进投资者对公司的了解和认同，在公众中建立公司的诚信形象，最终实现公司价值最大化和股东利益最大化的一系列战略管理行为。

一、现阶段强化投资者关系工作的重要意义

1. 上市公司推行投资者关系管理，是现阶段的一项重要战略任务，微观地看，投资者关系管理有助于提升公司长期投资价值，宏观地看，投资者关系管理是提高市场公信力的必由之路。

从上市公司个体来看，投资者关系管理是上市公司的一项形象工程，有利于提高公司对外部利益相关人的凝聚力。首先，投资者关系管理通过让公司变得更加透明，实现了取信于投资者，取信于市场的目标。这个目标的实现，对吸引短期投资和长期投资都有好处，短期投资不会因为公司经营环境的突然变化而轻易丧失信心，长期投资者在不断的磨合中，对公司管理层更加了解，更加信赖，因而更容易与公司肝胆相照，结成战略伙伴关系。由于市场吸引力增加，与投资者拥有互相信任的关系，这十分有利于公司建立良好的市场形象，有效地稳定和扩大融资群体。

投资者关系管理是保护投资者合法权益的必然要求。投资者保护有好几个层次，其中最重要的有两个：其一是投资者的权利体系构建，这一点需要包括上市公司在内的社会各界的共同努力；其二是投资者拥有信息的充分程度，这一点从目前的情形来看更加重要，因为没有信息的权利只能是一个空

壳，投资者必须知道自己的权利处在一个什么样的状况下，是否受到了必要的保护，等等，他们必须知道自己在什么情形下，可以运用什么样的手段伸张权益。信息的获得，有很多途径，强制性信息披露是一条途径，但远远不够，因为它不如公司自己自觉自愿地告诉投资人来得更有亲和力，我们常说好朋友无话不谈，实际上，也只有无话不谈，才能成为真正的好朋友，相互遮掩的合作不能长久。

投资者关系管理是完善公司治理的重要环节。当前，我国上市公司治理中最大的问题是控制性股东行为不够规范，通过投资者关系管理，可以促进股东行为规范，造就出一批行为“内敛”的控制性股东，这好比做人，越是成熟，越知道内敛，越知道照顾别人的兴趣爱好。股东行为规范只是做到合规，并不完备，还得学会和投资人尤其是弱势投资人打交道，照顾他们的利益，甚至暂时牺牲一点自己的利益，换来长远的合作。

从宏观上看，上市公司讲求投资者关系管理，有利于市场的整体繁荣。这一点比较清楚，单个一家上市公司的努力，不足以让大规模的投资者群体留在市场，只有更多的上市公司一起抓投资者关系管理，改善和投资者之间的信任，才能促使市场文化的稳定发展。更为重要的是，市场主体的很多行为具有所谓的“溢出效应”，一家公司造假或者实施欺诈，往往连带地影响整个市场的公信力，所以，为了保持市场交易的连续性和安全性，投资者关系管理被很多国家纳入公共管理范畴，这更说明投资者关系管理的宏观意义。

2. 投资者关系管理与公司治理的关系是相互促进，互为条件，相辅相成的关系。前面已经说到，投资者关系管理是公司治理的一项重要内容，从法律规则的观点看，投资者是公司的所有者，获得有关公司发展的信息是投资者的合法权利，公司也有义务将有关信息及时告知投资者，应当采取各种方式保障投资者充分行使其知情权；从效率的角度看，注重投资者关系管理是公司内部人自我约束的一种很见效的手段。因为以诚待人，坦诚相见，既需要勇气，更需要良好的行为作基础，讲求投资者关系管理，正是公司内部人自我约束的激励机制之一。有了自我约束，行为规范，公司经营必然能经得

起市场环境变化的考验。

投资者关系得到改善以后，以心换心，投资者更关心公司经营成败，一些好的建设性建议才能进入上市公司内部人的视野，不同意见的互动，非常有利于改善公司的经营管理和治理结构，提高上市公司的核心竞争力，实现股东利益最大化和公司持续快速地发展。投资者沟通渠道不畅、投资者利益难以得到保障的公司很难成为一个治理结构完善的公司。

完善的公司治理对投资者关系管理工作意义重大。上市公司只有完善治理结构，理顺委托代理关系，健全激励约束机制，才能真正以股东利益为行为准绳，充分认识到投资者关系管理工作的重要性，做到对股东、对投资者负责。公司治理环境的逐步改善，尤其是机构投资者数量和地位的上升，投资者权利意识的加强，将会进一步推动投资者关系管理的发展。

再次，我国投资者关系管理的实践尚处于起步和初级阶段，存在着一些发展中的问题，最突出的是自觉性不高和制度化程度较低。股权分置改革之后，对于上市公司来说，投资者关系管理已不再是愿不愿做、想不想搞的工作，几乎所有股改公司都将不可回避地面对广大流通股股东。投资者关系管理贯彻了股改的始终。因对价方案须参会流通股股东 2/3 以上投票表决赞成，故股改公司将直面投资者关系管理，需去沟通并说服他们，凸显出了投资者关系管理的重要性。股改促使上市公司开展投资者关系管理工作，变选择性需求为现实的需求，从而也助推中国资本市场投资者关系管理在不断地觉醒和发展。

流通股股东处于博弈双方的弱势群体。单纯为“过关”而过于拘泥“沟通技巧”，结果往往会赢了战术，输了战略。股权分置前“一股独大”；而股改后股权趋于高度分散，“内部人控制”的道德风险会加大。由于有报喜不报忧的内在诱因，要预防报表作假“蔚然成风”的现象。因为全流通后通过财务欺诈提升股价的动力，将比股权分置前的融资冲动更加强烈。

证券市场环境与形势的不断变化，使得上市公司逐步认识到加强投资者关系管理的重要性。在市场环境方面，国内证券市场的规范化、市场化、机

构化，为上市公司开展投资者关系管理工作营造了良好的氛围，并产生了部分外在压力，很多上市公司渐渐明白了“有效沟通可以增强公司价值”的道理，通过信息披露与交流，在投资公众当中建立公司的诚信度，可以提升公司在资本市场的运营环境。上市公司只关注商品市场的形象，已经成为过去的、落伍的认识。市场环境的另一个显著变化是发行市场向买方市场的逐步转变，使得上市公司开始重视长期性的投资者关系管理，它们逐步认识到，通过加强与投资者的沟通，通过提高营销技巧，使投资者了解、接受、支持上市公司的发展战略、经营方针，理解公司的再融资要求，可以帮助公司在资本市场获得较大的成功。这个认识很快得到市场的欢迎，比如，在低迷的股市环境下，一些上市公司如万科、全兴股份等，通过长期不懈的投资者关系管理，成功完成了再融资计划。

二、投资者关系工作存在的共性问题

（一）认为投资者关系管理是监管层的事情

在证券市场发展的初期阶段，许多制度建设（包括投资者关系管理）需要由政府部门主动推动，因为在此阶段企业的信息量或者是价值取向不是太过多地关注这些事情。这个时候由政府去推动应该是好事情。但是需要企业注意的是，投资者关系管理是企业自己的事情，应当是企业为管理自己的价值，提高企业的管理水平，为股东和企业创造财富的一个利益驱动行为，而不是监管部门对我们的强制性要求。如果当企业认为投资者关系管理对自己没有好处的时候不要管；当意识到它真是有用的时候，不管是近期的经济收益，还是潜在的无形资本增加，企业都会掏钱去搞。但是如果说在现在中国的证券市场里，因为中国的证券市场还有待进一步规范，投资者缺乏理性科学的投资观念等等，这些因素都造成了现在的证券市场，有可能管

理的效果体现不出来。这时如果因为是监管部门进行行政推动，很容易造成“半生不熟”和企业应付的局面。只有当企业觉得真有好处，真有用处的时候，实实在在提升公司价值的时候，投资者关系工作才会成为一种自觉的行为。

（二）认为投资者关系管理工作是针对投资者关系来讨论问题

投资者关系管理应当作为企业的一个战略管理行为，随着中国经济的发展和中国金融市场发展的推进、进步，它将越来越有用，越来越受到重视。但如果企业将投资者关系仅仅是放在很低的层面，跟投资者保持联系，或者是考虑开股东会的时候怎么吃一顿饭，如果仅仅放在这个层面来讲，那就太低了。它是一个系统工程，在一定程度上决定了企业发展的理念，决定了企业融资的能力进而影响着企业的核心竞争力，放在这个层面来理解投资者的关系管理。当企业是作为社会的一个个体存在时，须要与各界进行资源交换。第一种是人力资本。现在我们很多企业都很重视人力资源的管理，以前不叫人力资源，叫人事处，或者叫劳动部，后来才把它作为人力资源的管理，把它纳入了科学、系统的管理渠道里。第二种是客户关系管理。因为企业最终是要卖产品给客户，要处理好与客户的关系。第三种外界资源交流是资金的交流。不管是从银行还是从客户那里获得融资，不管怎样，企业要想获得资金，要么是从股市上，要么是从投资者那儿获得资金。这种投资者关系管理是企业管理很重要的一个方面。

（三）认为投资者关系可以临时抱佛脚，也就是急功近利。比如再融资的时候，在证券市场上的形象是非常重要的。否则投资者“用脚投票”，股价大跌，发行困难，特别是现在证券市场机构化越来越明显。中国证券市场现在有几千家股票，有很多上市公司由于换手率极低，已经从投资者的视野里“消失”，这种情形充分说明证券市场已由过去的资源竞争转化为资本竞争。在这种情况下，临时抱佛脚会适得其反。而且从公众关系这个角度来讲，可能会让投资者感到反感。

（四）认为投资者关系管理有利于操纵股价。首先，加强投资者关系管理

有利于增加公司的价值。所谓体现公司的价值，说白了股价相对要比没搞好的时候要高，实际上也造成股票上涨，但是它的上涨跟股票的操纵是完全不同的。第一个不同，投资者关系管理是使投资者认可它的价值，是建立在公信力的基础上。股票市场操纵是资金行为，是建立在股民的预期上。第二，效果上不一样。当你是操纵的时候，操纵有几个三部曲：进货、震仓、清货，最终是要出去的，不是以持有为目的，区别于投资者关系。投资者关系的目的是吸引特定的投资者并形成上市公司和投资者的长期合作关系，在这个过程中大家都实现了价值创造。操纵的股价是一定会从终点走到起点的。投资者关系管理使得这个公司价值被认可的时候，上去的时候就停在那个地方，是这么一个过程。投资者关系管理在技术上、效果上与操纵股价是不一样的。

总之，投资者关系管理在我国才刚刚起步，上述问题的存在，在一定程度上阻碍了投资者关系管理的发展，建立良好的投资者关系任重而道远。随着中国证券市场日益成熟和规范，资本市场由投机向理性投资的转变，机构投资者数量的增加和地位的提高，投资者权利意识的增强，投资者关系管理必将成为中国上市公司不断完善治理结构，加强与投资者及中介机构交流与沟通的有效工具。

三、搞好投资者关系工作需要各方面努力

市场各方都有责任推动投资者关系管理工作。第一，上市公司的责任。上市公司是投资者关系管理的主体，责任重大。上市公司要意识到加强投资者关系管理的重要性。健康的投资者关系既是市场诚信建设的基础，也是上市公司的无形资产。第二，中介机构的责任。通过咨询等市场化方式，帮助上市公司推进投资者关系管理。第三，媒体的责任。媒体可以发挥宣传、引导、推动的作用。第四，监管部门和交易所的责任。可以通过培训、研讨等

各种方式大力推动，帮助上市公司树立投资者关系管理的意识。

一线监管部门要将保护投资者合法权益作为监管工作最核心、最重要的任务。

“发展是第一要务”，对证券市场而言，其发展一方面要靠不断完善市场结构，营造公开、公平、公正和高效有序的市场环境；另一方面要使投资者的合法权益得到切实保护。这是证券监管工作者神圣的职责。

派出机构作为一线监管部门，交易所作为自律监管机构，与投资者、上市公司、证券公司等市场参与者距离近，责任重大。它们面临的问题是：（1）上市公司对投资者关系管理工作不重视。多数上市公司认为，投资者关系管理是一项不能为上市公司带来好处，却为上市公司带来许多麻烦的工作。对投资者关系管理的态度是可有可无。大多数上市公司没有认识到投资者关系管理是公司治理的重要内容。公司治理的一项核心内容就是如何处理好上市公司和股东之间的关系，如何确保股东充分发表意见和行使权力。投资者关系管理就是处理上市公司和股东关系的重要手段和方式，对上市公司公司治理结构的完善有十分重要的意义。（2）不能正确处理与股东之间的关系。主要表现在两个方面：一是对控股股东言听计从，底气不足，不能平等地进行有效的沟通。即使心存不满，往往也忍气吞声，对其违法违规行为不提醒、不劝阻、不抵制，甚至主动配合。二是对中小投资者趾高气昂、爱搭不理。公布的电话经常无人接听，回答投资者的问题不耐心，简单粗暴地应付。对中小投资者的意见和建议不重视，肆意损害中小投资者的利益。一些公司与中小投资者关系紧张，投诉不断。（3）投资者出席股东大会的积极性不高，中小投资者习惯于“用脚投票”。现在上市公司股东大会存在被边缘化的倾向。中小股东由于其意见得不到尊重，往往“用脚投票”，不去参加股东大会。不少公司股东大会出席的股东人数少于公司董事会人数，甚至出现股东大会仅有一个股东出席的情况；即使是大股东对股东大会也不重视，经常委托一些无关紧要的人出席；提交股东大会的议案难以在股东大会进行充分讨论，股东大会的决策往往是个别股东的意志，决策的科学性和公正性无法保

证。（4）信息披露不及时、不完整、不充分，损害了投资者的知情权。经常出现市场上谣言满天飞，公司股价明显出现异动，有关上市公司却保持沉默，甚至发布“无应披露而未披露信息”的公告。有的公司在多次发布类似的公告后，突然公布与市场传言类似的重组方案；有的公司在监管部门的干预下，仍以保密为由拒不披露；有的公司重大事项披露时语焉不详，投资者根本无法了解其真实情况。这种情况在上市公司高管人员激励方案、委托理财等事项的披露上比较突出。

派出机构作为一线监管部门，在推动上市公司改善与投资者的关系方面有十分重要的作用。派出机构可在几个方面发挥作用：

第一，将投资者关系管理纳入到对上市公司的监管中来，推动上市公司加强投资者关系管理工作。具体可从以下几方面着手：在日常监管和巡检中，将投资者关系管理工作作为上市公司公司治理的一项重要内容来督促和检查；将投资者关系管理纳入到上市公司诚信监管体系中来，将投资者关系管理工作的好坏，作为评价上市公司及其高管人员诚信水平的一项重要指标；提高辖区上市公司及其高管人员对投资者关系管理重要性的认识；根据辖区上市公司的实际情况，制定投资者关系管理的工作规范和相关细则，明确投资者关系管理的工作内容和范围，确定规范的工作程序，推动此项工作规范化和制度化。

第二，督促辖区上市公司将投资者关系管理纳入其公司治理工作中去。从制度、机构人员上，论证投资者关系管理工作的顺利开展，主动改善与投资者的关系。例如通过制定投资者关系管理的工作规范及相关细则，督促上市公司设置专人负责投资者关系管理工作，鼓励上市公司设置专门的投资者关系管理机构，督促上市公司对有关人员进行培训，使其熟悉投资者关系管理的内容和程序。又如，督促上市公司主动增加或加强投资者关系管理工作方面的信息披露，增强主动性信息披露意识。鼓励上市公司积极创造条件，构建多种形式的信息沟通渠道及平台，实现与投资者之间及时便捷的双向沟通和联系，形成良性互动。

第三，改变中小投资者“用脚投票”的习惯，从制度上保证中小投资者参与上市公司治理的权力。积极推动辖区上市公司实施累积投票制和征集投票权，取得较好效果。鼓励中小投资者积极参与股东大会，行使自己的权力，通过股东大会、新闻媒体等发表自己的意见。通过司法途径保护自己的合法权力。认真受理投资者对上市公司的投诉，认真听取投资者提出的有关意见，并将有关投诉和意见反馈给相关上市公司，要求其认真整改。

媒体作为监督机构，对投资者关系建设具有重要作用。中国的媒体从市场产生的初期，就在市场投资者关系的格局里，不但自然地担当了高效率信息披露平台的作用，也从市场的早期就逐渐以中小股东利益的代言人的角色，成为中国投资者关系管理体系中不可或缺的一支重要力量。

媒体在我国上市公司投资者关系管理未来的发展中，在三个方面体现其特殊价值：第一，随着网络技术的进一步普及，媒体为投资者关系管理提供的服务将在广度和深度上进一步得到拓展，一些具备跨媒体平台优势的现代媒体集团将在投资者关系管理中脱颖而出；第二，随着自愿信息披露制度的建立和更多上市公司对自愿信息披露的接受和实施，上市公司与投资者沟通的内容将更加广泛，媒体在投资者关系管理过程的介入将越来越深入和广泛；第三，随着我国公司跨国化、融资全球化以及媒体自身发展的国际化步伐的加快，中国上市公司的投资者关系管理也必将走向国际化，走向一个更加宽广的空间。

媒体在推进投资者关系管理发展过程中，发挥的作用体现在四个方面：

第一，借助舆论优势，推进投资者关系基础工作。在推进投资者关系管理基础性工作的过程中，媒体可以通过专栏、专版和各种形式的报道，向证券市场参与主体传播投资者关系基本理念，让市场各方都来关注和重视投资者关系，从而给上市公司实施投资者关系管理增加内在动力和外在压力。

第二，调动各方资源，开展投资者关系知识培训。证券专业媒体在多年的报道过程中，积累了丰富的社会资源，完全能够充分调动各方资源，与管理层一道将推进投资者关系管理的工作落到实处，特别是加大宣传力度，在市场中形成注重投资者关系管理的蓝筹板块，形成示范效应。

第三，利用媒体渠道，建立投资者关系沟通机制。投资者关系注重沟通机制的建立，强调沟通实现价值。媒体尤其是证券专业媒体，作为投资者与上市公司沟通的重要阵地之一，在投资者关系管理发展全过程都起着不可替代的作用。

第四，借助专业特长，提供投资者关系专业服务。媒体提供的专业服务，可以帮助上市公司做好媒体管理工作，建立良好的媒体关系，节约公司进行投资者关系管理的费用，达到事半功倍的效果。

第二节　投资者关系管理的制度化路径

随着证券市场环境与形势的不断变化，上市公司逐步认识到加强投资者关系管理的重要性。在市场环境方面，国内证券市场的规范化、市场化、机构化，为上市公司开展投资者关系管理工作构造了良好的氛围，并产生了部分外在压力，很多上市公司渐渐明白了“有效沟通可以增强公司价值”的道理，通过信息披露与交流，在投资公众当中建立公司的诚信度，可以提升公司在资本市场的良好运营环境。作者曾经提倡上市公司要学会综合运用资本市场和商品市场的资源和技术，这一观点，得到很多上市公司的认同，由此也可以证明，上市公司只关注商品市场的形象，已经成为过去的、落伍的认识。市场环境的另一个显著变化是发行市场向买方市场的逐步转变，使得上市公司开始重视长期性的投资者关系管理，它们逐步认识到，通过加强与投资者的沟通，通过提高营销技巧，使投资者了解、接受、支持上市公司的发展战略、经营方针，理解公司的再融资要求，可以帮助公司在资本市场获得较大的成功。这个认识很快得到市场的认同，比如，在低迷的股市环境下，一些上市公司如万科、全兴股份等，通过长期不懈的投资者关系管理，成功

完成了再融资计划。

一、监管部门对上市公司投资者关系工作的因势利导

尽管不少上市公司已经开始重视并积极主动地实施投资者关系管理，但我们还是应该清醒地认识到，我国上市公司的投资者关系管理还处在起步和萌芽阶段，存在着一些发展中的问题。

第一，从规模上看，我国进行投资者关系管理的上市公司数量还有待提高，自觉性还不能令人满意。大部分上市公司投资者关系管理，特别是中小投资者关系管理的重视程度仍然较低，管理层的观念还需要更大的转变。一些上市公司仍然习惯于只在商品市场构建自己良好的声誉，忽视资本市场的长期利益；一些上市公司不能自觉地在投资者关系管理方面多做投入，大多应付差事，没有站在战略高度看待投资者关系管理。

第二，为数众多的上市公司在进行投资者关系管理时，带有一定的功利性目的，甚至采取短期行为的办法开展这项工作。比如，一部分上市公司只有到了融资阶段，才想到了投资者，好比口渴了才去掘井，方法必然不够稳妥，有时候为了达到融资的目的，在进行投资者关系管理的时候，难免与寻常的信息发布相互雷同，起不到应有的作用，甚至会拉大与投资者的距离，这一点要引起高度重视。

第三，由于历史原因，我国很多中小投资者缺乏了解和支持上市公司持续经营的自觉性，不善于或者不主动与上市公司内部人进行沟通，给上市公司投资者关系管理造成了一定的困难。站在上市公司股东层面上，很多股东，尤其是中小股东尚未形成成熟的股权文化和自我保护意识，普遍存在着投机心理和持股短期化行为，许多投资者不会关心公司的投资价值和实际运作，与上市公司交流的意愿不强烈，主动参与上市公司投资者关系管理的积极性不足，因此这也需要社会各界的共同努力，来加以改善。

第四，专业的投资者关系管理机构和人才队伍较为缺乏，没有形成投资者关系管理的一个完善市场。投资者关系管理是一项长期而系统的工作，涉及金融、市场营销、公共关系等方面的专业知识，换言之，专业的投资者关系管理形成气候，并非轻而易举的事情。很长时间以来，上市公司投资者关系日常维护工作都是由董秘办公室或者证券办公室代劳的，主要工作不过是接接电话，限于能力和时间，不可能对投资者关系管理有一个完善的实施。借鉴国外尤其是美国等成熟市场国家的经验，投资者关系管理要形成良好效果，必须发展专业的投资者关系管理咨询机构，这些机构按照市场化机制进行运作，通过他们的介入和参与，提升投资者关系管理工作的质量，并使之纳入市场化监管的范畴。

投资者关系管理在我国刚刚起步，上述问题的存在，在一定程度上阻碍了投资者关系管理的发展，建立良好的投资者关系仍然是一个长期的过程。随着中国证券市场日益成熟和规范，资本市场由投机向理性投资的转变，机构投资者数量的增加和地位的加重，投资者权利意识的增强，投资者关系管理必将成为中国上市公司不断完善治理结构，加强与投资者及中介机构交流与沟通的有效工具。

我国监管部门十分重视投资者关系工作，继监管部门推出投资者教育活动后，保护投资者尤其是中小投资者的合法权益成为近年来监管工作的重点。2003 年全国证券期货监管工作会议提出，“以保护中小投资者权益为重心，使之制度化、规范化、法制化，把中小投资者维权工作真正落到实处”。

二、将保护投资者利益作为投资者关系工作的监管重点

作为市场组织者和监管者，监管部门一直视保护投资者尤其是中小投资者权益为各项监管工作的重中之重。在法规制度建设上，2001 年确立了以强制性信息披露为核心的事前问责、依法披露和事后追究的责任机制，先后完善了以招股说明书为核心的 20 多项信息披露规则，这些举措皆体现出对投资者公平获取信息等方面权益的保护。在投资者保障体系建设方面，2004 年以

来开展的投资者教育实质是注重实际效果的投资者宣传活动。监管部门会同各方力量，通过多种渠道，采取多种方式，向中小投资者普及证券投资知识，宣传证券法律法规，介绍新的投资品种，揭示市场风险，促进投资者树立理性投资的观念。通过市场整顿，加大案件查处力度等，对防范和化解市场风险、规范市场参与者行为，警示和教育中小投资者起到了重要作用，使市场中长期存在的并为广大中小投资者深恶痛绝的内幕交易、庄家操纵行为得到一定遏制。证券民事案件的受理在 2004 年也获得突破，有关部门宣布受理由虚假信息披露引发的民事侵权纠纷案件，为受虚假陈述之害的投资者增加了自我保护的措施。

目前，我国证券市场投资者开户数已达 1.3 亿户，投资者是市场活力之源，他们的信心直接关系到市场的兴旺、发展。对我国以散户为投资主体的新兴证券市场来说，股市的成长和发展，离不开广大投资者的参与和投资。

保护中小投资者权益，是证券市场可持续发展的强大动力。一个中小投资者权益受到保护的市场，必然是一个信心充足、交投活跃的市场。这样的证券市场无疑具有良好的发展动力；反之，投资者就会失去信心，市场也将失去前行的动力。中小投资者在我国投资者中占有绝对比重，受信息披露、分析能力及资金实力等因素限制，他们在市场中处于弱势，自我保护能力不强。因而，采取种种措施，保护中小投资者权益，增强其信心，事关我国证券市场的稳定与发展，必须高度重视，认真做好。

保护投资者权益，也是海外成熟市场和一些新兴市场的成功之道。成熟市场的特征之一是重视中小投资者权益保护，并将之贯彻在监管工作的方方面面。在规章制度建设上，把保护中小投资者权益作为制度设计的重要出发点。在具体监管工作中，则始终把保护投资者作为重中之重，严厉打击损害中小投资者权益的违法行为，全力维护市场的公平、公正和公开，营造一个让中小投资者放心的市场环境。

我国证券市场是一个新兴市场，借鉴海外成熟市场的成功经验，制定符合我国国情的保护中小投资者权益的规定与措施，必将推动我国证券市场更

快更好地走向成熟。

保护投资者权益，就要求我们在改革和发展过程中充分考虑市场和中小投资者的承受能力。在这次证券期货监管工作会议上，监管层突出强调了有关方面的工作。要求进一步提高市场的透明度，增强可预见性，防范系统性风险；积极建立健全与改革相关的配套措施，保持政策的连续性，促进市场稳定发展；完善市场结构，丰富投资品种，鼓励市场创新，增加市场的流动性，提高证券市场对投资者的服务水平。

保护投资者权益，同时需要我们正确认识投资者权益保护的内涵。保护投资者合法权益并非是“保赚不赔”，而是对广大投资者合法权益的申张和维护，通过法律法规制度建设，通过具体监管措施的落实，揭示风险，促进理性投资，打击违规，促进市场的公平、公正和公开，从源头上真正体现对中小投资者权益的保护。

保护投资者权益将继续成为监管工作的重心。监管部门将坚持不懈地推动投资者教育等项工作，把投资者教育和保护投资者合法权益紧密结合起来，把保护投资者权益真正落到实处；进一步大力普及证券知识和法律法规，发挥派出机构、证券交易所、证券业协会以及中介机构等在投资者教育中的积极作用，帮助投资者增强风险意识，确立理性投资的观念，不断完善维护投资者合法权益的机制，从根本上增强投资者信心。

三、将股东大会和重大事项披露作为投资者关系工作的监管重点

2005 年，中国证监会出台《上市公司就有关社会公众股股东重大事项召开股东大会的指导意见》（以下简称《指导意见》）的征求意见稿，这标志着监管部门开始有意识地将股东大会和上市公司重大事项披露作为投资者关系工作的监管重点。

《指导意见》是为了解决股权分置所带来的一系列矛盾和问题，设计出的一个阶段性行政手段。作为阶段性手段，是因为这些问题和矛盾的解决，本

质上需要更长的时间和更高层次的立法手段，但因为目前问题很突出，几乎成了市场下一步发展的瓶颈，监管的责任感和目前可以使用的法律资源之间要权衡一下，形成了《指导意见》。

我们可以从三个方面归纳股权分置带来的矛盾和问题。第一个方面，由于股权分置政策的实施，证券市场出现了一些有国情特色的利益冲突关系。早在 2002 年，国有股减持的试点办法发布以后，围绕国有股股权定价问题，市场上发生了较大的分歧，由于国有股的显著特征是它的非流通性，分歧的焦点最后归结为流通股和非流通股的利益分割问题；最近，招商银行发行可转债的预案公告以后，以基金为代表的流通股股东强烈反对这个办法，说明非流通股股东和流通股股东的权益冲突有激化的可能。第二个方面，由于股权分置政策的实施，加上“一股独大”的现状，现有的公司治理准则无法解决流通股权益保护问题。在“资本多数决”的原则之下，控股股东往往滥用表决权，以名义上的公平造成实际上的不公平，损害流通股股东权益。因为公司内部治理解决不了问题，中国证监会出台一个规范性文件，通过改进公司治理的办法，加以调节，是对市场化监管原则的积极贯彻。第三个方面，股权分置加上“一股独大”的问题，还使得流通股股东和非流通股股东在重大问题上难以形成共识，影响公司持续经营。

事实上上述这些问题始终存在，只不过在市场高涨的时候，有可能被普遍存在的乐观情绪掩盖起来，而在市场出现较大波动的时候，就有可能凸显。比如，我们可以发现，在市场出现较大波动的时候，再融资行为总是容易受到流通股股东的严厉批评，有些批评甚至不够冷静，但的确影响市场的平稳发展。

《指导意见》出台的目的旨在解决非流通股和流通股之间的利益冲突，因为流通股和非流通股之间关系的本质仍然是市场关系，因而我们把解决的方式方法局限在公司治理层面，就是所有考虑的备选方案最终都落实在，通过改进公司治理，改变当事人的行为轨迹来解决问题。

一个重要的问题是要搞清楚非流通股和流通股之间利益冲突的来源是什

么。我们觉得主要来源于两者在取得成本、流通性方面存在的差异。因为取得股份的成本不同，公司行为造成的利益后果就会不同，又因为流通性不同，两种股份实现收益的渠道和方式也有所不同。非流通股股东的权益主要依靠分红、溢价增发或者增配流通股所导致的每股净资产增加来实现，而流通股股东则主要依靠二级市场的价差来实现。这种权益格局存在两个问题，其一，非流通股股东经常就是控制股东，他们在决策的时候，可能会更多地考虑自己的利益，实际情形也是这么表现的；其二，二级市场价差只是公司行为的结果，如果流通股股东不能对公司行为实施实质性的影响，他们就成了非流通股股东行为的被动接受者，用法律语言来说，这叫做显失公平。

为了解决这些问题，我们在总体上坚持了积极务实的指导思想，这也是在贯彻尚福林主席提出的与时俱进、求真务实的监管理念。首先，在法律资源的稀缺性和问题的紧迫性之间找平衡；一个大的前提是《公司法》现有条款中并没有给流通股和非流通股股东的权益差别提供任何直接的解决方法，我们是大陆法系国家，条文中没有规定，不能滥用推定。另一方面，我们不能坐等《公司法》修改完成以后，再来解决问题。解决的办法，是在《公司法》关于股东平等的条款中寻求更精确、更科学的解释，然后用法律原则解释具体条款，这个办法只要把解释范围控制得当，是可以说得通的。另一个更有效的办法，是在行政法的框架下找依据，即在以前的行政法规中寻找法律渊源。按照合理行政的原则，解决同样的问题，应该采取同样的行政原则和手段。这样我们找到了以前把 A 股和 H 股作为类别股对待的方法，然后加以引用。

其次，在方案选择上，在创新与合法行政之间找平衡。我们比较了“绝对多数”方式、“利害相关人回避表决”方式、“流通股股东类别表决”方式和“社会公众股股东表决”方式等几个备选方案。发现绝对多数原则在控制性股东和非流通股股东是同一类股东的前提下，无法避免实质上不公平的结果；“利害关系股东回避表决”的方案又无法在保护非流通股股东的同时，兼顾流通股权益，与市场化监管理念相左，而且容易把利益冲突的当事人从流

通股股东和非流通股股东，引向非流通股股东和公司之间，就是说可能跑题；流通股类别表决的办法本来最方便使用，但类别股的概念缺乏较高层次的法律渊源作支撑，可能会让我们很被动。比较的结果是采用社会公众股股东表决，但采用的机制基本和流通股类别表决一样。简单说，就是“一次股东大会，一次投票，两次统计”。

第三，在立法形式选择上，坚持综合运用监管资源的原则。《指导意见》除了可以采用强制力较弱的指导意见形式外，还可以采用部门规章。但部门规章更敏感一些，相对于我们要解决的问题，《指导意见》之所以可行，是因为目前关于流通股股东权益保护，市场监督的力量很强，我们可以借力；另一方面，我们还有一个保底措施，就是援用行政裁量权，在审核事项中，把《指导意见》的倾向充分表达出来，这个做法类似于日本的行政指导，之前央行搞窗口指导的时候，也有相近的做法。

《指导意见》有两个关键内容：第一，哪些事项需要社会公众股股东表决。这个问题也需要平衡，平衡公司的经营决策权和流通股股东权益。因为我们的问题是解决非流通股和流通股之间的权益冲突，因而原则上，只有那些涉及社会公众股股东重大权益的事项，才需要表决。《指导意见》规定的表决事项，内容涉及再融资、变更募集资金投向、公司分立、合并事项、修改公司章程事项和一个相对较强的兜底条款。其中再融资的规定还考虑了强度问题，只有再融资的强度较大的时候，才有可能损害流通股股东权益，这就是那两个20%比例的来历；变更募集资金用途也一样，只有变更用途的资金达到募集总额一半以上才需要社会公众股表决；兜底条款是为了让我们的规定具有开放性，方便临时出现一些可能损害社会公众股权益，但《指导意见》又没有列举出来的事项时，可以启用表决程序。

第二，股东大会的召开和监督。这里着重要解决的问题，是社会公众股股东参会热情不高和表决被操纵的危险。我们要求凡是涉及社会公众股股东权益的决策事项，公司发布的会议通知中要特别提示会议有社会公众股表决议程，并要求公司多次披露，以便更多的社会公众股股东获得信息；为了直接提高参会热情，《指导意见》还要求公司为股东提供网络投票方式，并明确说明社会公众股股东可以向其他股东征集投票权。监督方面，《指导意见》要求独立董事和律师共同验证股东资格，参加计票和监票，对股东大会全程跟踪，并就此发表独立意见或者在法律意见书中单独说明。为了引入市场监督机制，《指导意见》还要求公司对社会公众股股东的参会情况、表决情况和表决结果分别统计，加以公告，以便凸显社会公众股股东的表决过程和结果，方便监督。

正如同市场的发展需要规制不断修正完善一样，《指导意见》中，也存在需要进一步讨论的问题：一是关于要求表决的事项，是否可以包括分拆上市、担保、债务重组和资产置换等项内容。其中，分拆上市的时候，如果分拆出去的资产正好是公司的主要利润来源或者主营业务的主要构成，可能会损害社会公众股权益；债务重组中，如果股东以资抵债，资产评估的合理性很成问题，这也会损害公众股权益；担保事项中，我们以前已经限制了公司为大股东提供担保，但在其他很有发言权的股东中，如果担保义务超过这些股东的出资，也会损害流通股利益，等等。《指导意见》的这个文本中没有列举这些事项，是因为这些事项和公司日常经营密切相关，每一次都表决，成本很高，但问题也很突出。二是要不要社会公众股以邮寄方式表决，邮寄表决是很节约成本的办法，也能扩大参会股东范围，但很容易被操纵，程序监控也有难处。比如，我们现在主要寄希望独立董事和律师监控表决过程，如果邮寄表决，过程很长，他们就可能无法做到全程监控。三是是否要对参加表决的社会公众股股东持股时间作出限制，中国台湾地区和英国的公司法在征集表决权方面，都对持股时间有限制。如果限制，社会公众股的参会人数可能进一步下降；如果不限制，不利于鼓励长期投资的行为方式，另外与国际惯例不符。这些问题在《指导意见》的草稿中没有体现出现，需要上市公司针对具体情况创造性地发挥。

此外，中国证监会在 2006 年发布了《上市公司股东大会规则》（以下简称《规则》），这是在 2000 年实施的《上市公司股东大会规范意见》的基础上进行了全面修订，变动多达十余处。

这次修订一方面是针对实践中出现的一些问题，按照召开股东大会的程序，重新把各个环节理顺了；另一方面是针对新证券法、公司法开始实施，现有的股东大会相关规定中与之不符的地方要重新修订，与之衔接。

1. 明确规定召集和主持的次序

这是本次修订中最重要的环节之一，此前对董事会不履行召集和主持股东大会职责情况时，没有规定其他的股东大会召开方式，此次《规则》填补了这一环节，加大了召开股东大会的制度保障。

《规则》按照召集和主持主体的不同，分董事会、监事会、单独或合并持有10%以上股份股东（以下简称“10%以上股东”）三个主体分别予以规定。对监事会提议召开的股东大会，在认定董事会不能履行或不履行召集股东大会职责后，监事会可以自行召开。10%以上股东提议召开股东大会的，在经过上述程序后，才可以向监事会提议召开。

其中，监事会和10%以上股东提议召开股东大会有两种结果，一是董事会同意其提议，由董事会召集股东大会，一是董事会不同意，由监事会和10%以上股东自行召集，两者的区别在于召集人不同以及股东大会相关费用由谁承担等。

2. 提案要充分披露信息

为遏制实践中召开股东大会日期、程序等的随意性，《规则》对以前的“充分披露”的原则性规定进行了细化。明确规定“股东大会通知和补充通知中应当充分、完整披露所有提案的具体内容，以及为使股东对拟讨论的事项作出合理判断所需的全部资料或解释。拟讨论的事项需要独立董事发表意见的，发出股东大会通知或补充通知时应当同时披露独立董事的意见及理由。”并且规定了“发出股东大会通知后，无正当理由，股东大会不得延期或取消，股东大会通知中列明的提案不得取消。一旦出现延期或取消的情形，召集人应当在原定召开日前至少两个工作日公告并说明原因。”

此举旨在保证股东的知情权，减少股东大会人为操纵的可能，体现股东大会的严肃性。

3. 临时提案权门槛降至 3%

为与新的《公司法》相关规定衔接，《规则》降低了临时提案权的门槛：单独或者合计持有公司 3% 以上股份的股东可在股东大会召开前十日，将临时提案以书面的形式提交召集人。

原有的规定是，"年度股东大会，单独持有或者合并持有公司有表决权总数 5% 以上的股东或者监事会可以提出临时提案。"

增加非现场参与股东大会。为防止股东大会"走过场"，同时增加股东的参与度，《规则》吸取了《上市公司股东大会网络投票工作指引（试行）》的相关内容，确定了"现场开会为基础，非现场为补充"的召开原则。股东大会应当设置会场，以现场会议形式召开。同时，上市公司在保证股东大会合法、有效的前提下，可以通过网络或其他方式为不能亲自出席会议的股东参加股东大会提供便利。而且，《规则》明确规定上市公司应当在公司住所地或公司章程规定的地点召开股东大会。

另外，《规则》缩短了股东大会通知时间，规定召集人应当在年度股东大会召开 20 日前以公告方式通知各股东，临时股东大会应当于会议召开 15 日前以公告方式通知各股东。原来股东大会的通知时间统一为 30 日。

4. 明确股东参会及表决程序

针对实践中已经出现的股东参会和表决资格确认出现纠纷的情况，《规则》在这方面进行了细化，规定"股权登记日登记在册的所有股东或其代理人，均有权出席股东大会，上市公司和召集人不得以任何理由拒绝"，"会议主持人宣布现场出席会议的股东和代理人人数及所持有表决权的股份总数之前，会议登记应当终止。"

会议主持人则应当在表决前宣布现场出席会议的股东和代理人人数及所持有表决权的股份总数等。

为确保表决程序的合理性，《规则》规定：除累积投票制外，股东大会对所有提案应当逐项表决。对同一事项有不同提案的，应当按提案提出的时间顺序进行表决，不得对提案进行搁置或不予表决。股东大会审议提案时，不得对提案进行修改，否则，有关修改应当被视为一个新的提案，不得在本次股东大会上进行表决。

5. 首提股东质询权

《规则》明确规定了全体董事、监事和董事会秘书应当出席会议，经理和其他高级管理人员应当列席会议。并首次明确，董事、监事、高级管理人员在股东大会上应就股东的质询作出解释和说明。

6. 增加记录及档案管理的规定

《规则》补充并细化了有关计票、监票和累计投票等规定，增强了实际操作性。

《规则》还规定，股东大会会议记录由董事会秘书负责，出席会议的董事、董事会秘书、召集人或其代表、会议主持人应当在会议记录上签名，并保证会议记录内容真实、准确和完整。

7. 增加相关诉权

根据《公司法》，《规则》增加规定："公司股东大会决议内容违反法律、表决方式违反法律、行政法规或者公司章程，或者决议内容违反公司章程的，股东可以自决议作出之日起60日内，请求人民法院撤销。"

另外，针对新法中为上市公司持有自己股权留下了空间，《规则》明确，上市公司持有自己股份没有表决权，且不计入出席股东大会有表决权的股份总数。此外还增加了可以用累积投票制选举董事、监事的有关规定；强调了独立董事在股东大会召开过程中的权利和义务。

中国证监会日前发布了《上市公司信息披露管理办法》（以下简称《管理办法》），结合近年资本市场发展实践，对上市公司信息披露进行了全面的梳理和规范。

1. 适应新形势下的监管要求

目前，上市公司股权分置改革已基本完成，上市公司股份实现全流通后，上市公司大股东和管理层的利益与二级市场股价密切相关，利用资本市场的能力大大增强。“因此，有必要进一步完善信息披露规则和监管流程，进一步提高上市公司信息披露质量及监管的有效性。”

另外，修订后的《公司法》、《证券法》对上市公司信息披露提出了更高要求，《国务院批转证监会关于提高上市公司质量意见的通知》明确要求提高上市公司运营的透明度，强化了董事、监事、高级管理人员以及其他相关中介机构的责任，《管理办法》是对这些要求的具体落实。

2. 明确界定适用范围和信息披露质量

《管理办法》是对上市公司及相关信息披露义务人的所有信息披露行为的总括性规范，涵盖公司发行、上市后持续信息披露的各项要求。

由于在实践阶段，上市公司有时需在他人的配合下才能完成信息披露行为，因此《管理办法》规范的对象不仅包括上市公司、发行人，还包括股东、实际控制人和收购人，同时还包括公司的董事、监事、高级管理人员及与信息披露相关的市场各方，以及为信息披露事宜出具专项文件的证券服务机构、保荐人及其从业人员，利用或可能利用上市公司内幕信息进行交易的机构和个人，散布传播虚假信息的机构和个人。

为适应监管需要，提高法规的针对性和实用性，《管理办法》对信息披露质量作出了五方面规定：一是原则性规定，即信息披露义务人应真实、准确、完整、及时、公平地披露信息；二是对信息披露的及时性作出了具体规定；三是规定信息披露义务人的保密义务；四是明确了上市公司必须建立信息披露内部管理制度；五是强调了重大事件分阶段披露原则。

《管理办法》还明确了应披露的信息包括招股说明书（募集说明书）、上市公告书、定期报告和临时报告四大类，定期报告包括年度报告、中期报告和季度报告。临时报告应披露对证券交易价格可能产生影响的重大事件，并以列举方式规定了重大事件的类别和披露义务的标准。

3. 相关各方各负其责

为保证信息披露的真实性、准确性、完整性、及时性和公平性，《管理办法》对信息披露相关各方如何履行职责提出了具体的行为规范要求。

该人士介绍，在鼓励公司内部约束机制的建立和完善上，从强化上市公司内部治理建设角度考虑，要形成有利于真实信息披露的内部环境，要求上市公司作出制度性安排。一是规定公司应当制定信息披露内部管理制度，明确信息披露标准，制定未公开信息的报告、传递、审核、信息披露流程，明确公司各部门和相关人员的信息披露职责；二是对上市公司董事、监事和高级管理人员、董事会秘书的职责分条款进行了细化；三是明确了股东、实际控制人和收购人等相关信息披露义务人的行为规范和配合披露义务。

另外，还明确了保荐人、证券服务机构的职责。要求保荐人、证券服务机构恪守职业道德，强化风险意识，勤勉尽责，谨慎执业，按照本行业公认的业务标准和道德规范，严格履行法定职责，并对其所出具文件的真实性、准确性和完整性负责。同时总结监管中的常见问题，对律师、会计师、评估师特别提出了针对性的要求。

针对众多不同利益的市场主体，《管理办法》也明确了其他相关各方的行为规范。包括机构和个人不得非法获取、传播上市公司的内幕信息，机构和个人不得编造、传播虚假信息，以及对新闻媒体的行为规范。

第三节 投资者关系管理的行政监管

总结过去投资者关系管理的行政监管工作经验，监管部门主要做了两件事情，一件是法规建设，另一件是宣传教育。在法规建设方面，尽管部门按照证券市场监管法制建设的统一部署，在充分论证的基础上，结合上市公司的已有实践，出台了《关于推动上市公司加强投资者关系管理工作的通知》，将投资者关系管理作为上市公司监管和改善公司治理的一项重要措施来抓。此后，中国证监会各派出机构纷纷加大力度，采取多种措施，促进投资者关系管理工作在上市公司的开展和深化。针对各个公司投资者结构的差异性，

一些地方的监管机构要求上市公司根据实际情况，有针对性地制订投资者关系管理的工作规范及相关细则，明确投资者关系管理的工作内容和范围，确定规范的工作程序，推动投资者关系管理工作进一步向规范化、制度化的方向发展。适应信息披露规则的变化趋势，一些地方要求上市公司在逐步推进自愿信息披露的同时，改进信息披露的手段和方式，不断扩大信息披露范围，增加信息量，提高透明度。同时鼓励上市公司积极创造条件，构建多种形式的信息沟通渠道及平台，实现与投资者之间及时便捷的双向沟通与联系，形成良性互动。针对投资者关系管理难以日常化的现状，监管部门还鼓励上市公司建立专门的投资者关系管理机构，并落实专人负责。上市公司应对投资者关系管理的工作人员进行培训，使其了解投资者关系管理内容及程序，熟悉证券市场及本公司情况，提高信息披露工作的水准。

在宣传教育方面，监管部门把投资者关系管理理念的塑造作为上市公司监管理念重新构造的重要环节来抓，上海证券交易所、中国证监会派出机构共同举办了多次投资者关系巡讲活动，向上市公司宣传投资者关系管理理念，明确投资者关系管理的涵义及内容，介绍部分治理结构较完善的公司开展此项工作的实践经验，在证券市场形成推动投资者关系管理、关注投资者利益的氛围。通过宣传教育，上市公司对投资者关系管理的认识水平明显提高，投资者的参与热情也有了一定程度的改善。

一、国务院《意见》的出台对上市公司监管效率提出了更高要求

2004 年出台的国务院《关于推进资本市场改革开放和稳定发展的若干意见》（以下简称《意见》）集中反映了一个时期以来，资本市场投资者和各类市场主体的共同愿望，深刻阐述了符合中国国情的资本市场发展规律，为资本市场的发展指明了阶段性的方向，其中包含的措施，切实可行，富有操作空间。

我国资本市场是改革开放以后，在传统计划经济体制下发育生长起来的。

从那时到现在，在不同的时期，宏观经济运行对资本市场提出了不同的要求，这些要求决定了资本市场功能定位的基本框架。20 世纪 90 年代以后，尤其是证券市场兴起以后，资本市场为满足企业投资需求发挥了重要作用，在微观上起到了优化资源配置，提高资源使用效率的功能。但在一个相当长的时期里，由于企业改革的任务十分繁重，资本市场的定位突出强调了融资功能，这一定位在当时的条件下，是基本恰当的；但随着市场经济体制改革的逐步深入，要素匹配机制的日益优化，证券市场、期货市场、保险市场、信托市场以及其他各种金融子市场交互作用，使得资源配置的效率越来越依赖于市场基础作用是否能够得到全方位的充分发挥，经济增长、积极就业政策等各项宏观调控目标的实现，越来越依赖于资本市场和实体经济能否实现有机结合，更引人注目的是，人们评价经济发展的制度环境，越来越看中制度对市场机制和效率的促进作用。在这样一个背景下，资本市场的定位就不能简单地再强调融资功能，还要凸显价值发现和资源配置优化的基础作用，只有这样，资本市场的发展才能真正步入正轨，才能在新时期发挥其应有的作用。从这个意义上说，《意见》对资本市场在新时期定位的描述，是十分恰当和贴切的。

《意见》指出，今后要避免上市公司重上市、轻转制，重筹资、轻回报的现象，我们觉得，这是对上市公司地位最为深入浅出的论述和要求。上市公司在资本市场的地位也要与时俱进，在资本市场发展的新时期，上市公司不仅从资本市场获得了发展所需的资金，而且更是资本市场价值创造的源泉。强调资本市场融资功能定位，必然只看到上市公司的筹资活动，只有同时强调资本市场价值发现和资源优化配置的功能，上市公司作为资本市场价值创造源泉的地位才能真正得以确立。与此相对应，我们所一贯主张的投资者权益保护，首先要弄清楚投资者的最大权益是获取收益的权利，离开了上市公司的价值创造，投资者的权益只会被悬空，只能是一句空话。

当前要特别强调上市公司质量的提高，这一点，《意见》中也放在了一个特别显著的位置加以论述。上市公司质量不仅包括公司的资产素质，还

应该包括经营质量和管理质量，今后，我们要努力促使上市公司自觉地用经营质量和管理质量保证资产质量的稳定提高。强调经营质量是要求上市公司学会综合运用资本市场和商品市场的技术，做大做强，获得超常规发展；强调管理质量的提高，是要求上市公司强化治理结构，强化投资者关系管理理念，强化资本管理和生产经营管理理念，在管理中重视资本纽带的价值。

（一）树立了全程督导理念，市场内的事情做到积极、持续、善意监管，市场外的事情做到主动协调、视野开阔。

《意见》在谈到提高上市公司质量，推进上市公司规范运作时，涉及了上市公司的准入、再融资、内部治理和退出机制等多方面的内容，十分全面地关注到上市公司从进入市场到退出市场的整个过程。我们理解，上市公司是一个相对独立的群体，说它独立，是因为上市公司经过上市前完整的法律重构以后，整体上是贯彻现代企业制度比较完整的群体，与其他经济主体相比，透明度较高，产权比较清晰，是一个比较独立的行政监管相对人群体；说它相对独立，是因为上市公司并没有脱离国内经济生活的环境和背景，与证券市场以外的经济活动仍然保持着千丝万缕的联系。甚至从某种意义上讲，上市以后，它们与市场以外经济活动的联系变得更加密切。这种状态要求我们把监管的视野放得更宽一些，既不能只管某个环节，某个技术细节，也不能只管市场内的事情，只管眼下的事情，而是要树立全程督导的理念。

配合上市公司做优做强，在市场内要突出强调积极、持续、善意监管。监管的积极姿态要求我们做到明察秋毫，不让任何市场新近出现的行为群落在监管的视野之外，我们可以选择沉默，但不是毫不知晓的沉默；持续监管要求我们既要重视突发事件的处理，重视紧跟市场变化，也要重视长效政策环境的培育，减少监管的随意性；善意监管是要我们从保护投资者获得收益的权利出发，培育上市公司竞争力，帮助上市公司做优做强。

《意见》强调要加强协调配合，共同防范和化解市场风险。这要求我们积极主动地做好市场外的协调督导工作，当前尤其要做好那些处在市场外，但

作为上市公司大股东、债权人、重要客户、关键供应商等在内的各类关联主体的督导工作，积极主动地配合有关政府机构、综合部门规范他们的行为，为上市公司的发展赢得良好的环境。

（二）加强和改进监管，增强上市公司的盈利能力，为投资者创造更加丰厚的财富回报。

重视上市公司价值创造功能的发挥，是投资者获得丰厚回报的前提和保证，也是我们切实保护投资者权益的出发点和落脚点。这一点，《意见》在不同地方都有深刻阐述。当前在上市公司监管中，要突出上市公司盈利能力的培育，用科学合理的政策，为上市公司盈利水平的提高打开空间。

一是配合《行政许可法》的贯彻实施，通过市场准入、再融资许可条件的优化，引导上市公司的投资方向向更加有效率、更加符合国家产业政策、更能获得国内外市场竞争力的方向转变；同时在上市公司退出机制设计中，把资产优化配置的因素考虑在内，鼓励那些经过重整重新获得持续经营能力的公司或者资产，再度进入资本市场。在融资方式方面，配合《意见》关于投资品种多样化的要求，鼓励上市公司在融资方式上进行创新，尤其是鼓励利用各个金融子市场的工具，进行交叉创新，在降低融资成本的同时，不断丰富投资者的投资品种。二是强化上市公司的财务管理创新，鼓励上市公司充分利用资金的时间差、空间差，进行科学财务管理，增加上市公司出于流动性管理需要的投资领域；这方面我们过去一直强调风险管控，对募集资金用途、利润留存的使用，管得过死，今后，在上市公司不改变募集资金用途、不恶意转移可分配利润的前提下，可以允许上市公司把资金用得更活一些。三是以积极的姿态规范和促进上市公司盈余管理，提高公司盈余质量，优化盈余结构，把资金放在更加合理的位置上。

提高上市公司盈利能力要与上市公司分配机制的优化同步进行，在配股、增发等再融资过程中，充分关注投资人权益被稀释的可能，今后推出股份回购、定向增发、定向缩股、MBO 收购、公司分拆等创新行为的政策，都要实现防范投资者权益被侵蚀。

（三）规范大股东行为，科学合理地构建上市公司行为责任分配制度，用制度保障市场公信力的提高。

《意见》提出，要规范控股股东的行为，对损害上市公司和中小股东利益的控股股东进行责任追究。这个提法是对以往上市公司监管任务的内涵扩展，要求我们不能把眼光只锁定在上市公司本身的行为监管上，我们感到，这一点实际上对提高监管效率十分重要。根据以往上市公司监管的实践，很多上市公司的行为，从法律上看，应该归属于上市公司，但实际是控股股东的行为或者意思，如果我们只把眼光放在上市公司的行为监管上，不问事实的本来面目，必然导致监管在实质上的不公平。

科学合理地构建上市公司行为责任分配制度，就是要按照事实的本来面目，优化责任分配机制。第一，建立上市公司诚信评价机制，并在诚信评价体系中，把控股股东的诚信状况放在一个重要的地位加以关注。第二，通过沟通协调，完善共同治理框架，在产权管理体系中反映控股股东行为规范的要求。第三，鼓励通过市场创新的手段，使股东的成本与收益对等，权利和义务对等，尽快推出定向增发、MBO 收购等市场工具，使上市公司有手段调剂股东的权利和义务；同时尝试建立类别股结构，引进类别投票权、累计投票制等制度，用市场化的办法，强化中小股东和上市公司的维权手段。第四，所有这些措施，都必须公开透明，注重程序，让投资人充分参与，达到取信于市场的效果，提高市场公信力。

（四）增强监管工作的预见性，用发展的办法解决规范问题和历史遗留问题。

《意见》中高屋建瓴地概括了资本市场目前存在的很多重大问题，这些问题相互之间存在很深的关联性，往往牵一发动全身，如果个别地、零碎地加以解决，成本很高，而且效果未必好。根据问题的特点和目前的状况，必须用发展的办法加以解决。首先用政策鼓励新生的规范行为，使之成为市场的主导力量，引导市场行为总体上走向规范，尔后逐步解决遗留问题。

关于股权分置问题不在于流通不流通，任何国家都存在限制流通的股权。

问题的实质，是非流通股的存在不是市场选择的结果，而是行政干预的结果。政策性非流通股权造成的不良后果有两个，其一是控制性股东缺乏控制权市场的监督，侵占严重；其二是分置的股权，具有不同的成本，容易受到市场质疑，干扰市场公信力的建立。解决的办法：一是在以后的发行准入方面，把流通与不流通的决策权利交给股东大会，减少新增的政策性非流通股的数量，为彻底解决非流通股创造条件。二是综合平衡已经上市的股权之间的权益，在切实保护社会公众股东权益不受侵害的前提下，解决非流通股问题。三是要分清法律上的非流通和自愿选择的非流通之间的差别，寻找机会，使股权在法律上实现流通，但鼓励市场选择的非流通股权的存在。四是要加强协调，促进各方利益主体增进共识，避免无谓的争论，把问题搁置起来。

关于大股东侵占，用发展的眼光看，关键是大股东的实际出资和享有的权益不匹配，实际付出的成本少，享受的权利大，对此也必须采取切实可行的措施，加以规范。我们主张在坚持以往立场的基础上，对那些长期占用上市公司资金，或者用担保、抵押的办法，牺牲上市公司利益，最大化大股东权益的做法，可以采用定向缩股的办法，使控制性股东的成本与权益相称；相反，对于那些上市公司严重依赖的资产或者经营者，可以采用定向增发的办法，把他们吸收进上市公司的出资人群体中，减少交易成本。

关于公司治理结构的优化和完善，要强化“边际治理”的理念，规范新出现行为，规范创新行为，逐步消解治理结构中存在的顽症，其中的关键点是不遗余力地规范“三会”运作，优化上市公司权利制衡体系的配置，建立一整套行为结果和责任相对应的制度安排，把公司持续经营能力的提高、诚信建设等纳入公司权利分配体系和激励体系的考虑范畴，并以此为基础，引导上市公司行为走向规范。

用发展的办法解决规范问题和历史遗留问题，还要求我们充分发挥市场中介的监督力量。当前的一大任务是要培育和发展壮大证券咨询机构、评信机构、投资者关系协调机构等众多以信息产品创造价值的市场主体力量，完善信息产品市场的自我完善机制，使行为规范不规范、诚信不诚信等信息能

够反映在证券价格中，鼓励和鞭策上市公司取信于市场。

国务院《关于推进资本市场改革开放和稳定发展的若干意见》是继 1992 年《国务院关于进一步加强证券市场宏观管理的通知》之后，又一个重要的指导性文件，对于资本市场的发展具有十分重大的意义和作用。我们只有在实践中不断领会其中的精神实质，创造性地加以贯彻实施，才能迎接新的机遇，促进资本市场更上新台阶。

二、出台《上市公司与投资者关系工作指引》，推动投资者关系管理工作再上台阶

投资者关系管理是证券市场繁荣和持续发展的重要环节，并且，通过监管部门推动和上市公司努力，投资者关系管理将会再上一个新台阶。

（一）在法规建设方面，制定《上市公司与投资者关系工作指引》，充分吸收国外先进经验，促使投资者关系管理规范化。

随着我国证券市场的日益成熟和规范，投资者关系工作逐渐成为上市公司的内在需求，并且日趋迫切。证券市场的发展要求上市公司不断加强信息披露，强化与投资者的有效沟通，以保障投资者的知情权及其他合法权益。通过树立投资者的信心，上市公司也可获取投资者的长期支持，从而提高上市公司在证券市场上的融资能力和融资规模。同时，上市公司广泛听取投资者和潜在投资者的建议，进而改善公司的经营管理和治理结构，能提高上市公司的核心竞争力，实现股东利益最大化和保证公司持续稳定地发展。

2003 年 7 月 30 日中国证监会向各派出机构下发了《关于推动上市公司加强投资者关系管理工作的通知》，在市场上产生了积极反响，各上市公司和相关机构都不同程度开展了投资者关系管理工作。但由于是刚刚起步，还没有一个统一、规范的工作指引加以指导，使得各上市公司对投资者关系管理工作的认识和工作方式不尽一致。浙江局和深交所在这方面进行了有益的探索，先后制订了《上市公司与投资者关系工作指引（初稿）》和《上市公司与投

资者关系工作指引》（以下简称《指引》）。

《指引》共3章27条，全面阐述了投资者关系工作的定义、目的、内容、原则、工作方式、部门设置及其工作人员等内容。其中，第一章为总则，共5条，规定了制订本《指引》的依据、作用和投资者关系工作的定义、工作目的和基本原则。其中对投资者关系工作的定义参考了全美投资者关系协会和加拿大投资者关系管理协会对投资者关系工作的定义，并在此基础上结合我国证券市场的实际情况，增加了信息披露和保护投资者利益的内容。第二章共14条，规定了投资者关系工作的内容和方式。英国投资者关系协会的主旨宣传语是“通过有效的沟通增强公司的价值”，由此可见，投资者关系工作的核心内容是沟通。本章详细介绍了与投资者沟通的11种途径，突出了沟通方式的多样性，为上市公司开展投资者关系工作提供了广泛的选择和操作指引。这11种途径包括公告、股东大会、网站、分析师会议、一对一沟通、邮寄、咨询电话、媒体采访、广告、现场参观和路演等。第三章共8条，规定了投资者关系工作的组织与实施。主要内容是规定投资者关系工作的主管负责人，建议公司在不增加运作成本的基础上，视情况指定相关部门或设立专职部门开展投资者关系工作。同时还建议公司制订相关工作制度和工作规范，促使投资者关系工作走向正规。本章还详细阐明了投资者关系工作部门的职责，并对从事投资者关系工作的人员素质提出了要求。

该《指引》首先应该充分体现国情，能够调动各方面积极性，尤其是控制性股东、董事、管理层和监事会的积极性，引导他们主动做好投资者关系管理，同时引导中小投资者的参与热情。其次，《指引》还应该未雨绸缪，体现上市公司股权结构的变化趋势，做到不管股权结构怎样变化，投资者关系管理的重要性不能变，日常性不能变；再次，《指引》要广泛吸收国外先进的投资者管理理念，加大营销学原理、管理学原理、金融学原理的影响因素，通过机构建设、内部制度建设和激励约束机制建设，落实这些影响因素。《指引》的发布将改变我国证券市场投资者关系管理无章可循的状况，促进上市公司投资者关系管理的深入开展，规范投资者关系管理行为，并成为我国上

市公司开展投资者关系管理工作的基本行为指南。

（二）发挥监管部门派出机构和证券交易所在投资者关系管理工作中的一线指导作用，重视调查研究、重视督促督导。

监管部门和派出机构将把上市公司投资者关系管理工作作为2004年上市公司巡回检查的重点检查内容之一，通过巡检及其他日常监管手段，对上市公司投资者关系管理工作进行跟踪监督及指导，保障投资者关系管理工作取得实效，使上市公司治理再上新台阶。

证券交易所作为自律组织和一线监管的承担者，是连结上市公司与投资者的重要纽带，在完善公司内部治理结构，监督高级管理人员履行诚信义务，保证投资者利益免受侵害等方面具有重要职能。因此，今后要进一步发挥证券交易所的作用，推动上市公司投资者关系管理工作向纵深发展。交易所在制订和完善上市公司信息披露相关制度，改善上市公司信息披露质量，通过制度和舆论引导，推动上市公司重视投资者关系管理，制订上市公司开展投资者关系管理的工作指南，指导上市公司开展投资者关系管理工作，对上市公司投资者关系工作人员进行业务培训，提高业务水平等方面，应发挥更加积极主动的作用。这项工作做好了，对证券市场的繁荣和稳定将会有十分重要的贡献。

例如，2004年，上海证管办根据中国证监会有关文件要求，对辖区内上市公司开展投资者关系管理的有关工作作了具体布置。他们提出：（1）应明确董事长、董事、董事会秘书和其他高管人员作为诚信建设的监督主体和责任主体。建立高管人员诚信档案，并将其与个人薪酬奖励相挂钩。（2）改进目前以强制信息披露和信息被动披露为主的状况，不断扩大信息披露范围，增加信息量，提高透明度。上市公司要建立上市公司内部的信息披露规范，对重大突发事件及时揭示风险。（3）针对部分公司还存在电话打不通、电子邮件不回复的情况，要求上市公司做好投资者接待工作，确保专人负责接待投资者来电、来访，同时加强信息网络平台的建设和维护工作。（4）要求各上市公司整合现有与投资者关系管理有关的规范，同时结合上述要求制定专

门、系统的投资者关系管理规范，包括：信息披露制度，董事、监事及高管人员的诚信管理制度，投资者登记接待制度，电子网络数据维护及电子邮件回复制度。(5) 要求各上市公司应视条件许可，设立专门的或与现有有关内设机构合署办公的投资者关系管理机构，由董事会秘书负责统一管理，同时应落实专门的人员处理具体工作。有条件的上市公司还可以委托有关专门从事投资者关系管理的咨询公司对公司的投资者关系管理工作进行规划设计。

（三）引导上市公司拓宽沟通渠道，加强与投资者的信息交流，促使上市公司成为证券市场投资者基础拓宽的“磁石”。

建立与投资者通畅的沟通渠道，多方面听取投资者意见是投资者关系管理中的重要内容，也是目前我国上市公司中较为薄弱的环节。今后，要主动引导上市公司拓宽与投资者沟通的渠道，除了完善和改进公告制度、股东大会制度外，还要充分利用网站、一对一沟通、广告、媒体报道、邮寄资料、电话咨询、现场参观等多种形式，扩大投资者对公司的知情权，增强其认同感。按照国外的成熟做法，上市公司与监管部门和交易所的沟通，也是投资者关系管理的重要内容，这方面需要监管部门和上市公司相互努力和促进，大家各自走近一步，沟通渠道畅通了，误会少了，上市公司的经营管理工作就更容易上台阶。监管部门与上市公司沟通，不仅要注意和公司管理层交流，还要注意和公司外部的投资者沟通，多听各方意见，增强工作的主动性和把握局面的能力。

从过去一段时间的实践看，投资者基础拓宽是保障市场交易持续性和安全性的前提。投资者基础拓宽，涉及方方面面的努力，但其中最重要的一条，就是要提高上市公司个体吸引投资者的能力和魅力，个体形象良好，市场基础肯定牢靠。换句话说，上市公司成为资本市场的“磁石”，是投资者基础拓宽的基本前提，这一点也应该逐步落实到日常工作中去。

（四）培养投资者关系管理专业机构和人才队伍，用市场化的办法推动投资者关系管理向纵深发展，同时保持市场发展与市场化监管理念的始终一致。

参照国外的先进经验，投资者关系管理对专业化的机构和人才依赖性很

高，专业化的机构和人才，具有信息广泛，专业化技能和经验丰富，眼光独到等特征，更重要的是他们更了解投资者的投资偏好和市场系统风险源头，更容易具备公正的立场，因而更容易受到投资者的欢迎。这一点，也应该引起我们的高度重视，发展市场力量推动投资者关系管理，既是国外的经验，也应该成为我们下一步努力的方向。另外，监管部门应该和交易所和派出机构意见一道，选择一些市场分析能力强，信息发掘技术成熟，诚信公正的中介机构，来做试点，把投资者关系管理这样一项长期而系统的工作做好。这条思路本身的市场化特色，也能保证对投资者关系管理的监管，建立在科学性的基础之上，是一个较高的起点。

流通股股东权益保护问题提出以后，投资者关系管理显得更加重要和突出。理论界和市场参与各方也都对此问题展开了深入广泛地讨论，有代表性的意见包括两类：一类意见把保护流通股权益问题与国有股减持和股份全流通紧密联系在一起，认为减持国有股的先决条件是要安排一个令投资人满意的流通股补偿机制，并在这个补偿机制之下，给予流通股持续的倾斜性保护。另一类意见着重讨论流通股保护的规则障碍，他们认为专题强调流通股保护，有悖于同股同权的法律精神，在政策操作上会给国有资产流失留下更大的空间。我们觉得，从各自的立场上看，这两类意见都有一定道理，但其中包含的共同缺点是，他们都没有从动态的角度深刻体会到，保护流通股的实质，在现阶段就是在政策层面上落实投资者保护的目标，从长期看，实际上就是保护全部投资者本身。考虑到保护流通股股东权益的政策选择将会极大地调动市场参与各方的积极性，能够帮助我们循序渐进地解决中国证券市场的深层次矛盾和问题，是落实“三个代表”重要思想和十六届三中全会精神实质的具体行动，我们有理由认为，强化流通股权益保护，是创造和迎接证券市场二次创业机遇的重大政策选择。

由于流通股权益保护在当前的市场环境下，同时还是提升市场信心，拓宽投资者基础的重要手段，因而需要广泛动员社会力量，增强流通股保护力度。首先，要鼓励和促进上市公司积极开展投资者关系管理，把上市公司尊

重流通股权益的做法和想法及时传递给流通股东，通过各种渠道加强与他们的沟通，增进理解和信任。其次，通过新闻媒体等多种媒介，采用课堂教育、案例教育和情境教育等多种方式，强化流通股股东的权利意识，增强自我保护的信心和手段。

当前，流通股权益保护的关键环节是要增强流通股股东参与公司决策的自觉性，充分发挥股东大会重大问题决策的地位和作用，避免流通股股东要么投机，要么“用脚投票”的极端选择方式，鼓励和促进流通股股东多和其他主体交流、谈判，相互谅解，这项任务如果能够得到完成，中国证券市场才可望有一个长治久安的机会。

三、出台《上市公司信息披露管理办法》，提高上市公司信息披露要求

为强化上市公司信息披露，保护投资者合法利益，提高上市公司信息披露的质量，促进股市健康发展，中国证监会于 2007 年 2 月 1 日发布《上市公司信息披露管理办法》（以下简称《管理办法》），以适应新形势的要求。

第一，加大了上市公司大股东、管理层等相关责任人在信息披露方面的责任。《管理办法》规定了上市公司董事、监事以及经理、财务总监、董事会秘书等高级管理人员对于信息披露所承担的责任。《管理办法》规定，发行人、上市公司的董事、监事、高级管理人员应当确信披露信息的真实、准确、完整、及时与公平。在具体实施方面，要求上市公司董事应当了解并持续关注公司生产经营情况、财务状况和公司已经发生或可能发生的重大事件，主动调查、获取决策所需要的资料；对于监事，则要求其关注公司信息披露情况，对于董事及高级管理人员履行信息披露的行为进行监督。公司的经理、财务负责人等高级管理人员则负有向董事长及时报告有关公司经营或者财务方面出现的重大事件的责任。具体来说，对于公司临时报告，上市公司董事长、经理、董事会秘书应当承担主要责任；对于公司财务报告，上市公司董

事长、经理、财务负责人应当承担主要责任。《管理办法》还规定，上市公司上述人员如果没有充分证据表明其尽到勤勉责任的，应当对于公司信息披露的真实性、准确性、完整性、公平性与及时性承担责任。这也就意味着，如果上市公司出现虚假陈述或者重大遗漏，上述人员除非证明自己尽到了《管理办法》及其他规定要求的职责，否则将承担法律责任。

第二，明确了信息披露质量的要求。《管理办法》规定了信息披露义务人应真实、准确、完整、及时、公平地披露信息。另外对信息披露及时性，信息披露义务人的保密义务作出规定，同时强调了重大事件分阶段披露原则，要求上市公司在发生重大事件，或区分重大事件“难以保密”、“已经泄露或者市场出现传闻”、“股票及衍生品种交易发生异常波动”等情形，分阶段“立即”、“及时”披露其进展、变化。

第三，明确了重大事件披露的基本原则。《管理办法》规定凡是发生可能对上市公司证券及衍生品种交易价格产生较大影响的重大事件（价格敏感性信息），上市公司均应披露事件的起因、目前的状态和可能产生的影响。同时《管理办法》中以列举方式对重大事件进行了界定。上述规定是重大事件披露的最低要求。无论有无相关具体规定，或上市公司发生的事件没有达到相关披露标准，但上市公司董事会认为该事件对公司证券及衍生品种交易价格产生较大影响的，公司也应按照相关规定及时履行披露义务。

第四，明确了应披露信息的主要内容。《管理办法》明确了应披露信息的主要内容，包括招股说明书（募集说明书）、上市公告书、定期报告和临时报告四大类。其中临时报告应披露对证券交易价格可能产生影响的重大事件，并以列举的方式规定了20种重大事件的类别和触发披露义务的标准。比如，公司发生重大亏损或者重大损失；公司的董事、1/3以上监事或者经理发生变动；董事长或者经理无法履行职责；董事会就发行新股或者其他再融资方案、股权激励方案形成相关决议；法院裁决禁止控股股东转让其所持股份；任一股东所持公司5%以上股份被质押、冻结、司法拍卖、托管、设定信托或者被依法限制表决权等。

第五，明确了股价异常波动时的信息披露行为。与中国证监会强调二级市场监管的思路一致，《管理办法》强调定期报告披露前出现业绩泄露，或者出现业绩传闻且公司股票交易出现异常波动的，上市公司应当及时披露本报告期相关财务数据。上市公司应当关注本公司股票及衍生品种的交易异常情况及媒体关于本公司的报道，当股票及衍生品种交易发生异常波动或者在媒体中出现的消息可能对公司股票及衍生品种的交易产生重大影响时，上市公司应及时了解真实情况，并及时作出公告。公司股票交易被中国证监会或者证券交易所认定为异常交易的，上市公司应当及时了解造成股票交易异常波动的影响因素，向相关各方了解，并及时披露。

参考文献

[1] 杜志艳："从公司治理结构角度打造良性控制权市场"，《中国信息报》，2002 年 9 月 18 日。

[2] Jensen M C. Agency costs of free cash flow, corporate finance, and takeovers. American Economic Review,1986,76:323 - 329.

[3] Smith A. An Inquiry into the Nature and Causes of the Wealth of Nations. Oxford: Clarendon Press, 1737.

[4] Berle G C, Means A. The Modern Corporation and Private Property. New York: The Commerce Clearing House, 1932.

[5] Manne H N. Mergers and the market for corporate control. The Journal of Political Economics,1965,73:110 - 120.

[6] Alchian A A, Harold D. Production, Information Costs, and Economic Organization. American Economic Review,1972,62(December): 777 - 795.

[7] Jensen M C. Takeovers: their causes and consequences. The Journal of Economic Perspectives,1988, 2:21 - 48.

[8] Holl P. Control type and the market for corporate control in large U. S. corporations. Journal of Industrial Economics,1977,25:259 - 273.

[9] Grossman S J, Hart O D. Takeover bids, the free - rider problem, and the theory of the corporation. The Bell Journal of Economics,1980,11:42 - 64.

[10] Har O, Moore J. Property Rights and the Nature of the Firm. Journal of Political Economy,1990,98:1119 - 1158.

[11] Fama E F. Efficient Capital Markets: A Review of Theory and Empirical

Work, Journal of Finance,1970, 25: 383 -417.

[12] Grossma S, Oliver H. The Costs and Benefits of Ownership: A Theory of Control. Journal of Financial Economics,1995,20:175 -202.

[13] Modigliani F, Miller M H. The Costs of Capital, Corporation Finance and the Theory of Investment. American Economic Review,1958,June: 333 -391.

[14] La Porta R, Lopez - de - Silanes F, Shleifer A, Vishny R. Legal determinants of external finance. Journal of Finance,1997,52:1131 -1150.

[15] La Porta R, Lopez - de - Silanes F., Shleifer, A., Vishny, R. Law and finance. Journal of Political Economy, 1998, 106:1113 -1155.

[16] La Porta R, Lopez - de - Silanes F, ShleiferA. Corporate ownership around the world. Journal of Finance,1999,54:471 -517.

[17] Modigliani, Perotti. Protection of investors and development of capital market. Journal of Finance,2000,90:237 -258.

[18] Demstez H, Lehn K. The Structure of Corporate Ownership: Causes and Consequences. Journal of Political Econoimy,1985,93:1155 -1177.

[19] Holderness C P, Kroszner R S, Sheehan D P. Were the good old days that good? changes in managerial stock ownership since the great depression. Journal of Finance,1999,54:435 -459.

[20] Mehrah D. Exescutive compensation structure, ownership, and firm performance. Journal of Financial Ecomocis,1995,38:163 -184.

[21] Morck R, Shleifer A, Vishny R. Management Ownership and Market Valuation: An Empirical Analysis, Journal of Financial Ecomocis, 1998a, 20: 293 -316.

[22] Holderness C P, Sheehan D P. The Role of Majority Shareholders in Publicly Held Corporation. Journal of Financial Ecomocis,1998,20:317 -346.

[23] Mikkelson W, Partch M. Manager's Voting Rights and Corporate Control. Journal of Financial Ecomocis,1989,25:263 -290.

［24］ Holderness C P, Sheehan D P. Constraints on Large – Block Shareholders. University of Chicago, Working Paper, 2000.

［25］［39］ alekzadeh, Mc Williams and N. Sen, Implications of CEO Structural and Ownership Powers, Board Ownership and Composition on the Market's Reaction to Anti – takeover Charter Amendments, Journal of Applied Business Research, 14, summer 1998, pp. 53 – 62.

［26］［40］ Fama, Eugene, 1980, Agency Problem and the Theory of the Firm, Journal of Political economy, 88, pp. 288 – 307.

［27］［41］ Fudenberg, Drew, Begnt Holmstrom and Panl Millgrom, 1990, Short term Contracts and Long term Agency Relationship, Journal of Economic Theory, 51, pp. 1 – 31.

［28］［42］ Jensen, Michael C. and Kevin J. Murphy, 1990, Performance Pay and Top – Management Incentives, Journal of Political Economy, Vol. 98, No. 21, pp. 225 – 264.

［29］［43］ ensen, Michael C. and William Mecking, 1976, Theory of the Firm: Managerial Behavior, Agency Costs, and Capital Structure, Journal of Financial Economics, 3, pp. 305 – 360.

［30］［44］ Jian Chen, Ownership Structure as Corporate Governance Mechanism: Evidence from Chinese List Companies, Economics of Planning 34, 2001, pp. 53 – 72.

［31］［45］ Asquith, Paul, and Thierry Wizman, 1990, Event risk, covenants, and bondholders' returns in leveraged buy – outs, Journal of Financial Economics27, pp. 195 – 214.

［32］ McConnell J L, Servaes H. Additional Evidence on Equity Ownership and Corporate Value. Journal of Financial Economics, 1990, 27: 595 – 612.

［33］ Mikkelson W, Ruback R S. An empirical analysis of the inter firm equity investment process. Journal of Financial Ecomocis, 1985, 14: 523 – 553.

[34] Barclay M J, Holderness C G. Negotiated black trades and corporate control. Journal of Finance,1991,25:861 -878.

[35] Elliott J W. Control, size, growth, and financial performance in the firm. Journal of Financial and Quantitative Analysis,1992.

[36] Boudreaux KJ. Managerialism and risk - return performance. Southern Economic Journal,1973, 67:389 -412.

[37] Monsen R J, et al. The effect of separation of ownership from control on the performance of the large firm. Quarterly Journal of Economics, 1968, 118: 579 -598.

[38] Mueller D. The effects of conglomerate mergers: a survey of the empirical evidence. Journal of Banking and Finance,1977,1:315 -342.

[39] Fama E, Jensen M. Separation of ownership and control. Journal of Law and Economics,1983,26:301 -325.

[40] Taffler F, Holl J. In - efficiency merger: evidence and modeling analysis. Jounal of Financial Ecomocis,1991,44:861 -887.

[41] Barclay M J, Holdernes C G. The Law and large - Block rades. Journal of Law and economics,1992,35:265 -294.

[42] Oliver E W. The Limits of firms: incentive andbureaucratic features. in Oliver E W. The Economic Institutions of Capitalism. New Fork: Free Press,1988, Chapter 6:131 -162.

[43] Mueller D. The effects of conglomerate mergers: a survey of the empirical evidence. Journal of Banking and Finance,1:315 -342.

[44] McConnell J M. Corporate Capital Expenditure Decision and the Market Value of the Firm, Journal of Financial Ecomocis,1985,14:399 -422.

[45] Monsen R J, et al. The effect of separation of ownership from control on the performance of the large firm. Quarterly Journal of Economics, 1968.

[46] Jarrell G A, Poulsen A B. Dual - class recapitalizations as antitakeover

mechanisms: the recent evidence. Journal of Financial Economics, 1988, 20(1): 129 - 152.

[47] Manne H. Mergers and the market for corporate control. Journal of Political Economy, 1965, 75: 110 - 126.

[48] Schneider L, Ellen R. Corporate Control in Germany. Oxford Review of Economic Policy, 1992, 8(3): 11 - 23.

[49] Shleifer A, Vishny R W. Large shareholders and corporate control, Journal of Political Econoimy. 1988, 95: 461 - 488.

[50] Prowse S. Corporate governance in an international perspective: a survey of corporate control mechanisms among large firms in the U. S., U. K., Japan and Germany. Financial Markets, Institutions - and - Instruments, 1995, 4(1): 1 - 63.

[51] Ruback R. Coercive dual class exchange offers. Journal of Financial Economics, 1988, 20(Jan/Mar): 153 - 173.

[52] Eckbo B E. Mergers and the market for corporate control: the Canadian evidence, The Canadian Journal of Economics, 1986, 19: 236 - 260.

[53] Shleifer A, Summers L. Breach of Trust in Hostile Takeover. Corporate takeover: cause and consequence. Edit by Alan J. Auerbach, The University of Chicago Press, 1988, 33.

[54] Rorberta R. A guide to takeover: theory, evidence and regulation. European Takeover, Butterowrths, 1992: 20 - 21.

[55] Israel R. Capital structure and the market for corporate control: the defensive role of debt financing. Journal of Finance, 1991, 46: 1391 - 1409.

[56] Jensen M C. The modern industrial revolution, exit, and the failure of internal control system. Journal of Finance, 1993, 48: 831 - 880.

[57] Lease R C, McConnell J J, Mikkelson W H. The market value of differential voting rights in closely held corporations. Journal of Business, 1984, 11: 443 - 467.

[58] Jensen M C. Takeovers: the controversy and the evidence. Charles M. Linke, ed. , 1986:27 -39.

[59] John C C. Regulating the market for corporate control: a critical assessment of the tender offer's role in corporate governance. Columbia Law Review, 1984,84: 1153 -1165.

[60] Philippatos G C, Baird P L, Postmerger performance, managerial superiority and the market for corporate control. Managerial and Decision Economics, 1996, 17:45 -55.

[61] Saleem S, Rees W. Corporate governance and corporate control. Cavendish Publishing Limited: 1995,93 -98.

[62] Oliver E W. The Vertical integration of production: market failure consideration. American Economic Review,1971,65(Dec.):777 -795.

[63] Barclay M J, Holderness C G. Negotiated block trades and corporate control. Journal of Finance,1991,46(3):861 -878.

[64] Santerre R E, Neun S P. Corporate control and performance in the 1930s. Economic Inquiry,1993,31(3): 466 -480.

[65] Morck R, Shleifer A, Vishny R W. Alternative mechanisms for corporate control. American Economic Review,1989,79(4):842 -852.

[66] 上海证券交易所:《上证研究法制专辑》,复旦大学出版社 2003 年版。

[67] 毛亚敏:《公司法比较研究》,中国法制出版社 2001 年版。

[68] 菜继明,解树江:“公司治理结构的国际比较”,《南开经济研究》,2000 年第 2 期。

[69] 范学俊:“美国机构投资者对公司治理的影响”,《外国经济与管理》,1998 年第 3 期。

[70] 胡汝银:“上市公司治理:证券市场创新与发展的基础”,《上海证券报》,2000 年 12 月 1 日。

［71］杨如彦："市场公信力的尴尬"，《经济学消息报》，第 482 期。

［72］李朝晖：《证券市场法律监管比较研究》，人民出版社 2000 年版。

［73］李洁："完善资本市场重在发展和规范"，《财经问题研究》，2000 年第 4 期。

［74］吴晓求："中国资本市场：未来 10 年"，《金融研究》，2000 年第 3 期。

［75］谢志华、肖泽忠："内幕信息、私下披露及控制"，《新华文摘》，2001 年第 2 期。

［76］吴晓求：《中国上市公司：资本结构与公司治理》，中国人民大学出版社 2003 年版。

［77］滨田道代、吴志攀：《公司治理与资本市场监管》，北京大学出版社，2003 年版。

［78］曾昭武：《上市股权再融资》，经济管理出版社 2003 年版。

［79］李扬、王国刚、何德旭：《中国金融理论前沿》，社会科学文献出版社 2003 年版。

［80］曹凤歧：《中国上市公司管理》，北京大学出版社 2003 年版。

［81］中国证券监督委员会：《中国证券市场信息披露规范（2002）》，中国财政经济出版社 2003 年版。

［82］青木昌彦、钱颖一："转轨经济中的公司治理"，《经济研究》，2000 年第 3 期。

［83］王震："国外上市公司困境研究及启示"，《财经研究》，2002 年第 6 期。

［84］中国证券业协会市场化研究课题组："逐步完善上市公司增发方式的约束机制"，《上海证券报》，2001 年 12 月 6 日。

［85］P. S. 萨德沙纳姆：《兼并与收购》，中信出版社 1998 年版。

［86］朗咸平："从大历史动荡看中国今天需要怎样的公司治理"，《新财富》2002 年第 9 期。

［87］（日）片庭浩久：《管理层收购》，中信出版社 2001 年版。

附录一：

上市公司与投资者关系工作指引

（2005 年 7 月 11 日　证监公司字［2005］52 号）

第一章　总　　则

第一条　为进一步贯彻落实《国务院关于推进资本市场改革开放和稳定发展的若干意见》，加强上市公司（以下简称“公司”）与投资者之间的信息沟通，完善公司治理结构，切实保护投资者特别是社会公众投资者的合法权益，根据《中华人民共和国公司法》、《中华人民共和国证券法》及其他有关法律、法规，制定本指引。

第二条　投资者关系工作是指公司通过信息披露与交流，加强与投资者及潜在投资者之间的沟通，增进投资者对公司的了解和认同，提升公司治理水平，以实现公司整体利益最大化和保护投资者合法权益的重要工作。

第三条　投资者关系工作的目的是：

（一）促进公司与投资者之间的良性关系，增进投资者对公司的进一步了解和熟悉。

（二）建立稳定和优质的投资者基础，获得长期的市场支持。

（三）形成服务投资者、尊重投资者的企业文化。

（四）促进公司整体利益最大化和股东财富增长并举的投资理念。

（五）增加公司信息披露透明度，改善公司治理。

第四条 投资者关系工作的基本原则是：

（一）充分披露信息原则。除强制的信息披露以外，公司可主动披露投资者关心的其他相关信息。

（二）合规披露信息原则。公司应遵守国家法律、法规及证券监管部门、证券交易所对上市公司信息披露的规定，保证信息披露真实、准确、完整、及时。在开展投资者关系工作时应注意尚未公布信息及其他内部信息的保密，一旦出现泄密的情形，公司应当按有关规定及时予以披露。

（三）投资者机会均等原则。公司应公平对待公司的所有股东及潜在投资者，避免进行选择性信息披露。

（四）诚实守信原则。公司的投资者关系工作应客观、真实和准确，避免过度宣传和误导。

（五）高效低耗原则。选择投资者关系工作方式时，公司应充分考虑提高沟通效率，降低沟通成本。

（六）互动沟通原则。公司应主动听取投资者的意见、建议，实现公司与投资者之间的双向沟通，形成良性互动。

第五条 本指引是公司投资者关系工作的基本行为指南，鼓励公司按照本指引的精神和要求，积极、主动地开展投资者关系工作。公司特别是管理层应当高度重视投资者关系工作。

第二章 投资者关系工作的内容和方式

第六条 投资者关系工作中公司与投资者沟通的内容主要包括：

（一）公司的发展战略，包括公司的发展方向、发展规划、竞争战略和经营方针等；

（二）法定信息披露及其说明，包括定期报告和临时公告等。

（三）公司依法可以披露的经营管理信息，包括生产经营状况、财务状况、新产品或新技术的研究开发、经营业绩、股利分配等；

（四）公司依法可以披露的重大事项，包括公司的重大投资及其变化、资

产重组、收购兼并、对外合作、对外担保、重大合同、关联交易、重大诉讼或仲裁、管理层变动以及大股东变化等信息；

（五）企业文化建设；

（六）公司的其他相关信息。

第七条 公司可多渠道、多层次地与投资者进行沟通，沟通方式应尽可能便捷、有效，便于投资者参与。

第八条 根据法律、法规和证券监管部门、证券交易所规定应进行披露的信息必须于第一时间在公司信息披露指定报纸和指定网站公布。

第九条 公司在其他公共传媒披露的信息不得先于指定报纸和指定网站，不得以新闻发布或答记者问等其他形式代替公司公告。

公司应明确区分宣传广告与媒体的报道，不应以宣传广告材料以及有偿手段影响媒体的客观独立报道。

公司应及时关注媒体的宣传报道，必要时可适当回应。

第十条 公司应充分重视网络沟通平台建设，可在公司网站开设投资者关系专栏，通过电子信箱或论坛接受投资者提出的问题和建议，并及时答复。

第十一条 公司应丰富和及时更新公司网站的内容，可将新闻发布、公司概况、经营产品或服务情况、法定信息披露资料、投资者关系联系方法、专题文章、行政人员演说、股票行情等投资者关心的相关信息放置于公司网站。

第十二条 公司应设立专门的投资者咨询电话和传真，咨询电话由熟悉情况的专人负责，保证在工作时间线路畅通、认真接听。咨询电话号码如有变更应尽快公布。

公司可利用网络等现代通讯工具定期或不定期开展有利于改善投资者关系的交流活动。

第十三条 公司可安排投资者、分析师等到公司现场参观、座谈沟通。

公司应合理、妥善地安排参观过程，使参观人员了解公司业务和经营情况，同时注意避免参观者有机会得到未公开的重要信息。

第十四条 公司应努力为中小股东参加股东大会创造条件，充分考虑召

开的时间和地点以便于股东参加。

第十五条 公司可在定期报告结束后，举行业绩说明会，或在认为必要时与投资者、基金经理、分析师就公司的经营情况、财务状况及其他事项进行一对一的沟通，介绍情况、回答有关问题并听取相关建议。

公司不得在业绩说明会或一对一的沟通中发布尚未披露的公司重大信息。对于所提供的相关信息，公司应平等地提供给其他投资者。

第十六条 公司可在实施融资计划时按有关规定举行路演。

第十七条 公司可将包括定期报告和临时报告在内的公司公告寄送给投资者或分析师等相关机构和人员。

第十八条 鼓励公司在遵守信息披露规则的前提下，建立与投资者的重大事项沟通机制，在制定涉及股东权益的重大方案时，通过多种方式与投资者进行充分沟通和协商。

公司可在按照信息披露规则作出公告后至股东大会召开前，通过现场或网络投资者交流会、说明会，走访机构投资者，发放征求意见函，设立热线电话、传真及电子信箱等多种方式与投资者进行充分沟通，广泛征询意见。

公司在与投资者进行沟通时，所聘请的相关中介机构也可参与相关活动。

第三章 投资者关系工作的组织与实施

第十九条 公司应确定由董事会秘书负责投资者关系工作。

第二十条 公司可视情况指定或设立投资者关系工作专职部门，负责公司投资者关系工作事务。

第二十一条 公司可结合本公司实际制定投资者关系工作制度和工作规范。

第二十二条 投资者关系工作包括的主要职责是：

（一）分析研究。统计分析投资者和潜在投资者的数量、构成及变动情况；持续关注投资者及媒体的意见、建议和报道等各类信息并及时反馈给公司董事会及管理层。

（二）沟通与联络。整合投资者所需信息并予以发布；举办分析师说明会

等会议及路演活动，接受分析师、投资者和媒体的咨询；接待投资者来访，与机构投资者及中小投资者保持经常联络，提高投资者对公司的参与度。

（三）公共关系。建立并维护与证券交易所、行业协会、媒体以及其他上市公司和相关机构之间良好的公共关系；在涉讼、重大重组、关键人员的变动、股票交易异动以及经营环境重大变动等重大事项发生后配合公司相关部门提出并实施有效处理方案，积极维护公司的公共形象。

（四）有利于改善投资者关系的其他工作。

第二十三条 公司应建立良好的内部协调机制和信息采集制度。负责投资者关系工作的部门或人员应及时归集各部门及下属公司的生产经营、财务、诉讼等信息，公司各部门及下属公司应积极配合。

第二十四条 除非得到明确授权，公司高级管理人员和其他员工不得在投资者关系活动中代表公司发言。

第二十五条 公司可聘请专业的投资者关系工作机构协助实施投资者关系工作。

第二十六条 公司从事投资者关系工作的人员需要具备以下素质和技能：

（一）全面了解公司各方面情况。

（二）具备良好的知识结构，熟悉公司治理、财务会计等相关法律、法规和证券市场的运作机制。

（三）具有良好的沟通和协调能力。

（四）具有良好的品行，诚实信用。

第二十七条 公司可采取适当方式对全体员工特别是高级管理人员和相关部门负责人进行投资者关系工作相关知识的培训。在开展重大的投资者关系促进活动时，还可做专题培训。

第四章　附　　则

第二十八条 本指引由中国证监会负责解释。

第二十九条 本指引自发布之日起施行。

附录二：

上市公司信息披露管理办法

第一章 总 则

第一条 为了规范发行人、上市公司及其他信息披露义务人的信息披露行为，加强信息披露事务管理，保护投资者合法权益，根据《公司法》、《证券法》等法律、行政法规，制定本办法。

第二条 信息披露义务人应当真实、准确、完整、及时地披露信息，不得有虚假记载、误导性陈述或者重大遗漏。

信息披露义务人应当同时向所有投资者公开披露信息。

在境内、外市场发行证券及其衍生品种并上市的公司在境外市场披露的信息，应当同时在境内市场披露。

第三条 发行人、上市公司的董事、监事、高级管理人员应当忠实、勤勉地履行职责，保证披露信息的真实、准确、完整、及时、公平。

第四条 在内幕信息依法披露前，任何知情人不得公开或者泄露该信息，不得利用该信息进行内幕交易。

第五条 信息披露文件主要包括招股说明书、募集说明书、上市公告书、定期报告和临时报告等。

第六条 上市公司及其他信息披露义务人依法披露信息，应当将公告文稿和相关备查文件报送证券交易所登记，并在中国证券监督管理委员会（以下简称中国证监会）指定的媒体发布。

信息披露义务人在公司网站及其他媒体发布信息的时间不得先于指定媒体，不得以新闻发布或者答记者问等任何形式代替应当履行的报告、公告义务，不得以定期报告形式代替应当履行的临时报告义务。

第七条 信息披露义务人应当将信息披露公告文稿和相关备查文件报送上市公司注册地证监局，并置备于公司住所供社会公众查阅。

第八条 信息披露文件应当采用中文文本。同时采用外文文本的，信息披露义务人应当保证两种文本的内容一致。两种文本发生歧义时，以中文文本为准。

第九条 中国证监会依法对信息披露文件及公告的情况、信息披露事务管理活动进行监督，对上市公司控股股东、实际控制人和信息披露义务人的行为进行监督。

证券交易所应当对上市公司及其他信息披露义务人披露信息进行监督，督促其依法及时、准确地披露信息，对证券及其衍生品种交易实行实时监控。证券交易所制订的上市规则和其他信息披露规则应当报中国证监会批准。

第十条 中国证监会可以对金融、房地产等特殊行业上市公司的信息披露作出特别规定。

第二章 招股说明书、募集说明书与上市公告书

第十一条 发行人编制招股说明书应当符合中国证监会的相关规定。凡是对投资者作出投资决策有重大影响的信息，均应当在招股说明书中披露。

公开发行证券的申请经中国证监会核准后，发行人应当在证券发行前公告招股说明书。

第十二条 发行人的董事、监事、高级管理人员，应当对招股说明书签署书面确认意见，保证所披露的信息真实、准确、完整。

招股说明书应当加盖发行人公章。

第十三条 发行人申请首次公开发行股票的，中国证监会受理申请文件后，发行审核委员会审核前，发行人应当将招股说明书申报稿在中国证监会

网站预先披露。

预先披露的招股说明书申报稿不是发行人发行股票的正式文件，不能含有价格信息，发行人不得据此发行股票。

第十四条 证券发行申请经中国证监会核准后至发行结束前，发生重要事项的，发行人应当向中国证监会书面说明，并经中国证监会同意后，修改招股说明书或者作相应的补充公告。

第十五条 申请证券上市交易，应当按照证券交易所的规定编制上市公告书，并经证券交易所审核同意后公告。

发行人的董事、监事、高级管理人员，应当对上市公告书签署书面确认意见，保证所披露的信息真实、准确、完整。

上市公告书应当加盖发行人公章。

第十六条 招股说明书、上市公告书引用保荐人、证券服务机构的专业意见或者报告的，相关内容应当与保荐人、证券服务机构出具的文件内容一致，确保引用保荐人、证券服务机构的意见不会产生误导。

第十七条 本办法第十一条至第十六条有关招股说明书的规定，适用于公司债券募集说明书。

第十八条 上市公司在非公开发行新股后，应当依法披露发行情况报告书。

第三章 定期报告

第十九条 上市公司应当披露的定期报告包括年度报告、中期报告和季度报告。凡是对投资者作出投资决策有重大影响的信息，均应当披露。

年度报告中的财务会计报告应当经具有证券、期货相关业务资格的会计师事务所审计。

第二十条 年度报告应当在每个会计年度结束之日起 4 个月内，中期报告应当在每个会计年度的上半年结束之日起 2 个月内，季度报告应当在每个会计年度第 3 个月、第 9 个月结束后的 1 个月内编制完成并披露。

第二十一条 年度报告应当记载以下内容：

（一）公司基本情况；

（二）主要会计数据和财务指标；

（三）公司股票、债券发行及变动情况，报告期末股票、债券总额、股东总数，公司前10大股东持股情况；

（四）持股5%以上股东、控股股东及实际控制人情况；

（五）董事、监事、高级管理人员的任职情况、持股变动情况、年度报酬情况；

（六）董事会报告；

（七）管理层讨论与分析；

（八）报告期内重大事件及对公司的影响；

（九）财务会计报告和审计报告全文；

（十）中国证监会规定的其他事项。

第二十二条 中期报告应当记载以下内容：

（一）公司基本情况；

（二）主要会计数据和财务指标；

（三）公司股票、债券发行及变动情况、股东总数、公司前10大股东持股情况，控股股东及实际控制人发生变化的情况；

（四）管理层讨论与分析；

（五）报告期内重大诉讼、仲裁等重大事件及对公司的影响；

（六）财务会计报告；

（七）中国证监会规定的其他事项。

第二十三条 季度报告应当记载以下内容：

（一）公司基本情况；

（二）主要会计数据和财务指标；

（三）中国证监会规定的其他事项。

第二十四条 公司董事、高级管理人员应当对定期报告签署书面确认意

见，监事会应当提出书面审核意见，说明董事会的编制和审核程序是否符合法律、行政法规和中国证监会的规定，报告的内容是否能够真实、准确、完整地反映上市公司的实际情况。

董事、监事、高级管理人员对定期报告内容的真实性、准确性、完整性无法保证或者存在异议的，应当陈述理由和发表意见，并予以披露。

第二十五条 上市公司预计经营业绩发生亏损或者发生大幅变动的，应当及时进行业绩预告。

第二十六条 定期报告披露前出现业绩泄露，或者出现业绩传闻且公司证券及其衍生品种交易出现异常波动的，上市公司应当及时披露本报告期相关财务数据。

第二十七条 定期报告中财务会计报告被出具非标准审计报告的，上市公司董事会应当针对该审计意见涉及事项作出专项说明。

定期报告中财务会计报告被出具非标准审计意见，证券交易所认为涉嫌违法的，应当提请中国证监会立案调查。

第二十八条 上市公司未在规定期限内披露年度报告和中期报告的，中国证监会应当立即立案稽查，证券交易所应当按照股票上市规则予以处理。

第二十九条 年度报告、中期报告和季度报告的格式及编制规则，由中国证监会另行制定。

第四章　临时报告

第三十条 发生可能对上市公司证券及其衍生品种交易价格产生较大影响的重大事件，投资者尚未得知时，上市公司应当立即披露，说明事件的起因、目前的状态和可能产生的影响。

前款所称重大事件包括：

（一）公司的经营方针和经营范围的重大变化；

（二）公司的重大投资行为和重大的购置财产的决定；

（三）公司订立重要合同，可能对公司的资产、负债、权益和经营成果产

生重要影响；

（四）公司发生重大债务和未能清偿到期重大债务的违约情况，或者发生大额赔偿责任；

（五）公司发生重大亏损或者重大损失；

（六）公司生产经营的外部条件发生的重大变化；

（七）公司的董事、1/3 以上监事或者经理发生变动；董事长或者经理无法履行职责；

（八）持有公司 5% 以上股份的股东或者实际控制人，其持有股份或者控制公司的情况发生较大变化；

（九）公司减资、合并、分立、解散及申请破产的决定；或者依法进入破产程序、被责令关闭；

（十）涉及公司的重大诉讼、仲裁，股东大会、董事会决议被依法撤销或者宣告无效；

（十一）公司涉嫌违法违规被有权机关调查，或者受到刑事处罚、重大行政处罚；公司董事、监事、高级管理人员涉嫌违法违纪被有权机关调查或者采取强制措施；

（十二）新公布的法律、法规、规章、行业政策可能对公司产生重大影响；

（十三）董事会就发行新股或者其他再融资方案、股权激励方案形成相关决议；

（十四）法院裁决禁止控股股东转让其所持股份；任一股东所持公司 5% 以上股份被质押、冻结、司法拍卖、托管、设定信托或者被依法限制表决权；

（十五）主要资产被查封、扣押、冻结或者被抵押、质押；

（十六）主要或者全部业务陷入停顿；

（十七）对外提供重大担保；

（十八）获得大额政府补贴等可能对公司资产、负债、权益或者经营成果产生重大影响的额外收益；

（十九）变更会计政策、会计估计；

（二十）因前期已披露的信息存在差错、未按规定披露或者虚假记载，被有关机关责令改正或者经董事会决定进行更正；

（二十一）中国证监会规定的其他情形。

第三十一条 上市公司应当在最先发生的以下任一时点，及时履行重大事件的信息披露义务：

（一）董事会或者监事会就该重大事件形成决议时；

（二）有关各方就该重大事件签署意向书或者协议时；

（三）董事、监事或者高级管理人员知悉该重大事件发生并报告时。

在前款规定的时点之前出现下列情形之一的，上市公司应当及时披露相关事项的现状、可能影响事件进展的风险因素：

（一）该重大事件难以保密；

（二）该重大事件已经泄露或者市场出现传闻；

（三）公司证券及其衍生品种出现异常交易情况。

第三十二条 上市公司披露重大事件后，已披露的重大事件出现可能对上市公司证券及其衍生品种交易价格产生较大影响的进展或者变化的，应当及时披露进展或者变化情况、可能产生的影响。

第三十三条 上市公司控股子公司发生本办法第三十条规定的重大事件，可能对上市公司证券及其衍生品种交易价格产生较大影响的，上市公司应当履行信息披露义务。

上市公司参股公司发生可能对上市公司证券及其衍生品种交易价格产生较大影响的事件的，上市公司应当履行信息披露义务。

第三十四条 涉及上市公司的收购、合并、分立、发行股份、回购股份等行为导致上市公司股本总额、股东、实际控制人等发生重大变化的，信息披露义务人应当依法履行报告、公告义务，披露权益变动情况。

第三十五条 上市公司应当关注本公司证券及其衍生品种的异常交易情况及媒体关于本公司的报道。

证券及其衍生品种发生异常交易或者在媒体中出现的消息可能对公司证券及其衍生品种的交易产生重大影响时，上市公司应当及时向相关各方了解真实情况，必要时应当以书面方式问询。

上市公司控股股东、实际控制人及其一致行动人应当及时、准确地告知上市公司是否存在拟发生的股权转让、资产重组或者其他重大事件，并配合上市公司做好信息披露工作。

第三十六条 公司证券及其衍生品种交易被中国证监会或者证券交易所认定为异常交易的，上市公司应当及时了解造成证券及其衍生品种交易异常波动的影响因素，并及时披露。

第五章 信息披露事务管理

第三十七条 上市公司应当制定信息披露事务管理制度。信息披露事务管理制度应当包括：

（一）明确上市公司应当披露的信息，确定披露标准；

（二）未公开信息的传递、审核、披露流程；

（三）信息披露事务管理部门及其负责人在信息披露中的职责；

（四）董事和董事会、监事和监事会、高级管理人员等的报告、审议和披露的职责；

（五）董事、监事、高级管理人员履行职责的记录和保管制度；

（六）未公开信息的保密措施，内幕信息知情人的范围和保密责任；

（七）财务管理和会计核算的内部控制及监督机制；

（八）对外发布信息的申请、审核、发布流程；与投资者、证券服务机构、媒体等的信息沟通与制度；

（九）信息披露相关文件、资料的档案管理；

（十）涉及子公司的信息披露事务管理和报告制度；

（十一）未按规定披露信息的责任追究机制，对违反规定人员的处理措施。

上市公司信息披露事务管理制度应当经公司董事会审议通过，报注册地证监局和证券交易所备案。

第三十八条 上市公司董事、监事、高级管理人员应当勤勉尽责，关注信息披露文件的编制情况，保证定期报告、临时报告在规定期限内披露，配合上市公司及其他信息披露义务人履行信息披露义务。

第三十九条 上市公司应当制定定期报告的编制、审议、披露程序。经理、财务负责人、董事会秘书等高级管理人员应当及时编制定期报告草案，提请董事会审议；董事会秘书负责送达董事审阅；董事长负责召集和主持董事会会议审议定期报告；监事会负责审核董事会编制的定期报告；董事会秘书负责组织定期报告的披露工作。

第四十条 上市公司应当制定重大事件的报告、传递、审核、披露程序。董事、监事、高级管理人员知悉重大事件发生时，应当按照公司规定立即履行报告义务；董事长在接到报告后，应当立即向董事会报告，并敦促董事会秘书组织临时报告的披露工作。

第四十一条 上市公司通过业绩说明会、分析师会议、路演、接受投资者调研等形式就公司的经营情况、财务状况及其他事件与任何机构和个人进行沟通的，不得提供内幕信息。

第四十二条 董事应当了解并持续关注公司生产经营情况、财务状况和公司已经发生的或者可能发生的重大事件及其影响，主动调查、获取决策所需要的资料。

第四十三条 监事应当对公司董事、高级管理人员履行信息披露职责的行为进行监督；关注公司信息披露情况，发现信息披露存在违法违规问题的，应当进行调查并提出处理建议。

监事会对定期报告出具的书面审核意见，应当说明编制和审核的程序是否符合法律、行政法规、中国证监会的规定，报告的内容是否能够真实、准确、完整地反映上市公司的实际情况。

第四十四条 高级管理人员应当及时向董事会报告有关公司经营或者财

务方面出现的重大事件、已披露的事件的进展或者变化情况及其他相关信息。

第四十五条 董事会秘书负责组织和协调公司信息披露事务，汇集上市公司应予披露的信息并报告董事会，持续关注媒体对公司的报道并主动求证报道的真实情况。董事会秘书有权参加股东大会、董事会会议、监事会会议和高级管理人员相关会议，有权了解公司的财务和经营情况，查阅涉及信息披露事宜的所有文件。

董事会秘书负责办理上市公司信息对外公布等相关事宜。除监事会公告外，上市公司披露的信息应当以董事会公告的形式发布。董事、监事、高级管理人员非经董事会书面授权，不得对外发布上市公司未披露信息。

上市公司应当为董事会秘书履行职责提供便利条件，财务负责人应当配合董事会秘书在财务信息披露方面的相关工作。

第四十六条 上市公司的股东、实际控制人发生以下事件时，应当主动告知上市公司董事会，并配合上市公司履行信息披露义务。

（一）持有公司5%以上股份的股东或者实际控制人，其持有股份或者控制公司的情况发生较大变化；

（二）法院裁决禁止控股股东转让其所持股份，任一股东所持公司5%以上股份被质押、冻结、司法拍卖、托管、设定信托或者被依法限制表决权；

（三）拟对上市公司进行重大资产或者业务重组；

（四）中国证监会规定的其他情形。

应当披露的信息依法披露前，相关信息已在媒体上传播或者公司证券及其衍生品种出现交易异常情况的，股东或者实际控制人应当及时、准确地向上市公司作出书面报告，并配合上市公司及时、准确地公告。

上市公司的股东、实际控制人不得滥用其股东权利、支配地位，不得要求上市公司向其提供内幕信息。

第四十七条 上市公司非公开发行股票时，其控股股东、实际控制人和发行对象应当及时向上市公司提供相关信息，配合上市公司履行信息披露义务。

第四十八条 上市公司董事、监事、高级管理人员、持股5%以上的股东及其一致行动人、实际控制人应当及时向上市公司董事会报送上市公司关联人名单及关联关系的说明。上市公司应当履行关联交易的审议程序，并严格执行关联交易回避表决制度。交易各方不得通过隐瞒关联关系或者采取其他手段，规避上市公司的关联交易审议程序和信息披露义务。

第四十九条 通过接受委托或者信托等方式持有上市公司5%以上股份的股东或者实际控制人，应当及时将委托人情况告知上市公司，配合上市公司履行信息披露义务。

第五十条 信息披露义务人应当向其聘用的保荐人、证券服务机构提供与执业相关的所有资料，并确保资料的真实、准确、完整，不得拒绝、隐匿、谎报。

保荐人、证券服务机构在为信息披露出具专项文件时，发现上市公司及其他信息披露义务人提供的材料有虚假记载、误导性陈述、重大遗漏或者其他重大违法行为的，应当要求其补充、纠正。信息披露义务人不予补充、纠正的，保荐人、证券服务机构应当及时向公司注册地证监局和证券交易所报告。

第五十一条 上市公司解聘会计师事务所的，应当在董事会决议后及时通知会计师事务所，公司股东大会就解聘会计师事务所进行表决时，应当允许会计师事务所陈述意见。股东大会作出解聘、更换会计师事务所决议的，上市公司应当在披露时说明更换的具体原因和会计师事务所的陈述意见。

第五十二条 为信息披露义务人履行信息披露义务出具专项文件的保荐人、证券服务机构，应当勤勉尽责、诚实守信，按照依法制定的业务规则、行业执业规范和道德准则发表专业意见，保证所出具文件的真实性、准确性和完整性。

第五十三条 注册会计师应当秉承风险导向审计理念，严格执行注册会计师执业准则及相关规定，完善鉴证程序，科学选用鉴证方法和技术，充分了解被鉴证单位及其环境，审慎关注重大错报风险，获取充分、适当的证据，

合理发表鉴证结论。

第五十四条 资产评估机构应当恪守职业道德，严格遵守评估准则或者其他评估规范，恰当选择评估方法，评估中提出的假设条件应当符合实际情况，对评估对象所涉及交易、收入、支出、投资等业务的合法性、未来预测的可靠性取得充分证据，充分考虑未来各种可能性发生的概率及其影响，形成合理的评估结论。

第五十五条 任何机构和个人不得非法获取、提供、传播上市公司的内幕信息，不得利用所获取的内幕信息买卖或者建议他人买卖公司证券及其衍生品种，不得在投资价值分析报告、研究报告等文件中使用内幕信息。

第五十六条 媒体应当客观、真实地报道涉及上市公司的情况，发挥舆论监督作用。

任何机构和个人不得提供、传播虚假或者误导投资者的上市公司信息。

违反前两款规定，给投资者造成损失的，依法承担赔偿责任。

第六章 监督管理与法律责任

第五十七条 中国证监会可以要求上市公司及其他信息披露义务人或者其董事、监事、高级管理人员对有关信息披露问题作出解释、说明或者提供相关资料，并要求上市公司提供保荐人或者证券服务机构的专业意见。

中国证监会对保荐人和证券服务机构出具的文件的真实性、准确性、完整性有疑义的，可以要求相关机构作出解释、补充，并调阅其工作底稿。

上市公司及其他信息披露义务人、保荐人和证券服务机构应当及时作出回复，并配合中国证监会的检查、调查。

第五十八条 上市公司董事、监事、高级管理人员应当对公司信息披露的真实性、准确性、完整性、及时性、公平性负责，但有充分证据表明其已经履行勤勉尽责义务的除外。

上市公司董事长、经理、董事会秘书，应当对公司临时报告信息披露的真实性、准确性、完整性、及时性、公平性承担主要责任。

上市公司董事长、经理、财务负责人应对公司财务报告的真实性、准确性、完整性、及时性、公平性承担主要责任。

第五十九条 信息披露义务人及其董事、监事、高级管理人员，上市公司的股东、实际控制人、收购人及其董事、监事、高级管理人员违反本办法的，中国证监会可以采取以下监管措施：

（一）责令改正；

（二）监管谈话；

（三）出具警示函；

（四）将其违法违规、不履行公开承诺等情况记入诚信档案并公布；

（五）认定为不适当人选；

（六）依法可以采取的其他监管措施。

第六十条 上市公司未按本办法规定制定上市公司信息披露事务管理制度的，中国证监会责令改正。拒不改正的，中国证监会给予警告、罚款。

第六十一条 信息披露义务人未在规定期限内履行信息披露义务，或者所披露的信息有虚假记载、误导性陈述或者重大遗漏的，中国证监会按照《证券法》第一百九十三条处罚。

第六十二条 信息披露义务人未在规定期限内报送有关报告，或者报送的报告有虚假记载、误导性陈述或者重大遗漏的，中国证监会按照《证券法》第一百九十三条处罚。

第六十三条 上市公司通过隐瞒关联关系或者采取其他手段，规避信息披露、报告义务的，中国证监会按照《证券法》第一百九十三条处罚。

第六十四条 上市公司股东、实际控制人未依法配合上市公司履行信息披露义务的，或者非法要求上市公司提供内幕信息的，中国证监会责令改正，给予警告、罚款。

第六十五条 为信息披露义务人履行信息披露义务出具专项文件的保荐人、证券服务机构及其人员，违反《证券法》、行政法规和中国证监会的规定，由中国证监会依法采取责令改正、监管谈话、出具警示函、记入诚信档

案等监管措施；应当给予行政处罚的，中国证监会依法处罚。

第六十六条 任何机构和个人泄露上市公司内幕信息，或者利用内幕信息买卖证券及其衍生品种，中国证监会按照《证券法》第二百零一条、第二百零二条处罚。

第六十七条 任何机构和个人编制、传播虚假信息扰乱证券市场；媒体传播上市公司信息不真实、不客观的，中国证监会按照《证券法》第二百零六条处罚。

在证券及其衍生品种交易活动中作出虚假陈述或者信息误导的，中国证监会按照《证券法》第二百零七条处罚。

第六十八条 涉嫌利用新闻报道以及其他传播方式对上市公司进行敲诈勒索的，中国证监会责令改正，向有关部门发出监管建议函，由有关部门依法追究法律责任。

第六十九条 上市公司及其他信息披露义务人违反本办法的规定，情节严重的，中国证监会可以对有关责任人员采取证券市场禁入的措施。

第七十条 违反本办法，涉嫌犯罪的，依法移送司法机关，追究刑事责任。

第七章 附 则

第七十一条 本办法下列用语的含义：

（一）为信息披露义务人履行信息披露义务出具专项文件的保荐人、证券服务机构，是指为证券发行、上市、交易等证券业务活动制作、出具保荐书、审计报告、资产评估报告、法律意见书、财务顾问报告、资信评级报告等文件的保荐人、会计师事务所、资产评估机构、律师事务所、财务顾问机构、资信评级机构。

（二）及时，是指自起算日起或者触及披露时点的两个交易日内。

（三）上市公司的关联交易，是指上市公司或者其控股子公司与上市公司关联人之间发生的转移资源或者义务的事项。

关联人包括关联法人和关联自然人。

具有以下情形之一的法人，为上市公司的关联法人：

1. 直接或者间接地控制上市公司的法人；

2. 由前项所述法人直接或者间接控制的除上市公司及其控股子公司以外的法人；

3. 关联自然人直接或者间接控制的、或者担任董事、高级管理人员的，除上市公司及其控股子公司以外的法人；

4. 持有上市公司5%以上股份的法人或者一致行动人；

5. 在过去12个月内或者根据相关协议安排在未来12月内，存在上述情形之一的；

6. 中国证监会、证券交易所或者上市公司根据实质重于形式的原则认定的其他与上市公司有特殊关系，可能或者已经造成上市公司对其利益倾斜的法人。

具有以下情形之一的自然人，为上市公司的关联自然人：

1. 直接或者间接持有上市公司5%以上股份的自然人；

2. 上市公司董事、监事及高级管理人员；

3. 直接或者间接地控制上市公司的法人的董事、监事及高级管理人员；

4. 上述第1、2项所述人士的关系密切的家庭成员，包括配偶、父母、年满18周岁的子女及其配偶、兄弟姐妹及其配偶，配偶的父母、兄弟姐妹，子女配偶的父母；

5. 在过去12个月内或者根据相关协议安排在未来12个月内，存在上述情形之一的；

6. 中国证监会、证券交易所或者上市公司根据实质重于形式的原则认定的其他与上市公司有特殊关系，可能或者已经造成上市公司对其利益倾斜的自然人。

（四）指定媒体，是指中国证监会指定的报刊和网站。

第七十二条 本办法自公布之日起施行。《公开发行股票公司信息披露实

施细则》（试行）（证监上字［1993］43 号）、《关于股票公开发行与上市公司信息披露有关事项的通知》（证监研字［1993］19 号）、《关于加强对上市公司临时报告审查的通知》（证监上字［1996］26 号）、《关于上市公司发布澄清公告若干问题的通知》（证监上字［1996］28 号）、《上市公司披露信息电子存档事宜的通知》（证监信字［1998］50 号）、《关于进一步加强 ST、PT 公司信息披露监管工作的通知》（证监公司字［2000］63 号）、《关于拟发行新股的上市公司中期报告有关问题的通知》（证监公司字［2001］69 号）、《关于上市公司临时公告及相关附件报送中国证监会派出机构备案的通知》（证监公司字［2003］7 号）同时废止。

附录三：

上市公司投资者关系管理自律公约

（2004年1月9日）

随着我国证券市场的发展，上市公司与投资者之间的关系日益受到市场的关注。2003年初，中国证监会提出在上市公司中全面推进和建立投资者关系管理制度的要求；上海证券交易所以举办论坛、大型巡讲会和印发调研报告等活动形式，一并推动着投资者关系管理工作的深入开展，社会各界逐步加深了对投资者关系管理的理解。

为加强对上市公司与投资者关系的管理工作，增进投资者对上市公司的了解，建立上市公司与投资者之间及时、互信的良好沟通关系，我们上海证券交易所全体上市公司就投资者关系管理约定如下：

一、建立投资者关系管理制度和公司与投资者之间的双向沟通机制，确定投资者关系管理工作的第一责任人和日常业务负责人。

二、平等、坦诚地对待所有投资者，采取多种措施和方式加强与投资者的沟通，促进公司与投资者关系的良性发展。

三、配备必要的信息交流设备，保持包括咨询专用电话、传真和电子信箱在内的各种联系渠道的畅通。对外联系渠道发生变化时，及时予以公告。

在条件许可的情况下，尽可能改进本公司信息网络平台建设，在网站中建立投资者关系专栏，定期或者不定期发布投资者关系信息。

四、定期或者不定期组织公司董事、监事和高级管理人员学习有关法律

法规、部门规章和上海证券交易所业务规则。

五、认真履行信息披露义务，依法及时、真实、准确、完整地披露公司所有的重大信息。

六、遵循公平披露的原则，使所有投资者均有同等机会获得同质、同量的信息。避免向来电、来函或者来访股东、机构投资者、专业证券分析机构、新闻媒体或者其他机构和人员透露公司尚未公开披露的重大信息。

七、认真准备和组织好股东大会的召开工作，积极探索各种适合本公司实际情况的方式，扩大参加股东大会的股东范围。

八、避免在组织投资者见面会、介绍公司发展战略和管理思路、进行业绩推介等活动时，出现可能误导投资者的过度宣传行为。

九、不对本公司股票价格的走势公开做出预期或者承诺。

十、严格遵守有关法律法规、部门规章和上海证券交易所业务规则，本着诚信原则，全面推进和建立投资者关系管理制度。

上海证券交易所全体上市公司将共同遵守以上公约，并自愿接受各方监督。

上海证券交易所全体上市公司

二〇〇四年一月九日

附录四：

深圳证券交易所上市公司投资者关系管理指引

第一章 总 则

第一条 为推动上市公司完善治理结构，规范上市公司投资者关系管理工作，促进证券市场健康发展，制定本指引。

第二条 投资者关系管理是指上市公司通过各种方式的投资者关系活动，加强与投资者和潜在投资者之间的沟通，增进投资者对上市公司了解的管理行为。

第三条 上市公司投资者关系管理工作应严格遵守《公司法》、《证券法》等有关法律、法规、规章及深圳证券交易所（以下简称本所）有关业务规则的规定。

第四条 上市公司投资者关系管理工作应体现公平、公正、公开原则，平等对待全体投资者，保障所有投资者享有知情权及其他合法权益。

第五条 上市公司的投资者关系管理工作应客观、真实、准确、完整地介绍和反映公司的实际状况，避免过度宣传可能给投资者造成的误导。

第六条 上市公司开展投资者关系活动时应注意尚未公布信息及内部信息的保密，避免和防止由此引发泄密及导致相关的内幕交易。

第七条 除非得到明确授权并经过培训，公司董事、监事、高级管理人

员和员工应避免在投资者关系活动中代表公司发言。

第二章 投资者关系管理负责人

第八条 上市公司可指定一名高级管理人员担任投资者关系管理负责人，并设具体部门承办投资者关系的日常管理工作。

第九条 投资者关系管理负责人全面负责公司投资者关系管理工作。投资者关系管理负责人在全面深入地了解公司运作和管理、经营状况、发展战略等情况下，负责策划、安排和组织各类投资者关系管理活动 。

第十条 投资者关系管理负责人负责制定公司投资者关系管理的工作管理办法和实施细则，并负责具体落实和实施。

第十一条 投资者关系管理负责人负责对公司高级管理人员及相关人员就投资者关系管理进行全面和系统的培训。

第十二条 在进行投资者关系活动之前，投资者关系管理负责人应对公司高级管理人员及相关人员进行有针对性的培训和指导。

第十三条 投资者关系负责人应持续关注新闻媒体及互联网上有关公司的各类信息并及时反馈给公司董事会及管理层。

第三章 自愿性信息披露

第十四条 上市公司可以通过投资者关系管理的各种活动和方式，自愿地披露现行法律法规和规则规定应披露信息以外的信息。

上市公司对自愿性披露信息有任何疑问，可向本所咨询。

第十五条 上市公司进行自愿性信息披露应遵循公平原则，面向公司的所有股东及潜在投资者，使机构、专业和个人投资者能在同等条件下进行投资活动，避免进行选择性信息披露。

第十六条 上市公司应遵循诚实信用原则，在投资者关系活动中就公司经营状况、经营计划、经营环境、战略规划及发展前景等持续进行自愿性信息披露，帮助投资者作出理性的投资判断和决策。

第十七条 上市公司在自愿披露具有一定预测性质的信息时，应以明确的警示性文字，具体列明相关的风险因素，提示投资者可能出现的不确定性和风险。

第十八条 在自愿性信息披露过程中，当情况发生重大变化导致已披露信息不真实、不准确或不完整，或者已披露的预测难以实现的，上市公司应对已披露的信息及时进行更新。对于已披露的尚未完结的事项，上市公司有持续和完整披露义务，直至该事项最后结束。

第十九条 上市公司在投资者关系活动中一旦以任何方式发布了法规和规则规定应披露的重大信息，应及时向交易所报告，并在下一交易日开市前进行正式披露。

第四章 投资者关系活动

第一节 股东大会

第二十条 上市公司应根据法律法规的要求，认真做好股东大会的安排组织工作。

第二十一条 上市公司应努力为中小股东参加股东大会创造条件，在召开时间和地点等方面充分考虑便于股东参加。在条件许可的情况下，可利用互联网络对股东大会进行直播。

第二十二条 为了提高股东大会的透明性，上市公司可广泛邀请新闻媒体参加并对会议情况进行详细报道。

第二十三条 股东大会过程中如对到会的股东进行自愿性信息披露，公司应尽快在公司网站或以及其他可行的方式公布。

第二节 网 站

第二十四条 上市公司可以通过建立公司网站并开设投资者关系专栏的方式开展投资者关系活动。

第二十五条 上市公司应根据规定在定期报告中公布网站地址。当网址发生变更后，上市公司应及时公告变更后的网址。

第二十六条　上市公司应避免在公司网站上刊登传媒对公司的有关报告以及分析师对公司的分析报告。公司刊登有关报告和分析报告，有可能被视为赞同有关观点而对投资者的投资决策产生影响，并有可能承担或被追究相关责任。

第二十七条　上市公司应对公司网站进行及时更新，并将历史信息与当前信息以显著标识加以区分，对错误信息应及时更正，避免对投资者产生误导。

第二十八条　上市公司可在网站上开设论坛，投资者可以通过论坛向公司提出问题和建议，公司也可通过论坛直接回答有关问题。

第二十九条　上市公司可设立公开电子信箱与投资者进行交流。投资者可以通过信箱向公司提出问题和了解情况，公司也可通过信箱回复或解答有关问题。

第三十条　对于论坛及电子信箱中涉及的比较重要的或带普遍性的问题及答复，公司应加以整理后在网站的投资者专栏中以显著方式刊载。

第三节　分析师会议、业绩说明会和路演

第三十一条　上市公司可在定期报告结束后、实施融资计划或其他公司认为必要的时候举行分析师会议、业绩说明会或路演活动。

第三十二条　分析师会议、业绩说明会和路演活动应采取尽量公开的方式进行，在有条件的情况下，可采取网上直播的方式。

第三十三条　分析师会议、业绩说明会或路演活动如采取网上直播方式，可事先以公开方式就会议举办时间，登陆网址以及登陆方式等向投资者发出通知。

第三十四条　上市公司可事先通过电子信箱、网上论坛、电话和信函等方式收集中小投资者的有关问题，并在分析师会议、业绩说明会及路演活动上通过网络予以答复。

第三十五条　分析师会议或业绩说明会可采取网上互动方式，投资者可以通过网络直接提问，上市公司也可在网上直接回答有关问题。

第三十六条 分析师会议、业绩说明会或路演活动如不能采取网上公开直播方式，公司可以邀请新闻媒体的记者参加，并作出客观报道。

第三十七条 上市公司可将分析师会议、业绩说明会和路演活动的影象资料放置于公司网站上，供投资者随时点播。在条件尚不具备的情况下，上市公司可将有关分析师会议或业绩说明会的文字资料放置于公司网站供投资者查看。

第四节 一对一沟通

第三十八条 上市公司可在认为必要的时候，就公司的经营情况、财务状况及其他事项与投资者、基金经理、分析师等进行一对一的沟通，介绍公司情况、回答有关问题并听取相关建议。

第三十九条 上市公司一对一沟通中，应平等对待投资者，为中小投资者参与一对一沟通活动创造机会。

第四十条 为避免一对一沟通中可能出现选择性信息披露，上市公司可将一对一沟通的相关音像和文字记录资料在公司网站上公布，还可邀请新闻机构参加一对一沟通活动并作出报道。

第五节 现场参观

第四十一条 上市公司可尽量安排投资者、分析师及基金经理等到公司或募集资金项目所在地进行现场参观。

第四十二条 上市公司应合理、妥善地安排参观过程，使参观人员了解公司业务和经营情况，同时应注意避免在参观过程中使参观者有机会得到未公开的重要信息。

第四十三条 上市公司有必要在事前对相关的接待人员给予有关投资者关系及信息披露方面必要的培训和指导。

第六节 电话咨询

第四十四条 上市公司应设立专门的投资者咨询电话，投资者可利用咨询电话向公司询问、了解其关心的问题。

第四十五条 咨询电话应有专人负责，并保证在工作时间电话有专人接

听和线路畅通。如遇重大事件或其他必要时候，公司应开通多部电话回答投资者咨询。

第四十六条 上市公司应在定期报告中对外公布咨询电话号码。如有变更要尽快在公司网站公布，并及时在正式公告中进行披露。

第五章 相关机构与个人

第一节 投资者关系顾问

第四十七条 上市公司在认为必要和有条件的情况下，可以聘请专业的投资者关系顾问咨询、策划和处理投资者关系，包括媒体关系、发展战略、投资者关系管理培训、危机处理、分析师会议和业绩说明会安排等事务。

第四十八条 上市公司在聘用投资者关系顾问应注意其是否同时为对同行业存在竞争关系的其他服务。如公司聘用的投资者关系顾问同时为存在竞争关系的其他公司提供服务，公司应避免因投资者关系顾问利用一家公司的内幕信息为另一家公司服务而损害其中一家公司的利益。

第四十九条 上市公司应避免由投资者关系顾问代表公司就公司经营及未来发展等事项作出发言。

第五十条 上市公司应尽量以现金方式支付投资者关系顾问的报酬，避免以公司股票及相关证券、期权或认股权等方式进行支付和补偿。

第二节 证券分析师和基金经理

第五十一条 上市公司不得向分析师或基金经理提供尚未正式披露的公司重大信息。

第五十二条 对于上市公司向分析师或投资经理所提供的相关资料和信息，如其他投资者也提出相同的要求时，上市公司应平等予以提供。

第五十三条 上市公司应避免出资委托证券分析师发表表面上独立的分析报告。如果由上市公司出资委托分析师或其他独立机构发表投资价值分析报告，应在刊登时在显著位置注明“本报告受公司委托完成”的字样。

第五十四条 上市公司应避免向投资者引用或分发分析师的分析报告。

第五十五条 上市公司可以为分析师和基金经理的考察和调研提供接待等便利，但要避免为其工作提供资助。分析人员和基金经理考察上市公司原则上应自理有关费用，上市公司不应向分析师赠送高额礼品。

第三节 新闻媒体

第五十六条 上市公司可根据需要，在适当的时候选择适当的新闻媒体发布信息。

第五十七条 对于重大的尚未公开信息，上市公司应避免以媒体采访及其他新闻报道的形式披露相关信息。在未进行正式披露之前，应避免向某家新闻媒体提供相关信息或细节。

第五十八条 上市公司应把对上市公司宣传或广告性质的资料与媒体对上市公司正式和客观独立的报道进行明确区分。如属于上市公司本身提供的（包括公司本身或委托他人完成）并付出费用的宣传资料和文字，应在刊登时予以明确说明和标识。

二零零三年十月二十一日

附录五：

上市公司投资者关系工作指引

第一章　总　　则

第一条　为加强上市公司（以下简称“公司”）与投资者之间的信息沟通，完善公司治理结构，切实保护投资者特别是公众投资者的合法权益，根据《中华人民共和国公司法》、《中华人民共和国证券法》及其他有关法律、法规，制定本指引。

第二条　投资者关系工作是指公司通过信息披露与交流，加强与投资者及潜在投资者之间的沟通，增进投资者对公司的了解和认同，以实现公司整体利益最大化和保护投资者合法权益的战略工作。

第三条　投资者关系工作的目的是：

（一）促进公司与投资者之间的良性关系，增进投资者对公司的进一步了解和熟悉。

（二）建立稳定和优质的投资者基础，获得长期的市场支持。

（三）形成尊重投资者的企业文化。

（四）促进公司整体利益最大化和股东财富增长并举的投资理念。

第四条　投资者关系工作的基本原则是：

（一）充分披露信息原则。除强制的信息披露以外，公司应主动披露投资者关心的其他相关信息。

（二）合规披露信息原则。公司应遵守国家法律、法规及证券交易所对上

市公司信息披露的规定。在开展投资者关系工作时应注意尚未公布信息及其他内部信息的保密，避免由此引发内幕交易。

（三）投资者机会均等原则。公司应公平对待公司的所有股东及潜在投资者，避免进行选择性信息披露。

（四）诚实守信原则。公司的投资者关系工作应客观、真实和准确，避免过度宣传和误导。

（五）高效低耗原则。选择投资者关系工作方式时，公司应充分考虑提高沟通效率，降低沟通成本。

（六）互动沟通原则。公司应主动听取投资者的意见、建议，实现公司与投资者之间的双向沟通，形成良性互动。

第五条 本指引是公司投资者关系工作的基本行为指南，鼓励公司按照本指引的精神和要求，积极、主动开展投资者关系工作。

第二章 投资者关系工作的内容和方式

第六条 投资者关系工作中公司与投资者沟通的内容主要包括：

（一）公司的发展战略。

（二）法定信息披露的说明与解释。

（三）企业文化。

（四）投资者关心的与公司相关的其他信息。

第七条 公司可通过多种方式与投资者进行沟通，沟通方式应尽可能便捷、有效，便于投资者参与。

第八条 根据法律、法规和证券交易所规定应进行披露的信息必须于第一时间在公司信息披露指定报纸和指定网站公布。

第九条 公司应努力为中小股东参加股东大会创造条件，在召开时间和地点等方面充分考虑便于股东参加。

第十条 公司可在公司网站开设投资者关系专栏，可通过电子信箱或论坛接受投资者提出的问题和建议，并予以答复。

第十一条 公司可在定期报告结束后、实施融资计划或公司认为必要时举行分析师会议或业绩说明会。

公司不得在会议上发布尚未披露的公司重大信息。对于所提供的相关信息，公司应平等予以其他投资者。

第十二条 公司可在认为必要的时候，就公司的经营情况、财务状况及其他事项与投资者、基金经理、分析师等进行一对一的沟通，介绍情况、回答有关问题并听取相关建议。

为避免一对一沟通中可能出现选择性信息披露，公司可将相关音像和文字记录资料在公司网站上公布，或邀请新闻机构参加相关活动并作出报道。

第十三条 公司可将包括定期报告和临时报告在内的公司公告寄送给投资者或分析师等相关机构和人员。

第十四条 公司应设立专门的投资者咨询电话，咨询电话由专人负责，保证在工作时间线路畅通和有人接听。咨询电话号码如有变更应尽快公布。

第十五条 公司可根据需要，在适当的时候按相关规定发布信息。

对于重大的尚未公开信息，公司应避免以媒体采访及其他新闻报道的形式披露，并且不向个别新闻媒体提供相关信息或细节。

公司应明确区分宣传广告与媒体的报道，不应以宣传广告材料以及有偿手段影响媒体的客观独立报道。

第十六条 公司可安排投资者、分析师等到公司现场参观。

公司应合理、妥善地安排参观过程，使参观人员了解公司业务和经营情况，同时注意避免参观者有机会得到未公开的重要信息。

第十七条 公司可在定期报告结束后、实施融资计划或公司认为必要时举行路演。

路演活动如采取网上直播方式，可事先以公开方式就会议举办时间，登录网址以及登录方式等向投资者发出通知；如不采取网上公开直播方式，公司可以邀请新闻媒体的记者参加，并作出客观报道。

第十八条 公司可将分析师会议、业绩说明会和路演活动等影像、文字资料放置于公司网站。

第十九条 除非得到明确授权并经过培训，公司高级管理人员和其他员工应避免在投资者关系活动中代表公司发言。

第三章 投资者关系工作的组织与实施

第二十条 公司可确定由董事会秘书负责投资者关系工作。

第二十一条 公司可视情况指定或设立投资者关系工作专职部门，负责公司投资者关系工作事务。

第二十二条 公司可结合本公司实际制订投资者关系工作制度和工作规范。

第二十三条 投资者关系工作部门的职责主要包括：

（一）分析研究。统计分析投资者和潜在投资者的数量、构成及变动情况；持续关注投资者及媒体的意见、建议和报道等各类信息并及时反馈给公司董事会及管理层。

（二）沟通与联络。整合投资者所需信息并予以发布；举办分析师说明会等会议及路演活动，接受分析师、投资者和媒体的咨询；接待投资者来访，与机构投资者及中小投资者保持经常联络，提高投资者对公司的参与度。

（三）公共关系。建立并维护与交易所、行业协会、媒体以及其他上市公司和相关机构之间良好的公共关系；在涉讼、重大重组、关键人员的变动、股票交易异动以及经营环境重大变动等重大事项发生后配合公司相关部门提出并实施有效处理方案，积极维护公司的公共形象。

（四）有利于改善投资者关系的其他工作。

第二十四条 公司需要建立良好的部门间协调机制。投资者关系工作部门需要及时归集各部门及下属公司的生产经营、财务、诉讼等信息。

第二十五条 公司可聘请专业的投资者关系工作机构协助实施投资者关系工作。

第二十六条 公司从事投资者关系工作的人员需要具备以下素质和技能：

（一）全面了解公司各方面情况。

（二）具备良好的知识结构，熟悉公司治理、财务会计等相关法律、法规和证券市场的运作机制。

（三）具有良好的沟通和协调能力。

（四）具有良好的品行，诚实信用。

第二十七条　公司可采取适当方式对全体员工特别是高级管理人员和相关部门负责人进行投资者关系工作相关知识的培训。在开展重大的投资者关系促进活动时，还可做专题培训。

中英文关键词对照表

中文	英文（及英文简写）
投资者关系	Investor Relationship (IR)
投资者关系管理	Investor Relationship Management (IRM)
公共关系	Public Relation (PR)
公共关系管理	Public Relation Management (PRM)
美国投资者关系协会	National Investor Relations Institute (NIRI)
日本投资者关系协会	Japan Investor Relations Association (JIRA)
国际投资者关系联合会	The International Investor Relations Federation (IIRF)
公众关系部	public relations department
投资者关系官员	Investor Relations Officer (IRO)
股东关系	shareholder relations
美国管理协会	American Management Association (AMA)
美国证券交易委员会	Security and Exchange Commission (SEC)
美国证券商协会	National Association of Securities Dealers (NASD)
组织识别理论	Corporate Identity (CI)
国际证监会组织	International Organization of Securities Commissions (IOSCO)

中文	英文（及英文简写）
国际经济合作与发展组织	Organization for Economic Co－operation and Development（OECD）
《美国证券交易委员会关于机构投资者的研究报告》	《Institutional Investor Study Report of the Securities and Exchange Commission》
职工退休收入保障法案	The Employee Retirement Income Security Act（ERISA）
美国教师退休基金会	TIAA－CREF Teachers Insurance and Annuity Association College Retirement Equities Fund

后　记

自从2005年《投资者关系管理与公司价值创造》一书出版问世以来，已经6个年头了。在本书撰写之初，即有一个观点，投资者关系管理本身就是促进市场诚信建设、股权文化建设的一个重要手段和作用机制。在股权分置改革实施完成后的近几年，监管部门在保护社会公众股利益方面做了大量的、不懈的努力；在运用市场化手段规范上市公司行为、强化上市公司治理方面取得了一定成果。至此，我国资本市场诚信文化、股权文化方面已经有了一定基础，上市公司在强制信息披露方面已经基本能够做到真实、准确、完整，投资者识别风险、防范风险的能力有所增强，投资者比6年前具有更强的参与热情和能力。同时，上市公司对投资者关系管理的重视程度及沟通自觉性都有较大改善。《投资者关系管理与公司价值创造》一书中阐述的有些问题已经悄然发生了变化，对其进行及时修订，使其更加符合目前资本市场的实际情况将有助于对此问题的理解。

投资者关系管理在国外已经有很多成熟经验，经过近几年的发展，我国资本市场的实际情况与国外有了更多的相似性，在经验借鉴方面有更多的参考价值。随着上市公司投资者关系管理意识、能力的改善，以及投资者整体素质的提高，市场已经朝着更加公开、透明的方面发展，社会公众股落实、维护自身权益的市场环境已经初步形成。通过拓宽参与渠道、培育理性投资、健全相关制度等方面一系列工作的继续开展，投资者关系管理将迎来更加令公众投资者振奋的未来。

本次修订吸纳了中国证监会2005年颁布的《上市公司与投资者关系指

引》之后所获得的监管经验，并对上市公司中投资者关系管理工作受到广大公众较为认可的十余家上市公司进行了调研，分析总结了这些公司的实践经验。本书沿用了2005年第1版中时任中国证监会主席尚福林先生所作的序。中国证监会上市公司监管部毛君、吴雪飞，北京证监局杨琳、余辉，内蒙证监局方良平、韩永宁，江苏证监局凌峰、陈论、王靓，中信证券股份有限公司王长华、闫建霖、宋家俊、黄岳、张惠芳等同志为本书的再版修订做了大量工作。中国财政经济出版社张立宪副总编辑、蔺红英编辑为本书的出版付出了心血，在此表示深切谢意！

本次修订不仅深入研究了我国投资者关系管理的基本现状，并且关注投资者关系管理至今出现的新问题和新观念，试图从中汲取营养，进一步丰富并完善其内涵，推动我国投资者关系管理工作的积极开展。促使上市公司同投资者实现相互信任的良性互动，积极增进市场各方的了解，深化资本市场诚信文化、股权文化的建设。我将持续关注资本市场发生的新鲜案例，继续跟踪研究投资者关系管理理论与实践的发展。盼望与我同样关注此问题的有识之士能够不吝赐教，共同切磋，为我国投资者关系管理不断发展，进一步形成良好健康的诚信文化和股市文化而不懈努力。

杨桦

2012年2月